安徽省基层社会治理创新发展报告

（2021）

Report on Innovation and Development of
Grass Roots Social Governance in Anhui Province （2021）

吴理财/主编

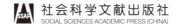

社会科学文献出版社
SOCIAL SCIENCES ACADEMIC PRESS (CHINA)

安徽省基层社会治理创新发展报告（2021）
编委会

目 录

总报告

第一篇　乡镇政府服务能力建设

第二篇　"三治融合"案例

第三篇　城乡社区协商

第四篇　智慧社区建设

第五篇　社区微治理案例

第六篇　调研报告

总 报 告

党建引领新时代安徽基层
社会治理创新[*]

基层治理是社会治理的重心，是国家治理的基石，统筹推进乡镇（街道）和城乡社区治理，是实现国家治理体系和治理能力现代化的基础性工程。习近平总书记指出："要加强和创新基层社会治理，使每个社会细胞都健康活跃，将矛盾纠纷化解在基层，将和谐稳定创建在基层。"① 党的十九届四中全会提出，完善党委领导、政府负责、民主协商、社会协同、公众参与、法治保障、科技支撑的社会治理体系，建设人人有责、人人尽责、人人享有的社会治理共同体；构建基层社会治理新格局，健全党组织领导的自治、法治、德治相结合的城乡基层治理体系。2021 年 4 月中共中央、国务院出台了《关于加强基层治理体系和治理能力现代化建设的意见》，把加强

---

* 本报告执笔人：王松磊。吴理财、王松磊、李山、李韬、解胜利、张晒、罗大蒙、李佳莹等参与了写作提纲的讨论。

① 习近平：《在经济社会领域专家座谈会上的讲话（2020 年 8 月 24 日）》，人民出版社，2020。

基层政权治理能力建设摆在了突出位置，明确要求增强乡镇（街道）为民服务、议事协商等方面的能力。

当前，安徽省以习近平新时代中国特色社会主义思想为指导，认真贯彻落实中央部署，积极推进党全面领导的基层社会治理制度不断完善，以基层政权治理能力建设为抓手，重点探索"三治融合"新模式，继续深化城乡基层民主协商，大力推动智慧社区建设，涌现出一大批城乡治理创新的典型样本，形成了具有新时代特征和安徽特色的城乡基层社会治理新局面。

一　安徽基层社会治理的创新发展

安徽省承东启西、沿江近海，地跨长江、淮河、新安江三大流域，与长三角无缝对接，是拥有 7119 万多名户籍人口的人口大省，文化底蕴深厚，资源禀赋优越，创新活力强劲，是长江三角洲区域一体化发展的重要地区。安徽省立足新时代，直面新问题，践行新理念，在城乡基层治理方面取得了一系列成就。省委、省政府领导多次在基层调研、审议文件和批示指示中指出，要积极顺应人民对美好生活的向往，着力打造共建共治共享的社会治理新格局，加快推进城乡基层治理体系和治理能力现代化。

（一）着力加强基层政权服务能力建设

乡镇（街道）处在我国政权结构的最基层，承担执行国家政策法规、提供基本公共服务和开展社会治理的职责。长期以来，我国高度重视基层政权治理能力建设，并明确以治理职能为重点，推进基层政权管理体制改革。2017 年安徽省根据省内实际出台了《关于加强乡镇政府服务能力建设的实施意见》，合肥、芜湖等地以乡镇政府服务能力建设示范点工作为契机，确保各项任务落到实处，目前基本建立了符合实际、切实有效的乡镇政府服务能力建设政策体系，基本形成了职能科学、运转有序、保障有力、服务高效、人民满意的乡镇政府服务管理体制机制。

1. 加强制度体系建设，为乡镇政府定责赋权

一是不断扩大管理服务权限。省级层面统一编制完善乡镇权责清单和公共服务清单规范指导目录，出台管理办法加强动态调整。乡镇权责清单事项统一规范为29项，公共服务清单事项统一规范为198项。省民政厅加快推进社会救助领域"放管服"改革，鼓励有条件的地方积极推进低保、特困等社会救助审核确认权下放，优化简化审核审批程序。截至2021年底，全省完成下放的乡镇数超过70%，做到了放得下、接得住，提高了救助的时效性。二是积极推进管理体制改革。各地结合实际，按照精简统一效能要求，探索不同类型的乡镇党政机构设置。合肥市包河区大圩镇通过设置"一台三办"（即为农民提供一站式服务的"党群365服务平台"，整合市容所、城管办、环保办等部门的"综管办"，加强基层矛盾纠纷调解的"网格办"和推动都市休闲农业快速发展的"农旅办"），极大地提升了乡镇政府的治理效能。马鞍山市通过统一设置"三办"（即党政办公室、经济发展办公室、社会事务管理办公室）、"三中心"（经济发展服务中心、农业服务中心、社会事务中心），进一步优化人员配置，理顺管理体制，提升服务效能。三是严格落实行政执法责任。认真贯彻落实中央《关于推进基层整合审批服务执法力量的实施意见》（中办发〔2019〕5号），以省委编办名义印发贯彻意见，指导市县稳妥有序、依法依规开展执法力量整合，提升了乡镇综合执法能力。铜陵市创新"一支队伍管执法"综合执法模式，执法行动由相关部门进行业务指导，杜绝了多头执法、重复执法的问题。铜官区选录20名退役军人充实西湖镇城管执法队伍，以镇政府名义开展综合执法，形成了职能整合有力、人员统一调度的运行机制。

2. 优化服务资源配置，为乡镇政府减负增能

一是持续加强乡镇政府驻地建设。安徽省住房和城乡建设厅编印了《乡镇政府驻地建成区整治建设导则》，指导各地实施"两治理一加强"工程，1133个乡镇政府驻地建成区完成整治。持续推进农村环境"三大革命"，建成乡镇生活垃圾转运站等中转设施1294座，拥有压缩式转运车辆3090辆，所有乡镇政府驻地配备垃圾桶等生活垃圾收集设施，人居环境得

到极大改善。2021年组织六安市裕安区苏埠镇、独山镇开展小城镇新型城镇化试点，立足大别山革命老区实际，确定"补建管"重点，不断完善小城镇功能，加强生态环境保护，弘扬传统文化，传承红色基因，促进特色发展。二是逐步实现城乡基本公共服务均等化。通过制定《安徽省"十三五"推进基本公共服务均等化规划》和《关于加强基层基本公共服务功能建设的意见》等政策文件，从项目和资金方面加大对农村和接纳农业转移人口较多的城镇基本公共服务支持力度，补齐农村和城镇基本服务短板。"十三五"期间，安徽省基本养老保险实现全覆盖，城乡养老服务三级中心全面建成。100%的乡镇建成文化站，96%的行政村建成综合文化中心。基本公共服务覆盖面持续扩大，城乡人群间基本公共服务差距不断缩小。三是不断完善乡镇财政管理体制。积极推进财政事权和支出责任划分改革，安徽省人民政府出台《关于推进省以下财政事权和支出责任划分改革的实施意见》，要求市级政府参照省级做法，结合当地实际，按照财政事权划分原则，合理确定市以下政府间财政事权，明确市以下各级支出责任，做好辖区内财政事权和支出责任改革统领工作，有效提升乡镇财政管理水平。四是依法厘清上下职责边界。研究编制乡镇配合县（市、区）事项清单指导目录，指导试点县（市、区）结合实际制定并公布实施乡镇配合事项清单，配套制定保障清单运行的长效机制，进一步厘清县、乡职责边界，切实从制度层面为基层松绑，让乡镇集中精力为群众服务。全面推行社区工作事项准入制度，制定村级依法履行职责事项清单和依法协助政府工作事项清单，厘清乡镇政府与村（居）民委员会之间的权责边界，确保对上对下都能做到"职责明、界限清、不扯皮"。

3. 创新服务供给方式，为乡镇政府扩面提效

一是持续加大政府购买服务力度。积极推进包括乡镇事业单位在内的全省事业单位政府购买服务工作，推动政府职能转变，增强乡镇事业单位公共服务能力。结合深化经济发达镇改革，将大力推进政府购买服务写入改革实施意见，明确要求各地对凡是适宜通过政府购买服务提供的公共服务和事务性、辅助性工作等都要实行购买服务，由"花钱养人"向"花钱办事"转

变。二是逐步完善公共服务多元供给机制。通过政策引领、基地孵化、资金支持、项目带动等方式，加快培育社会工作服务机构。截至 2021 年 7 月，安徽省社会工作服务机构已达 560 家，建成乡镇（街道）社会工作服务站 159 个、社区社会工作服务中心 869 个。加快推进残疾人"一家一站"建设，基本实现乡镇（街道）和村（社区）残疾人之家、残疾人工作站全覆盖。全省已建成残疾人之家 1542 个、残疾人工作站 16869 个，覆盖率分别达到 99.8% 和 96.2%。三是积极提升乡镇公共服务信息化水平。深入推进"互联网+政务服务"，全面推广使用"皖事通"平台，推行"7×24 小时不打烊随时办"服务，基本实现县、乡政务服务事项一窗口办理、一站式服务、一平台共享、全县域通办和全流程效能监督，切实提升群众办事体验。淮北市濉溪县投入 821.42 万元高标准建成 11 个乡镇为民服务中心，大厅使用面积不少于 120 平方米，提供卫健、民政、人社、公安、市场监管、城建、国土、农林等多项服务。

（二）积极探索"三治融合"治理新模式

党的十九大报告提出"健全自治、法治、德治相结合的乡村治理体系"，[①]对加强和改进乡村治理体系提出了新的目标和要求。党的十九届四中全会进一步把"三治融合"的治理体系扩展到城市，提出"健全党组织领导的自治、法治、德治相结合的城乡基层治理体系"。安徽省各地结合新时代、新形势、新情况，抓实自治、抓严法治、抓活德治，形成了具有安徽特色的"三治融合"城乡基层治理体系。

1. 以自治为基础，激发城乡基层治理活力

基层群众自治制度是人民当家做主制度体系的一项重要内容。它是中国共产党对农村社区和城市社区的基层群众自治性组织不断加以规范和引导，使广大基层群众依照宪法和法律参与国家事务、经济文化事业管理，以实现基层群众自我管理、自我服务、自我教育、自我监督的制度。坚持和完善基

---

① 《十九大以来重要文献选编》（上），中央文献出版社，2019，第 23 页。

层群众自治制度，是人民群众直接参与管理基层公共事务和公益事业、直接行使民主权利的重要制度保证。一是完善民主选举机制。2021 年村（社区）"两委"换届选举跟以往相比有重要变化，"两委"任期由 3 年改为 5 年。为保证换届选举顺利开展，安徽省继续全面推进实施村（居）民委员会换届选举观察员、定岗选举、"一票"选举等三项制度，扎实构建了公开平等的基层民主选举环境。积极稳妥推行村（社区）党组织书记通过法定程序担任村（居）民委员会主任的"一肩挑"领导模式，切实将那些能够挑得起、自身过硬、群众信得过的人推出来、选上去。二是规范民主决策机制。围绕居民切身利益的村（居）重大事务，在进行广泛协商的基础上进行决策，真正落实村（居）民的知情权、参与权、表达权和监督权。三是健全民主管理服务机制。各地严格执行"四议两公开"制度，及时修订完善村规民约、居民公约，建立健全村（社区）级组织工作制度，把涉及群众切身利益的事情摆出来让群众议，让群众充分参与村务管理。创新民主管理制度，完善村民代表联系户制度、村务联席会议制度，建立民情档案、共建共促等多项制度。以便民服务中心建设为重点，有力推进城乡社区综合服务设施建设，每百户居民平均拥有社区服务用房面积超过 30 平方米。农村社区建设试点县（市）一站式服务大厅实现全覆盖，综合服务设施面积平均超过 300 平方米。以社区服务中心（站）为支撑、以其他社区服务机构和设施服务为补充的城乡社区服务格局逐步完善，社区治理"一盘棋"格局有效构建。四是健全民主监督机制。强化村（居）务监督委员会作用，在收集民意、调查分析、监督落实、通报反馈四个环节开展监督，做到监督事前化、民主化、系统化和网络化。淮北市杜集区建立村（社区）"小微权力清单"和"监督责任清单"，利用城乡社区"小微权力监督平台"将党务、村（居）务、财务分项目分类别列入监督内容，完善基层民主监督机制。五是推动自治下移。扎实开展以村（居）民小组、自然村等为单元的自治试点，有效缩短自治半径，推动治理重心、管理、服务、资源进一步下移，增强居民自我管理、自我教育、自我服务意识，激发城乡基层治理活力。

2. 以法治为保障，实现基层治理井然有序

法治兴则国家兴，依法治国是党领导人民治理国家的基本方略，依法治理城乡基层是全面依法治国的应有之义。一是加大普法宣传力度，深入开展"法律进基层"系列活动。用"接地气"的方式开展法治宣传教育，切实增强基层干部和群众的法治意识。加强法治宣传队伍建设，培育法律明白人、法治带头人。积极打造城乡社区法治广场、法治文化街区等宣传阵地。二是加强基层法律服务供给，提升居民法治能力。加强乡镇司法所规范化建设，打造村级司法行政服务站，推进实体平台、服务热线、网络平台等乡村公共法律平台建设，全面推进"一村一居"法律顾问工作，实现法律援助和司法救助在城乡社区全覆盖，积极打造"一小时法律援助服务圈"，为广大城乡居民提供便捷高效的法律服务。三是将基层各项工作纳入法治化轨道，建设平安乡村、平安社区。严格规范、公正文明的执法是城乡社区法治建设的关键，法律的生命力在于实施，加强基层执法队伍建设，规范执法程序，加大关系群众切身利益的重点领域执法力度，加大农村基层微腐败惩治力度，深入开展扫黑除恶专项斗争，进一步提升执法公信力，促进基层群众形成守法的行为自觉。

3. 以德治为支撑，树立基层治理新风正气

德治是强调自律的行为规范，有利于提升居民素质，起到价值引领和精神支撑作用。基层要"和谐"，就要重塑基层社会道德规范，发挥德治的春风化雨作用。一是发挥道德模范引领作用，弘扬道德新风。积极开展"农村道德模范""身边好人""新乡贤"等的评选活动，深入宣传道德模范，弘扬中华传统美德，带动居民向上向善、孝老爱亲、诚实守信。合肥市包河区淝河镇席井村已经持续10年开展"道德模范""席井好人""最美退役军人"等各项评选活动，连续多次举办道德讲坛和道德模范宣讲活动，以文化传承无声润物，用身边榜样示范带动，使村庄更加和谐安定，民风更为厚道淳朴。二是培育文明乡风，提升居民文化素养。结合社会主义核心价值观的时代要求，全面推行移风易俗，破除乡村陋习，培育文明乡风、良好家风、淳朴民风，让时代新风吹遍广袤乡村，村民文明素养得以内化于心、外践于行。不断完善公共文化服务体系，积极发挥新时代文明实践中心作用，

开展各种文化活动和培训，不断丰富村民精神文化生活，以文化人。天长市将移风易俗工作列入 2020 年政府为群众办理的"十大实事"之首，把移风易俗工作与全国文明城市提升行动、乡村治理、新时代文明实践中心建设试点以及乡村振兴结合起来，试行"1785 工作法"，解决"一家一户渴望解决，但一家一户又解决不了"的问题，推行"正餐一餐办"，狠刹农村"小四风"，在全市形成了勤俭节约光荣、铺张浪费可耻的良好风尚，移风易俗试点取得了明显成效。三是建立健全宣传和奖惩机制，促进道德规范有效实施。一方面，村规民约、居民公约等行为规范的有效实施不仅需要发挥舆论和道德的作用，还需要利用各类载体进行引导宣传，大力宣扬各类道德规范。另一方面，要让有德者有"得"，在荣誉、实物等方面进行激励；对失德者进行合情合理的规劝、约束；对屡教不改者则在符合法律法规的前提下加以惩处。淮北市杜集区深化以"勤、孝、净、诚、和"为主题的"五美文化"，用"五美"精神来正家风、带民风。怀宁县平山镇大洼社区司山组探索建立了"道德超市"，以道德积分兑换家庭荣誉的形式助力培育文明乡风，真正让农村乡风美起来、环境美起来、生活美起来。

（三）城乡基层民主协商全面铺开

城乡社区协商是基层协商民主的主体部分，也是整个协商体系的微观基础。为推进城乡社区协商制度化、规范化和程序化，2015 年 7 月中共中央办公厅、国务院办公厅印发了《关于加强城乡社区协商的意见》，对明确协商内容、确定协商主体、拓展协商形式、规范协商程序、运用协商结果等方面做了系统规定。同年年底，中共安徽省委办公厅、安徽省人民政府办公厅印发了《关于加强城乡社区协商的实施意见》，要求拓宽城乡社区协商范围和渠道，丰富协商内容和形式。随后各地纷纷建立协商委员会制度，实现城、乡、村（社区）全覆盖，及时完善协商成果采纳、落实和反馈机制，确保城乡基层协商依法有序开展、协商成果有效运用。

1.推进协商委员会建设，发挥典型示范引领作用

一是推进社区工作协商委员会建设。结合全省实际，省委、省政府创新

提出各村（社区）探索建立并完善社区工作协商委员会，作为城乡社区协商的常设机构。委员会成员组成方式按照利益群体各有代表的要求一般采用"7+X"模式。"7"为七类固定成员，即村（社区）党组织、村（居）民委员会、村务监督委员会、村（居）民代表、妇女代表、其他组织代表、乡贤代表等，"X"即其他利益相关方。安徽省城乡社区协商委员会已实现100%覆盖，协商活动呈现制度化、流程化和日常化。二是坚持示范引领作用。为发挥典型示范引领作用，省民政厅从2016年开始，已联系开展三批次升级城乡社区协商示范点创建工作，第一批次和第二批次已经命名确认，第三批次示范点创建工作正在有序推进。通过开展城乡社区协商示范点创建工作，挖掘梳理一批典型经验，抓两头促中间，推动城乡社区协商工作均衡发展。各地结合实际，谋划开展本区域的协商示范点创建活动。省民政厅按照"自治申请、逐级审批、监管结合、委托评估"的原则，由第三方对示范点创建单位进行评估验收，对评估合格的进行命名确认，不合格的指出问题，进行整改，待合格后再命名。通过示范点创建，各地积极创新城乡社区协商形式，探索新机制，涌现出一批城乡社区协商示范标杆。

2.打造社区协商平台，丰富协商参与形式

各地坚持党建引领，因地制宜，建立多样化的基层协商平台，探索多样化的协商参与形式，拓宽村（居）民参与民主协商的渠道，提高了村（居）民的参与积极性和主动性，使村（居）民成为城乡基层协商的最大受益者、积极参与者与最终评判者。一是加强城乡基层协商平台建设。在政协的支持下，各地根据本地情况建立不同类型的基层协商平台。合肥市蜀山区稻香村街道成立了19个"周末议事厅"，举办了100多场活动，为群众解决了百余件身边事。安庆市大观区菱湖社区依托党群服务中心，设立了"城乡社区协商居民议事厅""城乡社区协商调解工作室""小区网格协商会议室"，将文化广场休息凉棚升级建设成集议事、休闲、宣传于一体的"议事长廊"，搭建起有序参与社区事务决策、监督的民主协商平台。二是探索多样化的协商参与形式。望江县各村（社区）充分利用协商委员会、党群之家、村（居）民论坛、"两代表一委员"工作室、妇女之家等协商平台，开展对话型、议事型协商议事，结合实际探索建立城乡社区开放空间、村（居）决策听证、民主访谈、参与式预算等新型协商模式。结合互联网、人工智能新技术，充分发挥微信、QQ、微博等网络平台作用，推动城乡基层协商线下、线上的有机融合。

3. 完善社区协商制度，规范社区协商流程

各地通过建立并完善各项协商制度，规范协商议事流程，保障协商活动的常态化、规范化、长效化运作。一是完善协商组织建设制度。规范协商主体的选择标准、产生方式、人员构成等内容，确保组织建立科学合理。淮南市毛集实验区焦岗湖镇臧巷村为解决"谁来协商"的问题，把热心公益、威望较高作为入选条件，注重推选老党员、离退休干部、老教师和其他乡土人才作为"村务协商议事会"成员。制作了专门调查表，以村为单位全面摸排农村乡土人才，并建立了信息库，为推选"村务协商议事会"成员打下基础。二是完善协商议事制度。制定协商议事流程、意见发表、表决规则等内容，确保城乡基层协商稳定有序。天长市向阳社区绘制了《向阳社区协商办事流程图》，使协商议题的采集、选定、层级、交办、结果公示和结果评议整个协商过程一目了然。合肥市蜀山区光明社区为进一步提升协商效率，总结出"五步协商法"，即"收集意见、确认议题、组织协商、方案实施、结果反馈"，做到用制度优化流程，用制度保障质量，大大提高了协商的效率和合理性。三是完善协商监督制度。充分利用村（居）务公开栏、社区刊物、QQ群、微信群、线上小程序等平台，及时向协商主体、各利益相关方和居民公开协商议题、进程、成果等内容，确保协商过程的公正公开。安庆市大观区菱湖社区坚持一般问题定期督办、急难问题限时督办、重点问题跟踪督办，每月对社区协商中群众反映的热点、难点问题跟踪回访，社区监督委员会定期审核社区事务。

（四）智慧社区建设卓有成效

近几年来，"智慧社区"建设得到了普遍关注，相关政策支持越来越多。2013年10月，民政部联合五部委提出的《关于推进社区公共服务综合

信息平台建设的指导意见》强调要加强社区公共服务信息化建设，积极构建"智慧社区"。2014 年 3 月，中共中央、国务院出台的《国家新型城镇化规划（2014—2020 年）》明确指出强化社区自治和服务功能。2014 年 5 月，住建部发布的《智慧社区建设指南（试行）》拟定"智慧社区"建设指标。"智慧社区"的实践越来越多，除北京、上海、广州等一线城市积极开展"智慧社区"建设外，其他一些省市也开始借鉴已有经验进行积极探索。2018 年安徽省开始探索智慧社区建设，并印发了《全省智慧社区建设试点工作方案（2018—2020）》。已完成三批智慧社区建设试点，在取得良好成效的基础上，2021 年 12 月确定了合肥市蜀山区等 13 家单位作为第四批智慧社区建设试点。

1.融合智慧民生，确保精准帮扶

智慧社区是整合社区现有的各类服务资源，为社区群众提供政务、商务、娱乐、教育医护及生活互助等多种便捷服务的模式。从应用方向来看，智慧社区应实现以智慧政务提高办事效率，以智慧民生改善人民生活，以智慧小区提升小区品质的目标。一是积极推进智慧养老。智慧养老是一种解决传统养老模式在居家照顾、健康管理、精神关爱等方面可及性不足问题的有效途径，也是养老产业向智慧化发展的大趋势。合肥市包河区万年埠街道通过市场化竞争引入优质社会养老资源，充分运用互联网、大数据、人工智能等新一代信息技术创新养老服务供给，加大辖区资源整合力度，系统推进智慧养老工作，构建出覆盖街道—社区—小区的三级智慧养老服务体系。二是稳步推进智慧医疗。加强"健康社区"建设，运用智能健康设备终端、移动互联网等技术，逐步为社区居民建立数字化健康档案库，为社区居民提供远程咨询、疾病会诊及医疗康复等健康医疗服务。宣城市宣州区 9 家社区卫生服务中心已经全部完成卫生健康信息化的基础环境建设，开展了包括基层医疗机构信息管理系统、基本公共卫生服务信息系统、家庭医生签约服务系统在内的县域医疗卫生信息化建设，基本实现了基层医疗机构相关信息系统及基础设施的广域覆盖，逐步对所辖的 18 家社区卫生服务站信息化总体应用水平提质增效。三是精准实施智慧救助。社会救助事关困难群众基本生活，是保障基本民生、促进社会公平、维护社会稳定的兜底性、基础性制度安排。合肥市包河区烟墩街道大力推进救助信息和资源互通共享，加强合作共治，提升救助效率。依托互联网和大数据，切实了解救助对象的健康、教育、居住、就业等状况，加强动态管理，实现探访全覆盖，为主动发现、应保尽保、应退尽退提供了准确的信息参考。

2.融合智慧政务，实现高效便民

智慧社区建设进一步打破了平台壁垒，加快推动部署在不同层级、不同部门、分散孤立、用途单一的各类社区信息系统向社区"一口式"办理平台迁移或集成，最大限度整合基层业务应用系统、服务终端和管理台账，建设社区工作统一"云桌面"，促进社区综合管理平台与现有部门业务应用系统实现数据互通，消除信息和数据孤岛。一是深化社区网格化数字管理模式应用。按照以楼带房、以户带人、以人带事的基本思路，对社区进行科学的网格划分。运用互联网、物联网、大数据、云计算、人工智能等现代信息技术，畅通信息发现报告渠道，健全监督考评体系。完善集人、地、物、组织于一体的网格化社区管理与服务模式，实现社区网格化数字管理，提升社区管理的现代化水平和精细化程度。二是提升"一站式"政务服务能力。铜陵市以智慧社区建设试点工作为契机，将社区服务事项全部纳入"互联网+政务服务"平台运行，进一步提升平台服务水平。依托省统一支付平台、邮政EMS物流平台，逐步开通各类服务事项网上缴费和证照快递功能，并进一步扩展到手机端，让群众真正体验到网上办事的便利性、实用性。探索区域通办、"最多跑一次"改革，分批推出社区"一次办结"清单，实现窗口办事"最多跑一次，多次是例外"。进一步完善了电子证照和身份认证系统，健全自助服务功能，打通网上政务服务的"最后一公里"。三是提升"平安社区"建设智能化水平。合肥市依托智慧社区技术支撑子平台的物联网模块，利用物联网技术实现社区楼宇烟感探测器、燃气报警器、智能消防栓、智能井盖等设施统一接入管理，实时将各类报警数据传送到业主、物业、社区管理服务中心及消防部门，实现灾情险情预防、快速响应、联动处理。

3.融合智慧物业，完善基础设施

2021年，住房和城乡建设部、工信部等部门印发了《关于推动物业服务企业加快发展线上线下生活服务的意见》，鼓励物业服务企业运用物联网、云计算、大数据等技术，提升物业智慧管理服务水平。智慧物业将打通居民"最后一公里"的生活服务，让"互联网+政务服务"向居住社区延伸。在疫情防控中，社区成为疫情联防联控的第一线，智能物业管理工具在防疫期间充当了"小帮手"的独特角色，社区的职能设施发挥了重要作用。红外测温设备、消毒无人机、防疫巡逻机器人等智能设备成为防疫战线中的特殊身影。在疫情防控常态化背景下，更多智能化、信息化、自动化的智慧物业设施，成为助力物业公司提供更好社区服务的重要工具，在社区管理中有了更多用武之地。合肥市包河区烟墩街道积极协助小区物业对道路、绿化、雨污管网等基础设施进行提升，融入职能建设理念，根据小区实际情况安装智能门禁系统、智能灯杆、智能井盖、智能烟感、智能快递箱、智能充电桩、智能水表等设备，使"智慧"理念深入社区。

二　安徽基层治理创新的经验启示

近年来，安徽省在城乡基层社会治理的理念、机制、方法、效果等方面积极探索，勇于创新，涌现出许多典型的创新案例，为进一步推进基层社会治理体系和治理能力现代化提供了有益的经验启示。

（一）加强和完善党建引领是城乡基层社会治理创新的根本保证

党政军民学，东西南北中，党是领导一切的。中国特色社会主义最本质的特征是中国共产党领导，中国特色社会主义制度的最大优势是中国共产党领导。党的全面领导是社会治理领域的应有之义。

1.坚持加强基层党组织能力建设

以党建引领城乡基层治理，充分发挥基层党组织总揽全局、协调各方的作用，完善基层党组织功能，提升服务居民能力，发挥党员先锋模范作用，把城乡多元主体力量真正凝聚起来，有力推动城乡基层治理工作向纵深发展。安徽省城乡基层社会治理创新实践的最大亮点在于突出政治功能，突显党建引领，延伸党的组织建设，发挥基层党组织优势，整合各类治理资源，构建出党建引领的基层社会治理新机制。在省、市层面，成立党的建设工作领导小组，整体部署、组织统筹全省和各市的基层党建工作。在区县层面，成立基层党建工作领导小组，加强基层党建工作的组织实施、资源配置和督查指导。在乡街层面，建立联建共建委员会，定期召开部门联席会议，推动传统社区党建与驻区单位党建、新兴领域党建的有机结合。在社区层面，探索推行党组织兼职委员制，聘请驻区单位、物业公司、业主委员会、社会组织的党员负责人为兼职委员，共议共商解决社区的大事、实事和难事。创新推进党的基层组织建设工作前移，在网格、小区、楼宇建立党支部或党小组，构筑起社区党组织、网格党支部、楼栋党小组、党员、居民相互联系的服务体系。

2.坚持优化基层党组织服务机制

创新基层党组织及党员为群众服务的途径和方式，打造服务型基层党组织。建立以服务为导向的基层党建工作机制，强化工作责任，完善工作体系，提高服务的自觉性。建设城乡基层政务服务平台、党员远程教育平台、党群即时互动平台等，精准对接群众需求，实现事项数字化申请、交互式审核、跨部门办理，不断完善"一站式"服务、首问责任制、限时办结制、网络式服务等为民服务机制，力求让群众生活和办事更方便。贯彻"为民、务实、清廉"要求，完善基层党员干部绩效评价和责任追究办法，保持整治庸懒散奢的整体态势。完善党员干部直接联系服务群众、领导干部联系点制度，以群众评议干部、基层评议机关为载体，落实基层群众的评议权、监督权，促进干部改进作风，机关提升效能。

3.坚持提升基层党员队伍整体素质

党员队伍建设是党建工作的重要内容，是增强党组织创造力、凝聚力、战斗力必须紧紧依靠的基本队伍和政治力量。将城乡基层干部纳入全省干部队伍建设总体规划，坚持基层选拔一批、社会优选一批、组织选派一批，打造专业队伍，整体提升服务能力。加大基层组织书记选拔任用、培训、考核力度，强化基层党组织书记的履职意识。严格审查把关，逐个研究分析，抓细抓实人选摸排，积极落实"一肩挑"，推行村（社区）党组织书记通过法定程序担任村（居）民委员会主任和村级集体经济组织负责人。推行村（社区）"两委"班子成员交叉任职，村（居）民委员会成员中党员比例有了较大幅度提升。着眼事业长远需要，推动村（社区）"两委"班子成员年轻化、知识化和专业化，通过换届选举实现平均年龄普遍下降、整体学历明显提升。采取分层、分类别教育，将教育培训与服务实践相结合，根据岗位特点和群众需求，有针对性地安排教育培训。提倡党员干部下沉到基层，了解群众的难题、愿望和诉求，切身体会群众的难处，增强党员干部的党性，激发为民服务的热情。按照无职党员（特别是离退休党员）特长，组织各种形式的服务活动，设立为民服务岗，让广大无职党员发挥积极作用。

（二）提升乡镇政府服务能力是城乡基层社会治理创新的重要抓手

坚持以新时代中国特色社会主义思想引领乡镇政府服务能力建设，确保乡镇政府服务能力的正确方向。持续强化乡镇党委的政治引领功能，支持乡镇政府依法行使职权，扎实开展服务能力建设，提高服务经济社会发展和服务人民群众的水平。

1. 坚持融合创新，拓展服务供给方式

乡镇政府是农村基本公共服务的重要提供者，是基层治理的重要组织。但仅靠乡镇政府无法满足居民群众日益增长的高水平公共服务需求，因此必须加大政府购买力度，将适宜采取市场方式提供、社会力量能够承担的公共服务项目交由社会力量承担，将适合群团组织承担的乡镇服务管理职能依法交由群团组织行使，不断拓展公共服务的供给方式，为群众提供更精准、更有效、更优质的服务。

2. 坚持减负增能，推进"放管服"改革

必须坚决贯彻落实党中央关于基层减负的决策部署，统筹规范针对乡镇的评比表彰、挂牌等事项，着力解决面向乡镇的文山会海，督查、考核过频及过度留痕等问题，为乡镇减负松绑，才能让乡镇工作的重心转移到为民服务上。结合乡镇机构改革同步推进"放管服"改革，按照依法下放、宜放则放的原则，将点多面广、基层管理迫切需要且能有效承接的审批服务执法等权限赋予乡镇，让乡镇在服务群众上有更大作为。

3.完善激励机制，激发干部工作热情

工作强度高、承担责任重、发展空间窄是乡镇干部的普遍现状。乡镇干部是乡镇事业的"主心骨"，调动乡镇干部干事创业的积极性至关重要。破除体制顽疾，采取更大力度的激励措施，为乡镇干部担当作为提供制度保障，在选人用人导向上大力倡导"有为有位"，激发乡镇干部想干事的工作热情，培养乡镇干部能干事的工作能力，奖励乡镇干部干成事的工作行为。

（三）着力解决突出问题是城乡基层社会治理创新的基本导向

随着改革的深化和经济社会的发展，城乡基层治理面临的问题越来越复杂，矛盾越来越突出。新时代推进社会治理创新，要把坚持问题导向贯穿于工作始终，着力破解人民群众反映强烈的突出问题。

1.遵循问题导向的原则，强化问题意识

确立到一线解决问题的工作导向，对基层社会治理中突出的短板和弱项扭住不放、持续用力、逐个解决，确保基层治理取得实效。结合基层治理的实际和特点，通过入户走访、召开座谈会、发放征求意见表、暗中摸排等形式，找问题、听意见，并合理确定具体方案，避免工作流于形式。

2.坚持以人民为中心，解决民生问题

新时代推进城乡基层治理创新，要聚焦关乎人民群众实际生活和现实利益的重要问题，特别是涉及城市管理、环境整治、突发事件、社会矛盾等群众"家门口"的操心事、烦心事，解决好食品药品安全、征地拆迁等事关人民群众利益的问题，解决好人民群众在教育、就业、医疗、住房、社会保障等方面的基本需求问题。保障和改善民生是一项需要长期攻坚的重要工作，没有终点站，只有连续不断的新起点。习近平总书记指出，抓住人民最关心最直接最现实的利益问题，抓住最需要关心的人群，一件事情接着一件事情办、一年接着一年干，锲而不舍向前走。① 此外，把解决群众身边问题的时效性作为检验基层治理工作的标准，提升人民群众的满意度。

（四）推进协商共建共治是城乡基层社会治理的必要机制

新时代加强和创新城乡基层社会治理，必须完善治理机制，改进治理方式，下沉治理重心，促进政府、市场、社会、公众多种力量共同协商、共建共治。

1.推动力量下沉，凝聚自治力量

通过体制机制和治理理念的革新，打破条块分割的僵局，整合多方力量参与城乡基层治理。为此，有必要把资源、服务、管理下沉到基层，推动相关职能部门力量在街乡聚合。进一步加强编制保障，配强直接面向人民群众的社区建设部门，促使社区专员在基层收集民情、反映民意并推动解决问题。凝聚居民自组织力量，挖掘志愿者组织等社会力量，发挥其在街乡联系群众的特色和优势。

2.发动市场专业力量，承接公共服务和资源配置功能

充分发挥市场机制在城乡基层社会治理中的优势，创新与完善政府向市场专业力量购买服务的体制机制。其中，政府应以制度和规则制定者、公共服务法定供给者的角色，保障公共服务享受者的权利、机会和规则平等。市场机制则以价值规律和市场供求关系为基础，优化公共服务的资源配置，降低社会成员公共服务成本，提升公共服务的效率、效益和品质。

3.贯彻"包容性发展"策略，统筹发挥社会组织协同作用

新时代城乡基层社会治理创新，必须坚持以"包容性发展"为中心的策略，淡化传统以管理为目的的行政秩序。完善政府与社会组织合作共建中的购买服务与评估监管机制，加强社会组织"接得住"能力建设。开展社会组织品牌化建设，秉持共建共治共享理念，以需求定项目，以项目带组织，以组织促服务。

---

① 《习近平关于社会主义社会建设论述摘编》，中央文献出版社，2017，第5页。

4.创新基层协商体系，营造"共商共治"氛围

在中国特色社会主义新时代，按照"党委领导、多元联动、规范协商、共治共享"的总体思路，建立"参与型"社区协商体系，搭建多方参与协商的议事平台，健全完善社区矛盾纠纷化解工作体系，实现社区议事协商工作线上和线下的有机结合，最大限度地引导各类社会组织、流动人口、利益主体等共商共治。

（五）提升信息化水平是城乡基层社会治理创新的技术支撑

大数据时代，发挥技术带来的强大信息采集、分析和协同优势，改革和完善公共服务供给模式，对于创新社会治理机制至关重要。当前，基于大数据构建多元主体协同、信息均衡、数据驱动的智慧化社会治理体系已成为城乡基层社会治理创新的显著趋势。坚持以技术为手段，推动互联网与社会治理深度融合，实现基层治理的智能化。

1.运用互联网技术优势，突破基层社会治理的技术瓶颈

大数据技术以迅雷不及掩耳之势开辟了新时代社会生活和国家治理的全新场域，展示了社会治理变革的全新维度。借助新技术优势，逐步实现"互联网+政务服务"工程，打造城乡基层公共服务综合信息平台，强化"一门式"服务模式的街乡、村居应用，为人民群众提供便利、高效、宜居的现代化生活环境。促使互联网与基层治理的深度融合，完善网站、微信、微博、热线和各种APP的服务功能，疏通人民群众参与公共事务和基层治理的渠道。

2.搭建统一信息应用平台，创新"大数据+党建"基层治理模式

当前，以云计算、大数据为基础，整合各地各领域的基层党组织网络应用平台，运用互联网、视频多媒体、移动媒体等搭建一个互动互联、资源共享、立体互动的党建网络平台，构建与创新"互联网+党建"长效运行保障机制。

3.以智能化为方式，推进平安社区建设

充分运用大数据技术，推进"互联网+综合行政执法"，采用智能化执

法方式提升执法效能。打造集信息上报、系统研判、综合执法、反馈跟踪于一体的综合化实体平台，将综合执法环节纳入网格精细化管理，同步推进平台信息化建设。运用大数据技术，对基层治理中的不确定时间进行预测和研判，做好风险评估和预防措施，提升预警、预防能力和执法智能化水平。

三 安徽基层治理创新的未来展望

经过多年实践以及疫情和汛情的考验，人们更加深刻地认识到，做实基层工作，发挥好乡镇（街道）、村庄（社区）阵地作用，是推进国家治理体系和治理能力现代化的基础和依托。当前，安徽省城乡基层治理工作取得了一些成绩，涌现出一批典型创新案例，但也存在短板和弱项，主要表现为基层治理区域、城乡发展不平衡，社区服务供给侧与需求侧协调机制尚未完善，社区工作队伍还不够稳定，基层工作力量统筹协调不足等。安徽省准确把握新时代基层社会治理的阶段性特征和现实性问题，坚持以人民为中心，强能力、补短板、抓推动，继续创新社会治理方式和运作机制，科学谋划工作，突出工作重点，把城乡社区建设成为居民最放心、最安心的港湾。

（一）抓好政策落实，推进城乡基层治理体制创新

坚决贯彻落实党中央、国务院及省委、省政府关于基层治理现代化，提升乡镇服务能力，创新城乡社区治理、社区协商等的文件精神，科学把握新时代基层治理的重点任务，系统谋划、精准施策、靶向发力。及时分析总结近年来基层在疫情防控、特殊人群服务等工作中形成的好经验、好做法，把可复制、可推广的实践经验上升为基层治理的制度安排，推进城乡社区治理体制创新、制度创新和实践创新，加快基层治理现代化进程，助推市域社会治理现代化。各地、各部门要结合实际，制定出台配套政策，不断加强城乡基层治理体系建设，提高社区居民参与社区治理的能力，推进社区治理主体多元化。

（二）坚持党建统领，健全基层群众自治制度

重点推动乡镇、街道和城乡社区党组织联动机制建设，切实加强党对城乡基层治理的政治引领、组织引领、能力引领和机制引领。强化基层党组织政治功能，引导基层党组织把工作重心转移到基层党建上来，转移到公共服务、公共管理、公共安全工作上来，转移到为经济社会发展提供良好公共环境上来。提升基层党组织服务功能，推进服务型党组织建设，坚持和完善党员承诺、向社区报到和设岗定责制度，形成以党组织为核心、全社会共同参与的服务格局。指导村（居）民委员会定期开展民主协商，完善村（居）务公开制度，健全"两委"班子联系群众机制。继续推进以村（居）民小组、自然村、楼栋、网格等为单元的自治试点，缩小居民自治半径，推动"民事民议、民事民办、民事民管"。进一步厘清县乡权责边界，减少行政考核等繁杂事项，构建以居民满意度为主要指标的基层治理评价体系。引导城乡社区聚焦主责主业，在居民群众最关注最关心的事情上持续发力。

（三）加强规划引领，把准基层治理发展"方向盘"

科学编制《安徽省"十四五"城乡社区服务体系建设规划》《安徽省"十四五"养老服务发展规划》等规划文件。明确社区组织作为政府和社区居民之间的沟通桥梁的作用，通过居民参与社区公共事务制度化和规范化建设，确保社区组织的功能有效发挥。引入市场机制，推动竞争—合作治理模式，扩大居民选择权，提高社区治理效率。进一步完善社区服务功能，丰富和满足社区居民日益增长的物质生活和精神文化生活方面的需求。实施村级综合服务设施提升工程，依托城乡社区开展就业、医疗、托幼、养老服务。支持社区服务业发展，组织开展"新时代、新社区、新生活"服务质量提升行动。构建以养老服务三级中心为依托的居家和社区养老服务网格，优化养老服务供给。加快构建未成年人保护工作体系。加强困难群众保障和特殊人群关爱工作，加强和规范精神障碍社区康复服务工作。统筹做好社区应急管理和平安建设，建立矛盾纠纷动态排查和多元化解机制。

（四）统筹社会资源，凝聚城乡治理工作合力

推进乡镇（街道）社工站平台建设，创新社区与社会组织、社会工作者、社区志愿者、社会慈善资源联动机制，做到资源上再集聚、力量上再整合、服务上再协同。推广"乡街吹哨、部门报到"工作机制，做实共驻共建，打造"党建工作联做、社区资源联享、公益事业联办、服务难题联解、精神文明联创、社区治安联防"的利益共同体。以群众需求为导向，培育扶持基层公益性、服务性、互助性社会组织，完善基层志愿服务制度，推动服务力量向服务群众一线汇聚。

（五）推进队伍建设，激发社区治理生机活力

加强乡镇、村居干部队伍建设，推动人员编制、治理资源向基层倾斜，加强教育培训和作风建设，完善考核评价和监督管理机制，因地制宜，建立科学化、差别化的考核评价和监督体系。培育城乡基层治理专业化、职业化、规范化队伍，健全社区治理人才培养和购买服务机制，打造一支数量充足、结构合理、素质优良、善做群众工作的社区工作者队伍。将社会工作专业人才纳入全省人才培养体系，鼓励、吸纳更多的高校毕业生到基层就业创业，为社区治理提供人才保障。

（六）加强创新示范，提高社区治理整体水平

积极申报国家级社区治理和服务创新试验单位，争创全国和谐社会建设示范单位，在全国打响安徽省社区治理创新品牌。巩固社区减负专项行动成果，深入开展"社区万能章"治理行动。加强基层智慧治理能力建设，推动大数据、人工智能、区块链等现代科技与基层社会治理深度融合，完善基层社会治理工作流程智能化再造，打通数据"孤岛"，增强社区信息化应用能力和网格化服务管理能力，积极探索适合安徽实际的智慧社区建设路径，为全国智慧社区建设提供安徽经验。

良好的城乡基层治理是保持社会和谐稳定、让人民过上美好生活的前提

和保障。近年来，安徽省各级党委、政府高度重视基层社会治理创新，先后出台城乡社区治理、社区管理体制改革、社区民主协商等方面的一系列文件，推动党领导下的基层治理水平不断提高，"国字号"改革试验成绩显著，形成了具有安徽特色的城乡基层社会治理创新路径。总结过去，展望未来，要提高政治站位、深化思想认识、增强行动自觉，坚持以党建工作为统领，牢固树立以人民为中心的理念，进一步提升基层政权为民服务能力，继续完善"三治融合"社会治理体系，深入推进城乡基层民主协商，全方位打造智慧社区建设，立足地方特色优势，面向长三角，在协作融合中推进安徽城乡基层治理高质量发展。

第一篇 乡镇政府
服务能力建设

优化政府服务管理机制
增强社会治理整体成效

——太湖县江塘乡政府服务能力建设经验

江塘乡位于安徽省太湖县西南部，全乡总面积 101 平方千米，距县城仅 9.5 千米，安九高铁、S246、102 县道、020 县道穿境而过，是县城区的后花园和农副产品供给基地。全乡总人口 3.7 万人，辖 11 个行政村，315 个村民小组。

江塘乡地处大别山脉南坡，为丘陵地区，以扁石黄红壤、扁石黄红土和红壤性土为主，部分地区属酸性朱砂泥和石灰岩土。地下藏有红色黏土岩中的凸镜状赤铁矿、五通石英砂岩、朱罗煤、绢云母片岩等。

境内山清水秀、山多林丰。全乡山场面积 4133 公顷，其中林地 3266 公顷，森林覆盖率 47%；耕地面积 3453 公顷，其中水田 2886 公顷，农作物以水稻、棉花为主，盛产小麦、山芋、油菜、花生、豆类、茶叶、蚕桑等。养殖业以猪、牛、鸡养殖为主，盛产鸭、豚等。林木以松树为主，盛产杉树、桑树、果树等。

近年来，江塘乡认真贯彻落实中央、省、市、县关于加强乡镇政府能力建设的部署要求，在加强组织保障、完善乡政府服务管理机制、提高乡政府服务管理能力等方面进行了探索和尝试，加快构筑职能科学、运转有序、保障有力、服务高效、人民满意的乡镇政府服务管理体制机制。

一　主要做法

（一）加强组织保障

1.强化组织领导和工作责任

江塘乡党委、政府把加强乡镇政府服务能力建设摆上重要议事日程，将其作为深化改革的一项重要内容，成立江塘乡政府服务能力建设示范点领导小组，加强统筹协调，抓好组织实施。

2.切实发挥乡党委的领导核心作用

江塘乡党委坚定正确政治方向，强化政治引领功能，保证党的路线方针政策得到坚决贯彻落实，加大各项改革工作力度，巩固党的执政基础。加强对乡政府的领导，支持乡政府依法行使职权，扎实开展服务能力建设，提高服务经济社会发展和人民群众的水平。严格落实全面从严治党责任，配齐配强乡纪委班子，支持纪委履行党章赋予的监督执纪问责职责。不断加强党委自身建设，切实把农村基层党组织建设成为落实党的政策、带领农民致富、密切联系群众、维护农村稳定的坚强领导核心。

（二）完善乡政府服务管理机制

1.优化机构设置

坚持精简、统一、效能原则，着力构建"小政府、大服务"。统筹资源配置，优化组织结构，根据职责分类和工作实际，设置"五办一中心"，即综合办公室、经济发展办公室、社会事务办公室、党建办公室、综治维稳办公室、为民服务中心。

2. 整合基层执法力量

设立综合行政执法大队、安全办、司法所等执法部门，建立乡镇综合执法有效形式，开展综合执法工作。加强对行政执法工作的管理，结合权责清单，规范行政裁量权，建立行政执法责任制，编制执法流程，规范执法行为。

3. 完善乡财政管理体制

实行分税制，建立独立的乡级财政运行体制，乡政府负责编制乡财政预算和决策草案，具体组织预算的执行，自行管理国库的支出权及总会计核算业务。

4. 完善综治维稳机制

推进信访维稳工作资源有效整合，设立乡综治中心，将综治、信访、司法行政等方面工作人员和社区民警、人民调解员、社区网格员等相关人员纳入综治工作站统筹管理，建成综治信访维稳工作联动、联防、联治运行平台。完善相关制度，建立科学高效的工作管理体系，提升工作能力和水平，推动乡综治信访维稳工作规范化、制度化、法治化。加大社会矛盾纠纷排查调处力度，强化矛盾纠纷排查调处协调机制，健全矛盾纠纷排查调处工作制度，建立排查台账，实行"周排查、半月报、零报告"和重大事件即时报告制度。按时召开四项排查会议，每半月召开一次综治中心人员矛盾分析会议。做好信访积案化解工作，做好重要时期维稳工作。在重要时间节点，严格落实综治维稳信访包保责任，综治维稳工作专班全员值守，做好重点人员稳控工作，确保重要时期无越级上访、集体上访事件发生。深入开展"无邪教"宣传教育活动，持续加强社会治理，使社会治安环境明显好转。

二　主要成效

通过一系列的举措，江塘乡服务能力不断提升，办事人员综合素质、服务能力、服务态度不断转好，为群众办了更多实事、好事。

事例一：安徽省流动人口信息化业务管理系统显示，江塘乡江塘村五星组张某 2019 年 8 月 6 日流出到安徽省合肥市高新区长宁社区祥湖社居委祥源城 8 号，建档前（办事前）江塘乡村级计生信息就对张某信息地址进行了采集核对，并上报江塘乡计生办流动人口管理员进行建档管理，以便于张某在居住地享受到卫生、计生均等化服务。建档过程中（办事中），由于居住地未及时建档，张某外出信息始终存在一方未管理状况，第二天早上，江塘乡流动人口管理员就将张某外出信息通报给居住地计生办建档管理。第三天，江塘乡流动人口管理员在流动人口监测平台监测到流出和流入地的流动人口建档率为 100%，才得知张某居住地已建档管理。可见通过流动人口信息平台，切实维护流动人口合法权益，促进社会融合，推进流动人口基本公共服务均等化，对于破解流动人口计划生育难题，加快构建全国"一盘棋"格局，全面提升人口和计划生育工作水平都具有十分重要的意义。

事例二："您好，我这里是江塘乡法律援助工作站，有什么需要为您提供服务的？"这是金某华亲属打来的一个咨询电话中的工作人员的话语。时间回到 2019 年 7 月 2 日 17 时 09 分，太湖县江塘乡龙山村金某华在方洲农业公司承包经营的石河水库喂鱼料过程中，不慎落水，因打捞抢救无效死亡。其亲属毫无头绪，不知所措，需要获得法律援助。这是人命关天的大事，乡综治中心立即向分管领导、主要领导汇报，迅速启动应急预案，并成立事故调查组、维稳组、法务组。经过调查发现，有三位股东合伙承包经营水库，从事养殖业，受害者与他们是亲属关系，最终当事双方均表示愿意接受调解。经过 16 个小时的连续奋战，这起重大工伤死亡事故最终得到妥善调解，金某华亲属的合法权益得到维护。金某华家属拿到 92 万元赔偿款后，泪汪汪地说出了一句让大家非常感动的话："还是现在的法治社会好，让我们老百姓不拿一分钱打官司，都能拿到赔偿款。我在会上发了那么大的火，请你们原谅，感谢你们！"

这样的例子数不胜数，自江塘乡加强政府服务能力建设以来，政府公共服务能力的提升更加注重贴近实际，将日常工作需要融入自身职能转变中，做到与民情、民生相结合，提高群众参与度和认可度。

（一）疫情防控稳中有进

坚持人民至上、生命至上，严格落实一级响应，累计投入资金120万元，建立健全疫情防控体系，坚决贯彻"四早"要求，动态开展"五个清仓见底"行动，实现了零病例目标。在全县转入低风险地区后，扎实开展多种形式的"四送一服"活动，以最短的时间复工复产、复商复市。疫情防控转入常态化后，全面落实"外防输入、内防反弹"的各项措施，防控成效持续巩固。在疫情防控中，医护人员义无反顾、冲锋在前，党员干部、单元长、联防长及志愿者坚守岗位、默默奉献，3.7万江塘人民同舟共济、守望相助，以实际行动彰显了伟大的抗疫精神，筑起了坚不可摧的钢铁长城！

（二）经济发展明显增强

工业经济逆势上扬，雅达科技、沃福科技成功申报规上企业，规上工业产值增幅达18%。完成5000万元以上项目入统1个、5000万元以下项目入统4个。农旅产业稳步发展，农村集体产权制度改革任务高质量完成，农村宅基地登记发证和农村"三变"改革工作稳步推进。"一种两收"再生稻播种面积3285亩，双季稻种植面积728亩，实现了单产和收益双提升。生猪稳产保供及重大动物疫病防控工作扎实有效推进。积极培育壮大新型农业经营主体，新增国家级合作社1家、省级家庭农场1家。农业、旅游业融合发展，锦田生态成功落户，田园大塘启动建设。村级集体经济大幅增长，年度实现村级集体经济收入342.9万元，3个村突破50万元。招商引资成效显著，吸引外商投资2.9亿元，引进总部经济项目4个，完成纳税391.2万元，圆满完成年度招商引资任务。

（三）三大攻坚战成效显著

脱贫攻坚圆满收官，持续保持攻坚态势，聚焦"三户一体"重点人群，紧盯核心指标动态清零。深入推进"十大工程"，实施危房改造 28 户，教育资助 1348 人次，实施到村产业项目 13 个，到户产业资金补助 233.2 万元，扶贫小额信贷工作获全县第一名。高质量通过贫困县摘帽验收、国家脱贫攻坚普查、脱贫攻坚第三方评估验收、国家及省级扶贫项目资金绩效评价考核等多项考核工作，得到上级组织高度肯定。徐智慧同志被评为全省脱贫攻坚先进个人。生态治理有效改善，省环保督察反馈问题整改完成。总投资935.8 万元的集镇区生活污水处理改造提升工程进展顺利。深入推进"林长制"、"河长制"和"塘长制"，清理因松材线虫病枯死树木 6600 吨，完成新造林、森林抚育 3900 亩。森林防火形势持续好转。河湖"五清四乱"专项行动扎实有效开展，创建幸福河湖 8 个。秸秆焚烧全年无卫星火点，秸秆综合利用率达 95.9%。重大风险平稳可控，村级债务化解成效显著，全乡11 个村的债务全部"清零"。农民专业合作社资金互助风险管控能力不断提升，停业 4 家、注销 4 家，投放规模分别压减 38.6%、13.5%。

（四）生态环境明显改善

S246 一级路征迁工作在全县率先完成。实施农村扩面延伸工程 27 千米，村级道路安防工程 7 千米。龙寨、小宫 6000 亩的高标准农田项目稳步推进，大塘、五星、龙山、五一四个村的农田水利"最后一公里"项目进展顺利。认真开展土地卫片执法整改，新增耕地 80 亩。成功引入花亭湖水源，农村供水运行方式加快转变，每名群众喝上"放心水"的愿望基本实现。乡村面貌更加亮丽。集镇区外环路建设正式启动，2019 年何墩、东升两个省级中心村，龙山县级中心村建成并通过验收。2020 年毕岭、龙寨两个省级中心村启动建设。改造危房 30 户，改厕 583 户，城乡环卫一体化交接工作在全县率先完成。

（五）民生福祉明显增进

投入资金 3244 万元，高标准实施 31 项民生工程，获评太湖县民生工程先进单位。新增返乡、下乡创业 160 人，转移劳动力 370 人，技能培训 1120

人，推荐 90 人到园区就业。发放低保资金 519 万元、"五保"资金 103.5 万元、残疾人补助资金 91.4 万元。城乡居民养老保险参保 16314 人，人均缴费水平 584 元，城乡居民医疗保险参保 31797 人。社会事业全面进步。适龄儿童入学率、在校学生巩固率均达 100%。安徽省太湖中学中考录取人数在全县同类学校中位居前列。新改建 8 个村级标准化卫生室，促进卫生健康提质增效。3 个村级文化服务中心建成投用，成功举办 11 场"村级春晚"及各类节庆文艺演出活动。争取中共太湖县第一个支部旧址修缮资金 258 万元。获评安庆市第三批"扫黄打非"进基层示范点。平安建设扎实有效。扫黑除恶专项斗争转入机制化、常态化。安全生产形势稳中向好。扎实做好信访维稳安保工作，基层"五治"体系加速融合，全年调解化解纠纷 98 起，获批全省社会治理创新试点乡镇。连续四年完成征兵任务，乡武装部和退役军人服务站标准化建设完成。

（六）政府效能持续优化

加强党风廉政建设，持续深化"三个以案"警示教育，力戒形式主义、官僚主义。坚持依法行政，定期召开乡长办公会，"七五"普法顺利完成。主动接受人大法律监督、政协民主监督，全年办理人大代表建议 14 件。项目建设机制不断完善，内审监督扎实开展。乡村两级激励约束机制不断健全，政府效能全面提速，成功创建全县唯一的市级标准化为民服务中心，各项工作取得新成绩。

三　推进之策

（一）加强人居环境治理，优化绿色发展的生态环境

全面落实河长制、路长制、塘长制、林长制，真正做到各长"见到人"，任务"见到事"，成果"见到效"。巩固优化农村安全饮水工程。扎实开展"五清四乱"专项行动，制定严厉的奖惩措施。深入推进农村人居环境整治

和县、乡、村道路管护，完善美丽乡村和农村垃圾治理长效管护机制，完成年度改厕任务。持续推进村庄清洁行动，坚决杜绝为了"温饱"不顾"环保"的行为。健全自治、法治、德治相结合的乡村治理体系，积极倡导文明生活，树立乡村文明新风尚。

（二）聚焦保障改善民生，增强人民幸福感

精准对接群众需求，扎实推进民生工程，完善社会保障体系。严格落实包保责任，持续加大宣传力度，持之以恒做好各类防疫工作。加大社会救助力度，做好城乡低保人员、特困供养人员等特殊群体兜底保障工作。深入实施全民参保计划，加大征缴扩面力度，实现城乡居民养老保险、医疗保险应保尽保。不断提高基本医疗卫生服务水平。加快补齐基础教育短板，加大教育激励力度，全面提升教育教学质量。推进现代公共文化服务体系建设，开展文化惠民和全民健身活动。

（三）建设平安法治社会，完善文明和谐的治理格局

健全基层群众自治制度，注重发挥自治章程、村规民约在乡村治理中的积极作用。以社会主义核心价值观为引领，与时俱进，制定适应时代需要的乡规民约。深入开展安全生产事故隐患大排查、大整治，有效防范安全事故。加强应急管理能力建设，做好防汛抗旱、森林防火、地质灾害防治等工作。深入开展法治宣传教育，落实"七五"普法各项任务。进一步完善信访调处机制，严厉打击缠访、闹访行为。强化司法所、法律服务所、人民调解组织建设，积极预防和妥善处置各类群体性事件。深入推进扫黑除恶专项斗争，重拳打击各类违法犯罪活动，严厉打击各类阻碍江塘发展的人和事，靠法治推进发展，靠法治调处矛盾，靠法治扶正祛邪。全力维护社会稳定，构建和谐江塘，凝心聚力推动各项事业高质量发展。

（四）切实强化责任担当，推进依法行政

坚持党对一切工作的领导，坚持用习近平新时代中国特色社会主义思想

武装头脑、指导实践、推动工作，增强"四个意识"，坚定"四个自信"，做到"两个维护"。健全科学民主依法决策机制，深化政务公开、舆情回应。主动接受人大监督和社会舆论监督。持续加强业务学习，深入基层、深入一线发现问题、解决问题，把抓落实作为政府工作的生命线，不断增强执行力。严格落实党风廉政建设"一岗双责"责任制，严格执行中央八项规定及其实施细则，持续深入纠"四风"，力戒形式主义、官僚主义。

新理念赋予新使命，新格局呼唤新担当。江塘乡始终把政治建设摆在首位，牢记初心使命，勇于担当作为，加快建设人民满意的服务型政府。下一步，江塘乡将结合实际，深入分析本乡政府服务能力建设方面存在的薄弱环节，有针对性地研究制定加强乡镇政府服务能力建设的具体措施，不断提升政府的服务能力和水平。

提升政府服务能力 助推乡村全面振兴

——合肥市包河区大圩镇政府服务能力建设经验

包河区大圩镇位于合肥市城区东南"上风口"，镇域总面积 37.92 平方千米，人口约 2.6 万人，曾先后荣获国家 4A 级景区、全国文明村镇、国家卫生镇等 19 项国家级荣誉。大圩镇镇域特点明显，总的来说呈现出四大特点。一是区位优势独特。东临南淝河，南濒巢湖，离省政务中心、高铁南站、绕城高速仅 10 分钟车程，是全省乃至全国离省委、省政府最近的乡镇。二是产业形态多样。全镇境内半圩半岗，一、二、三产业齐备。其中圩区以都市农业和乡村旅游发展为主，岗区是生态、科技、文化、金融、教育等高端产业的集聚区。三是空间格局内涵丰富。既有 4A 级国家农业旅游景区，又有全省调转促新标杆——滨湖卓越城主园区；既有 4 万亩葡萄、草莓、蔬菜等农作物生产农区，又有全市最大的农村回迁社区——金葡萄家园。四是人员构成多元。全镇不但拥有大量本土居民，外来务工人员也不断涌入，更吸引了一批艺术家、科学家、金融家、教育家等高素质人才集聚。

一　实践做法

党的十九大之后，全国上下掀起了乡村振兴的高潮，大圩镇成为包河区乡村振兴主战场和"一体三翼"发展战略的重要组成部分，面对新形势、新要求，如何更好地服务群众、服务发展，提升政府的服务质量和服务能力，显得尤为迫切。

（一）坚持党的领导

始终将加强和改善党对"三农"工作的领导，提高新时代党领导农村工作的能力和水平作为最根本的任务来抓，基层党组织的战斗堡垒作用进一步加强。近年来，坚持每年整顿一个软弱涣散村党组织，实行领导干部包联制度，选派优秀机关干部担任村第一书记，不断夯实基层基础。坚持选优配齐村"两委"干部，在村"两委"换届选举工作中，提前遴选大专以上学历的年轻大学生、退伍军人到基层工作。

（二）夯实服务平台

为更好地适应美丽乡村和都市农业转型升级的实际需求，采取以下举措。一是做好"互联网+政务服务"平台前期建设。全面贯彻落实中央和省、市、区关于深化"放管服"改革，推进"四最"营商环境、"四送一服"双千工程、"互联网+政务服务"等的一系列要求，深入"一网一门一次"改革，变"群众跑腿"为"数据跑路"，变政府部门"端菜"为企业和群众"点菜"，打造最优营商环境。大圩镇"互联网+政务服务"共录入镇级服务事项139项、村级服务事项64项，皖事通APP注册人数达7000人。二是设立"党群365服务平台"。"党群365服务平台"设有综治与法律咨询、小额贷款、农资采购、技术指导、土地确权、党员教育管理等10项服务，制定了首接负责、登记报告、全程代办、结果反馈和责任追究等5项制度，配有7名办事能力强、服务态度好的工作人员，保证事事有人理、件件有着落。三是成立了金葡萄社区综合服务中心。通过组建金葡萄社区"居民自治委员会"、"工作协商委员会"和"道德评议委员会"，支持和帮助居民群众养成协商意识、掌握协商方法、提高协商能力。通过政府购买服务引进专业团队，开展各类活动，强化"三社联动"，推进"红色领航 和美小区"建设。四是建设"金牌店小二"企业投资项目审批代办中心。为进一步优化营商环境，为企业发展提供"五星级服务"，推动企业投资项目早落地、早开工、早投产，大圩镇积极开展相关工作，筹备建设"金牌店小二"企业投资项目审批代办中心。五是促进农业转型升级。逐步构建起以产业联盟为龙头、以产业协会为支撑、以产业联合体为基础、以党群服务中心为保障的生产经营组织管理体系。都市农业产业正逐步实现由分散生产到集约经营、有序竞争，由盲目发展、参差不齐到品牌保护。大圩葡萄被国家质检总局评为国家农产品地理标志保护产品。

（三）创新机构设置

一是根据大圩镇的农业、旅游发展的实际需要，设置了农旅办。进一步整合农业和旅游发展资源，都市农业和乡村旅游取得双丰收。连续多年成功举办葡萄文化旅游节，特别是 2017 年成功举办了中国葡萄学术年会，获得"中国葡萄特色小镇"称号，大圩葡萄获得国家生态原产地产品保护认证。连续四年成功举办中国田协注册的合肥大圩国际半程马拉松赛，成为省体育局首批体育特色小镇共建单位。大力推广全省首批"三变"改革试点村、新民村经验，不断壮大村集体资产，有效拓宽村民收入渠道，南淝河沿岸 6村"三变"改革、集体产权制度改革全面完成，全镇农村集体资产清产核资工作如期完成，一、二、三产业发展深度融合。依托乡村振兴项目——圩美磨滩，借助"镇+公司+X"模式，将原村民搬迁，由公司改造运营，着力引爆新乡村旅游经济增长点，满足市民新需求。二是以信息技术为支撑、以力量整合为保障设置了综管办。将市容所、城管办、环保办等多个部门的职责统合到综管办，实现"单兵作战"向"联勤联动"转变，辅助执法人员由"一岗一职"向"一岗多责"转变。三是针对圩区乱搭乱建、违规用地、环境脏乱差现象，设置了网格办。明确网格员的权力和责任，避免了事无人管、互相扯皮的现象。2020 年 60 个基本管理网格共处理了 2435 个问题，拆除土地硬化、违章搭建 36 处，面积共 11192 平方米。以"大棚房"整治为契机，坚持"农地姓农"，加大对违法用地、违章搭建、乱倒渣土等行为的整治力度，取得了显著成效。

（四）优化服务机制

一是成立大圩镇都市农业产业联盟。优化基层党组织设置，强化区域化理念，以"聚合"资源为抓手、"提升"产业为载体、"共享"发展为目标，统筹资源，优化配置，切实打破传统基层党建工作"小循环""内循环"，把党支部建在产业链上，把党员集聚到产业中，把群众带到致富项目里。在全镇范围内，围绕蔬菜、葡萄、莲藕、苗木、草莓、农家乐及体育休闲等七个支柱行业，组建七个产业协会。引导企业和种植户按照"自愿相近"原则，每 10 户左右组成一个产业联合体，构建起"产业联盟—产业协会—产业联合体"生产组织体系。截至 2021 年 12 月，已发展了 190 多个产业联合体，已有 2415 户 11672 人参与合作经营，其中党员 722 名。都市农业和乡村旅游的发展质量和效益得到进一步提升。二是制定大圩镇机关干部"田间地头"工作法。做到"干部进田间，问题找出来，事情解决掉"，进一步锤炼干部作风，密切党群、干群关系，培育一支"身上有土气、工作接地气、说话有底气"的"三农"干部队伍。网格化管理通过镇村 200 多名党员干部深入田间地头，开展技术指导、环境保护、垃圾清除、文明宣传等各类专项整治工作，有效解决了农业生产的突出问题，生态环境实现了美丽宜居，农区管理更加科学化、精细化、智能化。

（五）丰富服务载体

依托"一平台五基地"，即"党群 365 服务平台"、"党性教育"拓展基地、"双培双带"实践基地、"新型职业农民"培育基地、"双向带动"示范基地、"生态发展"引导基地，形成了全覆盖、广吸纳、强活力的开放式党员活动中心。把党员教育培训从室内搬到室外，把讲理论融入授技能。培养一批在种植上有方法、在市场营销上有技巧、在经营管理上有办法的党员能人，切实提高农村党员的致富带富能力。围绕农村实际需求，推动解决农技服务"最后一公里"问题。大圩镇定期邀请安徽省农科院、安徽农业大学等单位、高校的专家学者深入田间地头"问诊把脉"，现场指导农户，同时开展了以"精品葡萄科学种植技术培训""农产品药物安全使用""网络农产品营销"等为主题的 10 期培训班，参与农户达 1800 人次。与中化化肥开展合作，在部分葡萄园试点实施"水肥一体化"项目，在从种植到采摘的整个过程中，中化技术人员随时跟踪监测，在节肥节水、省工省力的同时大大减小水传播病害的概率，助力增产增收。截至 2021 年 12 月，全镇各村已开展送技术、送科技 110 余次，印发科普宣传材料 16000 余份，近万名农民在田间地头学到了科学种植的先进农科技术。成立农村电子商务综合服务站，实现了农产品线上、线下同步销售。借助物联网小镇同城电商系统建设，大圩镇着力打造"七彩田园"电商平台，努力实现全程产业链上标准化运作，统一采购，统一包装，统一运营，统一配送，统一售后。

二　主要成效

（一）提升了政府的公信力

一是坚持依法行政。牢固树立法治思维，成功创建合肥市第三批依法行政示范单位，落实好政府法律顾问制度。坚持重要事项向党委报告，自觉接受镇人大的工作监督、法律监督和社会监督。认真落实人民代表大会各项决议，办理好人大代表议案、建议和政协委员提案，充分听取各方意见。二是规范工作程序。认真履行"两个责任"，坚守干净从政底线。严格落实党风廉政建设责任制，长期执行中央"八项规定"，控制"三公经费"支出，降低行政成本，把更多的物力、财力用在促发展、惠民生上。扎实开展廉政风险防控，加强对财政资金、土地管理、征迁安置、工程建设、招投标、"三资"管理、民生工程等重点领域的管理和监督检查，政府行政行为更加规范。三是建立社会监督机制。深入推进政务信息公开，切实保障人民群众对政府工作的知情权、参与权、表达权和监督权，建立信访接待制度，主动接受群众监督，让依法行政工作在阳光下运行。积极做好公民、法人和其他组织对执法方面的投诉和举报办理工作，提高政府工作的透明度和公信力。

（二）提高了群众的满意度

一是做好民生工作。积极落实就业创业政策，举办招聘会，开展就业技能培训，精准发放创业贷款。城乡居民养老保险、城镇居民医疗保险基本实现全覆盖。密集织就低保、"五保"、医疗、临时救助、重度残疾人生活救助兜底保障网，纵深推进全面二孩和计生惠民工作，连续 11 年蝉联全市计生工作先进乡镇。二是宣扬社会正能量。大力弘扬社会主义核心价值观，全力打造家风家训一条街，开展大圩十大文明户，十佳好婆婆、好媳妇、好妯娌，十大女杰评选，以及"推乡贤、评乡贤、学乡贤"和"文明乡俗三字经"等活动。三是丰富群众文化生活。不断完善农村综合文化服务中心、农家书屋"悦书房"、城市阅读空间等村（社区）文化设施建设，推进电影进社区，送戏下乡，积极开展农民运动会。

（三）营造了良好的发展环境

一是生态环境良好。通过全方位植绿，全流域治水，全年度禁燃，全天候整乱，认真落实林长制、河长制，不折不扣推进农村环境"三大革命"，加强环保督察监管，坚守住了大圩的绿水青山，为发展留下了金山银山。二是发展平台大。作为包河区"一体三翼"战略发展的重要组成部分，滨湖卓越城的主区域在大圩，文化园一期已经建成封顶、合肥工业大学智能制造技术研究院已经开工建设，上海世界外国语学校秋季将迎来新生。金融小镇和"圩美磨滩"乡村振兴项目破土动工。三是高端人才集聚。要发展，人才是关键，凭借着卓越城的巨大吸引力，大圩镇集聚着一大批艺术家、科学家、金融家、教育家等高端人才，还有大批高学历的白领阶层人士及专业技术人员。

三　未来展望

通过近几年的不懈努力，大圩镇政府服务能力和服务水平得到了显著的提升，但是我们也清醒地认识到在服务群众、服务发展方面还有一段很长的路要走，主要存在以下几个问题：一是镇村干部服务群众意识有待进一步强化；二是镇村干部服务群众能力有待进一步提高；三是缺乏对上级派驻部门的管理权限。因此，将从以下几方面继续努力。

1.加强宣传教育，进一步深化对当前乡镇政府职能的认识

通过"不忘初心、牢记使命"主题教育，使全镇广大镇村干部提高政治站位，坚持懂经济、懂农业、会服务的干部意识形态导向，树立服务型政府理念，把精力汇集到提升社会治理和公共服务水平上，有效推动和促进全镇经济社会发展。

2.创新培训形式，进一步提升镇村干部服务群众的能力

运用"乡镇+乡镇"培训模式"走出去"和"引进来"。相互学习、相互借鉴，利用先发地区的资源进行系统培训，"借人育才"。邀请其他乡镇培训工作人才，就党员干部素质需求和经济社会发展中的热点、难点问题开展专题讲座，进一步开阔党员干部思路，培养他们的国际视野和战略眼光。让现场教学"沉下去"，"就地育才"。充分挖掘培训资源，把培训班带到企业、田间地头，开展现场体验式教学。

3.建立协调机制，进一步推进乡镇政府与区直部门派驻机构的统筹管理

定期召开驻地站所工作协调会，厘清各自职责和任务；垂管站所与乡镇政府签订年度任务责任状；派驻机构负责人的人事任免应事先征求乡镇意见；派驻机构负责人要在乡镇进行年度述职，接受服务对象评议。切实赋予乡镇对垂管部门双重领导的实质性内容，以便做到步调一致、协作共事，形成工作合力。

建立"网格红管家" 引领基层社会治理

——合肥市庐阳区三孝口街道治理创新经验

基层社会治理是一项系统工程,涉及人民群众的切身利益。庐阳区三孝口街道是典型的合肥市老城区街道,面积约3平方千米,下辖6个社区,总人口8万余人,管理党员2403名,辖区内驻地单位众多,商务楼宇林立。随着老龄人口比例逐步上升,辖区面临的问题和需求日益复杂和多元。如何做好新形势下为民服务工作,把居民的邻里纠纷、生活困难等矛盾问题解决在一线,让居民不仅能在第一时间找到人,更能在第一时间解决事,真正把为民服务做到居民心坎里,不断提升居民幸福指数,是三孝口街道一直思考的问题。近年来,三孝口街道结合辖区实际情况,积极探索党建引领基层治理的有效途径,不断促进现代网络信息技术在城市基层党建和基层治理中的有效运用。扎实有效推行"网格红管家"治理模式,先后打造社区"小红帽"党员志愿者巡逻队、社区志愿服务"爱心银行"、大学生"小巷总理"志愿服务队等特色党建服务品牌,构建起多方协同、管理高效的党建引领基层社会治理新模式。

一 具体做法

以构建"民情全掌握、工作全覆盖、服务全方位"的基层网格为抓手,让小网格在基层党建和社会治理中发挥大作用,不断推动党建引领基层社会治理走深走实、见行见效。

(一)围绕提升向心力,建强"网格红管家"队伍

坚持"做实网格、做优服务"的工作思路,进一步划细责任单元,延

伸党建触角，夯实基层党建基础。

1. 推动组织向网格覆盖

坚持户数相当、难易结合、任务均衡的原则，在数量上按照每 300 户左右为一个网格，在地域上按照 10 分钟工作处置半径为一个网格，将全街道 6 个社区划分为 20 个片区 88 个网格，每个网格管理 3~10 个楼栋，初步建立起"社区—片区—网格—楼栋"的四级管理体系。强化党组织领导核心作用，建立"社区党委—片区党总支—网格党支部—楼栋党小组"四级组织架构，确保党的组织建设与网格建设同步谋划、同步推进，不断把党的工作向基层延伸、在末端落实。

2. 推动力量向网格下沉

严格落实"一格六员"，通过个人报名、群众推荐、组织选派等方式，在社区工作人员、民警、专业社工、楼栋长、志愿者中遴选 600 余名党员，让其分别担任网格党建指导员、协调员、管理员、信息员、安全员、监督员，按照"一岗多责、一专全能"的要求，坚持"先学后考、合格上岗"，加强对网格员的岗位培训，着力打造"全科型"网格员队伍。

3. 推动资源向网格集聚

牢固树立区域化大党建理念，整合街道组织、综治、民政、城管信息资源，开发"红色网格"系统，实现信息互通、资源共享。围绕实施"聚力党建"，深入推进街道"大工委制"和社区"大党委制"，引导 27 名街道、社区兼职委员以及 98 家驻地机关单位、物业公司、非公企业和社会组织的负责人等在职党员参与网格管理。以开展党建项目对接为抓手，积极引导驻地机关、企事业单位的资源，如学校运动场、环卫工人驿站、单位礼堂等向居民开放、为居民所用。

（二）围绕提升作用力，规范"网格红管家"管理

以健全完善工作机制为抓手，推动网格有力、有序、有效运行，促进党建工作与网格管理深度融合。

1. 规范问题处置机制

实行三个"半小时"巡查制度，即每天早晨上班前利用半小时对网格内的环境秩序进行巡查，上午、下午各利用半小时在网格内入户走访，及时"看变动、知诉求、查问题、化矛盾"。针对巡查中网格员一时无法协调解决的问题，通过问题交接单逐级上报，社区、片区、网格上下联动，党委、党总支、党支部协同发力，确保问题个个有回应。

2. 健全督查考核机制

深入开展"亮身份、作承诺、当先锋、树形象"活动，将社区网格员个人姓名、职务、联系方式等信息在手机微信群以及楼道立面等进行公示，接受群众监督。严格效能督查，通过随机抽查、明察暗访等方式，围绕中心工作、办事效能以及群众反映强烈的热点、难点问题进行重点检查，并将督查结果与网格员年终考核、绩效奖惩直接挂钩。由街道党工委班子成员任组长，每周开展督查不少于3次。坚持每季度对网格工作进行综合考核，建立网格工作与为民服务"双百分"评判制，社区、片区、网格三级党组织负责人每年面向社区党员进行党建工作述职，接受民主评议。

3. 完善奖惩激励机制

制定绩效考评办法，进一步激发网格员扎根基层、服务群众的热情。畅通晋升渠道，完善淘汰机制，先后选拔10多名素质过硬、表现优异、群众认可的网格员进入社区"两委"班子，2名不胜任片区长的社区"两委"班子成员被及时调整，6名街居干部因工作疏漏被通报，形成了"能者上、庸者下"的鲜明用人导向。

（三）围绕提升组织力，凸显"网格红管家"功能

紧贴老城区实际，以全面提升组织力为重点，充分依托网格，扎实做好基层组织建设、社会治理、为民服务等工作，着力增强基层党组织的政治功能与服务功能，不断厚植党的执政基础，提升居民群众的幸福指数。

1. 扩大"两个覆盖"

针对辖区楼宇、企业集聚的特点，成立东怡金融广场楼宇党委，党组织

建设覆盖 179 家企业，促成东怡金融广场楼宇党委与省地税局机关党委结对共建，通过开设社区志愿服务"爱心银行"、党建"项目超市"等，努力实现"楼宇经济和楼宇党建双提升"。开展"楼宇社区"建设试点工作，整合税务、安监等行政资源，派驻"一楼九员"的综合服务团队，为企业提供党建工作、政策咨询、手续办理、物业协调等一站式服务，进一步深化楼宇党建内涵。强化网格兜底作用，先后在老报馆特色街区、城隍庙市场、百大CBD 商圈等新兴领域建立党组织 48 家，激活党的"神经末梢"。

2. 深化社会治理

坚持在网格党支部的领导下，鼓励和引导网格内居民自治共治。注重发挥网格骨干和居民党员的作用，加强对辖区内重点信访人员、重要防范区域的全天候管控，常态化开展社区"小红帽"党员志愿者巡逻，确保"问题提前掌握、措施提前制定、预防提前开展"。通过居民议事会初定、网格党支部把关的模式，充分尊重居民的主体地位，引导居民有序参与社会公共事务管理。

3. 做好为民服务

动员广大青年积极响应党和国家的号召，立足基层、服务基层、发展基层，引导大学生"小巷总理"团队广泛开展系列志愿服务活动，为构建和谐社区奉献青春、智慧和力量，不断擦亮"小巷总理"的服务品牌，为青年实现出彩人生搭建舞台。同时，深入开展"四联四定"和"在职党员进网格"活动，引导网格党员主动参与文明创建、城市管理等工作，努力畅通联系服务群众的"最后一公里"。

二　成效与反响

坚持立足城市基层工作实际，着力提升网格党组织的凝聚力、向心力和领导力，不断汇集基层资源、力量和智慧，推动党建工作与社会治理在基层末端的深度契合。

（一）大力创新"智治"，服务社会民生

依托党建网格四级组织架构，加快推进网格信息化建设，建成"一门式"受理、"全能化"服务的网格化信息平台，完善发现、立案、派遣、处置、核查、结案的闭环工作流程。结合实际在每个社区打造"两代表一委员"工作室，通过驻室接待、网上问答、走访指导等方式，近三年来，累计协调解决网格内重难点问题486个。

（二）推进多元共治，凝聚社会合力

每个网格内结合居民楼栋、特色街区、社会组织和志愿者实际，建立了以"小红帽"为代表的多个功能性党小组，服务内容涵盖居民群众生活中的家电维修、医疗义诊、文化娱乐等各个方面。在为企服务方面，围绕街区内东怡金融广场和赤阑桥文化广场等商业楼宇，探索建立了功能性网格，为企业解答问题、解读文件、推送政策，得到辖区企业的充分认可。

（三）完善居民自治，促进社会和谐

积极探索"党员之家"挂牌活动，引导65户党员家庭在楼道内发挥先锋模范作用，主动当好楼道政策宣传员、环境监督员、矛盾调解员、民意搜集员，用自己的言行感召群众、带动群众，先后化解矛盾、消除隐患620余起。充分发挥网格内党员楼栋长、居民老党员的政治优势，组建"两长多员队伍"，引导他们广泛参与到社区社会矛盾纠纷的排查和化解中，2020年以来，累计调解邻里纠纷927起，办结率为100%。

三 未来展望

（一）坚持党建引领，进一步夯实社会治理组织基础

坚持"网格化管理、组团式服务"理念，持续深化"支部建在网格

上"。结合区域化党建工作，以"夜访万家""一线为民工作法""四联四定"等为载体，引导在职党员和居民党员主动参与网格管理，积极发挥表率作用，形成了社区党建工作全覆盖、党员群众齐参与、360度全方位的社区治理模式。结合国家级便民服务标准化试点项目，持续把"网格红管家"作为为居民办实事的重要载体和抓手，加快实现"资源在网格叠加、力量在网格沉淀、工作在网格联动、矛盾在网格化解、任务在网格落实、感情在网格升华"，为辖区居民谋取更多的幸福感和获得感。

（二）深化平台建设，进一步增强社会治理智能化精准度

积极研发拓展网格信息平台功能，促进街道网格平台与各类服务平台的技术融合，切实发挥网格党建引领作用。整合基层综治、信访、安监、民政等各类管理服务资源，建立起资源共享、联动共管、全面覆盖、高效快捷的信息化管理体系。依托基础数据和居民互动平台的网格化管理机制，及时了解居民诉求，加强对重点人群、重要区域、重大事件的防控和监管，实现基层社会治理的智能化运作、精准化服务。

（三）狠抓共治共享，进一步提升社会治理能力现代化

深入贯彻以人民为中心的发展思想，持续扩大"国际安全社区"成果，进一步深化网格社会治理，发动居民群众、社会组织、辖区单位参与社会治理工作，不断壮大基层网格力量，实现政府治理和社会调节、居民自治的良性互动。

（四）加强队伍建设，进一步推动社会治理提质增效

持续加大便民、利民力度，坚持把群众满意度作为衡量基层服务工作成效的重要依据，按照全能网格人才的培养要求，坚持分层次、分类别地开展经常性学习培训，培养造就一支数量充足、结构合理、素质优良、爱岗敬业的社区网格服务队伍，鼓励他们积极探索符合辖区实际的新做法、新模式，切实做到社区综合治理工作有创新、有特色、有实效。

强化政府服务能力　提高公共服务水平

——合肥市包河区淝河镇政府服务能力建设经验

合肥市包河区淝河镇素有"水岸明珠、名将故里"的美誉。辖区面积21.2平方千米，居住人口16万人，下辖3个社区和6个行政村。淝河镇党委下设9个村和社区党委、1个镇机关党总支、4个镇直属党组织（招标集团党委、义兴建安党支部、五金商会党支部、安徽省装饰建材经销商会党支部），下辖党支部54个，其中镇机关党支部5个、村（居）民党支部35个、非公企业和社会组织党支部14个，共有党员1802名。淝河镇紧紧围绕淝河片区综合改造这一中心任务，深入践行"以人民为中心"的发展思想，全面加强乡镇政府服务能力建设，紧紧围绕人民群众的期盼，切实在民生痛点、难点、堵点问题上精准施策，用心用情办好民生实事，让民生更好地顺应民心，有效提升了乡镇政府服务能力。

一　实践做法

（一）强化公共服务职能，筑牢"红色堡垒"

近年来淝河镇在加强政府服务能力建设方面，以"五个一"（一封红色家书，一颗党员红心，一面党员旗帜，一群领头雁，一道防护墙）牢固树立党员先锋模范带头作用，把党组织从社区延伸到小区、楼栋，在小区建立党支部、在楼栋选拔楼栋长、单元长，构建小区党组织领导下的共建共治共享格局。按照"红色领航 和美小区"建设三年行动计划，有序推进16个小区建设工作，以老官塘社区、安百苑B区为试点，调整小区党支部设置，选拔楼栋长、单元长，常态化开展"八个到家"活动，以小区党建

"小单元"推动城市基层"大治理"。党员干部深入基层、投身一线，全心全意为百姓排忧解难，有序推进各项工作。

1. 牢固树立理想信念，发挥乡镇党委领导核心作用

通过举办党的十九大精神培训班、党支部书记培训班、村居"两委"党性教育暨机关干部能力提升培训班，邀请省委党校教师作专题讲座，参观红色教育基地等形式，深入学习习近平新时代中国特色社会主义思想和党的十九大精神，推动全镇各级党组织和党员干部在政治立场、政治方向、政治道路上始终同党中央保持高度一致。进行"讲重作""讲严立"专题警示教育，推进"不忘初心、牢记使命"主题教育，举办镇领导班子主题教育读书班，收集意见、建议89条，制定"四项清单"14份。扎实开展整改落实工作，推动解决仁和佳园二期不动产权证办理、徐涵中心沟水环境整治等群众急难愁盼问题。镇领导班子切实发挥"头雁效应"，带领、带动支部党员做实主题教育，全镇54个党支部围绕主题教育10项重点任务清单，齐头并进抓好学、做、查、改，真正领悟初心使命，增强意识，坚定信念。

2. 锻造高素质党员队伍，夯实基层"战斗堡垒"

沘河镇党委突出选育管用，注重在一线淬炼人才，把年轻干部送到基层课堂去补课、充电，选派2名镇机关中层正职到村做第一书记，9名年轻干部到村（社区）任职，扩大后备人才规模，突出重实绩、重德行、重基层、年轻化的鲜明用人导向。完善干部考核评价制度，加强日常效能督查，坚持年度考核与季度"勤政档案"评议相结合。有序推进"两应"基层党组织建设，不断夯实党建工作基础。走访245家非公企业和社会组织，摸清家底；面向84家非公企业派驻24名党建指导员，激发非公党建活力；参与党建工作示范点评比活动，争创特色、塑造品牌，三年内共11家非公企业（社会组织）获得"双强六好""双比双争""五抓五送"荣誉。

3. 坚持"星级创评"品牌，做实"红色服务"文章

以"强组织、增活力、树典型"为工作主题、以"严格程序、量化标准、星级建设、梯级管理"为主要内容、连续8年开展的星级创评活动已成为激发基层党组织和党员内生动力的重要抓手。五年来评选出的849名

"五星党员"在片区综合改造、环境整治、河长制等中心工作中发挥作用、展现担当。镇党委及9个村和社区党委集中人员力量成立走访组，深入居民家中开展"党群家访"系列活动，走访党员1382户，发放"红色包裹"1382份，走访组成员"一问、二听、三解"，了解党员户信息，倾听工作意见，解决实际问题，将服务送到党群家中、送到党群心坎上。

（二）提升公共服务水平，增强宗旨意识

浥河镇始终把干部队伍能力建设作为重中之重，着眼于锻造一支作风过硬、素质过硬、服务过硬、攻坚过硬的"浥河铁军"。一是强化宗旨意识。充分利用浥河讲坛、党委理论学习中心组等不同形式，夯实思想基础。深化、固化、转化"讲严立"专题警示教育成果，组织参观中共合肥北乡支部纪念馆、安徽红色文化博物馆等红色教育基地，进一步增强干部队伍宗旨意识，提升服务群众的自觉性和主动性。二是提升业务能力。严格落实每周一早学习制度，广泛开展岗位大练兵、大比武，推动机关工作人员由"一专"到"多能"、由"单一型"向"复合型"转变，打造高素质的综合型人才队伍。三是转变工作作风。研究制定《浥河镇"马上就办、办就办好"效能建设专项行动十条规定（试行）》《浥河镇保障项目建设服务细则》《领导班子成员联系推进重点项目制度》《关于服务实体经济创优"四最"营商环境实施办法》，强化镇及居村干部队伍工作作风建设，大力倡导担当实干、服务为民的工作作风，坚持深入基层，走进群众，不断提高服务群众的主动性和实效性。践行一线工作法，坚持在一线发现问题、解决问题，推动各项工作落到实处。

（三）创新公共服务机制，助力基层治理

1.引进专业队伍，认真做好环境治理文章

围绕创建国家生态园林城市，对辖区3000亩生态林，22条乡村道路，8处游园、广场等进行专业管养，镇财政投入200余万元，引进专业管护单位和队伍，对河道进行日常保洁、管护，实行社会化的服务，建立长效管理

机制。保障淝河生态公园四期工程和巢湖南路绿化提升工程建设，淝河智慧中央公园入选"全市十大公园"。河道周边环境明显提升。"水清、地绿、景美"的愿景呼之欲出，淝河的宜居度、群众的满意度与日俱增。

2. 依托阵地平台，暖心开展志愿服务活动

社区开展益暖长者健康驿站、便民驿站、休闲驿站、互助驿站等服务志愿活动249场，开展"益童"安全教育行动、亲子互动等主题活动174次。成立"公租房里话天伦""用心筑爱 情暖夕阳"两支青年志愿服务队，打造"青春伴夕阳"志愿服务项目，引导辖区青年继承和发扬"爱老、助老、为老"的优良传统，在助力基层社会治理方面发动青春力量；围绕水环境治理，先后组织40余名志愿者，开展"青春护河"志愿服务活动和"益起行，益起动，守护关镇河一公里"行动，进一步树立主动作为、锐意进取的意识，增强围绕中心、服务大局的责任担当。

3. 围绕群众需求，充分发挥各类组织作用

充分发挥妇女之家、妇女微家、妇女议事会等妇女组织的作用，尤其是在"四新"领域，在滨江花悦城市阅读空间建成以妇女之家为特色的阵地，线上线下"亮旗帜、强组织、优服务、显成效"，努力打造妇女群众身边的"家"。淝河镇"铿锵玫瑰"品牌项目以及维权帮扶、亲子教育等服务项目不断向"四新"领域拓展，得到了妇女的广泛欢迎，在引领女性发展，促进家庭和谐、人际和睦等方面发挥了积极作用。

二　取得的成效

（一）促进了乡镇政府职能转变

淝河镇政府确立了以"执行上级决策、加强市场监管、强化社会管理、保障公共服务"为重心的职能定位，既保障重点项目征迁，又统筹推进片区征迁交房，全力攻坚房屋征迁，快速推进征迁安置；征迁的快速推进，为淝河提供了广阔的发展空间，葛大店片区和淝河新中心有多家重量级企业在

跟进，泍河已然成为一方投资热土，泍河经济发展迈入黄金期。聚焦中央环保督察和中办专题回访环保问题，乘势借力，挂表督战，顺利通过中央环保督察"回头看"检查验收，着力解决了一批突出环保问题，推动局部区域环境面貌得到根本性改善。高起点、高标准规划建设为民服务综合体，葛大店睦邻中心、大强路睦邻中心建成并投入使用。

（二）加强了队伍建设

镇政府在我国五级管理体制中地位特殊，具备服务前沿、管理首站和执法一线的特征，镇政府服务能力的提升最终需要乡镇干部能力的提升。泍河镇始终注重引导干部队伍牢固树立"以人为本、执政为民"的理念，增强干部队伍热爱基层、坚守基层、奉献基层的事业心和责任感。同时，改进绩效评价奖惩机制，将考评结果作为镇领导班子建设和干部选拔任用、评优评先、培养教育、管理监督、激励约束的重要参考，畅通干部成长通道，注重从事业编制人员、优秀村干部、大学生村官中选拔乡镇领导干部，为领导队伍注入源头活水。

（三）健全了服务体制机制

完善了公共服务体系，推进服务型政府建设，简化农村公共服务程序，降低农村公共服务成本，推行农村公共服务的市场化和社会化，逐步建立统一、公平、公开透明的现代农村公共服务体系。建立了镇党委领导、政府主导的多元主体供给体制。明确了镇政府的责任，构建政府与村的新型关系，转变政府职能，激发农民的主动性和创造性，让多种社会力量参与农村公共服务体系建设。建立了以公共需求为导向的决策机制。建立了以城乡一体化为目标、以公共财政体系为依托、充分反映农民需求、重视农民决策参与的国家、社区与农民协商机制，提高了镇政府公共服务水平和效率。扩大了公共财政覆盖农村的范围，加强农村基础设施建设，推动以新型职业农民为主体的农村实用人才队伍建设，强化农村劳动力技能和人才培训，加大人力资本的开发投入。

三 未来展望

淝河镇正处在淝河片区综合改造的关键阶段，工作中还存在一些短板和不足，面临不少困难和挑战，例如推进治理体系和治理能力现代化的知识储备不足、理念不新、能力不强。下一步淝河镇将进一步提升服务能力和水平，以更加饱满的热情、更加坚定的决心、更加务实的作风，只争朝夕，不负韶华，投身于新淝河建设中。

创新公共服务体制　增强政府服务能力

——利辛县胡集镇政府服务能力建设经验

乡镇政府是面向基层人民群众，为基层人民群众提供行政服务的基层国家行政机关，是党和政府服务群众"最后一公里"的"前线指挥部"和"服务站"。近年来，利辛县胡集镇积极加快职能转变，强化服务功能，提升服务效能，努力建设人民满意的服务型政府，取得了良好效果。

胡集镇位于安徽省利辛县南部，距利辛县城区25千米。南与颍上县接壤，西与阜阳市颍东区毗邻，辖19个村委会，镇域面积111.8平方千米，耕地面积108512亩，人口96201人，是一个文化历史悠久、生态环境优美、工业快速崛起的美丽乡镇，是安徽省民间文化艺术之乡和安徽省文明村镇。

胡集镇核定公务员编制39名（不含退休人员）、事业编制22名（不含退休人员）。下设党政办、综治办、经济发展办、民政社会事务办等内设机构，以及文化广播经济信息服务站、扶贫工作站、退役军人服务管理站、生态环境保护（河长制）工作站4个事业单位，另有派出所、司法所、市场监督管理所、国土资源管理中心所、税务分局等派驻机构。

随着社会经济的发展，广大村民对公共服务的需求日益增长与公共服务投入不足、服务不到位等问题之间的矛盾成为乡镇的主要矛盾。胡集镇在乡镇政府公共服务能力建设方面也存在公共服务职能弱化、公共财政缺位、供给效率不高等现实困境，亟须通过增强公共财政能力，提高公共服务效能，加快构建公共服务型乡镇政府来破解难题。

一　实践做法

（一）加强党的建设，发挥党委领导核心作用

一是加强基层党组织建设。胡集镇党委严格按照"五个好"乡镇党委的要求，不断加强党委班子自身的思想、制度、作风、廉政建设，抓好、抓实村级党组织建设，严肃党组织生活，严格党员教育管理。二是高度重视服务能力建设。镇党委高度重视政府服务能力建设工作，切实加强对镇政府的领导，支持镇政府依法行使职权，把政府服务能力建设工作纳入重要议事日程。成立了由镇党委书记任组长、镇长任第一副组长的政府服务能力建设领导小组，并成立调研组深入调研，征求意见。

（二）加强队伍建设，提升干部综合素质

一是创新管理制度。按照"走村不漏户、户户见干部"的要求，在全镇推行干部联系服务群众制度，同时建立健全镇党政领导干部包村驻点制度、首问责任制、领导干部目标考核奖惩机制、领导班子成员值班接访制度等制约有力、便于操作的日常管理制度。二是完善服务群众机制。树立民本理念，加强为民服务窗口建设，按照"亲民、便民、利民"的原则，对窗口单位服务资源进行全面整合，成立专门的镇为民服务中心，集合民政、农合、社保等机构站所进驻为民服务中心办公，健全完善AB岗制、一次性告知制、服务承诺制等工作制度。三是树立正确的选人、用人导向。严格贯彻执行中央和省、市、县有关职务与职级并行政策要求，坚持德才兼备、以德为先、注重实绩、体现资历的原则，坚持"凭实绩用干部、为发展配干部"，始终关心和关注干部的成长，加大优秀年轻干部的提拔任用力度。全面了解干部德、能、勤、绩、廉等各方面因素，把"晋级"定位于想干事、能干事、真干事的"实干型"干部，促进干部"能上能下"，防止干部出现"熬年头""熬资历"的心理惰性，预防出现"干好干坏一个样"的不良现

象。四是提升干部素质和能力。着力增强干部适应新时代发展要求的本领和能力，结合实际，制订干部培训学习计划，充分利用党委理论学习中心组、新时代文明实践所、干部在线学习等各类平台，大力开展思想政治理论、服务能力、乡村振兴战略等方面的学习培训，实现党员干部学习培训全覆盖，大力提升党员干部组织动员、服务群众、处理实际问题和化解矛盾的能力，为经济社会发展和维护社会稳定提供强有力的智力支持和人才保障。

（三）强化服务功能，推动管理服务体制改革

一是明确公共服务职能。制定了胡集镇政府公共服务事项清单和胡集镇村级公共服务事项清单。镇级清单主要包括社会保障、劳动就业、医疗卫生、残疾人公共服务、公共教育、脱贫攻坚、住房保障、环境保护、文化体育、其他事项等147项事项。村级清单主要包括社会保障、劳动就业、医疗卫生、残疾人公共服务、公共教育、脱贫攻坚、住房保障、环境保护、文化体育、其他事项等72项事项。二是深化政府体制改革。优化党政机构和事业站所设置，规范设立党政办、综治办、经济发展办、民政社会事务办等内设机构，以及文化广播经济信息服务站、扶贫工作站、退役军人服务管理站、生态环境保护（河长制）工作站4个事业单位，加强对派出所、司法所、市场监督管理所、国土资源管理中心所、税务分局等驻镇垂直单位的管理，强化乡镇社会管理和公共服务职能。

（四）优化资源配置，推进公共服务均等化建设

一是提升基本公共服务能力。推进公共服务基础设施建设，建设、完善镇村两级便民服务平台，建成230平方米的标准化镇为民服务中心1个、300平方米以上的标准化村（社区）党群服务中心19个，集中受理、办理便民服务事项。二是加大基本公共服务投入。新建九年一贯制学校1所，改造提升农村中小学校26所，义务教育均衡发展验收达标；胡集中心卫生院成功创建二级综合医院，建设标准化村（社区）卫生室19个；建成美丽乡村省级中心村6个、县级中心村2个；打造农村环境"三大革命"示范村

庄 51 个，建设农村文化广场 30 个、农家书屋 21 个。三是完善财政管理体制。合理划分财政事权和支出责任，建立健全镇村财务管理制度，结合胡集镇经济发展水平、税源基础、财政收支等因素，多元化筹集公共服务经费，积极组织开展社会力量捐赠捐助，保障村级组织运转经费，足额拨付村级基本公共服务经费，大力支持村级组织壮大发展农村集体经济。

（五）创新供给方式，提升政府公共服务水平

一是建立公共服务多元供给机制。推动行政事务、群众自治事务和农民集体经济组织经营事务三分离，进一步明晰镇政府与村（居）民委员会、农村集体经济组织的权责边界。二是不断提高公共服务信息化水平。大力实施"互联网+政务服务"，推进政务服务"一网、一门、一次"改革。三是加大政府购买服务力度。加大政府购买法律服务力度，落实法律服务"一乡镇一团队、一村居一顾问"工程。制定《胡集镇关于进一步建立健全政府购买服务制度的实施办法》和《胡集镇政府购买服务指导性目录清单》，明确购买领域、购买方式、购买流程和项目运作等，积极推进购买服务活动。

二　取得的成效

（一）实现了与基层党组织建设的同步性

胡集镇积极实施基层党组织"登高计划"，截至 2021 年底 19 个村级党组织标准化、规范化建设全部达标，2 个村级党组织获得全市"五星基层党组织"荣誉称号。与此同时，政府服务能力建设领导小组研究制定了《胡集镇关于加强政府服务能力建设的实施方案》，明确了各部门的工作任务和责任分工。镇党委定期召开专题会议听取各责任单位工作汇报，研究部署政府服务能力建设工作。把政府服务能力建设工作纳入重要议事日程，与统筹基层党的建设同步考虑、同步落实。

（二）健全了政府服务能力建设的各项机制

创新管理制度，严格落实各项制度执行，促使各职能部门工作人员严格按制度办事，改进和规范镇干部依法行政行为，提高政府服务群众质量，切实帮助群众解决生产、生活上的实际困难，实现了用制度管权、按制度办事、以制度管人。完善服务群众机制，所有为民服务工作实行"一站式"服务，推动了政府职能由过去的"管理型"向"服务型"转变，进一步提升了政府服务群众的效能和水平。

（三）提升了干部选拔水平与综合素质

加大对"实干型"干部和优秀年轻干部的提拔任用力度，促进干部"能上能下"，近三年来，招录乡镇公务员3人，基层公务员职务与职级并行19人，向县委推荐科级干部2人。提拔任用股级干部6人，选拔优秀党组织书记享受乡镇副科级待遇2人。大力提升党员干部组织动员、服务群众、处理实际问题和化解矛盾的能力，为经济社会发展和维护社会稳定提供了强有力的智力支持和人才保障。

（四）强化了政府社会管理和公共服务职能

制定胡集镇政府公共服务事项清单和胡集镇村级公共服务事项清单，明确了公共服务职能。优化党政机构和事业站所设置，加强对驻镇垂直单位的管理，强化了乡镇社会管理和公共服务职能。建立健全镇村财务管理制度，多元化筹集公共服务经费，扩大基本公共服务覆盖面。

（五）提升了政府公共财政服务能力

2018年，积极推进了政府购买服务活动，胡集镇购买服务项目21个，投入资金139.82万元。依托安徽政务服务网亳州分厅，梳理编制乡镇服务事项147项，村级政务服务事项72项，实现一网通办、全程网办，镇政府设立为民服务中心，19个村（社区）党群服务中心设立网上办事代办点，且均配备网上办事 AB 岗代办员，明确代办服务时间和规范，方便群众办事，实现不跑腿、少跑腿，让数据跑腿就能办成事、办好事。

总的来说，胡集镇针对当前在乡镇政府公共服务能力建设方面存在的现实困境，加强基层党组织建设，推动政府服务能力建设，强化公共服务理念，健全公共服务制度，提升乡镇干部公共服务水平和能力，增强公共财政能力，最终实现了乡镇政府公共服务水平和能力的较大提升。

三 未来展望

近年来，胡集镇在加强政府服务能力建设方面取得了一定的成绩，但还存在不少问题，在今后的工作中，将紧紧围绕乡镇政府公共服务能力构成的"六个要素"，重塑公共服务理念，增强公共财政能力，提高公共服务效能，进一步提高乡镇政府公共服务水平和能力。按照职能科学、运转有序、保障有力、服务高效、人民满意的总体要求，进一步深化服务管理体制改革，加快职能转变，扎实推进政府服务能力建设，积极打造人民满意的服务型政府。

强化党建引领　提升基层治理效能

——涡阳县楚店镇政府服务能力建设经验

涡阳县楚店镇素有"涡阳南大门"之称，位于涡阳县城南19千米处，全镇总面积77平方千米，辖1个居委会、13个村委会，总人口6.3万人，耕地面积7.4万亩，涡楚河、茨河横卧其中，南部与利辛接壤，徐阜路（S202线）、涡利路穿境而过，交通便利，区位优势明显。楚店镇大力推进政府服务能力建设，有行政编制人员31人、事业单位人员20人、村级后备干部7人，另有扶贫信息员、军服专干等人员。楚店镇共有工业企业54个，其中规模以上企业11个，有营业面积超过50平方米的综合商店或超市113个。楚店镇的公共服务项目正常开展，各部门运转流畅，但存在公共服务水平不高、基本公共服务投入机制不完善、财政管理体制存在不足、政府购买服务力度不强、公共服务信息化水平低等问题。

近年来，楚店镇党组织成员以习近平新时代中国特色社会主义思想为指导，牢固树立五大发展理念，按照上级指导文件精神加快转变政府服务职能，加强政府服务能力建设。

一　实践做法

（一）坚持党建引领，加强组织建设

1.健全领导机构

楚店镇在政府服务方面始终坚持党委领导、党建引领、党员先行，成立了以党委书记为组长的政府服务能力建设工作领导小组，定期召开小组会议，研究解决政府服务有关问题。设置了民政、综治、社保、卫生等服务站

所，设立了综治维稳中心和为民服务大厅。楚店镇的基础设施配套齐全，其中为民服务中心面积 150 平方米，信访大厅面积 100 平方米，并明确由专人负责。楚店镇党委每周定期召开镇党政联席会议，并邀请法律顾问、党代表参与研究讨论全镇重大事项，及时解决群众反映的热点、难点问题，做到民主决策、民主执政、依法行政。

2. 加强村党组织服务能力建设

2018 年村党组织换届以后，全镇设有村党总支 14 个。在换届后村"两委"成员出缺的依照县文件指导精神，指导涉及村完成出缺补选工作，力求为各村选足配强村"两委"班子。认真落实村干部工资待遇，每年定期组织村干部体检一次并为其购买"五项"保险。在 2021 年村换届工作中，楚店镇按照县换届选举方案的要求认真做好换届工作，确保高质量完成换届工作。

3. 注重基层干部培训

楚店镇各业务站所定期召开各村具体业务人员的培训会议，对为民服务的新政策、新业务进行培训指导，提高了各村具体业务人员宣传解读最新政策文件和办理业务的能力。

（二）强化宗旨意识，提升政府服务能力

1. 制定楚店镇政府公共服务目录

楚店镇结合县民政局等有关部门下发的指导文件，制定了楚店镇政府公共服务目录清单及村级公共服务目录清单，主要包括社会保障、劳动就业、医疗卫生、残疾人公共服务、公共教育、脱贫攻坚、住房保障、环境保护、文化体育、其他等事项。在镇党委、政府的指导下，各部门、各站所按照章程、流程办事，积极推动楚店镇政府开展购买服务活动。严格控制服务管理权限，按照省扩大乡镇政府服务管理权限的具体规定，将乡镇服务、管理更方便有效的各类事项交由乡镇服务、管理。楚店镇以"民主参与，群众得益"为主题，全力推动村居治理和服务创新。通过民主协商、三社联动等系列举措，不断健全完善村居治理体系。通过整合政府现

有公共服务信息资源，以网格化为切入点、以户况为支撑，建立了统一的社区公共服务综合信息平台，形成集管理与服务于一体的"一网清"信息服务网络，实现"数据一次采集、资源多方共享"，逐步推进基本公共服务的全人群覆盖、全口径集成和全区域通办。推进政府机构改革，优化政府机构设置和职能配置，深入推进简政放权。完善财政管理体制，强化公共服务职能，扩大政府服务管理权限，优化基本公共服务资源配置，夯实乡镇和村居为民服务硬件基础。

2.积极提高"互联网+政务服务"能力

楚店镇 14 个村均设有便民服务大厅和网上办事大厅代办点，实现了功能服务全覆盖，并保证每村有专人负责接待办事群众。楚店镇的服务大厅项目齐全，基本涵盖了计生、人社、民政、水电费等群众日常办理项目，并坚持"让群众跑一次就能办成"的原则，不断优化网上办事流程，提高工作要求，严禁超时办件。

（三）加强作风建设，提高政府服务效率

1.健全镇对村考核制度

为全面考核村"两委"班子服务群众、工作落实的情况，楚店镇党委、政府研究制定了村干部绩效考核办法，每月定期组织班子成员和镇直单位对各村工作开展情况进行综合打分评比，考核内容包括党风廉政建设、党组织建设、环境治理、安全生产、信息公开、网上办事、扶贫开发等，并对综合排名靠前的村予以奖励，对排名靠后的村进行惩罚。

2.加强镇直工作人员作风建设

新的时期将面临新的挑战，楚店镇在加强工作人员作风建设方面不遗余力。一方面加强思想引导，结合上级文件及领导讲话精神，整治工作中的形式主义、官僚主义等问题；另一方面督促工作人员多学习、多思考，提升个人工作能力。群众利益无小事，作为直接面对群众的一线工作人员，不仅要办事，还要办好事、快办事。

二　取得的成效

（一）完善了公共服务职能

楚店镇着力强化公共服务，加快政府职能转变步伐。巩固提高了义务教育质量和水平，改善了乡村教学环境，保障了校园和师生安全，做好了控辍保学和家庭经济困难学生教育帮扶；推动了以新型职业农民为主体的农村实用人才队伍建设，加强社区（老年）教育、职业技能培训、就业指导、创业扶持；做好了基本养老、基本医疗、工伤、失业和生育保险参保工作；促进了专业社会工作，加强了专项社会事务管理，落实了社会救助、社会福利制度和优抚安置政策，保障了基本养老服务、残疾人基本公共服务，维护了农民工、困境儿童等特殊人群和困难群体的权益；做好了公共卫生、基本医疗、计划生育工作；践行了社会主义核心价值观，继承和弘扬了中华民族优秀传统文化，健全了公共文化体育设施网络，推动了全民阅读、农家书屋转型升级，农村电影放映提质增效，数字广播电视户户通，送戏进万村，文化信息资源共享，组织开展了群众文体活动等服务。

（二）加大了政府购买服务力度

楚店镇政府加强了购买服务公共平台建设，对适宜采取市场方式提供、社会力量能够承担的公共服务项目，尽可能交由社会力量承担，由"花钱养人"向"花钱办事"转变。政府购买服务范围根据政府职能性质确定，与经济社会发展水平相适应，属于事务性管理服务的，引入竞争机制，通过政府购买服务方式提供，并鼓励和引导具备法人资格的社会工作服务机构、志愿服务组织，以及农村集体经济组织、农民专业合作社等有效承接政府购买服务项目。

（三）健全了镇党委领导的民主协商机制

楚店镇发挥"两代表一委员"工作室协商载体作用，推行人民建议征集、重大事项听证、重要会议旁听的制度。对群众关心的问题，建立协商成果采纳、落实和反馈机制，明确协商内容，确定协商主体，拓展协商形式，夯实协商平台，规范协商程序。

（四）健全了公共服务需求表达和反馈机制

楚店镇政府着力完善科学有效的群众权益保障机制，健全了公共服务需求表达和评价机制，强化了群众对公共服务供给决策及运营的知情权、参与权和监督权，充分发挥各类社会组织在公共服务需求表达和监督评价方面的作用。落实了镇干部分片包村、入户走访、在村服务、驻乡值班制度。落实了镇领导干部每周至少1天到信访接待场所接待群众来访制度，实行了镇领导干部信访工作联系点制度。全面推进了镇政务公开制度，完善了镇政务公开和村务公开联动机制，对群众关心和涉及群众切身利益的重要事项做到了随时公开。

三　推进之策

一是坚持把简政放权、放管结合、职能转变落实到"优质服务"上，不断提高群众对政务服务工作的满意度。明确审批环节，规范操作程序，压缩审批时限，提高审批效率，确保政务服务工作取得实效。

二是持续加强队伍建设，全面充实工作力量。一要提高工作人员的宗旨意识，真正把群众利益放在第一位，踏踏实实为群众办事；二要加强工作人员业务技能培训，提升工作人员专业技能，使其达到"一专多能、一岗多责"的要求；三要加强部门工作人员业务能力，确保简政放权工作有效开展。

打造三级智慧体系
创建"智慧养老"模式

——合肥市包河区万年埠街道服务能力建设经验

合肥市包河区万年埠街道位于巢湖之滨，2017年1月10日经合肥市人民政府正式批准成立，区域面积34平方千米，其中陆地面积13.5平方千米，辖云华、云海、万慈、金斗4个社区，规划建设6个社区，未来入住人口将超过20万人，现居住人口7.5万人，其中老年人口约11560人。辖区内商业小区密集，居民来自五湖四海，小区老年人缺少活动场地，老年人服务需求较大。万年埠街道深入贯彻党的十九大和十九届三中、四中、五中、六中全会精神，积极探索新时期城市基层党建"一米阳光"工作模式，把党建引领基层治理延伸到城市最末端，把党组织领导下的"居民养老"推进到城市最前沿，把群众对美好生活的向往回应到"家门口"。

随着我国人口老龄化的加速，传统养老模式问题日渐突出。然而作为社会的一个群体，老年人口规模庞大，个体差异性大，所需的帮助也各不相同，而且受资金与服务供给人力所限，现阶段急需利用新技术、新方式提供高质量的养老服务，提升服务质量和效率，提高老人的幸福感和获得感。从2020年到2030年，我国智慧养老产业市场规模将增长近两倍，达到20万亿元，智慧养老已经成为时代的需求。

万年埠街道辖区内商业小区密集，居民来自五湖四海，小区老年人缺少活动场地，老年人服务需求较大。因此，万年埠街道以安徽省养老服务产业与中医药健康养生高峰论坛为契机，针对辖区内老龄人口文化素质高、接受新知识能力快、收入高的特点，进行智慧健康养老工作的探索，试点建设以街道调度指挥平台为统筹监管平台，以社区智慧养老指导中心为落地实施主体，各小区智慧养老服务站联动配合的"1＋2＋3"智慧健康养老服务体系，构建涵盖居家养老、社区养老、机构养老服务的多层次养老服务模式，满足居民多元化、精准化的养老健康服务需求。

一　实践做法

（一）政策目标

智慧养老，是一种解决传统养老模式在居家照顾、健康管理、精神关爱等方面可及性不足的有效路径，也是养老产业向智慧化发展的大趋势。党的十九届五中全会提出，改善人民生活品质，提高社会建设水平。实施积极应对人口老龄化的国家战略，[①] 推动养老事业和养老产业协同发展。[②]

（二）主要做法

合肥市包河区万年埠街道党工委以习近平新时代中国特色社会主义思想为指导，根据《国务院办公厅关于推进养老服务发展的意见》（国办发〔2019〕5号）和省、市、区相关智慧养老文件要求，聚焦辖区居民养老需求，坚持党建引领、民生为本，按照党组织牵头、委托运营，企业"唱戏"、优势互补的建设运营思路，通过市场化竞争机制引入优质社会养老资源，充分运用互联网、大数据、人工智能等新一代信息技术创新养老服务供给，加大辖区资源整合力度，系统推进智慧养老工作，构建出覆盖街道—社区—小区的三级智慧养老服务体系。

依托小区"一米阳光"党群服务站，发挥小区党组织战斗堡垒作用和党员先锋模范作用，成立"一米阳光"为老服务志愿服务队，发展自助性和互助性养老，解决了智慧养老"最后一米"难题，探索出一条居家智慧

---

① 《中国共产党第十九届中央委员会第五次全体会议文件汇编》，人民出版社，2020，第14～15页。

② 《中国共产党第十九届中央委员会第五次全体会议文件汇编》，人民出版社，2020，第60页。

养老新路径，有效回应了现阶段老年人对居家养老多层次、多样化的服务需求，形成了可持续、可复制、可推广的居家智慧养老新模式。

1. 党组织牵头，打造三级智慧养老体系

一是依托小区"一米阳光"党群服务站，设立智慧养老服务站。通过前期的深入走访和摸底调研，由街道党工委主动牵头，联合开发商和物业公司，按照试点先行、以点带面的工作思路，充分利用小区内架空层，围绕"一老一少"，精心打造"一米阳光"党群服务站。"一米阳光"党群服务站集协商议事、阅读空间、心理咨询、健康体检等功能于一体。万年埠街道已经建成7个服务站点。二是以社区为试点，建立智慧养老服务中心。根据街道老年人的分布和需求，街道党工委带领万慈社区党支部多次走访调研、外出学习，最终选定万慈社区睦邻中心1400平方米社区公共用房，试点打造智慧养老服务中心，将其作为提供日常养老服务的场所。以此为基础条件，采取招商引资的方式，吸引各种养老服务企业入驻。设立家庭医生工作室、智慧养老咨询室、智慧生活服务区等，随时、就近为老年人提供助医、助急、助餐、助浴、助洁、助乐、助学等服务。三是统筹调度和监管，建立街道级智慧养老调度指挥平台。设立智慧监控指挥区、慢性病管理服务区、老年用品租售区，充分运用互联网、大数据、人工智能等，整合辖区所有老年人的养老信息、健康监测信息、养老服务资源等，由街道统一调配养老服务供给，全流程监管居家养老服务。街道—社区—小区三级服务体系分工明确、相互协作，街道指挥调度中心收集信息、分析需求、分发派单，社区养老服务中心是产品和服务的供给基地，小区养老服务站提供日常居家养老服务，实现整体贯通，线上、线下联动，更加便利、精准、高效地提供养老服务。

2. 党组织引领，提供精准养老服务和产品供给

一是成立小区功能型党组织，"摸清家底"。小区功能型党组织由社区副书记担任书记，楼栋党小组长、热心党员为委员。在小区党组织的引领下，摸清养老需求底数，对辖区内所有有老人的家庭进行逐户调查，建立数据库，明确相应养老服务项目，包括精神慰藉等。在服务站点可以开展

"一对一"的健康档案建立、日常生理指标自主监测、远程问诊等应急为老服务，还可以开展免费的心理咨询和法律咨询等。依托智慧养老调度指挥平台，购置健康数据采集、评估、监测、问诊、数据传输等设备，运用"平台+互联网"、物联网、大数据、人工智能技术，对老年人高血压、高血糖、高血脂指标进行实时监测、分析评估，建立指标异常快速反馈机制，及时联系家人、家庭医生，做到早报警、早预防、早施救。二是购买服务，创建红色公益项目。依托"五社联动"工作模式，强化服务。主要对三类人群（70周岁及以上的空巢、独居、孤寡老人，80周岁及以上的高龄老人，以及享受政府养老服务补贴的老人）的养老服务兜底，提供智慧化养老套餐服务。培育各类公益组织，参加红色公益微创投，领办服务项目。近两年共有35个服务老人的红色公益项目，有针对性地开展老年居民活动1000余场，其中有重阳节活动、端午节活动、百家宴、老年书法课等丰富多彩的老年活动；同时设立集展示、体验、销售、租赁、分期付款于一体的智慧养老产品租售中心，提供血压计、血糖仪、轮椅、助行器、智能拐杖、呼吸制氧机、护理床、心律仪等适老用品，以及基于物联设备的家庭适老设备改造服务，提升老年人的生活品质。三是发挥退休党员的模范带头作用，实现自我服务。挖掘了何国先、涂春英等70余名退休老干部、老党员，在社区、小区发挥余热，让其作为受益者的同时，自发地成为志愿者。组建"一米阳光"为老服务志愿服务队，让老年群体自我服务，努力实现老有所为、老有所用。

3. 党组织把脉，优化配置康养资源和服务

按照党组织牵头、委托运营，企业"唱戏"、优势互补的思路，初步实现党组织引领下的资源融合。一是成立专题领导小组。万年埠街道党工委高度重视街道养老事业发展，成立以党工委书记为组长，以分管党建和社区治理的班子成员为副组长，以社区党组织负责人和社区建设部、党群工作部等相关部门负责人为组员的智慧养老建设领导小组。领导小组多次召开专题会议，邀请居民、党员代表，就智慧养老建设问题进行探讨。二是坚持调研和学习。多次前往上海等先发城市和地区学习先进经验。根据街道实际，拟定

实施方案。三是坚持需求导向，委托运营。多方协调，引入市场竞争机制，严格把关，最终委托一家枢纽型养老服务平台运营，为辖区居民提供基本养老公共服务、养老辅具、智慧产品。四是严格督导企业"唱戏"。万年埠街道党工委精准把脉，围绕"衣、食、住、行、乐"五个领域，以商招商，引入配餐、家政、旅游、助浴、助洁、康护保健、老年产品供给等专业为老服务公司，为老年人提供多元化养老服务。五是整合资源，协调发展。万年埠街道党工委整合企业优势资源，把血压血糖监护、健康体检、紧急救援、心理关怀、助餐、助浴等服务内容整合成一个个项目包，实施项目化运作，保证智慧健康养老服务落地。

二　成效及启示

（一）主要成效

为顺应居家养老服务多层次、多样化的需求趋势，万年埠街道党工委高度重视养老事业发展，主要提供智慧健康养老必需的场地设施；在价格构成、服务流程等方面监管养老服务供给质量。委托运营商作为智慧健康养老服务产品的主要供给者，提供养老服务和产品，承担一定社会责任。老年群体和家庭作为需求方，除可享受政府提供的基本养老服务外，还可在自身财力许可的情况下购买更高质量的产品和服务。这种以社区为依托、以居家为主体的新型智慧健康养老商业模式，初步界定清楚政府、市场主体、家庭在智慧健康养老中的责任，突出互惠互利，有效激发市场主体和居民参与养老服务的积极性，具有比较强的可持续性。

自 2019 年 10 月运营以来，万年埠街道居家智慧健康养老三级服务体系初具雏形，通过优质服务供给，已完成老年人健康档案采集 8564 人、健康体检 4438 人次、慢性病监测 565 人，回访服务满意度达 98.7%。

打造出全省首个智慧养老产品租售中心、首个慢性病管理中心，健康养老服务个性化、体验感更强，已经在全国产生了一定的影响，两个中心建成以来，承担了 2019 年"长三角智慧养老发展高峰论坛"的接待任务，万年埠街道党工委书记在"长三角智慧养老发展高峰论坛"上作经验交流，并先后接待了"长三角智慧养老发展高峰论坛"参访团、上海市民政局参访团等，形成了示范引领效应。2020 年，包河区万年埠街道先后荣获"全国智慧健康养老示范街道""安徽省智慧健康养老示范街道""安徽省第二批智慧养老示范工程"等荣誉称号。

（二）经验启示

万年埠街道充分利用小区架空层，围绕"一老一少"，建设小区"一米阳光"党群服务站，成立小区功能型党组织，组建"一米阳光"为老服务志愿服务队，发展自助性和互助性养老，常态化开展为老服务；充分运用互联网、大数据、人工智能等创新养老服务供给，解决了智慧养老"最后一米"难题，探索出一条居家智慧养老新路径。街道秉承"立足万年埠、服务合肥市、辐射安徽省、融入长三角"的理念，不断优化服务内容，让精准服务增进民生福祉，真正满足老年人的实际需求，实现"智慧养老 幸福万年"的愿景。

三　未来展望

"党组织引领，市场运营，社会参与，自我服务"的居家智慧养老模式充分发挥了党组织引领下的数字经济发展优势，适应了我国居民养老的习惯和需求，群众受益广，产业土壤厚。但基层政府在推进居家智慧健康养老工作中面临不少困难和障碍，需要多层面的扶持。一是强化党组织引领和党员干部示范带头作用。养老问题关乎千家万户的幸福指数。促进养老服务业健康发展，是拓展党建工作领域、延伸基层党组织战斗力的迫切需要和内在要求。党员干部要提高责任意识，真抓实干，积极完善养老服务体系，增进老年人福祉。二是提升支持政策精准度和有效性。梳理评估现有智慧健康养老政策效果，在试点示范、用地用房、人才培养、税费减免等方面加大扶持力度。三是推进智慧健康养老标准化、平台化建设。建立养老服务统一标准体系，探索标准化养老服务质量认证，推进标准落地实施。四是推进跨部门、跨业态数据共享和开放应用。整合现有人口、健康、养老等信息平台，建立统一、互联互通的健康养老信息共享平台，形成覆盖老年人健康信息动态管理、养老服务需求、养老服务设施供给的"养老导航图"和"服务清单"，以利于健康大数据开发利用、健康管理新模式推行。

强化政府服务能力　推动经济社会发展

——青阳县酉华镇政府服务能力建设经验

青阳县辖9个镇、2个乡，常住人口24.8万人。根据中共中央办公厅、国务院办公厅《关于加强乡镇政府服务能力建设的意见》，按照民政部、省民政厅和池州市民政局部署，青阳县紧紧围绕目标任务，推动各项改革措施落实，全面提升乡镇政府服务能力建设，加快构筑职能科学、运转有序、保障有力、服务高效、人民满意的乡镇政府服务管理体制机制。根据青阳县实际，出台了《关于加强乡镇政府服务能力建设的实施方案》，重在加强组织领导，并成立了专项工作领导小组，明确责任分工，确保各项任务落细落实。2019年青阳县酉华镇被确立为市级乡镇政府服务能力建设示范点，基本建立了符合实际、切实有效的乡镇政府服务能力建设政策体系，基本形成了职能科学、运转有序、保障有力、服务高效、人民满意的乡镇政府服务管理体制机制。

一　实践做法

酉华镇重点从经济建设、生态建设、产业结构优化、公共服务改善四个方面着手抓政府服务能力建设，不断提高政府服务能力。

（一）抓招商、强服务，项目建设稳中向好

酉华镇招商小分队共外出12次31天，新引进规模项目13个；完成招商引资到位资金12.66亿元，其中省外亿元以上项目到位资金9.92亿元，超额完成年初制定的各项目标任务。全年重点推进项目7个，宝瑞项目竣工

投产；青盛、泰鑫等项目试生产中；九易、盈捷等项目设备带负荷调试中；尧盛项目厂房主体建设已完工，正在进行相关设备安装。积极开展"四送一服"双千工程，强化落实干部包保联系制度和"三包三抓"专项行动，开展集中走访调研 80 余次，召开各类政策宣讲会 17 场次。针对企业需求量体裁衣、因企送策，帮助企业解决实际问题 29 项。

（二）强基础、提质量，生态环境显著改善

加大绿色矿山、绿色工厂创建力度，成功创建绿色矿山 6 家、绿色工厂 18 家。深入实施"河（库）长制""林长制""路长制"，严厉打击非法采砂和破坏水环境行为，扎实开展松树病虫害除治工作，深化道路扬尘治理工作。全力推进美丽乡村建设，完成二酉村宾山中心村、金峰村上雁湖中心村、金峰村天分山中心村三个 2019 年度美丽乡村省级建设点建设，并通过省、市验收，2020 年度美丽乡村建设点华岸村新屋中心村建设工作有序推进。开展"三大革命"及人居环境综合整治工作，村民自筹资金 13.2 万元建设 11 个人居环境自建点。完成年度改厕任务 450 口，清理生活垃圾 1400 余吨，人居环境明显改善，群众幸福感显著提升。

（三）谋创新、展作为，产业结构持续优化

全年粮食种植面积超 1 万亩，其中稻谷 7600 亩，同比增加 1400 亩。依托本地整体资源优势发展特色农业，种植九华黄精 2500 亩、蚕桑 800 亩、茶叶 1500 亩。积极协调矿山企业与深加工企业供需关系，建立矿山企业与深加工企业"点对点"的供应模式，逐步引导 4 家矿山企业根据深加工企业所需产品规格进行技术改造。申报扶贫项目资金 180 万元，完成宋冲村红色旅游游客服务中心及附属设施项目建设。

（四）保稳定、促和谐，民生福祉日益增进

全面推进"四季攻势""抗补促""百日会战"等专项行动，高质量完成 4 户 14 人脱贫任务，扶贫工作成效显著，宋冲村扶贫工作队被评为"全

国脱贫攻坚先进集体"。补齐"双基"短板，完成金张路拓宽、朝阳桥接线、响铃桥危桥改造工程，完成小酉水库倒虹吸工程、高标准农田、宋冲村饮水提升改造、朝田畈大沟硬化项目建设。落细落实各项惠民政策，为低保户、"五保户"、孤儿、残疾人、重点优抚对象发放各类补助、救助资金共390余万元，实现应保尽保、应助尽助。全面推进健康促进工作，完成华岸、朝华两个家庭发展中心点改造工作，完成8个村老年协会建设。扎实推进扫黑除恶专项斗争，全年摸排化解矛盾纠纷141起，调解成功率在98%以上。扎实做好"双拥"、民族宗教、人民武装、保密、气象、档案、老干部和关心下一代等方面工作，进一步发挥工会、共青团、妇联、残联等群团组织作用。

二　成效及启示

（一）主要成效

1.经济实力实现跨越式提升

财政收入由2015年末的7020万元，增长到2020年末的2.1亿元，增幅达199%，呈现出从"十二五"到"十三五"增长近两倍的"酉华速度"。规模工业产值、规模工业增加值、全社会固定资产投资、工业投资均位居全县前列。

2.转型发展取得突破性进展

坚定不移贯彻新发展理念，紧盯"园区建设、企业培育、创新驱动、人才引进"目标，围绕"非金属矿采选及深加工"这一主链，引进优质项目31个，签约投资总额近26亿元；引进规模项目11个、工业项目22个、省外亿元以上项目17个，累计完成招商引资到位资金59.46亿元。加大科技人才引领力度，联合浙江工业大学创建青阳非金属矿研究院，并连续四年成功举办非金属矿科技和产业论坛，为吸引优秀高端人才、推进产学研深度融合提供了平台和媒介。

3. 脱贫攻坚取得决定性成就

通过精准实施"十大工程"，全镇 280 户 677 名建档立卡贫困人口全部脱贫，贫困户家庭人均纯收入从 2014 年的不足 2700 元，增长到 2021 年 1 月的超 11000 元，增幅约 307%，全镇贫困发生率从 4.06% 降至 0。2016 年以来，全镇新建宋冲村村级光伏电站 1 座，累计增加村集体经济收入 19 万余元；新建"户户联建"光伏电站 5 座，累计产生发电收益 152 万余元。贫困村宋冲村 2018 年光荣出列，村集体经济由 2014 年的不足 5 万元，增长至 2020 年的 63 万元。

4. 镇村面貌发生巨大变化

大力推进美丽乡村建设，以污水治理、厕所革命和村容村貌提升为主攻方向，投入 2000 余万元建成美丽乡村省级点 9 个、美丽乡村自建点 8 个；实施农村危房改造 140 户、改水改厕 1710 户，建设集中污水处理终端 16 个；投入 900 余万元，结合污水处理项目，同步推进弱电下地工程，顺利完成集镇建成区整治。

5. 生态环境质量明显改善

持续推进"散乱污"企业整治工作，突出节能、减排、降耗，抓好工业废气、建筑固废管控，深化淘汰落后产能行动，突出抓好秸秆禁烧工作，坚决打好污染防治攻坚战。严格落实"河（库）长制""林长制""路长制"工作，严厉打击污染水体、乱砍滥伐等行为，一体推进畜禽水产养殖污染防治，道路综合治理成效显著。

6. 基础设施建设不断完善

聚焦基础设施短板，不断改善群众生产生活条件。投入 7800 万元，建设农村公路 87 千米、桥梁 5 座，农村路网全面铺开；投入 3000 余万元完成 32 千米堤防加固、河道治理等工程，水利设施不断完善。围绕提升农业综合生产能力，高效推进 7900 余亩高标准农田建设；实施补充耕地工程，推进用地增减挂钩项目，新增耕地 630 余亩。

7. 人民生活水平显著提高

深入实施 33 项民生工程，累计投入民生及基础设施建设资金 2.25 亿元。提升社会保障水平，城市、农村低保标准分别由 2015 年的每人每月 498 元、263 元，提高到 2020 年城乡低保统筹标准每人每月 649 元，实现了由过去的零星救助到定期、定量救助的转变，形成了城乡一体化社会救助体系总体框架。加大养老、医疗、文娱服务等方面的资金投入，完成敬老院医养融合、消防设施维保等升级改造工作，养老保障体系更趋健全；完成西华卫生院、8 个村卫生室整体改造，医疗卫生体系更加完善；新建全民健身中心 15 个、文化大舞台 9 个，群众文娱生活更加丰富。以维护社会稳定为第一职责，调解矛盾纠纷 900 余起，成功率达 98%。

（二）经验启示

1. 坚持党的领导，准确把握方向

深入贯彻党的十九大精神，以习近平新时代中国特色社会主义思想为指导，坚持党的领导，始终把党的领导作为加强乡镇政府服务能力建设的根本保证，充分发挥党委领导核心作用，确保党的路线方针政策得到全面贯彻落实，准确把握实现基本公共服务均等化的发展方向，不断深化乡镇政府配套改革，优化服务资源配置，创新服务供给方式，有效提升乡镇政府服务能力和水平，切实增强人民群众的获得感和幸福感。

2. 推动项目建设实现新突破，不断增强投资拉动效应

围绕建设新型绿色"钙基新材料特色小镇"这一目标，坚持把招商引资作为基础性、长远性工程，突出投资强度、科技高度、链条长度、税收额度、环保程度等"五度要素"，定点、定向攻关，引进一批引领性、标杆性重大项目，培育一批"链主"企业。增强工业园区和大企业在工业发展中的龙头作用，通过推进石安园标准化建设，完善基础设施和功能配套，建立用地指标向高效益、高技术、高成长企业集聚机制，推动园区提档升级。

3. 坚守环境保护底线不动摇，全面提升生态文明水平

围绕"工业强镇、旅游名镇"的建设目标，谋划矿山开采与旅游分区

规划建设，加快推进矿山专用道与旅游专用道建设，实现"矿旅分离"。推行"大矿区"一体化建设，开展生态修复和环境整治，2025年前力争完成地质生态恢复治理3家、整合2家。加快"矿区新社区"建设，对相关村庄进行拆迁并将村民安置到新社区，改善矿区群众生活环境。以清源山景区、宋冲红色旅游区、九华黄精生态园、蚕桑文化创意产业园"两区两园"四大旅游重点项目为主轴，打造集乡村旅游、红色旅游、休闲度假、中药保健养生于一体的特色文体产业园。开展宋冲河、酉华河流域系统治理，加快建设天蓝地绿、水清河畅的美丽酉华。

4.实施乡村振兴引领新格局，提高农业农村发展质量

严格落实"四个不摘"要求，把防止返贫作为重中之重，落实好防贫监测帮扶机制。加大扶贫产业投入，增强扶贫产业引领创收和带动致富能力，促进持续稳定增收。提高农业资源利用效率，加快家庭农场、农民合作社等新型经营主体培育进度，提高土地规模化水平和产出效益。积极推广农产品电商销售模式，打响"九华黄精""酉华青檀""宋冲绿茶""三方丝绸"金字招牌。加快补齐基础设施短板，建设通自然村硬化路、省道及以下普通公路42千米，改造危桥5座；加高七星河酉华段约7千米河道的河堤。实施乡风文明培育行动，常态化整治农村婚丧大操大办、高额彩礼、厚葬薄养等不良习俗。

5.优化社会服务管理体系，更好保障群众基本需求

实施好一批民生工程，着力解决好群众急难愁盼问题，提升人民生活品质。补齐公办幼儿园、乡村少年宫、早教班等教育短板，建设乡村学龄儿童综合服务中心，打造全方位、立体式教育体系。千方百计稳定和扩大就业，提升就业质量，促进充分就业；健全城乡社会救助体系，全面落实基本生活保障、住房安全保障、医疗救助、社会帮扶等政策，加大对孤儿、孤寡老人、残障人员等农村特殊困难群体的救助力度。加强公共法律服务实体平台建设，积极开展法律咨询服务和"八五"普法工作，及时为群众提供法律援助、司法鉴定等基层法律服务。

三　未来展望

建设服务型政府是加快法治政府建设、推进治理体系和治理能力现代化的重要一步，是主动适应并推进社会发展的关键一环。与全国其他经济发展基础较好的乡镇相比，西华镇现有基础和条件相对滞后。坚持统筹兼顾、因地制宜，以服务农村经济发展为重点，建立具有西华镇特色的为民服务新体系，稳妥有序地推进乡镇政府服务能力迈上新台阶。

（一）加强宣传教育，深化乡镇政府职能认识

加强宣传教育，更新观念，克服固化的工作思维，形成懂经济、会服务的干部意识形态导向，树立服务型政府理念，明确乡镇政府职能定位，坚持正确"政绩观"，真正把精力汇集到加强社会管理和公共服务上，有效推动和促进农村经济社会健康有序发展。

（二）完善目录清单，推进公共服务作用发挥

理顺县乡政府的领导和管理职责。明确划分县乡政府之间的事权和职责，应由县政府部门承担的事务，实行以县为主、乡镇协助机制，凡是县政府部门承担的责任不得转移到乡镇，形成县乡政府协调互补、各尽其职、各负其责的有序局面。同时，要理顺乡镇政府与村（居）委会指导与被指导的关系，通过推进基层民主，促进农村和谐。

（三）完善财政体制，化解乡镇财力不足问题

一是加大转移支付力度，适当增加乡镇财政预算经费，增加对乡镇为民服务的经费投入，保证合理支出的需要。二是把培植税源作为缓解财力紧张的基础抓牢抓实。充分发挥奖励机制的激励作用，适当提升对完成年度税收计划乡镇的反馈比例，鼓励乡镇挖掘培育地方优势资源，引进扶持外界强优企业，最大限度激发乡镇培植税源的积极性。三是坚持涉农资金管理使用

"用途不变、渠道不乱、各尽其力、各计其功"的原则，有计划地对所有涉农项目资金进行有效整合，实现强农、惠农资金使用一盘棋，提高资金使用效益。四是坚持防范和债务化解力度不减。切实做好防范和化解债务各项工作，切实摸清底数和债务用途，制定可行的防范和化解措施，逐步化解乡镇债务。五是坚持购买服务推行力度不减，促进乡镇政府向社会购买服务的形式和内容向纵深拓展。

（四）加大社会组织培育力度，向注重服务转变

一是持续加大简政放权力度，将适于市场运作的职能和事务下放给中介组织，交给社会，让市场去提供。二是鼓励发展行业商会、协会，通过制定并监督执行相关行规、行纪和各类标准，参与质量管理和监督工作，用市场规律推动农村经济结构调整。三是服务和发展好村级农民专业合作社。尽快出台合作社管理制度和章程，建立相关扶持激励机制，真正发挥成立一个、带动一方的作用。

（五）完善管理机制，激发乡镇干部干事创业激情

一是通过"退休退出一批、提拔使用一批、调整转移一批"，对基本符合退休条件的准予退休，将有能力有干劲的提拔到合适岗位予以重用，将达不到退休条件且无工作热情的调整转移，最大限度腾出乡镇编制和岗位，让年轻干部"有台可舞"。二是探索建立"小机关、大基层"的机构设置新体系。一方面，将上级机关编制在满足工作需求的前提下，清理调整到乡镇，为乡镇充实年轻专业人才搭建平台。另一方面，上级部门除特殊人才引进外，其他情况需新招录人员的，必须优先从乡镇遴选，形成各类人才向乡镇流动的趋势和导向。三是畅通乡镇与上级机关干部"能上能下"的交流渠道，有效破解基层干部上升难、机关干部不愿下基层的僵化局面。

夯实基层治理基础　建设乡镇服务型政府

——淮南市谢家集区李郢孜镇政府服务能力建设经验

淮南市谢家集区李郢孜镇高度重视省、市、区关于加强乡镇政府服务能力建设的工作要求，紧紧围绕"廉洁、勤政、高效、便民"的服务宗旨，坚持以党的十九大，十九届二中、三中、四中、五中全会精神和习近平新时代中国特色社会主义思想为指导，以实施乡村振兴战略为总抓手，坚持高质量发展，使自身服务能力得到全面提升，服务内容更加丰富，服务方式更加便捷，服务体系更加完善，有效提升乡镇政府服务水平。

一　基本镇情

李郢孜镇地处淮南市的中部，西靠西部中心城区，东临山南新区，占地面积 23.5 平方千米，建成区面积 3.4 平方千米，耕地面积 9230 亩，辖 6 个村、5 个社区，全镇户籍人口 38554 人，农村人口 9931 人。境内交通便捷，区位优势明显，合淮阜高速公路、商杭高铁穿境而过，102 省道连接南北，市第二通道连接东西。历史文化底蕴深厚，有赖山集清真寺、春申君墓、杨岐珍墓等历史文化资源。

二　主要做法和成效

（一）加强组织领导，筑牢服务能力建设基础

一是常态化开展乡镇服务能力建设工作。成立乡镇服务能力建设领导小组，定期召开会议对乡镇服务能力建设进行研究，制定村（社区）包保方

案，有针对性地指导村（社区）开展工作，推动机关重心下移、资源下沉，有力带动工作能力全面提升。二是构建科学镇村关系。不断完善乡镇政府公共服务事项录清单、乡镇政府购买公共服务需求清单等，乡镇与村（社区）权责边界更加明确，服务内容更加丰富，乡镇政府服务能力不断加强。三是完善服务功能。进一步优化乡镇基本公共服务资源配置，进一步健全完善镇为民服务中心，把养老保险、医疗保险、民政救济、计生办证、惠农补贴发放等相关服务项目及负责部门，统一纳入为民服务中心，实现"一个窗口受理、一站式办结"，打通了服务群众的"最后一公里"。完善村级活动中心建设，按照基层党组织标准化建设要求，统一标识，规范服务。近年来，争取省级农村社区建设资金，先后建设完成新河村、北梨园村村委会；争取省福彩资金，改建新工社区为民服务大厅。

（二）抓队伍建设，提升服务能力

1.不断优化干部结构，提升干部整体素质

村（社区）"两委"成员77人，"一肩挑"比例不低于50%，社区党组织班子成员中大专及以上学历的占比达88%，村党组织班子成员中高中及以上学历的占比达80%。注重党员干部思想政治建设，落实镇班子成员双重组织生活制度、党委理论学习中心组制度，不断丰富学习教育方式，强化经常性教育。依托远程教育站点及红色教育基地，采取"读书班""集中轮训班"等方式，累计培训党员干部1500余人次。聚焦群众需求，加快推进专业化、职业化的高素质社会工作人才队伍建设，注重社区社工人员培育，全镇有持证专职社工8人、社区社会组织联合会4个、注册社会组织5个，切实提升了基层民政服务能力，开创了基层社会治理新格局。

2.加强干部轮岗交流，激发干事创业活力

根据干部年度考核、日常考核等的综合情况，加强对镇机关二级部门负责同志的轮岗交流、提拔任用，促进干部"能上能下"。2019年以来，镇党委对在同一岗位任职时间超过5年以及在管人、管物、管钱、管项目等重要岗位任职的干部（共5名）进行了轮岗交流，对增强干部队伍活力、促进干部勤政廉政、营造良好政治生态起到了积极推动作用；认真执行职务与职级并行制度，积极拓展职级晋升空间；积极开展干部交流，注重从年轻化、知识化、专业化三个维度选拔重用中青年干部。

（三）强化多方协作，促进基层治理能力提高

1.逐步完善基层民主协商机制

建立信访联席会议制度，镇信访办、综治办、司法所及李郢孜法庭、李郢孜派出所多家单位出席联席会议，对矛盾纠纷调处、信访重点人员稳控及重大事项社会稳定风险评估进行探讨，分析研判镇域内存在的信访苗头问题，及时化解矛盾，畅通群众诉求渠道。认真办理镇人大交办的议案和意见，并实时公开办理情况。严格执行"三重一大"、"镇长办公会议"及政府法律顾问制度，着力规范政府工作程序，促进政府工作法治化、制度化、规范化。

2.加强对村（社区）协商的指导

加强对村、社区协商的指导，李郢孜镇11个村（社区）均建立了工作协商议事制度，组建了村（社区）工作协商委员会，建立了"7+X"村（社区）协商模式，明确了协商程序、范畴、议事制度和议事规程，实现了制度化、规范化和程序化。镇民政所按季度对各村（社区）协商议事工作进行指导，及时指出问题所在，督促整改，并将村（社区）工作协商议事纳入年度绩效考核指标内容，促进协商成果的转化。积极推动居民在村（社区）公共事务和公益事业中依法自我管理、自我服务、自我教育、自我监督，密切党群、干群关系，促进社会和谐稳定，推动实现社会治理体系和治理能力现代化。

3.创新社区服务模式

李郢孜镇充分发挥社区、社会组织、社会工作的联动优势，积极促进三方协同发展，构建共建共治共享的基层社会治理格局，多措并举，有序推进了河西社区"三社联动"试点工作。初步健全了"三社联动"组织机构和工作机制，形成了社区服务体系，实现了志愿者服务常态化。制定专项人

群、人才培养和组织孵化等服务板块，建立多个专项人群、人才培养和组织孵化服务项目，有效提升了社区服务管理能力和基层治理能力。

（四）强化效能建设，提高政府办事效率

1.完善基础设施建设

自 2016 年起对乡镇"五小"设施建设进行摸排、完善，实施"五小"设施建设后，李郢孜镇镇机关环境得到较大改善，改造和新建的小食堂、小厕所、小澡堂等都基本达到了淮南市"五小"设施验收标准，小图书室达到"八有"标准，收藏图书 2000 余本，重点更新了农村政策和农业实用技术方面的图书，充实了书籍内容，提升了图书室的实用价值；小文体活动室达到了"五有"标准，配备了乒乓球台、动感单车、跑步机等，最大限度地丰富了乡镇干部的业余生活。新建北梨园村农村社区（村级活动场所）并投入使用，对为民便民服务大厅进行相应改造升级，采用"集中式办公、一站式服务"的运作模式，打通服务群众的"最后一公里"；前移服务阵地，为办事不方便的老百姓开展"上门服务"，实现服务群众"零距离"，得到老百姓交口称赞。

2.增强服务软实力

全镇共成立党员先锋队 12 支、志愿者服务队 60 支，注册志愿者 5884人，服务宣传内容涵盖文化、法律、环保、消防、卫生、扫黄打非各个领域，充分发挥广大党员干部的示范引领作用，实现志愿者服务规模化、专业化、常态化管理，服务能力显著提升。2016 年以来，全镇依托新时代文明实践站（所）共开展各项活动 800 余次，乡村春晚、"游春申故地 寻蔡楚文化"、新中国成立 70 周年系列活动等精品文艺项目不断涌现，建成数字农家书屋 6 个，完成市级示范成人文化技术学校创建工作。村（社区）文化服务中心建设全面加强，服务内容进一步丰富，精品图书进一步扩增，服务群众软实力不断增强。

3.细化制度建设

健全"阳光村（居）务"全程公开机制、"村级事务小微权力清单"

规范运行机制，实现村务管理的规范化。全面推进"互联网+政务服务""一网一门一次"改革，实现"互联网+政务服务"100%覆盖，2020年全年镇、村两级政务服务办理事项总计61315项。建立镇、村网格化包保制度，不断织密镇、村、组三级网格，党政班子领导分片包干，包村联户，实现了由"粗放管理"向"精细管理"的转变，网格包保在农村环境整治、文明城市创建、防汛救灾、疫情防控等工作中发挥了重要作用。规范政府购买服务管理制度，制定《李郢孜镇政府采购管理办法》，全面落实政府采购主体责任，健全完善政府采购业务内控制度，加强对政府采购行为的有效管理和监控，规范政府采购行为，提高工作效率，有效控制财政支出。

（五）强化公共服务，推进服务型政府建设

1. 农村社区建设取得一定成绩

镇党委、政府坚持把农村社区建设作为社会事业发展的重点，围绕"以人为本，民生为上"的原则，强化工作措施，加大资金投入，注重服务质量提升，农村社区建设不断加强，呈现良好发展态势，已实现农村社区建设全覆盖，村网格化管理率达到100%，村级标准化农村社区服务中心建设率达到100%。

2. 美丽乡村建设扎实推进

落实耕地保护职责，开展永久基本农田保护工作，保护耕地面积持续稳定，耕地质量不断提高；"三长制"全面落实，全镇森林覆盖率达到35.5%，森林覆盖率逐年提高，2017年北梨园村顺利通过省级森林村庄验收；农村人居环境整治、全国文明城市创建工作开展得有声有色，成效显著；农村水利建设、道路建设等基础设施建设取得重大突破。全镇6个村均顺利通过环保村项目验收。建立完善《村级财务管理制度》《村集体资产资源管理办法》等规章制度，指导各村签订承包协议500份，2020年实现村集体经济经营性收入60余万元。李郢孜镇荣获2019年度"安徽美丽宜居百强（乡）镇"和"省级文明乡镇"称号。

3.实行镇、村（社区）双向考核制度

强化政府工作目标考核管理，推进政府工作项目化、责任化、目标化，明确时间表、网格图、责任人。镇党委根据镇、村（社区）两级工作实际，每年对村（社区）绩效考核实施方案进行调整，明确考核对象、考核办法，既对村（社区）"两委"班子集体进行考核，也对"两委"成员个人进行考核，将具体考核结果作为续聘、解聘、奖惩兑现和岗位调整的依据，兑现村（社区）干部年度绩效奖励。同时，每年开展对乡镇党政班子成员、二级机构部门责任人的测评工作，详细掌握乡镇干部工作实绩，听取村（社区）干部、群众对乡镇机关干部的意见、建议。通过实行双向考核制度，对年度考核排名靠后、群众反映强烈的干部，通过免职、调离工作岗位等方式进行惩处，增强干部干事创业的紧迫感，努力打造人民群众满意的服务型政府。

三　推进之策

近年来，李郢孜镇乡镇服务能力建设取得了一定的成绩，在肯定成绩的同时，也要清醒地认识到，与全省、全国优秀乡镇相比，还存在一些差距和不足，还需要进一步提升。一是村（社区）建设标准和水平亟须提升。社区服务中心建设标准不够高、功能室设置不够全、硬件设施无法满足群众需求。例如春申社区办公用房在二楼，给群众办事带来了不便。二是治理内容还需再规范。基层组织结构、民主参与、运行制度、公共服务、监督管理等方面落实力度不够大，公共服务水平需要进一步提高。三是社区服务还处于浅层次，服务面不够宽，服务质量不够高，服务效益不够好，社区的"自身造血功能"有待提高。四是基层工作人员的能力还有待提升。村（社区）普遍存在一人多职现象，社区工作繁杂，工作人员业务精细化水平不够高。五是在乡风文明、社区治理互促互进上，还有待创新思路、研究破题，与构建党组织领导的自治、法治、德治相融合的乡村治理体系，实现基层社会治理体系和治理能力现代化的要求有较大差距。

　　李郢孜镇将根据政府服务能力建设的各项具体要求，强化为民服务宗旨意识，进一步树立忠诚担当、规范高效、务实廉洁的良好形象；加强效能建设，提高行政效能和服务水平，确保政令畅通，坚持务实高效；强化社会监督，深化"互联网+政务服务"，严格落实政务公开制度，构建风清气正的政治生态，用实际工作成果书写李郢孜镇华彩新篇章。

推进网格治理智慧化
实现公共服务精准化精细化

——安庆市迎江区宣城路街道数字化社会治理创新经验

宣城路街道地处安徽省安庆市商业繁华老城区，区域面积约为 1.2 平方千米，辖区人口 2.6 万余人，党员 1400 余名。下辖天后宫、钱牌楼、吴樾、南水回族 4 个社区。街道历史底蕴深厚，拥有南关清真寺、赵朴初故居、"陈延年、陈乔年读书处"以及安庆第一家自来水厂等历史及近现代工业遗迹。街道商贸优势明显，有"古今相融、主客相融、商旅相融"的人民路以南的历史文化街区、商业地标人民路步行街等，更有百年老店麦陇香、胡玉美、江万春。

宣城路街道对标主城区首善街道，坚持党建引领，统筹推进老城更新，加快建设成"城市配套更新、社会治理创新、群众宜居标新、营商环境革新"的城市智慧街道。街道获全国"和谐社区建设示范街道"，省"第三批智慧社区建设试点单位""先进基层党校""社区教育示范街道""民族团结进步创建示范单位"，市"民族团结先进集体""平安先进街道""文明街道"等荣誉称号。

一 治理背景

党的十九届四中全会提出，"坚持和完善中国特色社会主义制度、推进国家治理体系和治理能力现代化"[1]，而基层治理是国家治理体系中的关键一环。基础不牢，地动山摇，只有基层治理实现了现代化、智能化、精细

---

[1] 《图解十九届四中全会精神》，人民出版社，2019，第 3 页。

化，国家治理体系才会不断完善。习近平总书记提出："运用大数据、云计算、区块链、人工智能等前沿技术推动城市管理手段、管理模式、管理理念创新，从数字化到智能化再到智慧化，要运用前沿技术，推进社会治理，让城市更聪明一些、更智慧一些。"① 省委对全省数字经济发展提出了设施新型化、产业数字化、数字产业化、治理精细化、区域协同化等"五化"要求。2020 年 3 月 6 日，市委主要负责人专题调研迎江区数字经济并召开座谈会，吹响了安庆以及迎江数字经济发展的冲锋号。

宣城路街道位于安庆市老城区，同时是商贸核心区域。辖区内老年人口多，60 岁以上人口占总人口的 30%，老旧小区多。2020 年初新冠肺炎疫情暴发，小区实行封闭管理，基层治理的短板日益凸显。社区工作人员力量有限，对于辖区内行动不便的老人，特别是空巢老人、孤寡老人，无法做到每天上门提供服务，很难第一时间了解他们的需求。且辖区内小区大多是开放式的，人员进出频繁，为封闭式管理带来很大压力。

为落实"网格化管理、小单元作战"，打通社区防疫"最后一米"，迎江区在全市创新设立"单元长"，延伸基层治理触角，让群众自治发挥作用。单元长应运而生，为基层治理提供了力量保障。同时，作为安庆古城所在地、人民路商圈所在地，如何运用大数据、云计算、人工智能等前沿技术推动城市管理手段、管理模式、管理理念创新，如何运用好自身的区位和资源禀赋，壮大新增长点、形成发展新动能，是摆在区及街道面前的重要工作。

2020 年以来，宣城路街道作为全市唯一的社区治理网格化、信息化、智能化的试点街道，在市、区的指导和支持下打造"5G 古城"、建设智慧街道、发展夜市经济，围绕智慧社区目标，探索集社区居务、社区警务、便民服务、公共服务、公益服务和商业服务于一体的智慧化管理，探索"智慧单元长"建设。宣城路街道围绕线上线下、服务群众、整合数据、综合治理，全力以赴建设智慧街道，打造数字化社会治理新亮点。

---

① 《习近平关于网络强国论述摘编》，中央文献出版社，2021，第 143 页。

二　实践做法

（一）"顶层设计"引路，擘画基层治理新蓝图

坚持示范引领，以"省级智慧街道、全市数字化社会治理试点街道、全区市域社会治理现代化示范街道"为典型，以"钱牌楼社区第二批城市基层党建省级示范社区、吴樾社区全市专职网格员队伍建设试点社区、南水回族社区自治项目和特色品牌建设试点社区"为亮点，全力打造基层治理特色品牌。

1. 明确一个架构

以"宜城E家"平台为依托，围绕"数字小区、数字社区、数字街区"，划分"综合治理、经济腾飞、智慧党建、民生服务"四大板块，搭建起"1+3+4"的一体化架构，对接各部门不断开发应用场景，推进万豪逸景智慧安防小区、老旧小区智慧家庭、历史文化街区 VR 地图等项目建设，实现社会治理从碎片化、个体化到精细化、系统化的转变。

2. 完善一项机制

制定"乡街统筹、一点突破、全面覆盖、长期坚持"的工作机制，推进乡街综治中心实体化运行，整合数字治理平台、12345 热线、1584 热线以及网上信访平台，建立事件流转机制，做到"分头受理、统一调度、规范办理、协同攻坚"，提高矛盾纠纷化解效率。

3. 建设一支队伍

完善"网格长（单元长）+党支部书记（党小组长）+政法干警"网格化服务体系，吸纳民警进入社区"两委"班子，全区 326 名政法干警共下沉走访群众 24153 户，解决群众困难和问题 347 个。选聘 4 名专职网格员，探索网格员专职化管理，不断充实基层治理人员力量。

（二）"科学规划"带路，迈向基层治理新高地

1. 建设数字社区，网格化管理实现提档升级

设立居民使用、政务服务、后台数据三个端口，探索将"数字化"嵌

入实体化社会治理平台的新路径。居民通过小程序以文字、语音、图片等方式反映问题，网格长"接单"后明确办理时限，即时办结反馈，实现"为民服务不打烊"；后台实时统计分析区域信息、社情民意、居民信息等数据，准确反映社会关切和群众期盼，为党委、政府决策提供有效的数据支撑。截至 2021 年底平台入驻群众占比 42%，收集群众反映问题 512 条，解决 508 条，办结率 99.2%，满意度 100%。

2. 建设数字小区，智慧安防助力老城更新

围绕老旧小区改造，宣城路街道成为全市首个接入天网工程的街道，已连接 794 个监控网点，依托"天眼"实时监控辖区反恐单位、重大活动现场；在全市率先建成老旧小区智慧消防系统，试点安装电流感应装置，实时监测电流、电压、电线温度，及时对火灾做出预警和联动处理，创新监管模式，助力平安建设。建设数字街区，通过 5G 直播实现云游古城。围绕历史文化街区建设，联合安庆电信在街区增加 5G 基站，共同开发"5G 慢直播街区""智慧云广播"等平台，关注"安庆古城"微信公众号就能实现云游街区。提供数字信号支撑，让数字科技引领智慧旅游，为街区文、商、旅融合发展赋能。

（三）"群众需求"铺路，构建基层治理新格局

1. 整合数据打破壁垒

整合天网工程、社会治理网格化智能化平台、智慧消防等多个平台的数据，构建动态的基础资源数据库，实时接收一线信息，及时更新数据库，保证数据的真实性、可靠性和时效性。逐步融入市级数据平台和数据中心，实现更高层面的数字化管理。

2. 协同治理形成合力

一方面，完善"乡街吹哨、部门报到"制度、区县级干部及部门结对共建乡（街道）和村（社区）制度，规范"社区准入"制度，推动区直各部门深入基层一线、到群众身边，协助社区开展重点工作，提供必要的经费支持和工作条件，加强社区治理的领导力量；另一方面，推进"两长制"，

延伸服务触角，打通社区治理的"神经末梢"，截至 2021 年底，街道 295 名单元长共收集矛盾纠纷 58 件，参与调解 45 件，调解成功 42 件。

3. 线上线下服务群众

以着力解决基层治理中"政府在干，群众在看"的共性问题为目标，采取线上、线下两种方式，打造规范化服务平台，制定标准化服务流程，构建"全时办"的服务模式，建立"钱牌说事坊""马大姐工作室""书香解忧室""五彩民情议事厅"4 个群众议事协商组织，协商解决问题 132 个；打造人民路商圈蜂巢警务站，形成"1 站+5 室+3 队"的社会治安防控新体系，实现社会治理问题"发现—上报—办理—反馈—问效"闭环管理，推动治理时效和质效双提升，平均办结时限从 7 天缩短至 3 天。

三　成效及启示

（一）主要成效

1. 数据应用为政府决策提供依据

在"宜城 E 家"后台统计的问题反馈中，经过数据统计、整理、分析，发现居民群众反映最多的就是楼道灯问题。为了解决这一老大难问题，单独设置"楼道灯维修"栏目，以第三方公司入驻的形式，24 小时为居民提供维修服务，既解决了老百姓身边的关键小事，又切实减轻了网格长、网格员的工作负担。

2. 数字治理为基层治理减轻负担

通过数字赋能网格治理，前来社区窗口办事的群众减少了 60%，让更多在前台办理事项的工作人员有时间有精力下沉至网格，及时了解群众动态。同时结合政务服务"一网通办"平台，实现线上申请、线上办理、线上办结，切实提高工作效能。

3. 信息共享为服务群众畅通渠道

借助"宜城 E 家"平台，居民在手机端反映问题，网格长第一时间在线上接单，第一时间赶到现场处理事件并及时反馈，形成问题流转闭环机制，极大地方便了群众办事，实现让"群众少跑腿、数据多跑腿"，切实提高群众的获得感和幸福感。

（二）经验启示

1. 探索建立党建引领治理格局

宣城路街道党工委积极落实"一纵一横一清单"体系，吸纳市委组织部、市总工会、市粮食和储备局等市直单位，中国邮政安庆分公司、安庆供水集团等企业作为大工委成员单位，同步成立四个社区大党委。通过联席会议制度、轮值副书记制度、"三个清单"制度等工作机制，将党建为民服务由"独唱"变为"合唱"。比如：考虑到辖区老党员占比超过70%，市委组织部每年都会上门为老党员们送上几场精彩的党课；南水回族社区是城区唯一一个少数民族社区，其在很长一段时间缺少专门、专业的服务，为此大工委成员单位市委统战部、市民委经过认真调研，将全市第一家少数民族党群服务中心设在了南水回族社区。

2. 努力搭建网格化智能化平台

2019年宣城路街道承担了安庆市社区治理网格化、信息化试点，利用两个月时间完成了调度中心建设、社区网格优化、系统数据更新、网格员培训等准备工作，最终在7月正式运行。精准化方面，平台对高龄老人、残疾人等服务对象，吸毒人员、社区矫正人员等特殊群体分别进行了标注管理，方便网格员有针对性地开展走访摸底工作，坚持特殊人群一周一走访，普通群众一月一走访。系统化方面，平台建设过程中整合公安、车管、民政、人社、计生、基层等多方面的数据，完整展现了居民基本情况，实现了从"以人管人"到"以房管人"的转变，破解了辖区学区房多导致流动人员多的管理困局。

3. 积极推行"全科社工+民情账本"制度

为破解社区"被机关化"难题，宣城路街道率先在全区推行"全科社工+民情账本"制度，通过设置AB岗，印制明白卡、一本通，落实全程代办制度，不断提升社区工作人员业务能力和服务能力。同时结合民情账本制度，让社区工作人员能够有足够的时间和精力扎扎实实下沉到网格，将群众的所需、所急、所盼通过民情账本一一收集起来，并对问题分析、办理、反馈的各个环节进行系统化管理，真正打通为民服务的"最后一公里"。

4.通过协作治理减轻基层治理负担

由于事项准入缺管理、行政执法缺统一，社区承担着大量行政事务，基层治理负担过重。得益于社区工作准入机制，社区不再负"重"前行，有更多时间、精力服务群众，提高了服务效能。得益于"乡街吹哨、部门报到"制度，街道联合城管、消防、应急管理、市场监督等多部门对"好吃一条街"开展安全生产集中整治，彻底消除安全隐患。得益于县干部包保、"三跑三报"制度，宣城路街道在信访维稳、烟花爆竹禁限放、棚改征迁等重点工作中有了协调作战的兄弟军、出谋划策的参谋师、干事创业的同路人。

四　未来展望

（一）打破数据壁垒，实现为民服务"一张网"

智慧社区建设仍在试点，数据壁垒尚未打破，既要考虑隐私保护，又要实现共通共享。特别是针对问题办理环节，居民反映的部分问题是基层无法解决的，需要区级部门甚至市级部门协调解决，但问题无法通过线上直接反馈到受理部门。通过从上至下大力推行网上办理，推动服务事项跨地区远程办理、跨层级联动办理、跨部门协同办理。打破政府部门内部之间的数据壁垒，实现各部门、各层级、各业务系统数据信息互联互通、充分共享，有效提升、优化服务效能。

（二）推动群众自治，实现民主协商"家里谈"

坚持"群众的事群众议"制度，广泛吸纳物业、辖区片警、社会组织等力量参与社区治理、民主协商，组建社会组织、草根组织，充实基层治理力量。积极探索各种类型的群众议事制度，让居民参与社区治理。由点到面先发动党员片警、物业公司等基层治理的重要力量，再鼓励网格长、楼栋长以及党支部书记等发挥引领示范作用，最后再从党员到群众，形成气候。要提升居民参与自治的积极性，必须让居民意识到自己不仅是被服务的对象，也是建设者、管理者，最终还是受益者，从"有困难找社区"到"有困难我来办"，这是我们共同的期待，也是我们努力的方向。

（三）锻造社区人才，实现基层治理"专业化"

发掘社区治理创新案例，培养基层治理人才队伍，提升基层治理实务能力，着力解决基层治理难点问题，推动基层社会治理创新，不断为基层治理聚智赋能。一方面，努力将社区治理学院打造成社区治理创新的智库平台，让社区工作者精准理解贯彻中央决策和精神，切实掌握能用、管用的社区工作方法，同时推动各类参与主体能力提升。另一方面，建立社区工作人员激励机制，提高工资待遇，畅通晋升渠道，吸引具有为民情怀、干事热情的年轻骨干到社区工作，打造一批"能上能下"、能屈能伸的基层铁军。

第二篇 "三治融合" 案例

"一组一会"兴党建 "三治融合"开新局

——淮北市以"一组一会"推进基层共建共治共享

淮北市以推进"一组一会"为契机，积极探索自治、法治、德治在乡村治理中的重要作用，通过强化党风、引领民风、带动乡风，走出"人人参与、人人尽责"的乡村善治道路。

一 治理背景

地处苏豫皖三省交界的淮北市辖相山、杜集、烈山3个区和濉溪县，农村人口稠密，人口最多的镇有13.98万人，人口最多的村有1.3万人。此前伴随行政村合并、管辖范围扩大，时常出现农村管理不到位、服务有缺位、矛盾调解不及时等乡村治理难题。为此，淮北市探索党建引领基层治理的"一组一会"新模式，成功解决此前所遇到的难题。"一组"是在村民小组或自然村建立党支部或党小组，"一会"是在党组织的引领下，把威信较高的老党员、老村干、老教师、老工人、老干部等乡贤能人动员起来，民主推选组建 5~7 人的村民理事会，原则上由党支部或党小组负责人兼任理事长。充分发挥基层党组织的政治引领和村民理事会的协商议事作用，探索了一条以党建引领和自治、法治、德治融合的乡村善治新道路，形成了共建共治共享助力乡村振兴的新格局。

二 实践做法

（一）延伸党建工作"触手"，加强基层党组织建设

基层治理是推进国家治理体系和治理能力现代化的基础，而发挥基层党组织引领作用对于推进基层善治至关重要。淮北市从优化基层党组织设置入手，在符合条件的村民小组或自然村及时建立党小组或党支部；对不具备条件成立党组织的村民小组或自然村，由镇包村干部、工作队员或村干部中的党员兼任党组织负责人，延伸新时代党在农村工作的"手臂"，推动基层党组织成为宣传党的主张、贯彻党的决定、领导基层治理、团结动员群众、推动改革发展的坚强战斗堡垒。

一是突出政治引领作用。坚持政治标准，无论在划分理事会片区、推选理事会成员，还是制定理事会章程时，都充分体现党组织的把关定向作用，注重把既有较高威望政治上又可靠的同志选入理事会，特别提倡党组织成员与村民理事会成员交叉任职，保证党组织对基层自治组织的领导。同时，自党小组（党支部）成立以来，党员可以就近参加组织生活，开展活动的频次明显增多，党员的归属感显著增强，先锋模范作用得到充分发挥。党员理事积极担任传习志愿者，组建"新时代传习宣讲队伍"，深入田间地头、广场院所开展传习宣讲。在村"两委"换届工作中，村民理事会党员利用人缘、地缘、亲缘优势，换届前，入户宣传换届各项政策和纪律；换届中，主动走访群众，引导其正确参与党员群众推荐、党员大会选举等环节；换届后，协助镇村干部与落选人员谈心谈话，做细做实思想工作，维护换届期间

的和谐稳定。

二是发挥凝聚群众作用。坚持依靠党建凝聚群众、聚集民心，着力搭建形式多样的载体平台，让广大群众时刻感到党员在周围、党组织在身边。淮北市一县三区党组织结合各地实际，因地制宜，设计了"党群连心站""党群微家""党员驿站""百姓讲习所"等新载体，定期召集群众说事议事，让群众提升对村级事务的知情度，感受到农村的发展进步，始终保持与基层党组织心贴心。濉溪县韩村镇小李村党小组依托"党群连心站"，组织发动群众建设红色旅游景区，该村博物馆、农家乐等旅游项目建设稳步推进，群众对未来发展充满信心。

三是彰显服务群众作用。淮北市基层党组织紧跟新时代农民生产生活步伐，及时转变工作方式，把着力点聚焦在服务民生上。结合全市开展的"入户连心大走访"活动，自然村党小组成员按照亲缘关系，主动联系村组内的群众，不定期到包保的农户家走访慰问，让群众利益诉求"有门"、党员全程服务"有为"。坚持群众路线，为民真办事、办实事，村党小组成员轮流到"党群连心站""党群微家"办公，接待群众来访，协调矛盾纠纷，现场进行政策答疑，赢得了群众广泛好评。为进一步畅通联系群众、服务群众渠道，近年来，淮北市通过新建、改建方式，实现了全市 308 个村（社区）服务中心全覆盖，真正实现了"干部多跑路、群众少跑腿"。群众普遍反映，自从有了党群服务中心，在家门口就能办事，比过去方便多了。

（二）推动自治重心下沉，"零距离"联系服务群众

随着传统农村社会的发展变革，特别是近年来，部分农村在房屋征迁、土地承包经营等方面由利益纠葛复杂而引发的村民内部矛盾不断，加之行政村合并后，管辖范围扩大，公共事务无人管、公益事业难办、百姓诉求表达不畅等问题越发凸显，乡村社会治理中的"最后一公里"亟待打通。对此，淮北市直面问题，创新思路，通过建立村党组织领导下的以村民小组或自然村为基本单元的村民理事会，进一步规范自治流程，推动社会治理重心下移，积极引导群众主动参与村民自治，切实提高村民自我管理、自我服务、

自我教育、自我监督的水平和能力。

一是完善运行机制，开启群众协商议事新模式。在保持现有村民委员会设置格局的前提下，对处于独立居民点且拥有集体土地所有权的村民小组或自然村，根据群众意愿建立村民理事会。理事会成员由民主推选产生，由老党员、村民代表、创业能人与乡贤等构成。以村民理事会为协商平台，建立健全从提事、定事、办事到督事的自治运行机制，做到群众事情自己议、群众事情自己定、群众事情自己办。濉溪县百善镇叶刘湖村作为淮北市南部次中心建设的主战场，涉及雁鸣、程家等5个自然村搬迁改造，为加快工作进度，23个村民理事会成员充分发挥亲缘、人缘和地缘的优势，仅用5天时间，便动员600多户村民全部签订棚改安置协议。叶刘湖村党总支书记徐昌深有感触地说："由村民理事会参与棚改，入户做工作的不再是陌生人，而是本村村民，或者是几十年的老邻居。村民之间交流更加顺畅，想法更易沟通，大大降低了棚改工作中的'摩擦系数'。"

二是搭建增收平台，当好农村集体经济发展的"助推器"。发展壮大村级集体经济，是乡村振兴的关键。淮北市紧紧围绕实施乡村振兴战略，充分发挥村民理事会的带动作用，领办、创办合作社，大力发展现代特色农业，形成了"一村一品""一镇一业"的产业发展格局，村集体经济"百花齐放"，群众增收致富效应凸显。古饶镇谷山村积极调整农业产业结构，大力发展特色种植产业，在村民理事会的带动下成立了启航果蔬合作社，采取"合作社+基地+农户"的发展模式，扶持农民种植芦笋。段园镇大庄村村民理事会鼓励村民积极参与"三变"改革，增加农民财产性收入。

三是畅通诉求渠道，成为化解矛盾的"润滑剂"。小到垃圾处理、邻里矛盾，大到山林权属、征地拆迁，都会有村民理事会积极介入，他们把大量矛盾化解在基层、消灭在萌芽状态，促进了农村社会的和谐稳定，真正做到了"小事不出村、大事不出镇、矛盾不上交、群众不上访"。邻里之间有矛盾，镇村干部出面协调，效果往往不好，"外人"调解和劝说时往往会陷入"清官难断家务事"的困境，而德高望重的村民理事会成员却可以发挥独特的作用。濉溪县刘桥镇王堰村王西队的王某进家翻盖新房时，向后多建了一尺左右，占用了邻居王某金家的宅基地，两家因此矛盾不断，三天两头发生争执。村民理事会了解此事后，多次登门入户调解、劝说，仅用 3 天时间，便使双方达成协议，化解了邻里矛盾，一时成为美谈。韩村镇河涯村高宅自然庄与光明村李圩自然庄从 2014 年开始，就存在土地权属争议问题，由于村"两委"人员调整、费用问题等，该问题一直未得到妥善解决。两个自然庄的村民理事会通过召开座谈会、实地丈量等方式，耐心做好群众工作，把两个村"两委"多年的棘手问题顺利解决。

（三）推动自治、法治、德治有机融合，推动形成文明和美新风尚

随着社会加快转型，乡村社会从封闭不断走向开放，单一的治理手段无疑难以应对差异化、多元化的社会现实。淮北市在推进乡村自治过程中，始终将人情与法治、道德等紧密相连，进一步规范"一组一会"职责，明确党小组既要引领村民自治，又要推动依法治村、以德治村，着力打好乡村善治"组合拳"，营造了风清气正的淳朴乡风。

一是让乡村风气正起来。紧紧围绕培育和践行社会主义核心价值观，坚持正本清源，弘道养正，教育引导群众尊良俗、去低俗、除恶俗，不断提高群众道德修养，促进文明新俗蔚然成风。过去，濉溪县五沟镇曹坊村红白喜事大操大办，彩礼相互攀比，村民对此深恶痛绝但又无可奈何。村民理事会通过向群众宣传简约适度、绿色低碳的生活方式，完善"村规民约"，设立"道德红黑榜""善行义举榜"等举措，引领倡导喜事新办、丧事简办新风尚。全村基本杜绝了生日宴、购车宴、盖房宴及参军升学宴，仅在嫁女彩礼和婚丧事上就为群众节省 60 余万元。村党小组一班人意识到，没有精神之堤，难守物质之财、乡村之美，于是在全村范围内联合开展了"好婆婆""好媳妇"等的评选活动，先后有 110 户家庭受到表彰，进一步带动形成文明乡风、良好家风、淳朴民风。

二是让群众心气顺起来。乡村治理体系能否平稳运行取决于乡村治理法治化的水平。淮北市坚持将法治理念融入乡村治理全过程，着力强化普法宣

传，依法规范信访秩序，基层干群尊法、学法、守法、用法的意识显著增强。前几年，因为采煤塌陷和村庄搬迁等，濉溪县刘桥镇社会矛盾较为复杂，干群关系十分紧张，以闹求解决、缠访闹访的现象普遍存在，该镇被列入全市重点管理乡镇。自全镇推行"一组一会"后，各村民理事会积极开展矛盾调处，主动与群众谈心交心、说法说事，最大限度防止问题积累、矛盾激化。杜集区高岳街道双楼村党小组充分利用开放式党校，创新将党的理论政策、法律法规宣传普及贯穿始终，以主题展示、法治小故事等形式，开展"上情解读"活动，让解决问题用法、化解矛盾靠法的理念深入人心、渗透心灵，成为党引领群众、凝聚合力的"黏合剂"。

三是让村居环境美起来。近年来，淮北市各级基层党组织团结带领广大干群，持续推进美丽乡村建设，一体化开展农村垃圾、污水、厕所专项整治"三大革命"，加快推动城市水电气、污水管网等公共设施向农村延伸，全面改善农村环境面貌和生活质量，形成了村美、民乐的良好局面。杜集区石台镇刘庄村在农村环境"三大革命"中，明确"万树万花绿香村"目标，党支部和理事会成员带头清理主干道，广大群众积极响应参与，自己动手清理自家房屋周边，房前屋后的杂草不见了，露出整齐的地块，路边乱堆的杂物不见了，留出了宽敞的道路，受到群众一致好评。朔里镇入选安徽省首批特色小镇，临涣镇入选安徽省第三批千年古镇候选名单，四季榴园、长寿南山等示范村各具特色、魅力彰显，段园葡萄小镇、渠沟芳香小镇等一批产业基础好、文化积淀深、生态环境美的特色小镇建设不断加快，镇、村人居环境大为改观。淮北市积极探索自治有力、德治有效、法治有序的基层社会治理新机制，既赢得了民心，又提升了基层组织力，引领党情民心同频共振。

三　成效及启示

近年来，淮北市直面农村矛盾纠纷日益增多、百姓诉求表达不畅等问题，积极推行"一组一会"制度，探索出一条"党建搭台、村民自治、群众受益"的乡村治理新路子，形成了共建共治共享助力乡村振兴的新格局。淮北市把党组织建立在村民小组或自然村，置身于农民群众之中，工作在田间地头，与农民群众联系最直接、最经常、最密切，工作也最有效。这一实践证明，必须牢固树立"群众在哪里，党员就在哪里，农村工作推动到哪里，党组织就建在哪里"的理念，切实发挥好党组织的"定海神针"作用，让党组织在基层"挑大梁"，让党的声音在基层"唱主角"。在推行村民自治过程中，淮北市始终坚持以人民为中心的发展思想，让群众成为议事的主角，真正实现了群众的事群众商量着办。这一实践证明，只有坚持人民当家做主的理念，切实尊重群众意愿，让群众成为决策主体、管理主体、监督主体，不断增强群众的"存在感""获得感"，才能始终保持党和人民群众的血肉联系，才能激发乡村治理的内生动力。"一组一会"制度的实践证明，"三治融合"是拉动乡村社会治理的"三驾马车"，更是推进国家治理体系和治理能力现代化的重要基石，必须一以贯之、协同并进，唯有如此才能形成乡村治理有效的良好局面。

四　建议

（一）加强党的全面领导

党建引领是做好基层社会治理的关键。基层党组织强，则基层治理能力强。只有不断强化基层党组织的领导核心地位，创新组织设置和活动方式，探索"党建+N"工作模式，扩大党组织覆盖面，充分发挥基层党组织战斗堡垒作用和党员先锋模范作用，解决问题时才会事半功倍。在基层治理实践中，党组织要带动群众积极参与，形成人人支持、人人参与、人人监督的良好局面。这就要求基层党组织和党员干部在基层治理中成为总揽全局、协调各方、服务发展的"领头雁"，形成以村党组织为核心、群团组织为纽带、社会组织为依托的基层群众工作体系，真正把基层党建的政治优势转化为基层社会治理的工作优势。

（二）健全基层治理机制

党的基层组织扎根基层、服务基层，具有参与社会治理的天然优势。充分增强党的基层组织的凝聚力和战斗力，通过"党建引领、统筹推进、全科网格、社会协同"，实现基层社会治理的大合力、大集成。强化镇街党委决策领导能力和统筹协调能力，坚持基层社会治理和公共服务两手抓，坚持与"放管服""最多跑一次"改革有机结合，优化工作流程，形成边界清晰、分工合理、权责一致、便民高效的组织体系。织密小网格，农村以片组为基本单元划分网格，城市社区以居民小区、楼幢等为基本单元划分网格，组织公职人员进社区认领楼道长，实现人员在格内联动、问题在格内处置、服务在格内开展。

（三）激发基层治理活力

党的十九大报告指出："加强社区治理体系建设，推动社会治理重心向基层下移，发挥社会组织作用，实现政府治理和社会调节、居民自治良性互动。"[1] 基层自治就是村（居）民直接行使民主权利，依法办理自己的事情，实现自我管理、自我服务、自我监督；要坚持"民事民议、民事民办、民事民管"的原则，简言之就是村（居）民的事情，村（居）民说了算。要充分保障群众的知情权、参与权、表达权、监督权，促进群众依法自我管理、自我服务、自我监督。

（四）发挥协同作用

调动各方面积极因素，充分发挥乡贤作用。在基层社会治理中，乡贤队伍对于基层治理具有天然的独特优势，是乡村振兴不容忽视的人才力量。明确乡贤标准，制定选举流程，成立乡贤参事会，作为乡贤队伍发挥作用的统一机构。用心向内"挖潜"，充分挖掘当地乡贤作为基层发展的"智囊团"，

[1] 《十九大以来重要文献选编》（上），中央文献出版社，2019，第35页。

健全乡贤参事会常态化运行机制，明晰乡贤参与社会治理的工作内容和方法路径，构建以乡贤为中心的村民自治体系，发挥乡贤的正向引导作用，齐心协力共同推进基层社会治理。

（五）提升智治水平

推进国家治理体系和治理能力现代化，要注重科学化、精细化、智能化，要运用"大数据"提升国家治理水平。要加快完善基层自治组织信息化建设，整合服务资源，建立大数据综合服务平台，将数据应用于农业发展、民生事业、环境治理等各个方面，构建一体化在线服务平台和便民服务网络，使基层社会管理更加智能、多元沟通更加充分、公共决策更加开放、综合调控更加精准、公共服务更加便捷和贴心，切实方便群众办事，使广大乡村群众切实享受到智能化治理的成果。

健全治理方式　助推"三治融合"

——包河区大圩镇金葡萄社区典型案例

以前的大圩镇沟渠纵横，荷叶田田，风吹稻浪，金黄片片，是名副其实的"鱼米之乡"。如今，迈着改革开放 40 余年的步伐，在乡村振兴的热潮中，大圩镇发生着翻天覆地的变化，"拆迁不征地"的"大圩回迁模式"顺利实施。2017 年元旦，万余名村民率先拿到了新房钥匙，开启了新身份——金葡萄社区居民。

新形势下为了贯彻落实党的十九大重要精神，以及合肥市委、市政府关于推动乡村振兴、乡镇服务能力建设和城乡社区治理的相关文件精神，推进乡村治理体系和治理能力现代化，大圩镇在乡村振兴实践中积极探索，以大圩镇金葡萄社区为试点，紧紧围绕"人"这个核心，坚持党建引领方向，以建设自治、法治和德治"三治融合"的农村社区治理体系为目标，积极探索新型城乡融合型社区的有效治理路径。

一　实践做法

（一）发挥基层党组织的引领作用

一是健全以党组织为核心的治理组织体系。加强社区基层党组织建设，理顺党组织与村民自治组织、经济组织和社会组织之间的关系，提升基层党组织的引领和服务功能，不断提高党领导经济社会发展的能力。二是加强社区基层党组织带头人队伍建设。按照"干事创业有思路、社区管理有规矩、服务群众有感情、带领队伍有办法、廉洁公道有口碑"的"五有"要求培育和选拔村党组织带头人，注重从致富能手、外出务工经商人员、本土大学毕业生、复员退伍军人中培养选拔。三是加强社区党员队伍建设。党员和领导干部带头学习法律、法规及"三农"政策，党员家庭带头"挂牌亮户"，立家规家训，以党风带村风、民风。建立党员和干部承诺考核机制，强化责任担当和引领示范作用。

（二）发挥居民自治的基础作用

培育组建金葡萄社区居民自治委员会，解决"社区要做什么"的问题，通过"楼里益+亲"项目、微项目认领等，激发居民自治活力，重点是"内生动力，群众自治"。在社区中培育组建社区居民自治委员会，形成了楼长交流汇、楼长增能汇和楼栋故事汇三个长效载体，搭建了完善的居民自治平台，提升了社区的自治能力，营造了居民参与自治的氛围。通过楼长交流汇，社区"两委"和物业定期汇报工作，并听取楼长在居民中收集的问题、需求及改进意见；通过楼长增能汇，定期开展外出参学、讲座培训和游戏拓展等形式多样的丰富居民生活的活动；通过楼栋故事汇，在线上、线下多种媒体平台宣传楼栋好人好事，营造邻里守望相助的氛围。

（三）发挥基层法治的保障作用

一是增强基层干部的法治观念和意识。重点加强对村干部的普法教育，拓展村组干部法制教育的广度和深度，把基层各项涉农工作纳入法治化轨道。二是完善农村公共法律服务体系。依法在社区中成立社区协商委员会，通过定期开展各类协商议事会议，为社区工作提供法治支撑，积极与辖区单位结对共建、活动共办、问题共商、资源共享，社区协商委员会定期组织召开各类协商会议，依法民主开展社区协商活动，涉及社区公共场地使用、物业安保监管、基础设施完善、文体活动开展等方方面面。

（四）发挥乡村德治的支撑作用

一是大力弘扬农村传统美德。建立"好人档案"，开展"道德模范""最美家庭"等的评选活动，褒扬孝老爱亲、敬业奉献、助人为乐、诚实守信、见义勇为等精神，发挥身边榜样的示范带动作用。二是以社会主义核心价值观引领乡村文明。依托新时代文明实践中心等平台，围绕培育和践行社会主义核心价值观等内容，开展面向基层群众的经常性系列宣讲等活动。把社会主义核心价值观融入村规民约、家规家训，加强农村思想道德建设，推进乡村文明建设。开展党建引领信用村建设，引导群众诚实做人、守信做事。三是持续开展乡风文明专项行动。推进移风易俗，完善村规民约，组建村民议事会、红白理事会、道德评议会和禁毒禁赌会等群众性自治组织，引导和鼓励农村基层群众性自治组织采取约束性措施，整治农村婚丧大操大办、高额彩礼、铺张浪费、厚葬薄养、乱埋乱葬等不良习俗，树立新风正气。

（五）发挥社会力量的协同作用

一是培育孵化社会组织。完善落实孵化培育、人才引进、资金扶持等政策，整合农村社区资源，大力培育农村公益性、互助性、自治性社区及社会组织。二是搭建完善协商平台。进一步夯实社区协商委员会、党群之家、民主大院、村民议事会、圩民说事室等协商平台，推进农村社区信息化建设，为村民搭建网络协商平台。三是培养激发参与意识。采取会议协商、走访式协商、书面征求意见协商以及网络交流等方式，推进线上协商和线下协商互动的工作模式，激发新型农业经营主体参与农村社区建设与治理的积极性、主动性。

二　取得的成效

（一）提高了村民幸福指数

随着社区楼栋党小组陆续成立，社区党总支充分发挥功能性党组织优势，将党组织的"触角"延伸至楼栋，打破小区邻里隔阂，将大家重新拉回村落"熟人社会"的氛围。形成党群服务中心—党群睦邻点—楼栋客厅三个层级活动阵地，全年组织 1705 场活动，共计 20955 人次参与。成立楼栋党小组、网格党员监督员和党员志愿者三支党员示范队伍，社区党员的先锋示范作用得到充分发挥。大雪来临前贴心走访，腊八节送热粥到高龄老人手中，在禁止高空抛物倡议承诺书上带头签字，在居民议事会上建言献策……党员活跃在社区服务的方方面面，他们是社区治理的"头雁"，让党员和居民走得更勤，让党组织和居民贴得更近。

（二）提高了乡村治理文明程度

2018 年 5 月 23 日，金葡萄社区志愿服务广场上"圩美实践宣讲团"的第一次成功宣讲，打响了社区德治"第一枪"。宣讲团就小区环境、高空抛物、文明养犬等话题做了精彩宣讲，结合自身实际，呼吁居民保护环境，共建文明家园。面对服务对象为"村民+居民"双重身份的现实，金葡萄社区党总支积极探索社区德治建设路径，成立社区道德建设委员会，让居民自评"社区怎么样"，通过道德宣讲、移风易俗宣传和身边好人好事评选等，弘扬社区正能量，在点滴积累中传承乡风文明，共筑和谐社区。截至 2020 年底，委员会召开评选和工作会议 40 次，评选社区好人 56 名（其中 10 名获得"包河好人"称号），开展主题宣讲上百次。

（三）丰富了乡村精神生活

社区党总支还积极动员培育了社区居民自治委员会、协商委员会，以"楼里益+亲"项目为抓手，截至 2020 年底，实现了社区楼长的全覆盖，组织楼长交流汇 50 次、楼长增能汇 20 次，组织楼长外出学习 10 次，形成楼栋故事汇 100 篇。发掘培育党员志愿者 270 名，文化"头雁"8 名，爱心"头雁"98 名。通过"7+X"（"7"指的是社区党组织代表 1 名、社区物业服务代表 2 名、党员代表 2 名、妇女代表 1 名和居民代表 1 名，"X"指的是针对特定议题邀请的相关专业人员）的协商模式，协商解决各类问题 3000 余件。充分发扬民主，有效整合资源，组织成立了"轻舞飞扬""书香家园""歌声回荡"三支文化活动队伍，以及"织爱社""文明卫士""小萌伢""青跑团""金扳手"等多支志愿服务队伍，有效发动居民群众参与社区建设，为创建和美家园贡献自己的力量。

三　未来展望

新时代大圩镇党委、政府将积极推进"红色领航 和美小区"建设，实现党领导下的政府治理、社会调节、居民自治良性互动，构建"和"字社区自治新格局，以和美堂屋为引领，搭建和亲楼栋、和睦中心、圩民书院等阵地，激发群众参与热情，打造各得其乐、各得其美的和美社区。

深化"三治融合" 树立文明乡风

——包河区席井村典型案例

党的十九大报告提出:"加强农村基层基础工作,健全自治、法治、德治相结合的乡村治理体系。"[①] 淝河镇席井村近年来将自治、法治、德治有效融合,发挥乡村治理的最大能量,最大限度地激发农村发展活力。

一 治理背景

淝河镇席井村正处在辖区村庄大面积拆迁,逐步向城市转型过程中,群众由于法治观念淡薄,依法维权意识较为欠缺,现阶段基层自治出现了一些新情况、新矛盾,基层治理缺乏有效手段。席井村通过"三治融合",不断创新乡村治理。包河区首个村级基层组织开展的好人评选活动,在社会上引起了良好反响,之后持续每两年开展一次好人评选活动,从而进一步树立社会主义核心价值观,培育文明乡风,弘扬道德模范和身边好人的高尚情操,让全村群众参与到身边人评身边人、身边人讲身边事、身边人学身边人当中来,在全村营造崇尚文明、争当好人的浓厚氛围。

一是以自治方式激发治理活力。村民自治的核心在于全面推进"四个民主"。多年来,淝河镇席井村严格执行"四议两公开"务实管用的村务管理机制,把涉及群众切身利益的事情摆出来让群众议,让老百姓充分参与村务管理。同时,注重强化党支部的统领作用,增强对村民自我约束、自我管理、自我服务的引导。

二是以法治手段维护公平正义。法律作为具有普遍约束力的特殊行为规

---

① 《十九大以来重要文献选编》(上),中央文献出版社,2019,第23页。

范，在人情关系复杂的乡村，最具说服力和公信力。近年来，席井村以完善乡村法律服务体系为重点，以"一村一警一律师"为载体，打通法律服务"最后一公里"，让群众感受法律存在、认知法律尊严、增强法律信仰，法治在乡村治理中的权威地位不断增强。

三是以道德力量纠正失德行为。席井村历来注重优秀传统文化挖掘，注重社会主义核心价值观培育践行，注重先进典型倡树，从而更好地发挥德治在矛盾纠纷化解、乡风文明引领方面的作用。持续多年开展"道德模范""席井好人"等各项评选活动，连续多次举办道德讲坛文化传承活动和道德模范宣讲活动。

二　实践做法

沘河镇席井村定期开展"席井好人"评选活动。选出"道德模范""身边好人""最美退役军人"，以文化传承无声润物，用身边榜样示范带动，使得村内更加和谐安定，民风更为厚道淳朴。主要通过成立组织、宣传动员、摸底推荐、张榜公示、评选表彰五个步骤完成评选活动。

一是成立组织。为开展好好人评选活动，席井村成立以村党委书记为组长、以组织和宣传委员为副组长、以其他部门负责人为成员的评选领导小组，设立评选办公室。同时制定席井村"道德模范"及"身边好人"评选实施细则。实施细则明确活动目的、活动流程、推荐条件和推荐渠道，并确定好人评选活动将每两年举办一次，逐步增加好人评选类别和数量。

二是宣传动员。活动前期，席井村召开好人评选活动动员会，村委会全体工作人员、村民组长、党小组长、网格信息员、席井村镇（区）人大代表、监督委员会成员等各方面代表到会。活动组织人员介绍活动开展的形式、活动的目的和意义。印发评选活动实施细则，解读席井村好人评选细则和鼓励措施，充分调动全村干部群众参与评选活动的热情。为扩大活动的影响力，席井村还通过悬挂宣传横幅和发放宣传页等形式，做到家喻户晓、妇孺皆知。

三是摸底推荐。全村分成 6 个摸底小组，由评选领导小组成员分别担任各小组负责人，由各组村民组长、党小组长、网格信息员担任工作人员，在各组召开村民代表和党员会议。会上请大家对本村民组好人事迹进行推荐，对推荐上来的好人入户进行详细了解，并将整理材料推荐到村评选办公室。

四是张榜公示。席井村好人评选领导组对各村民组摸底推荐上来的候选人事迹进行认真核实。为提高全体村民对参选候选人的熟悉度、认知度，将好人候选人的事迹制作成海报，并附候选人照片，分别在各村民组进行为期一周的公示，并将候选人的事迹简介宣传页发放到每一个党员和村民代表手中。

五是评选表彰。在监票人的监督下，席井村全体党员和村民代表经过认真思考、仔细对照好人标准，投出了神圣的一票。经过席井村全体党员和村民代表的投票评选，最终从候选人当中按照得票数从高到低选出 10 位"身边好人"，会后为席井村"道德模范"和"身边好人"颁发奖牌和鲜花。

三 成效及启示

一是文明向善氛围浓厚。自开展好人评选活动以来，让广大干部群众看到了"好人就在身边，也许就是自己"。活动的开展有效普及了公民道德规范，文明向善、争做好人的氛围日益浓厚，社会风气日益好转。许传芬不顾身体劳累，长年照顾五位老人；陆金枝 20 年来不离不弃照顾瘫痪丈夫：她们成为村民公认的道德模范。在她们的带动下，席井村孝老爱亲蔚然成风。

二是干群关系更加融洽。活动的开展拉近了干群关系，有力推动了村"两委"日常工作。在层层推荐评议中，村组干部作为重要举荐人，走村入户找好人，沟通多了、猜疑少了，理解多了、误解少了，干群关系更亲近了；邻里互评互推互学，把身边的好事推出来，把感谢的好话说出口，隔阂没了，感情深了，邻里更亲了；党员干部进基层接地气，用榜样说话，普通群众谈想法说建议，从实际出发，办事干事容易多了，工作推动更顺了。

三是社会主义核心价值观深入人心。通过开展好人评选活动，在农村积极宣传了社会主义核心价值观，弘扬了社会正能量。席井村通过生活救助、创业帮扶等多种途径对评选出的"道德模范"进行帮扶，切实帮助好人解决实际困难，提高好人的政治待遇、社会礼遇，树立"好人必有好报"的价值导向。席井村打牌赌博、婚嫁丧葬铺张、邻里不和、上访缠访等现象少了，尊老爱幼、勤俭节约、助人为乐等现象多了。2013年，席井村好人许传芬被评为孝老爱亲"中国好人"。2014年，席井村义务理发员张大云被评为"合肥市志愿服务工作优秀个人"。2020年，由席井村党委积极倡议，席井村委会主办，向全社会讲述最美退役军人故事，展示退役军人风采，在全社会营造学习最美、争当最美、关心国防、尊崇军人的浓厚氛围。并在全镇推广示范席井好人现象和评选经验，努力扩大好人的"蝴蝶效应"。席井好人评选，虽支点小但格局大，对推进"三治融合"、创新乡村治理具有积极作用。

四　未来展望

下一步，将推广席井村"三治融合"的方法，总结好的治理经验，进一步提升基层治理水平，通过引导激发基层社会自治的内在动力，有效化解村民自治过程中的新矛盾、新问题，共同助力村民自治组织的发展。

党建引领铸政治根基
"三治融合"强社会治理

——贵池区茶山村典型案例

池州市贵池区马衙街道茶山村位于池州市城区东郊，九华河畔，东接江南开发区，南通快速通道，北靠迎宾大道，西临大学城。常年青山绿水，茂林修竹，气候宜人，土地资源、水资源十分丰富。全村辖 18 个村民小组，589 户，共计 2106 人，有两个党支部，党员 81 人，其中女性党员有 14 人，大专以上文化程度党员有 19 人。全村拥有耕地面积 5600 余亩，水域面积 960 亩，林地面积 4500 亩。主要经济作物为水稻、茶叶、油菜、棉花，主要经济林为竹子、杉木。

茶山村距池州市中心 13 千米，全程柏油路面，交通十分便捷，电力、医疗等方面的基础设施非常完善。近几年来，两个村支部带领村"两委"一班人，利用当地山土特性，分别引进了油茶与黄金茶项目，现有三处油茶基地（共计 1400 亩）、一处黄金茶基地（500 余亩）。

茶山村把生态文明建设的理念融入农村人居环境整治工作。通过人居环境整治与美丽乡村建设，茶山村人居环境得到显著改善，老百姓幸福指数越来越高。在创建"美丽乡村"过程中，按照"环境优美、家家创业、处处和谐、人人幸福"的要求，坚持"统筹规划、做特产业、做优环境、发展三产、富裕村民"的思路，结合实际搞创建，根据条件搞整治，抢抓机遇搞创新，突破难点促发展。

茶山村按照生产、生活、生态和谐发展的要求，坚持"科学规划、目标引导、试点先行、注重实效"的原则，以政策、人才、科技、组织为支撑，以发展农业生产、改善人居环境、传承生态文化、培育文明新风为途径，构建与资源环境相协调的农村生产生活方式，打造"生态宜居、生产高效、生活美好、人文和谐"的示范典型，形成具有人文历史特色的"美丽乡村"发展模式，进一步丰富和提升新农村建设内涵，全面推进现代化农业发展、生态文明建设和农村社会管理。通过重点扶植黄金茶与油茶基地和培育"家庭农场"这一新型产业，增加群众就业机会，提高群众收入；加强农村基层组织和精神文明建设，深入开展科技、法制、文体和卫生下乡活动，全面提高农民文化素质和道德水平；建立长效机制，深入开展农村环境卫生综合整治，实施长效管理，加强环卫人员队伍建设，落实职责。

一 实践做法

2021 年贵池区马衙街道茶山村积极构建自治、法治、德治相融合的乡村治理体系，以党建为引领、法治为基础、德治为保障、村民自治为根本，探索"三治融合"的乡村治理新路子，形成"党建+乡村治理"的新格局，发展乡村振兴。

建强基层党组织班子，带领村民"自治"。村党总支将以换届选举为契机，选优配强一支善谋事、会干事、能干成事的基层党组织班子，形成以45 岁以下、大专文化程度以上返乡青年或致富带头人为主体的队伍，稳步提升基层党组织的组织力，增强基层党组织的战斗力。建立党小组长列席村"两委"会议、村党总支与党小组联席会议制度，充分发挥党支部在乡村振兴、村庄治理等事务中的领导作用，让村组事务由支部先知、支部提议、支部决定。打造"村口党建"品牌。以村组活动场所、老百姓家晒场、村口、院坝等群众闲时喜爱聚集的场所为主阵地，将支部议事场所前移，进而凝聚人心、凝聚智慧、凝聚力量，团结带领广大群众积极开展"自治"。

强化学习宣传引导，推进村民"法治"。结合党支部的"三会一课"，宣讲政策法规，传播法律知识，倡导文明乡风。建立并依托村法治文化广场、法律学堂、农家书屋等普法、学法阵地，营造尊法、学法、守法、用法的良好氛围，不定期开展"律师送法下乡""法律进乡村""法治家庭创建"等形式多样的普法活动。达到基层干部有权不任性、党员群众有事理先行，做到办事依法、遇事找法、解决问题用法、化解矛盾靠法，实现村内矛盾纠纷的"自净"。在法治建设过程中，茶山村充分发挥综治维稳信访工作站和村级人民调解委员会"倾听诉求察民情、依法依规解民忧"的作用，解决一批群众最怨、最烦、最忧心的难事。在"执法"中普法，树立法律的威严与公信，逐步形成依法治理的良好局面。

充分发挥榜样作用，以崇善向德促进"德治"，让民风"顺"起来。挖掘道德小故事，开展道德小讲堂，评选模范示范家庭，并积极发挥党员模范带头作用，发展返乡创业带头人员进入党组织，特别是组织村里德高望重、公道正派的老党员、离任村干部，深入广大村民群众中，积极发挥好示范带动效应，引导群众树立道德观念，以身边事感染身边人，努力营造"崇德向善、见贤思齐、诚实守信、文明礼让"的良好道德风气。在德治建设中，以社会主义核心价值观为导向，将美丽乡村建设、环境整治、文明创建、秸秆禁烧、河长制、林长制等工作写入村规民约。大力宣扬心系百姓、大公无私、勤俭传家的先贤故事，深入挖掘本土道德故事，在全村开展"共产党员明星户""十星级清洁户""十星级文明户""好媳妇""好婆婆""最美庭院"等的评选表彰活动，对获评的家庭或个人进行授牌或奖励。塑造农村社会的向心力、凝聚力和归属感，构建爱党爱国、崇德向善、重义守信的精神共同体，增强乡村治理的软实力。

自治、法治、德治"三治融合"，积聚力量、凝聚人心，营造共建共治共享局面，最大限度激发乡村的发展活力，为茶山村发展提供了重要保障。

二　成效及启示

茶山村始终把党建引领作为基层工作的固本之源。茶山村2021年结合村"两委"换届工作，以"作风硬、善作为、敢担当"为标准，培养优秀的农村基层党组织书记，并不断强化基层党组织的"大脑神经网络"作用。基层党组织全程对生产发展、政策引导、自治管理等工作进行"把脉纠偏",确保政策不走样、措施不偏激、任务能落实。同时,发挥组织优势,整合政策、项目等资源,按照"党员带头、集体参与"的思路,引领群众合力攻坚。一批以"党建+"为基础的农村经济实体不断壮大,众多以党员为代表的优秀人才不断涌现。"农村富不富,关键在支部",茶山村村党总支实行两个支部"差异化、规范化、标准化"建设,开展党支部创先争优活动,利用学习强国等平台,进行优秀支部、优秀学员评比,形成基层支部建设"抓两头带中间"双驱动工作机制,将基层党支部建成"一线作战部"。支部严格贯彻落实"三会一课"、"四议两公开"、民主评议党员、组织生活会等党内基本制度,扎实推进党建工作标准化、规范化、制度化建设,健全问责机制,鼓励担当作为,创新网格化管理,积极为无职党员设岗定责,搭建发挥先锋作用的平台。稳步有序推进党总支书记、村委会主任"一肩挑"工作,新一届班子成员,平均年龄39岁,大专及以上学历的有2人,培养1名返乡大学生成为村级后备干部。

茶山村把"三治融合"作为社会治理的重要举措。将自治、法治、德治有机融合,解决了脱贫攻坚和农村综合治理中的诸多难题。坚持"打早打小、露头就打",深入开展扫黑除恶、破小案暖民心等活动,社会风气得到了净化;坚持将新民风建设产业技能培训会、贫困户点评会、道德评议会、先进和后进榜("三会两榜")作为农村综合治理的创新性举措,厚植以"诚、孝、俭、勤、和"为主要内容的新民风,用"道德评议"激发群众自力更生的内生动力,通过"群众说、乡贤论、榜上亮",重塑农村传统道德体系;切实修订以"村规民约"为主的各类自治制度,约束了一批违规不违法、犯错不犯罪的群众,社会风气不断好转。

茶山村坚持自治为基。制定茶山村村规民约和村民自治章程,拓宽参与渠道,创设红白理事会、老年互助协会等百姓议事、乡贤参事、道德评事的载体,严格执行"一事一议""四议两公开"制度,重大事项都交由村民大会决议。持续开展"道德模范""最美家庭"等的评选活动,打造以村部为中心的户外载体,建设乡村大舞台、户外远教站点,融入社会主义核心价值观,化抽象为具象,以文化传承无声润物,用身边榜样示范带动。完善乡村法律服务体系，开设法律援助台，打通法律服务"最后一公里"，通过大喇叭、户外多媒体、电子显示屏、专题讲座等多种渠道普法，让群众感受到法律存在、认知法律尊严、增强法律信仰。

茶山村在"三治融合"的基础上，做好脱贫振兴衔接。全村61户脱贫户2021年人均收入超6500元。建立完善了防止返贫长效机制，坚持事前监测和事后帮扶，强化产业发展、就业创业、综合保障等帮扶措施，推动乡村振兴。加大民生工程建设。修建通组通户硬化道路23千米，中心村内新建停车场5处，安装路灯80盏，实施了安全饮水工程，自来水入户率为100%。新建乡村大舞台、休闲广场，安装体育健身器材，组织村民开展各类文化娱乐活动。完善社会保障体系。打造橙色志愿服务队伍，建起200平方米的老年活动中心，设立养老服务站，为年龄较大、行动不便的老人提供日间照料服务，每月为村内7名老年人提供4次上门护理服务。

三 未来展望

下一步，茶山村将把"三治融合"理念融入打造乡土特色品牌工作中。将"乡愁"转化为金山银山，注入"乡愁"文化要素，深入挖掘优质大米、农家干菜、土鸡蛋等绿色农产品资源，拓宽营销渠道，加大与电商、直播平台的合作力度，打造茶山"土字号""乡字号"品牌，更大范围传播产品信息，让口口相传的文字和符号走进消费者大脑。培育壮大特色产业。2016年、2017年，茶山村分别引进油茶与黄金茶项目，扶植和培育"家庭农场"，黄金茶基地销售规模已达到300万元/年，直接带动周边242名村民就业，下一步将继续积极探索油茶林下种植，提升油茶产业整体经济效益。规划新型产业模式。茶山村将注重打造"认养农业"，规划闲置荒山荒地，为消费者私人定制农产品，消费者可以自己耕耘，体验农耕生活，也可以当个甩手掌柜，让农户按照自己的要求种植或养殖，集休闲旅游、订单式种植于一体。

"三治融合"的体系提升了茶山村的治理能力，但在"三治融合"推进过程中，仍然存在一些问题。一是自治水平有待提高；二是法治观念有待强化，本村虽已出台村规民约和自治章程等文本，但这些文本流于表面，不少村民的法律意识与法治建设的要求还有一定差距；三是德治未充分落地，能真正让百姓信服的道德模范较少，德治培养模式还有待改进，缺乏宣传力度和效果。

下一步，茶山村将持续拓宽基层自治的空间，厘定行政权和基层自治的事权界限；以现有"网格化管理、组团式服务"为依托，广泛将村民的力量融入网格，引导公众积极参与百姓议事会、百事服务团等活动，激发基层社会自治的内在动力；推动村治理主体和载体的多元化，充分发挥基层社会组织在基层社会自治中的作用，借助乡贤参事会等载体，动员乡贤在创业联谊、引资引智、文明促进、纠纷化解等方面形成联动互补，共同助力家乡发展。

法治是规则和程序之治。首先，以法治确保自治的实现。要将村规民约和自治章程作为村民自我管理、自我教育、自我监督的行为准则。其次，塑造良好的法治氛围。充分发挥普法讲师团、村法律顾问的作用，多形式开展法治宣传，推动依法治村进程，引导公众合法表达诉求、解决纠纷。最后，以法治巩固"三治融合"的成效，构建基层"三治融合"的标准体系。

在德治上，一方面要因地制宜，深度挖掘茶山村的历史文化资源，将文化资源与德治要素深入结合，将传统文化精髓融入当地的乡规民约，从而切实发挥德治在现代基层社会治理中的功效。另一方面，挖掘在"三治融合"实践过程中的典型人物和做法，积极营造道德评议氛围，设立"红黑榜"、曝光台等，开展群众性道德评议和乡风评议活动，发挥道德"软法"作用。此外，依托文化建设，打造村品牌文化活动，以文体活动进一步凝聚人心，巩固德治效果。

将来，茶山村将继续推动"三治融合"。"三治融合"首先必须通过一定的载体即平台进行融合。村民委员会、村民代表、村务监督组织、理事会、乡贤会、村庄经济合作社等组织的建设和完善是"三治融合"的重要平台，也是其"硬件"构成部分。乡村的各种制度，如"两委"联席会议制度、村民代表制度、村务监督和管理制度、公共卫生管理制度、村干部离任审查制度等的建立和完善则为"三治融合"的乡村治理提供了"软"平台，同时又对其进行了约束和规范。其次，推进协同治理的融合。"三治融合"的乡村治理体系不是三者各行其道的平行治理，而是三者有机结合的协同治理。"三治融合"的新时代乡村治理体系也不是机械呆板、固定不变的僵化模式，而是一种动态互补、灵活包容的治理理念。自治是法治和德治的基础，在自治过程中必须将法治思维和优秀传统文化贯穿其中；法治在乡村社会为自治提供保障，并为德治提供底线思维；德治贯穿于自治和法治的全过程，发挥润滑剂作用，也是新时代乡村社会践行社会主义核心价值观和传承优秀传统文化的重要途径。最后，谋求空间的融合。"三治融合"的乡村治理体系一定是时间和空间上的高度融合，时间上的融合主要表现为过程的融合，空间上的融合则主要是乡村社会治理内部空间及内外部空间的融合。其中，内部空间的融合要求将村治精英、制度、村民、乡村等治理要素统一于由"三治"构建的立体式、多主体参与的乡村治理体系中，充分考虑各治理要素的特征，科学安排并合理定位各自在治理体系空间中的作用和功能。同时，"三治融合"的乡村治理体系还必须是开放的体系，体现为乡村社会同国家、社会空间上的统一，"三治融合"的乡村治理体系在空间上是同国家治理体系相融合的，新时代乡村治理体系可以借助和接纳乡村社会空间以外的社会力量来发展和完善自我。

创新"三治融合" 深化全面治理

——以淮北市杜集区为例

"三治融合"乡村治理模式具有实现国家治理体系和治理能力现代化的方法论意义。当前,杜集区乡村社会治理环境正发生深刻变化,建构"三治融合"的乡村治理模式是新时代推进杜集区乡村振兴战略的必然要求和理性选择。

一 治理背景

淮北市杜集区位于安徽东北部,总面积 240 平方千米,辖朔里、石台、段园三镇和高岳、矿山集两个街道办事处,有 32 个村委会、23 个居委会,总人口 26 万人。2016 年杜集区开展了全国农村社区建设示范单位创建活动。按照创建推动发展的原则,经过努力,杜集区于 2018 年初荣获"全国农村幸福社区建设示范单位"称号。

杜集区乡村治理主要特点如下。

一是坚持破除观念束缚与尊重民情民意相结合,构建"开放型"社区。2008 年,双楼村建成首个开放式村级服务场所,并成为全国开放式村部的发源地。以双楼村为样板在全区实施"8145"工程,即按照 8 个功能室、1 个村级广场、4 个公开栏、5 个活动中心的标准,实现村级办公场所全开放,积极发挥活动场所的各种作用,实现由场所到阵地的转变,开放式村部建设获评"全国基层党建创新最佳案例"。杜集区全区范围内共建立了 138 个村民理事会,配备了 682 名理事会成员,修建或改建了多处开放式的村民理事会场所。

二是坚持拓展服务功能与满足群众需求相结合，构建"服务型"社区。杜集区将便民服务室全部设在为民服务大厅，开展"一站式"服务，实现群众办事不出村。区、镇、村实现"一张网"全覆盖，"数据跑腿"正逐步取代"群众跑路"。同时培育发展社区服务型社会组织，逐步确立了"农村群众需要什么，服务组织就做什么"的精准服务理念。

三是坚持促进经济发展与增加村民收入相结合，构建"富裕型"社区。2018年，杜集区28个农村社区已完成集体产权制度改革，改革工作有效盘活村级集体资源资产。杜集区以产业升级为重点，坚持区域化布局、规模化生产、企业化经营，依托采摘节，推进农产品向热销商品转变。

四是坚持提升环境质量与提高村民文明素养相结合，构建"优美型"社区。以创建全国文明城市为载体，结合采煤塌陷村庄搬迁，分批次、有重点地推进美丽乡村建设和生态文明社区建设，任庄村、石台镇被评为"全国文明村镇"，双楼村入选"中国名村"，南山村获评"全省特色景观旅游名村"，段庄、牛眠等16个村荣获"省级森林村庄"称号。

五是坚持依法民主管理与拓宽参与渠道相结合，构建"阳光型"社区。社区协商工作机制进一步丰富开放式村部的内涵，拓宽了社区民主发展通道，保证了群众的民主权利，规范了决策形成前后的公开透明，在基层化解了很多信访隐患，形成了社区治理的良性循环。

六是坚持促进文明祥和与提高幸福指数相结合，构建"和谐型"社区。大力建设"留守儿童之家""空巢老人之家"，利用村部活动广场，积极开展农民运动会、腰鼓大赛、广场舞大赛等多种贴近群众、寓教于乐的文体活动。

尽管取得了一系列成绩，但是杜集区在社会治理上依然存在一些不足。一是治理模式不明晰，网格构成不尽合理，对社会组织培育不够重视，社会组织数量偏少、服务能力偏弱。二是"三治"合力不够，社区依法治理效果不明显，德治手段不多、方式单一。三是保障措施不到位，基层一线人员力量薄弱，服务能力、服务水平有待提高，经费保障不足。

二 实践做法

经分析，杜集区已全面完成农村社区建设全覆盖要求的"硬性"指标，但是农村社区建设管理的主体、乡村群众自治组织的主体的建设尚有补齐提升的空间。为此，杜集区民政局坚持"巩固提升全国开放式村部发源地"理念，重点放在社区干部和群众的教育培育、指导引导工作上。通过购买社工组织的专业化服务来协助基层干部群众强化民主理念，掌握社区协商方法，合理表达诉求。短期目标是实现自治运行规范化；中期目标是提升干部群众的"三治融合"意识和素质；远期目标是"自治增活力、法治强保障、德治扬正气"，实现系统治理、综合治理、依法治理和源头治理。主要措施和做法如下。

一是调研摸底"三治"情况。通过调查问卷、入户走访、召开座谈会、查阅档案资料等方式，对区情、村情进行调研，摸清杜集区及双楼村、南山村、梧桐村、大庄村四个试点村自治、法治、德治三个方面的基础情况。

二是采取特色社会服务措施。结合四个试点村自治、法治、德治三方面的情况，采取针对试点村的特色社会服务措施，做到"一村一策"。

三是建设"三治融合"服务站点。在区级设立杜集区"三治融合"服务中心，固定办公地点，配备必要工作设备，派驻协调员、专职社工，健全完善"三治融合"服务中心各项制度规范及相关工作标准；在试点村设立驻村众邦社会工作站，配备必要工作设备，明确驻村服务人员，健全驻村站点工作制度等，在服务期内按照标准正常运作。

四是征集落实微公益创投项目。以构建和美村和乡贤会建设等为目标，重点针对居民需求，公开征集"助老、助少、助残"微公益服务项目创意，通过项目征集、项目评审、结题评估等环节，评选出一批优秀微公益创投项目并实施。

五是开展专题教育培训。安排专业师资队伍，协调培训场地，做好培训服务工作，组织开展针对性专题教育培训工作，如在党建方面，举行党建知识专题培训；在换届选举期间，举行换届选举知识培训；在法治建设方面，协助进行区级"法律明白人"培训等。

六是提供社会工作专业服务。在驻村众邦社会工作站建成的基础上，发挥众邦社会工作师优势，面向辖区范围内村（社区）居民提供专业社会服务，特别是针对农村"留守人员"和特殊困难群体，提供社会政策解读、劳动就业指导、就业信息公布、心理疏导辅导、低收入困难家庭和高龄老人生活帮扶、未成年人成长关爱、法律咨询、法律援助引导、社会矫正人员协管、安置帮教培训等服务工作。

七是精炼提升村规民约。结合各村（社区）自治现状，融入最新政策法规的具体规定，对现有的村规民约进行梳理提升；未制定村规民约的村（社区），结合本地特色，精炼出符合本村（社区）实际的村规民约。

八是挖掘优秀家风家训及荣誉背后的故事。挖掘杜集区内优秀家风、家训及荣誉背后的故事，如颛孙子张的家风、双楼开放式党校荣誉背后的故事等，邀请区内文化名人或"五老"人员，为青少年、儿童或外来务工人员讲老传统、老故事，并编辑优秀家风家训、荣誉背后的故事，使之成文成册，弘扬传统，树立道德风尚。

九是开展选树自治示范村（社区）活动。协助落实区委、区政府下发的《关于全面推行"小微权力"清单制度的通知》要求，设计专题宣传方案，将杜集区"小微权力"清单明确的16类35项村级"小微权力"分类、分项、分步骤向村（社区）居民广泛宣传，特别是把"党务公开""四议两公开""三资管理"项目在网上公示的要求宣传到位。

十是建设"三治融合"实体宣传平台。利用各村（社区）现有实体宣传平台，如村（社区）开放式党校、法治文化公园等，在发掘家风、家训工作基础上，让好家风、好家训融入家风家训广场建设；同时，引导党员和群众学法、懂法、用法，打造特色法治宣传平台，协助推进法治文化长廊方案设计建设，实现各实体宣传平台作用的充分发挥。

三　成效及启示

（一）明确思路方法是重要基础

坚持将党课和"三治"技能培训下沉到社区，以每月不低于三次的培训节奏，形成培训信息的滴灌效果，迅速提升干部、群众"三治融合"的思想认识。在乡村社会治理的前沿阵地上开展实训，改进农村干部和群众的旧思维、旧习惯、旧作风。发挥党的工作队、扫盲班传统优势，结合现代化的社工小组工作方法，将观摩与实操结合，发挥专业优势，推动"三治融合"服务平台站点建设，增强综合服务中心或村级活动场所功能，以达到扫盲（"三治"盲）、联动、树人的显著成效。积极培育"三治融合"带头人，宣传法律法规以及党的政策，推动在基层形成依法办事、以德服人、协商解决问题的浓厚氛围，不断提升乡村治理法治化、德治化和自治化水平。通过"身边人影响身边人、身边人带动身边人"的途径，让"三治融合"走进寻常百姓家。

（二）强化党建引领是核心要素

双楼村通过党建强村，凝心聚力谋发展。利用开放式党校平台，加强党员教育管理。深入开展"入户连心大走访"活动，实行网格化管理，结合"五个十"工作法和"十进农家"，将党的政策和关怀送入每家每户；手绘民情图，深入了解情况，从"六个小"着手，解决实际问题，不断改善党群、干群关系。纵楼村通过实施"党组织+公司"模式，注册成立淮北市展望商贸有限公司，实现以公司上项目、以项目促增收，为促进乡村振兴、群众共同富裕、巩固农村基层政权提供了坚强的组织保障和新鲜的源头活水。梧桐村根据"党建+"实施工程，由村集体、合作社、自然人股东发起，按照51∶30∶19的股权比例，注册成立村集体控股的淮北田歌农业发展有限公司，由村党总支书记任法人，通过市场化运作模式发展村级集体经济。通过清理整顿不规范承包合同、严格"三资"管理等手段，充分盘活集体资源资产，夯实集体经济发展产业基础，2020 年实现村级集体经济收入 50.3 万元，2021 年 10 月底，村级集体经济收入已突破 100 万元。

（三）建设好联结点是破题关键

双楼村率先在全省进行集体产权股份制改革试点。通过鼓励党员带头参加村蔬菜专业合作社，示范引领群众发展蔬菜水果产业，合作社现有社员 362 户，种植温室大棚 450 亩，露地蔬菜水果 3000 多亩，注册了"相王"牌商标，产品销往十几个大中城市；对黄桃等农产品进行初步深加工，延长了产业链；依托高岳现代农业示范园区，发展休闲旅游观光农业，实现了一、二、三产业融合发展。党总支书记带头领办合作社，组织党员、群众以现金、资源、土地等形式入股，建立起村级党组织与群众的利益共同体，形成"党支部+合作社+农户"的合作发展模式。梧桐村股份经济合作社通过多渠道募集股本金，折价量化约 487 万元，为推动现代农业产业化发展奠定坚实基础。通过强化基层党组织和广大群众的利益联结纽带，特别是在美丽乡村建设工作中，党员、群众一呼百应，自发参与筹工筹劳美化家园行动，无偿贡献出自留地、宅基地 35 亩，自愿砍伐枯树、杂树 1000 余棵，支持村集体修建环山路、石板步道、巷道等，基层党建红利转变为发展驱动力。

（四）挖掘培育人才是强基之本

留住人才，形成人才培育的沃土。杜集区十分注重对本土人才的挖掘培养和对外来人才的引进。结合产业发展需要精准育才，引导返乡大学生、退伍军人和种植能手等群体在乡创业，每年组织开展各类技术培训，累计培养农村实用人才 1018 人。同时，创造优良的投资环境，梧桐村立足休闲采摘、观光农业，动员群众将 400 余亩山间荒地整修成"五彩梯田"，种植山楂、榛子、不老莓等果树，成功引入旅游项目，逐步在全区农村形成了人才资源共享、利益共赢、共同致富的发展格局。

四　建议

一是强化党建，引领"三治融合"。结合村（社区）换届选举，确保区、镇（街道）、村（社区）党组织三级联动，积极推进以网格管理为基础的"党支部+网格员+居民小组+乡贤服务+驻格警务"五位一体的社区治理新格局。

二是扩大协商，催化"三治融合"。推行社区事务准入制度，健全村级议事协商制度。大力推广社区村（居）民民主恳谈会、议事会、民情沟通日、票决制、村（居）民说事等民主自治形式。在所有村（社区）普遍制定或修订形成务实管用的村规民约（居民公约）。继续深化村民小组（居民委员会）协商方式，重视吸纳非户籍村（居）民、社区社会组织、驻村（社区）企事业单位等主体参加协商。建立村（社区）级"小微权力清单制度"和"监督责任清单"，利用村（社区）级"小微权力监督平台"，将党务、村（社区）务及财务分项目、分类别列入监督内容，严肃查处侵犯村（居）民的"微腐败"。

三是增强法治，深化"三治融合"。完善心理疏导机制，依托专业社会组织，加强对城乡社区困境人员及特殊群体的人文关怀、精神慰藉和心理健康服务；完善人民调解、行政调解、司法调解联动工作体系，建立调处化解农村矛盾纠纷综合机制，及时掌握和回应不同利益主体的关切和诉求，有效预防和就地化解矛盾纠纷；创新村（社区）法律顾问工作机制，依托村（社区）便民中心建设"一窗式"法律服务平台，积极推行村（社区）公共法律"一厅式受理、一站式服务"模式。

四是德润人心，培育"三治融合"。充分发挥村（社区）文化礼堂作用，丰富文化礼堂法治元素，挖掘当地法治典故、道德故事、法治案例等，将其植入文化礼堂，积极利用文化礼堂组织开展法治讲座、法治咨询、法治文艺巡演、法治电影展播等活动；以道德评议和社会舆论的力量革除陋习、改进民风，深化以"勤、孝、净、诚、和"为主题的"五美文化"，评选

"五美之星"，宣传推介"五美之星"，礼遇"五美之星"，用"五美"精神来正家风、带民风。打造家风家训主题公园，建设家训塘、家规廊、家谱墙、家福集、家颜区，让好家风、好家训像空气一样环绕在百姓身边。

五是创新载体，丰富"三治融合"。通过"三治融合"研讨会、现场推进会、示范点等载体，丰富"三治融合"基本内涵，创新"三治融合"开展形式，建立健全"三治融合"共生机制。

六是拓宽渠道，助力"三治融合"。拓宽社会组织参与社会治理渠道，积极搭建村（居）民参与社会治理平台，鼓励和引导老年协会、文体协会、环保协会、调解组织、志愿者队伍、爱心基金会等社会组织及专业社会机构，围绕村（社区）基本生活服务需求开展服务。培育有地方特色和时代精神的新乡贤文化，吸引各类人才有序参与乡村治理。

七是建设智慧社区，促进"三治融合"。积极配合政法系统智慧安防小区建设，探索运用新媒体平台，引导基层群众参与村级公共事务。加快推进以网络服务平台、微信群为重点的网络法治阵地建设。加快实现村（社区）法律顾问"e 服务微信群"建设全覆盖，将村（社区）法律顾问"进村入户"服务、"咨询热线"线上服务、"公共法律服务网"网上服务等有机融合，加速构建立体化的网络法律服务模式。

"三治融合" 激活基层治理枢纽

——以金寨县为例

金寨县是中国革命的重要策源地，地处大别山腹地，鄂豫皖三省接合部，总面积 3814 平方千米，辖 23 个乡镇、1 个经济开发区，总人口 68 万人，是安徽省面积最大、山库区人口最多的县。从 2016 年起，县委、县政府抢抓国家、省易地扶贫搬迁和宅基地改革等一系列惠民政策机遇，实施易地扶贫搬迁工程。金寨县是国家级首批重点贫困县，2011 年被确定为大别山片区扶贫攻坚重点县，当时贫困人口 19.3 万人，贫困发生率 33.3%。2019 年顺利实现"户脱贫、村出列、县摘帽"，2020 年，成功争创第六届全国文明城市，2021 年在全国脱贫攻坚总结表彰大会上，中共金寨县委荣获"全国脱贫攻坚先进集体"称号。

一 主要做法

（一）成立组织机构，健全工作机制

成立了乡村治理体系建设试点工作领导组，实行县委书记、县长双组长制，县有关分管领导任副组长，县纪委监委、县委组织部、县委宣传部等八部门负责同志为成员，统一负责试点各项工作。领导组办公室设在县农业农村局，承担日常工作，定期召开各部门工作联席会，相关部门和各乡镇成立相应的领导机构。

（二）全面动员部署，完善实施方案

2020 年 3 月 30 日组织召开全县乡村治理体系建设试点工作启动会。

2020 年 11 月 3 日组织召开牵头部门参加的乡村治理体系建设试点工作推进会议。各乡镇分别召开启动会议，建立专人分管牵头、相关中心人员负责的推进机制，广泛动员乡村与社会能人、社会组织等社会力量参与。制定出台《金寨县乡村治理体系建设试点工作实施方案》，细化制定《金寨县乡村治理体系建设试点工作责任分工表》。相关县直单位针对承担的试点任务制定具体工作实施方案。各乡镇、村按要求制定符合当地实际的工作实施方案，并召开专题动员会，安排部署乡村治理工作，明确推进工作步骤，设置阶段性工作完成时间。

（三）统筹整合资金，支持试点示范

县财政共筹措整合资金 8000 多万元用于各项工作投入，包括基层党建，直管村村干部补贴，能人回归工程项目补助，农业产业发展带头人培育，法治广场、文化广场、振风超市奖励等。

（四）开展督查考核，确保试点成效

将乡村治理体系建设试点工作纳入对乡镇现代农业和县直牵头单位目标综合考评，开展量化考核。2020 年 11 月，由县委督查办、领导组办公室牵头组织对县直牵头单位和 23 个乡镇、1 个经济开发区进行专项督查。印发了《全县乡村治理体系建设试点工作督查情况通报》，要求立即整改发现的问题，举一反三，确保各项工作落到实处。

（五）提炼典型经验，总结推广提高

积分制做法被《关于在乡村治理中推广运用积分制有关工作的通知》（中农发〔2020〕11 号）、《乡村治理动态》等推广，并在全国视频会上交流发言；培育农村产业发展带头人的做法被 2020 年 5 月《安徽信息》转发，并被省农业农村厅发文推广；"五治一服"专项行动负责人在 2020 年 11 月全省市域社会治理现代化试点工作暨"十四五"规划征求意见座谈会上作经验交流发言；村级"小微权力"运行监督制约工作 2020 年 11 月被

省纪委监委通报肯定,《皖西日报》、《安徽日报》(农村版)、《江淮风纪》等刊发了这一通报;2020 年 12 月在第二届长三角基层依法治理论坛上作经验交流发言,题目是《润物无声 法兴乡村——大力开拓乡村特色普治融合之路》;2021 年 7 月《中国社区报》刊登了乡镇政府服务能力建设相关典型做法。

二 取得的成效

试点方案批复后,具体细化为 18 项试点任务,制定了《金寨县乡村治理体系建设试点工作责任分工表》,由县委组织部等牵头部门实施。各牵头部门根据各自承担的试点任务,按照时间节点,扎实有序推动各项试点工作有效落实,实现了时间过半进展过半,取得了阶段性成效。

(一)党建引领更加突出

一是大力实施"引擎工程"。开展农村基层党组织标准化、规范化建设"提升年"活动和"回头看"工作,促进和巩固基层党组织标准化、规范化建设。出台扶持壮大村级集体经济激励办法,激励村干部谋划推进本村集体经济发展,2020 年村级集体经济收入 6079.6766 万元,其中村级集体经济收入在 10 万元以上的村有 188 个,占全县村庄总数的 85.45%(在 50 万元以上的村占 13.18%)。推行党支部工作纪实管理,规范党内组织生活,持续整顿软弱涣散村党组织,2020 年 10 个软弱涣散村已经整顿完毕。二是拓展村干部成长空间。实施村党组织书记队伍优化提升"三年行动计划",落实县委组织部直管村书记制度,实施村干部工资待遇倍增计划,坚持从优秀村级后备干部中公开比选村党组织书记助理,从优秀村干部中公开招聘乡镇事业单位工作人员。三是推深做实"四联四帮"工程。动员农村 12 类群体参加联帮活动,将宣传政策方针、化解矛盾纠纷、推动移风易俗等一切有利于促进农村发展、稳定、和谐的工作项目均纳入联帮内容。四是全面实施"能人回归"工程。在果子园乡和油坊店乡实施整乡试点后，从 2021 年开始在全县推广实施。建立联系指导制度，定期调度推进。五是开展党建引领信用村试点工作。2019 年 8 月 28 日，金寨县正式启动党建引领信用村建设工作，两试点乡镇农户信用信息建档比例达 98.9%，其中信用户比例为 94.8%，已授信信用户 12409 户 102553 万元，发放信用贷款 13028.7 万元。县农商行向油坊店乡、桃岭乡选派了 8 名金融专员，分别与油坊店乡、桃岭乡签订了 5000 万元授信协议。

（二）自治基础更加完善

一是乡村职责进一步厘清。2018 年县委编办牵头，集中编制了乡镇、村（社区）公共服务事项实施清单，每年对清单进行动态调整。印发《依法履行清单和社区居委会印章使用范围清单》《金寨县村级事务准入制的意见（试行）》等，明确基层群众性自治组织职责定位，依法厘清乡镇政府和基层群众性自治组织权责边界，切实减轻村级工作负担。二是工作范围进一步明确。2019 年全县农村社区试点全覆盖。全面推动"一约四会"工作，全县 229 个村均完成村规民约（居民公约）"大体检"工作，进一步规范村规民约、居民公约，建立健全红白理事会、道德评议会、村民议事会、禁毒禁赌会组织，积极建立"一核多元、合作共治"的村级治理体系。培育社区社会组织，每个城市社区均成立 10 个社区社会组织，每个农村社区均成立 5 个社区社会组织，229 个村和社区均成立扶危济困互助社等社区社会组织，推进共建共治共享。落实林长制、河长制、路长制，促进农村公共空间治理，有效加强乡村自治制度建设。三是议事程序进一步规范。进一步清理社区工作事项，完善社区工作事项准入制度，建立社区专职工作者分片包块、上门走访、服务承诺、结对帮扶等制度，在社区党组织的直接领导下，坚持"四议两公开""一约四会"制度执行常态化。完善社区自治组织、社会组织、社会工作者各项规章制度，增强可操作性，建立"三社联动"机制，完善社区事务协商制度，形成社区党组织直接领导、自治组织和社会组织各尽其责、广大居民积极参与的共建共治共享的良好局面。

（三）法治保障更加健全

一是农村法治宣传教育更实。加强基层法宣队伍建设，先后培育法律明白人 2257 人、法治带头人 229 人。配齐配强中小学校法治副校长、法治辅导员，全县 59 所直属学校的 8 万多名学生接受法治洗礼。实现全县所有行政村农民法治文化公园（法治文化广场）、农家书屋法治图书角全覆盖。新授予梅山镇马店等 22 个村县级 "民主法治示范村" 称号。组建县级《民法典》宣讲团宣传 20 余场。送《民法典》下乡演出 150 余场，受教育群众 8 万余人。推广背包法庭、车载法庭等巡回审判方式，年度开展巡回审判 16 场次。二是乡村服务体系更全。依托基层司法所建成乡镇工作站，村级设立了 229 个村（社区）工作室和 4569 个村组级法律服务网格。设立 37 个法律援助工作站，打造 "一小时法律援助服务圈"，实现受援人 "最多跑一次"。2020 年受理法律援助案件 798 件，解答法律咨询和接待来访 1500 余人。推进 "一村一法律顾问" 制度落地，全县 23 个乡镇、1 个经济开发区和 229 个村（社区）全部与律师、基层法律服务工作者签订法律顾问合同。推动全县成立 16 个行业性、专业性调解组织，2020 年共调处各类矛盾纠纷 3600 余件，成功率达 99%。三是农村社会环境更优。推进十大行业 13 个领域的专项整治，针对发现的行业领域管理漏洞，纪委监委发出监察建议书 7 份，法院发出司法建议书 27 份，检察院发出检察建议书 49 份，公安局发出公安提示函 30 份。全年摸排涉军、涉改、涉众型经济犯罪等群体 15 个、重点人 108 人，全部落实了包保稳控化解责任。加强源头预防，开展社会稳定风险评估，全年评估风险项目 11 个。将综治中心、人民（矛盾纠纷）调解中心、群众来访接待中心、公共法律服务中心、网格化管理服务中心等资源整合，科学设置三级综治中心。做到乡镇有协管员、调解员 3~4 名，村有协理员、调解员 2~3 人，全县共聘用乡镇综治协管员 46 名、村综治协理员 412 名。

（四）德治建设更加丰富

一是文明德治引领成效明显。全县先后建成新时代文明实践中心 1 个、志愿服务促进中心 1 个、文明实践所 24 个、文明实践站 229 个、文明实践基地 543 个、文明实践点 117 个。建成覆盖县、乡（镇）、村三级的网络智能管理平台，全县新时代文明实践注册志愿者 11.3 万多人，平台月点单 3 万多条，办结率在 99% 以上，每月开展新时代文明实践活动 800 多场，受益群众超过 10 万人次。先后培育出"给山区孩子一杯水""春雨蓓蕾 1+1""花甲理发"等志愿服务品牌项目 40 多个。二是"振风超市"（"红黑榜"）扎实推进。农村人居环境综合整治常态化开展，"振风超市"文明新风评比持续推进。开发"振风超市"积分后台大数据系统，强化积分发放监督，指导乡镇修订"振风超市"积分评比细则。2020 年，全县建有"振风超市"174 个，累计开展乡风文明评比活动 2600 多场次，年评比覆盖面在 60% 以上，先后评出"红榜"6 万多人（户）、"黑榜"2600 多人（户），发放"振风超市"积分券 920 多万分。其中《创新乡村治理新模式 小积分见大成效》稿件在中央农村工作领导小组办公室秘书局、农业农村部农村经济合作指导司《乡村治理动态》简报刊登，并在全国推广。三是农村移风易俗成效明显。继续推动移风易俗突出问题专项整治行动，全县建成移风易俗示范点 68 个，签订移风易俗承诺书 1.9 万多份，约谈、训诫假道士和巫婆等封建迷信人员 530 多人，主动签订放弃从事封建迷信活动承诺书 570 多份，平均每年婚事新办、丧事简办人户 3600 多户。

三　未来展望

乡村治理体系建设试点启动以来，金寨县取得了一定成绩，但仍有很多困难和短板亟待解决，如缺少专门的组织运行机构、乡村人才力量薄弱、农村长期形成的风土人情短时间内难以改变等。下一步，金寨县将在各上级单位的坚强领导下，按照评估会议的安排部署，进一步细化措施，抓好典型，突出重点，压实责任，坚持边试点、边总结，持续推动治理创新，不断丰富试点内涵，力争为全国乡村治理体系建设贡献出新的金寨智慧，为乡村振兴做出应有的贡献。

"三治融合" 激发乡村振兴新动能

——以铜陵市郊区为例

为落实中共中央办公厅、国务院办公厅《关于加快推进乡村人才振兴的意见》，铜陵市郊区立足辖区内乡村治理发展现状，着力构建"党建引领、政社互动、多元共治"的社区治理新体系，结合辖区资源特点，引入社会组织人才下乡，推动"三社联动"发展，扎实推进民政领域政策同乡村振兴有效衔接，形成一种具有铜陵郊区特色的"三社"融合式发展模式。

一 实践做法

（一）加大引育力度，强化乡村振兴"人才链"

一是提升基层治理效能。将村（社区）换届选举工作作为乡村振兴战略中必不可少的重要环节，严守选人用人标准。配合组织部门等开展村"两委"及后备干部区级联审，审核近千名人选的身份、学历等内容，及时反馈审核结果，通过村"两委"换届选举、后备干部人员选拔，为乡村振兴提供管理活力。二是激发社会组织活力。培育6个社工机构，帮助农村地区建立健全社会支持系统，《中国社会工作》杂志对郊区"三社"助推社会组织培育进行了宣传报道。三是加强志愿服务体系建设。推行"社会工作者+志愿者"模式，提升志愿服务专业化水平，助力乡村振兴，构筑精神文明新高地。

（二）加强教育培训，释放乡村振兴"新动能"

郊区"三社学院"以城乡社区、社会组织、社会工作从业人员为主要培养对象，采取理论教学、外出参访、实务督导等培训方式，提升"三社"

从业人员专业能力和综合素质。学院聘请高校教师、资深社工、社区负责人等组建专家智库，委托专业社会组织负责培训管理。学院同时承担社会工作理论研究、成果推广、标准制定等职责，为基层社会治理提供专业人才、智力、方法和路径支持。自成立以来，举办"社区治理逸才计划""社会组织贤智计划""社会工作卓尔计划"等 6 项培训，打造职业化、专业化人才队伍，培训了近千人次，为全面推进乡村振兴提供有力人才支撑。

（三）优化政策供给，构建乡村振兴"服务网"

一是动员社会力量参与乡村振兴。引导城市人才下乡，吸引各类人才在乡村振兴中建功立业。引导 15 个社会组织，组成 3 个扶贫组团，链接 17 家企业资源，实施 6 个志愿扶贫服务项目，为 239 户贫困群众脱贫提供服务，通过投入资金、捐助物资、开展培训、实施项目等方式，助力乡村振兴。二是加大政府购买服务力度。引导社会组织人才通过公益创投、"社会工作+善治"等 58 个项目为农村空巢独居老人、困境（留守）儿童等提供服务，在创新基层社会治理和推进乡村振兴中发挥积极作用。三是推动乡镇社会工作服务站建设。建成区社工总站和 8 个乡镇办社工站，实现区、乡镇办两级社工站全覆盖，配备专职社工和督导员 20 人，为村民提供社区治理、社会救助、养老服务、儿童关爱保护等专业服务，形成"基础服务+特色服务"的配套供给模式，引导村民参与换届选举、协商议事等环节，逐步健全村民自治机制，提高村民主动参与本村公共事务的积极性，凸显其在乡村治理中的主体地位，助力打通为民服务"最后一米"，完善精细化服务网络。

二　成效及启示

郊区依托社会工作创新发展园（内含社区治理支持中心、社会组织孵化中心、养老服务指导中心），促进辖区社会工作者"三社联动"的思维养成，助推城乡社区治理创新发展。自 2019 年起，郊区投入资金 1000 余万元用于打造社会工作服务平台和支持社工机构参与社区治理服务，建立 4 个社区社会工作服务站，连续实施 3 届社区公益创投和 2 届社会工作介入社区治理服务项目，60 多个项目获得国家、省、市资金支持，社会力量参与农村治理的积极性大大提高，在老年人、儿童、残疾人社会服务，社区营造，以及平安建设等方面发挥了重要作用。《中国社会报》《中国社区报》《安徽日报》等媒体对郊区基层治理做法进行过多次宣传。

三 未来展望

下一步，为进一步助推乡村治理创新工作，要重点抓好以下几项工作。

一是坚持以人为本，服务村民。从村民的服务需求出发，培育发展相应的社会组织，实施好公益创投等项目，为村民提供专业化救助、养老、社会治理等服务，引导更多社会工作专业人才下乡，依托更多的资源、更好的方式，让更多群众受益。

二是坚持优势互补，协同共治。支持社会服务机构发展和社会工作人才队伍建设，提升服务专业化水平，丰富农村服务提供主体与方式，引导社会组织、专业社工、志愿者等社会力量参与农村社区资源共享，发挥各自优势，实现互补互促。

三是坚持因地制宜，创新发展。因地制宜，分类推进"三社联动"工作，发挥郊区社会工作创新发展园和乡镇办社工站作用，提升服务社会化、精准化、专业化水平，创树郊区社会工作服务品牌。

第三篇　城乡社区协商

开拓"小阵地"　撬动"大治理"

——合肥市蜀山区稻香村街道"周末议事厅"
助推基层治理

为推进基层治理体系和治理能力现代化建设，实现基层党建与基层治理的同频共振，推进基层协商民主规范化、制度化建设，蜀山区稻香村街道党工委结合工作实际，在居民小区设立"周末议事厅"，提出"听您说、看我做、勤协商、共治理"工作方针，积极打造"街道—社区—小区"三级协商体系，拓展延伸"法官团说事""妇女议事会""民情约谈室"等工作品牌。以"小阵地"撬动"大治理"，通过积极开展接地气、惠民生、促稳定的协商议事工作，有效解决了一批基层治理中社会较为关注、居民普遍关心的身边"关键小事"，更好地协调社会关系，化解社会矛盾，服务中心工作，形成"党委牵头、居民携手、周末议事、小区共治"的基层民主协商模式，为建设和谐、幸福社区奠定了坚实的基础。

一 实践做法

（一）搭建协商平台，架起连心桥

2019 年 3 月，稻香村街道首创"周末议事厅"工作法，着力解决公共事务、公共服务、政策咨询、矛盾纠纷、社会风尚五大类小区共性问题，发挥社区党委"调解器"和"减压阀"的作用。作为基层党组织与居民面对面沟通协商的平台，"周末议事厅"及时将社情民意集中至街道党工委、社区党委，确保居民话有地方说、小区事有人管，拉近了基层党组织与居民的距离，调动了居民参与社区建设的积极性、主动性，形成"大家事、大家议、大家管、大家做"的小区共治良好氛围。

稻香村街道在居民小区共设立"周末议事厅"27 个，成立"议事委员会"39 个，通过采取周末错时服务群众的方式，广泛听取居民意见，定期开展协商议事活动，确保民意征集"零盲点"、协商议事"零缺位"、矛盾纠纷"零积压"、公共利益"零投诉"、服务居民"零距离"，进一步提升居民的满意度、获得感。

（二）规范议事流程，办好急难事

强化规范引导，积极推行"找、说、议、和、监"五步议事工作法。完善干部"找事"，多渠道了解社情民意；从被动解决问题到主动发现问题，集体"说事"；多方式提出议事主题，定期"议事"；多层次协商解决方案，为民"和事"；多方面凝聚基层力量，民主"监事"。多角度展现治理成效等五步议事制度，坚持"周末为主、平时为辅"的议事机制，重要紧急事项及时受理、及时商议，其他事项周末再议，协商议事做到"有议有决"，进一步调动了党员居民参与小区事务管理及民主决策的积极性和主动性。

截至 2021 年 12 月，27 个"周末议事厅"共举行 474 期活动，收集意见 1100 条，确认议题 140 个，组织协商 286 次，实施方案 75 个，反馈结果 65 个，有效解决了小区公共设施改造、违章搭建、高空抛物、环境提升等一批居民急难愁盼事项。

（三）打造三级体系，协商项目化

围绕协商工作实际，稻香村街道积极与高校、社区治理专家学者对接，对"周末议事厅"进行"把脉"，总结梳理实务经验，推进规范化、标准化建设。成立全省首家街道级议事协商组织，建立"街道—社区—小区"三级协商机制，率先构建党建引领下的基层协商体系。举行街道社区治理学院第一期培训班，着力提升参与各方的议事协商能力，为满足人民日益增长的美好生活需要提供更为有力的支撑。围绕构建党建引领下的基层协商体系，出台了《稻香村街道构建基层协商体系提升小区治理能力的实施方案》，在前期工作的基础上，2021 年重点推进"街道—社区—小区"协商体系建设，通过协商组织功能的日益凸显，让相关部门、辖区单位、"两代表一委员"、"四员一律"充分发挥参与作用。2022 年的目标是 50% 的小区建成组织结构健全、作用发挥良好、协商过程规范、协商成果突出的小区级协商组织，社区服务与管理事项分层分类处置机制全面建立，基本做到小事不出小区，大事不出社区。

（四）连接网格阵地，服务零距离

为提升城市社区治理精细化水平，高质量完成体制机制改革试点工作任务，稻香村街道积极推动网格化治理工作与"周末议事厅"紧密结合，打造互嵌的支持关系。依托网格化管理"一长三员"工作团队，吸纳老党员、社会工作者、志愿者等参与"周末议事厅"，当好汇集民意的"直通车"。邀请政协委员参与"周末议事厅"，将"民情约谈室"直接建到小区，用好"妇女议事会""法官团说事"等延伸平台，化解小区矛盾纠纷。通过网格畅通民意收集机制、民意处理机制、民意反馈机制，将网格内事情的处理与小区"周末议事厅"充分结合，及时化解矛盾纠纷，推动基层民主协商、居民自治共建，着力建设人人有责、人人尽责、人人享有的社区治理共同体。

（五）突出党建引领，共绘同心圆

稻香村街道党工委充分发挥党组织的引领作用，不断提升基层党组织的政治功能和组织力，将协商作为基层党组织联动多方主体共建共治的重要手段。召开"大工委""大党委"党建联席会，共商解决问题百余件。深入推进党建领航小区治理"五好"建设，发挥"四团"服务队的作用，以党建项目为抓手，联合共建共治联盟力量，开展为民服务。"朝夕为民·稻香七卷"党建项目筹集资金10余万元，开展各类党建活动200余次。"企业帮帮顾问团"整合资源，服务居民、商户130余次。"情暖365幸福朝阳"开展残疾人技能培训讲座80余场，走访慰问服务300余人次。依托"周末议事厅"，在全域推进"无案社区"创建工作，用好"妇女议事会""法官团说事"等延伸平台，积极引导"两代表一委员""四员一律""五老"等在议事协商中发挥作用，把热心社区事务、有志于从事志愿活动的社区能人、专业人士、骨干居民、热心企业组织起来，参与治理过程、评判治理成效、共享治理成果，不断创新矛盾纠纷化解机制，推进基层治理自治、法治、德治建设。

二 成效及启示

两年来，"周末议事厅"的运行更加规范、问题解决更加深入，已形成一批宝贵的实践成果。

（一）坚持党建引领基层治理，让共治共享成为主导

如何在协商议事中发挥党建引领的作用是核心问题。稻香村街道通过搭建"周末议事厅"平台，找到了解决路径和方法。由社区党委牵头，小区党支部主导，召集议事委员会等各方共同参与，协商解决小区内的矛盾和问

题，既发挥党组织在小区治理中的引领作用，又保障居民在小区事务治理中的主人翁角色。

（二）引导自治带头人浮出水面，热心群众成为治理主角

通过搭建协商议事平台，给居民提供一个各展所长的舞台，将热心社区事务、有志于从事志愿活动的社区能人、专业人士、居民骨干、热心群众组织起来，参与社区治理。引导居民积极参与社区事务，依法实行自我管理、自我服务、自我教育、自我监督，激发居民的积极性、主动性、创造性。

（三）实现有限资源利用最大化，群众满意成为工作主旨

稻香村街道老旧小区居多，因条件有限，多数小区无居民活动场所。街道通过实地走访调研，将已设立的 27 个议事活动场所按就近原则资源共享，供居民使用，解决了此类问题。黄山路社区金湖新村"周末议事厅"，闲暇时间作为党群活动室对外开放，一楼配套设立社区居家养老服务站，满足居民协商议事、休闲娱乐等美好生活需求。同时，各社区也通过"周末议事厅"协商推进，完善小区阵地建设。朝阳社区通过"周末议事厅"收集居民意见，将明远新村公房收回，打造成小区党群活动室，满足居民需求。合作化南路社区聚焦居民难题、堵点，通过"周末议事厅"协商推进，打造面积约 1100 平方米的多功能社区党群服务中心，填补阵地空白，消除服务盲区。

（四）推动议事议出文明新风，良好风尚成为小区风气主流

党史学习教育活动开展以来，为了更加有效地为群众多办实事、多办好事，稻香村街道积极拓展"周末议事厅"功能，围绕居民对美好生活的向往和需求，将提升思想境界、道德素养、发展理念、服务精神的"社会风尚类"议题纳入"周末议事厅"协商事项中。通过维护社会公共秩序与善良风俗，引导人民群众向上向善。实现既注重解决当前的现实问题，又积极引导居民采取正确的行为方式；既关注共性问题，又重视个体案例所引发的潜在共性矛盾，承载社会风尚，传递新担当。

三　未来展望

稻香村街道将深化"周末议事厅"社区协商品牌化建设工作，积极构建"街道—社区—小区"三级协商体系，将协商作为基层党组织联动多方主体共建共治的重要手段，在纵向上夯实三级协商组织功能，做到无缝衔接，在横向上探索城市社区不同类型治理难点的协商解决方案，积累更多治理经验，使居民的获得感、幸福感、安全感更加充实、更有保障、更可持续。

（一）发挥党组织引领作用，健全三级协商组织体系

健全"街道—社区—小区"三级党组织体系，在协商组织培育、协商人才培养、协商工作实施、协商成果落实、整合多元力量、发动居民参与等方面，加强三级党组织对三级协商议事组织和协商平台的统筹引领作用。成立街道协商联席会、社区协商工作委员会、小区议事委员会，统筹推进三级协商组织体系建设工作，完善协商流程，提高协商实效。

（二）加强信息技术赋能，提升社区协商规范化水平

运用网格综治中心平台实现居民诉求、小区问题、舆情信息的采集工作。运用"徽商量"小程序等加强协商议事技术赋能，对接电信"ITV"，推动协商流程的线上管理，加强协商成效的线上展示，提升协商效能。

（三）选准协商切入点，推动政协协商和基层协商联动

培养骨干居民、小区志愿者参与协商，强化居民在协商中的主体地位，"用身边人解决身边事"，社区群众成为协商议事的主角，由被动接受管理逐步转变为与社区党组织互动共商。建立街道协商联席会制度，打造政协委员工作室和"有事好商量"政协协商平台，引导政协委员下沉到社区、小区参与协商，落实政协委员履职评价制度，推动政协协商和基层协商有效连

接，使协商民主的视野更加宽阔、活动更加频繁、方式更加灵活、协商更加有效，形成多元参与、多元善治的基层社会治理体系。

（四）锻造高素质人才队伍，协商打造"和谐稻香"

"大厦之成，非一木之材也；大海之阔，非一流之归也。"只有唤醒居民的主人翁意识，调动居民广泛参与，才能夯实治理的内生动力，激活社区治理的"一池春水"。下一步，稻香村街道将运营社区治理学院，面向三级协商组织成员、小区党员志愿者、居民骨干等对象开展系统培训。同时培养本土化协商师资，加强对本土协商经验和典型案例的总结提炼。支持"法官进社区""妇女议事会"常态化运作，孵化培育小区巡查类、矛盾调处类、志愿服务类、参与协商类等居民组织，引导党员居民、社会组织等参与协商议事，促进共商共治、共建共享。

着力党建引领　聚焦协商共治

——天长市以党建驱动农村社区协商治理

天长市地处安徽省的最东部，面积 1770 平方千米，总人口 63 万人，下辖 14 个镇、2 个街道和 1 个省级高新区，有 151 个行政村（农村社区）、23 个城市社区。天长市综合实力一直稳居安徽省十强，经济总量位居全省第四，连续六年进入全国综合实力百强县，在全省县域经济高质量发展分类考核中连续两年位居第一，荣膺"全国工业百强县""全国创新百强县""全国县级市全面小康指数百强""绿色发展百强县""投资潜力百强县""新型城镇化质量百强县"等称号。

一　治理背景

2015 年初，农业部等三部委确定天长市为安徽省唯一"积极发展农民股份合作赋予农民对集体资产股份权能改革试点县"。天长市成立了由市委书记任第一组长、市长任组长的领导小组，加强对改革试点工作的组织领导。试点以来，天长市按照"调查研究→方案设计→专家论证→立项报批→点上试验→面上推开→监测评估→经验总结"八步改革工作运行机制，紧紧围绕经验"可复制"、成果"可检验"、改革"全覆盖"、群众"可受益"的目标，通过一系列的制度安排和机制创新，探索出"确权、确员、确股，成立股份合作社，建立产权交易平台"的"三确一成一建"农村集体资产产权改革路径，夯实了农村集体所有制基础，改革取得了积极进展与良好成效。截至 2016 年 6 月，全市 151 个村（社区）全部实行改革，集体经营性资产全部折股量化到人，共确认集体经济组织成员 50.7 万人，其中：

127 个有经营性净资产的村成立了集体经济股份合作社，量化资产 8332.4 万元，发放股权证书 11.3 万份，42.6 万名农民成为股东；其余 24 个村成立了集体经济合作社。改革后，农村集体资产由过去群众"看得见、摸得着、管不住"转变为农民"既当家，又监督，还分红"，天长市逐步形成了"农民有动力、干部有压力、农村集体资产有活力、基层组织建设有合力"的农村工作新格局。试点工作得到原农业部充分肯定，并先后两次在全国会议上介绍经验。

依托集体资产股份权能改革，天长市在"发展集体经济""政经分离""农权贷款""村民自治""农村社区协商"等方面都有了新的亮点和突破，但是在农村社区治理方面仍然面临不少问题，主要表现在以下几个方面。一是基层政府、村党组织、村民委员会、村集体经济组织和村民五方合力推动壮大村集体经济、合力服务监督村集体经济组织依法良性发展、合力推动农村社区经济社会协调发展的协商平台和协商机制尚没有建立，"政社失衡"问题比较突出。党组织和政府包办主导的过多，村集体经济组织、村民委员会被动应付，村民"等、靠、要"思想突出，村民参与不积极。二是集体资产股份权能改革后，随着经济的发展，天长市虽然在集体经济发展上有了活力，但是也出现了村民个人权力增长多元化、村民个人权利意识高涨、村民责任义务观念不高、村民公共集体意识不足等现象，"社会失序"问题比较突出。三是集体资产股份权能改革后，围绕着如何协调村党组织、村民委员会和村集体经济组织之间的关系，如何发展集体经济，如何明晰产权归属、完善各项权能，如何激活农村各类生产要素的潜能，如何赋予农民更多的财产权利，如何加强村庄公共事业发展和村庄公共服务的提升等问题，村民参与社区自治和社区协商的动力增大、机会增多。但是，在村民自治和社区协商中出现了村民自治和社区协商机制不完善、能力不足，自治和协商形式化、文本化等现象，"自治和协商失效"问题比较突出，导致自治和协商难以切实落地。如何通过农村社区治理机制创新，破解天长市集体资产股份权能改革后出现的上述问题，推动天长市农村经济社会协调发展是建立农村社区治理实验区的背景。

二　实践做法

（一）实验主题

2017年底，天长市被民政部确认为全国首批农村社区治理实验区实验单位，实验主题是：建立党建引领、多方参与、协商共治的农村社区治理机制。

（二）主要做法

从2018年16个村（社区）试点先行到2019年174个村（社区）全面推开（含23个城市社区），天长市组建了"1+N+X"协商组织架构，作为农村社区治理创新案例被收入由浙江、上海、江苏、安徽等四省（市）民政部门编写的《长三角基层治理蓝皮书》，建立了"11355"协商共治机制，被民政部作为推荐模式在中国村民自治展示中心进行展示。《新华社智库》第75期专题报道《构建新时代三治融合乡村治理新体系——创新农村社区治理的天长实践》，认为天长市因地制宜，创新体制机制，将农村社区治理实验向纵深推进，为构建新时代"三治融合"的乡村治理新体系提供了可供借鉴的"天长样板"。

1.坚持高位推进，着力保障到位

（1）组织领导到位。成立书记、市长任组长，市委副书记、市委常委兼组织部部长和市政府分管领导任副组长，组织、纪检、政法、民政、司法等40个部门单位主要负责同志为成员的天长市"农村社区治理实验区"建设工作领导小组。书记和市长谋划、推动实验工作，市委专题研究天长市农村社区治理实验区试点工作方案，并以市委、市政府正式文件形式印发。市委深改委将实验区实验工作列为重要改革议题，定期调度。三年多来，市委深改委研究部署4次，市委常委会、市政府常务会听取试点工作情况汇报13次，强力推进实验任务落细落实。同时，实验工作纳入镇（街）目标绩效考核，并把农村社区治理实验、乡村治理体系建设试点、新时代文明实践试点、移风易俗工作试点、市域社会治理现代化"五大板块"同步推进，统筹安排。

（2）培训指导到位。市委组织部从基层抽调3名有经验的同志组成实验区实验工作专班，具体负责农村实验区实验工作。各镇（街）、村（社区）也分别明确分管负责人和具体承办人，确保改革过程中有人领导、有人组织、有人干事。三年来，累计培训668次，其中全市组织系统性全员培训班2次，到镇（街）开展专题培训103次，到村级现场培训563次，累计培训了近6300人次，切实提高了镇、村、组三级协商议事成员的政策理论和业务工作能力。同时，天长市与华中师范大学、安徽财经大学等的专家团队开展合作，从实验区方案制定到制度设计，再到总结提炼、经验推广等实现实验全过程专家"把脉"。

（3）资金保障到位。市财政每年在财政预算中专项列支农村实验区实验经费，2018～2020年累计投入602.6万元，其中省级资金237.6万元、滁州市级资金65万元、市本级资金300万元。市本级资金中用于村级基础设施建设、基本公共服务、村级运转保障等的经费累计125603.6万元，其中市本级资金每年用于村级运转的保障经费不少于7000万元。各镇（街）也将社区治理实验所需经费纳入镇（街）财政预算。村（社区）通过村（居）民代表会议表决，落实村（居）民参与村级公共事务协商过程中的保障经费，据不完全统计，镇、村两级三年来用于实验工作保障的经费达3500万元。

2. 聚焦协商共治，着力党建引领

（1）强化"头雁"作用的发挥。农村基层党组织在引领乡村建设、乡风塑造，推动乡村治理现代化，助力乡村振兴方面具有很强的"头雁"作用。在谋划农村社区治理实验时，天长市就确立了"党建引领"这一主题，在各村（社区）组建了村级协商委员会，将其作为村（社区）党组织领导下的常设协商机构，明确村（社区）党组织书记作为"1+N+X"协商组织架构中的"1"，让其成为社区治理的推动者、社区资源的创新整合者、事务协调者、民主协商的中间人和主持人，不断引导村（社区）内的党员、群众、干部、乡贤等参与基层社区建设。全市 174 个村（社区）的村级协商委员会的主任均由村（社区）党组织书记兼任，1234 个村级以下协商委员会的主任均由相关村（居）民小组党组织负责人兼任，形成了凝聚群众、领导群众和发动群众的新格局。

（2）强化党建协商平台的共建共享。为方便基层群众议事和开展党员学习，天长市因地制宜，搭建平台，在村（社区）、村（居）民小组建立党支部服务点、党员议事之家以及村（居）民议事点，用于党员和村（居）民代表开会、学习、协商议事。近三年，天长市在村（社区）、村（居）民小组共设立了 1044 个议事点，实现了民主协商议事"网格化"全覆盖。其中，村级党员议事室均设置在村（社区）标准化党群服务中心和"一站式"服务大厅。同时，全市搭建了 900 个村级党情民意网络互动平台，通过网络的方式拓展了外出务工人员参与村（居）务的渠道。

（3）强化党员参与协商的组织发动。以党员微组织为抓手，通过实施"党员亮身份"和"党员双报到"制度，动员党员所在的各类微组织积极参与协商，充分发挥党员的模范引领作用。三年来，全市共有"红袖章"志愿服务队等 1640 个微组织，通过"党员亮身份"和"党员双报到"等活动，参与了近 6000 场次群众协商活动。

3. 围绕多方参与，着力机制建设

（1）注重发挥群众的主体作用。基层治理离不开群众支持，在探索凝聚乡村精英力量、凝聚多元主体合力、实现有效治理方面，天长市充分注重发挥群众的主体作用，充分激活村民的"主人翁意识"，让群众参与到协商共治过程中。在构建的"1+N+X"协商组织架构中，作为协商议事重要参与主体的"N"，天长市充分考虑协商主体的多元性、代表性与开放性，吸纳外出创业人士，本地创业致富能手，老教师等乡贤，公益爱心协会、红白理事会等社会组织的负责人，村（居）民小组成员，"两代表一委员"等，并为其建立完备的数据库。每次协商议事根据实际需求从数据库抽调相关人员参加，协商事项的利益相关人员"X"直接参与，确保协商议事参与人员的充分民主。截至2020年底，经动态调整后天长市协商数据库"N"类人员有9878人。

（2）注重细化协商事项。为规范协商共治规则，天长市围绕协商目录、章程、规则编制了天长市农村治理实验区协商规范参考文本，绘制了社区协商流程图、5个清单图，建立起"11355"协商共治机制，即1个主体、1套目录、3个层级、5个步骤和5个清单，实施标准化、系统性协商治理模式。"1套目录"方面，天长市围绕乡村振兴战略"20字方针"和《中华人民共和国村民委员会组织法》的内容，重点突出村（社区）经济社会发展的大事、影响和谐稳定的难事、惠民利民便民的好事、基层组织建设的要事，制定了涉及公共事务类、基础设施类、乡风文明类、公共服务类、权益保护类等5大类30余项具体事务的社区协商共治目录库，将群众关心的村庄发展规划、村级集体经济壮大、环境整治、高标准农田改造等问题纳入协商共治目录。天长市16个镇（街）174个村（社区）均根据各自工作中心制定了协商共治目录，其中最多的汊涧镇张营村协商目录达5大类47项，最少的万寿镇万寿社区协商目录达5大类30项。

（3）注重优化协商层级。天长市为促进各类、各级人员充分参与协商共治，不断创新做法。通过组建农村社区党组织、党员议事会，以及驻村（社区）党组织连心会、协调会等，积极促进村（社区）党组织和驻村（社区）单位党组织参与社区治理。通过完善村（社区）协商委员会、村（居）民小组党群议事之家志愿者服务队、党群理事会的工作联动机制，推动村（社区）层面参与社区治理。通过镇（街）党（工）委领导，推动镇级层面参与指导农村社区协商。据不完全统计，截至2020年底，天长市参与协商共治的镇级人员达6500人次，村级人员超3万人次，自然村（村民小组）参与人员达2.5万人次。

（4）注重规范协商程序。2019年天长市绘制了村（社区）协商事项办理流程图范本，围绕协商事项采集、交办、办理、结果公示、成果评议5个步骤及与其相对应的5个清单，明确了相关程序，解决了村级议事协商操作和程序问题。特别是村级重大事项从收集议题、与"四议两公开"程序合并、开展民主协商到议事结果的确认，必须尊重大多数人的意见。在相关协商议事结果确认并落实完成后，还要自觉接受社会监督，切实保障人民群众的知情权和监督权。群众全程参与议题拟定、协商议事、结果办理、结果公示和成果评议，充分激发社区民主协商活力。对一般性村级事务和一些急事，可采取"四灵活"（即形式灵活、地点灵活、主持灵活、步骤灵活）的方式。三年来，天长市累计完成协商事项5996项，平均每村每年议事达11.4项。

三　成效及启示

（一）主要成效

1. 协商组织架构和共治机制通过总结提炼得到更加广泛的宣传

实验工作开展以来，天长市社区治理的相关做法，在得到最基层一线干部、群众欢迎的同时，不断得到国家、省、市的充分肯定。2020年安徽省公共频道《今皖风采》栏目到天长市进行专题采访，全面梳理总结天长市农村社区治理实验的相关做法，形成《构建乡村治理新体系　打造"天长样板"》的专题介绍片，并在安徽省公共频道播出。2019年，天长市围绕实验区推进实施"1+N+X"协商组织架构模式和"11355"协商共治机制等相关做法，总结形成《一核多能：小支部激活农村社区自治大能量——基于安徽省天长市农村党建的调查和思考》，得到民政部领导批示；《安徽省天长市："1+N+X"协商机制创新基层治理》《党领群议：协商系统中社区治理的引领式协商——以天长市"1+N+X"社区协商实验为例》《天长市：党建引领　示范带动　推动城乡社区协商落地生根》等被新华网《中国社区报》等国家级媒体刊载。同时，长期从事协商研究的专家学者也极力推崇天长市的协商架构，并在多种学术刊物上推介。天长市的协商模式具有包容性、开放性、灵活性和实用性，符合协商的精髓。实验工作开展以来，天长市的相关做法被国家级和省级媒体宣传报道达65次，相关做法和成效先后

8次在省、市现场会上作经验介绍。

2.村级事务通过协商共治更加科学高效

天长市已将协商共治贯穿到村级各项事务当中，包含人居环境整治、发展壮大村级集体经济、高标准农田整治、征地拆迁、信访维稳、农村宅基地改革等。2019~2020年天长市郑集镇向阳社区在实施高标准农田改造过程中，以居民小组为网格开展协商，5个月内完成了17个居组5800亩土地平整，扩建了44面当家塘，建设了6座泵站、46座机耕桥和涵管桥，改造过程中群众都是主动无偿迁移树木、菜园，拆除影响施工的建筑物和障碍物，这些都是通过协商形成的共识。70多岁的居民代表左志华说："通过多次协商，有事大家商量着办，对高标准农田改造工作更加理解。迁坟等事大家都很支持，自行解决，社区没花一分冤枉钱，真的不简单。"在村（居）民议事全过程进行协商已经形成常态化、制度化，切实做到了大家事大家议、大家办，天长市相关的具体做法被《潇湘晨报》总结为《群众的事儿让群众拿主意》，2020年1月13日被民政部网站宣传报道，题为《民主协商启动社区治理"新引擎"》。

3.自治、法治、德治通过协商共治更加融合

一是在自治中充分体现协商。将协商治理贯穿于村规民约（居民公约）制定和修订过程中，明确村规民约制定至少通过两次村民会议，吸收群众参与讨论、征求意见，让村规民约充分体现民意。天长市郑集镇向阳社区、汊涧镇张营村、秦栏镇庆祝村3个村（社区）的村规民约被确定为安徽省优秀村规民约。天长市《社区协商 村规民约（居民公约）编制指南》纳入2020年度安徽省地方标准制修订计划。二是在依法治理中充分引入协商。将协商治理纳入法治示范村建设的评估体系，在村级"清单+积分"监督制约机制中，明确从清单制定到考核评价都充分吸收群众参与，特别是在"三资"管理、工程项目、物资采购、公共服务等6大类26项"小微权力"行使之前，必须通过"1+N+X"协商架构模式吸收群众参与，确保权力在阳光下运行，充分体现民主监督、民主参与。2019年，天长市"清单+积分"防治"小微腐败"入选农业农村部首批全国乡村治理典型案例。三是

在德治建设中充分运用协商。在信用村、文明示范户评选中既定性又定量，将信用与金融机构的信贷额度、利率挂钩，信用考评结果群众说了算，真正体现大家评、大家议。被评定为 AAA 级、AA 级、A 级的信用户，可分别获得最高 50 万元、30 万元、10 万元的贷款额度，利率上浮不超过基准利率的 20%、30%、40%。截至 2021 年 8 月底，天长市共计评定 A 级及以上信用户 9.4 万户，累计为 1933 户发放信用贷款 4.1 亿元。

（二）经验启示

天长市在推进实验工作的过程中，形成了一些特色工作和创新之处，主要表现为模式创新、机制创新和内容创新三个方面。

1. 模式创新解难题

适宜的协商治理模式是农村（社区）治理工作有效开展的前提。天长市在村级这一层面开展民主协商的基础上，创新性地在村际开展了"大协商"和在村级之下的小组、片区开展了"小协商"，使民主协商充分发挥其治理作用。如天长市大通镇结合自身实际，在村与村之间开展"大协商"，与此同时，将协商下沉到片区、小组层级，通过召集各层利益方代表，以"就事请人，就地解决"的原则及时、便民、节力地进行"小协商"。

2. 机制创新减负担

"多方参与、民主协商"作为一项新的治理机制，如何与既有的自治机制有效衔接，是其落地的关键条件之一。天长市结合基层实际，将"11355"民主协商机制中的"五步五单"与既有的"四议两公开"相结合，放宽相关要求，在开展协商过程中农村社区只要在村（社区）"两委"记录簿上能反映"五步"即可，不强制要求另外按照"五单"再整理一套资料，在一定程度上减轻了基层负担。

3. 内容创新提实效

在实践中，天长市一方面将试点时组建的"7+X"村（社区）协商委员会组织架构创新调整为"1+N+X"，使之前的 7 个固定协商委员会成员调整为 7 类人员数据库；另一方面将一开始围绕乡村振兴战略"20 字方针"

编制的协商指导性目录范本创新调整为涵盖公共事务类、基础设施类、乡风文明类等的村（社区）协商共治目录库。这两项内容方面的创新调整使民主协商更科学、更符合基层实际，提升了民主协商的实际效果。

四　未来展望

虽然天长市农村社区治理实验区实验工作取得一定成效，但具体实践过程中还存在着运用"互联网+"、新媒体等信息化手段不够充分，社区治理创新有待进一步深化等问题。下一步，天长市将认真贯彻落实党的十九届五中全会《中共中央关于制定国民经济和社会发展第十四个五年规划和二〇三五年远景目标的建议》提出的"社会治理特别是基层治理水平明显提高"要求，坚持创新理念，把实验改革向纵深推进，重点在以下三个方面下功夫。

一是以"党建引领信用村"建设为抓手，探索德治与协商共治的深度融合。探索建立高等级信用评价制度，将信用户工作、生活、学习情况均纳入其中，并提升村民民主评议评价占比。同时，制定深化农村信用体系建设的若干举措，从政治、社会、经济、金融等层面强化激励引导，营造"人人讲信用、户户讲诚信"的浓厚氛围，全面提升农村信用生态，推动乡村有效治理。

二是以"清单+积分"监督管理机制为抓手，探索法治与协商共治的有效衔接。强化"清单+积分"监督管理，持续巩固深化村务监督委员工作机制，在切实保障村务监督委员会及其成员的知情权、质询权、建议权和主持民主评议权的同时，强化对村务监督委员履职情况的考核，对考核优秀的给予适当激励，对履职不力的依规终止或免除其职务。

三是以乡村治理平台建设为抓手，探索乡村治理现代化、信息化有机融合。整合公安、城管、环境、智慧农业、智慧医疗、智慧社区、便民服务等平台，引导群众通过移动终端全面参与乡村治理。同时，建立完善平安工作协调机制，充分发挥公安、司法、信访等部门多调联动作用，着力化解社会治理矛盾。

"村事民定"工作法助推协商民主

——合肥市肥西县柿树岗乡典型案例

安徽省肥西县柿树岗乡是省民间文化艺术之乡、省乡村治理试点示范乡。近年来，柿树岗乡针对乡村社会治理中出现的新问题、新矛盾，结合自身实际，创新"村事民定"工作法，就事关群众切身利益的重大事项开展民商、民议、民决，初步形成"村情民知、村事民定、村务民管、村利民享"的共建共治共享乡村治理新格局。

一　治理背景

柿树岗乡辖 22 个行政村，是典型的农业乡镇，已有 11 个村完成整村推进项目，拆迁面积超过 100 万平方米。在实施乡村振兴战略和推进基层治理体系和治理能力现代化过程中，原有的农村基层社会治理体系面临巨大挑战，一系列社会问题和矛盾集中显现，诸如拆迁补偿、征迁安置、土地流转、村级财务等。农村基层社会治理出现许多新矛盾、新问题，最突出的表现就是群众对村居"两委"的不信任、不支持。乡村干部特别是村干部事务多、压力大。如何架起村"两委"和群众沟通的桥梁，缓解群众和乡村干部的矛盾，缓和干群关系，是乡党委面对的一大"考题"。

2016 年 6 月，柿树岗乡借鉴先发地区经验，在新街等村（社区）试点推行"村事民定"工作法，探索基层协商民主和基层治理新机制。2017 年 10 月，在试点取得成功经验的基础上，在全乡 22 个村（社区）全面推广。特别是党的十九大以来，乡党委、政府坚持以习近平新时代中国特色社会主义思想为指导，结合实施乡村振兴战略及推进乡村治理体系和治理能力现代化新实践，不断深化"村事民定"工作法，倡导"有事多商量"，确保群众对乡村重大事项的知情权、参与权、决策权和享有权。

二 实践做法

（一）建设好队伍

乡级层面，成立"村事民定协商民主议事制度领导小组"，由乡党委书记任组长、乡政协联络组长和党委副书记任副组长，从组织、政法、民政、农办、财政等相关部门抽调人员具体抓落实。村级层面，全乡22个村（社区）成立并定期召开协商民主议事会。

1.协商民主议事会成员构成

由村"两委"成员、"五老"人员（老干部、老党员、老军人、老教师、老"户长"）和群众代表等组成，组成人员一般为26~40人，议事会还特别注重吸收"两代表一委员"、知识分子、非公经济代表人士和新乡贤等，具有广泛性和代表性。其结构大致如下：村"两委"成员3~5名，占10%~12.5%；党代表、人大代表、政协委员3~5名，占10%~12.5%；非公经济人士、企业家、在外商人代表7~10名，占23%~25%；教育界、民族宗教、新社会阶层人士等7~10名，占23%~25%；"五老"人员3~5名，占10%~12.5%；新型职业农民、农村新乡土人才、新乡贤、合作社负责人3~5名，占10%~12.5%。

2.协商民主议事会成员产生方式

村级民主协商议事会成员由村（社区）党组织提名推荐，报乡党委讨论审定后，以适当方式进行公示，并颁发聘书。协商民主议事会成员聘用时间一般为2年。

3.协商民主议事会成员管理方式

协商民主议事会成员必须积极参加培训、商前调研、协商议事会、监督协商结果执行等议事会组织的活动，无故两次不参加，将取消民主协商议事会成员资格。协商民主议事会成员违反法律法规或党纪，受到法律制裁或党纪处分的，将取消民主协商议事会成员资格。协商民主议事会成员实行议事积分卡管理，积分卡分数在前两位的协商民主议事会成员，授予"优秀协商民主议事会成员"称号，并酌情奖励；分数在末位的协商民主议事会成员，视其履职情况和本人意愿，决定是否取消其民主协商议事会成员资格。

4.协商民主议事会特邀人员

村级协商民主议事会根据协商议题的需要，可特邀以下人员列席：因协商需要的意见人和当事人；协商议题涉及的村干部、乡级部门领导；协商议题涉及的有关专业人员等。

（二）搭建好平台

主要是组建协商民主议事会、建立"同心会客室"制度、开设网络互动空间。

1.组建协商民主议事会

协商民主议事会是开展基层协商的决定性因素，会长由村（社区）党组织书记担任，报乡党委审批。

2.建立"同心会客室"制度

为加强与协商对象的沟通、交流，切实解决村（社区）"四公一热"（公共利益、公共决策、公益事业、公共事务、热点难题）问题，采取"节庆式"聚客、"民主日"会客、"议题式"请客三大形式，建立"同心会客室"制度。"节庆式"聚客即在春节等节庆期间，利用外出务工人员大批返乡机会，邀请相关人员特别是外出创业成功人士等到同心会客室座谈交流，定期了解他们的诉求，进一步畅通诉求渠道，为家乡建设建言献策。"民主日"会客即在民主日（每月10日）就村（社区）"四公一热"问题提出议题或就确定的议题，邀请有一定影响力的新乡贤展开协商，达成共识，解决问题。"议题式"请客即就特定的议题邀请特定的相关人员同村（社区）沟通协商，达成共识，解决问题。

3.开设网络互动空间

积极顺应互联网新媒体发展和网民参政议政趋势，面向广大村民和网民积极创设网络问政、网议互动等平台和载体，通过网上征求意见、开辟建言献策专栏、设立"网络e政厅"、建立QQ群和微信群、设置社情民意专用信箱和建立网议互动日制度等措施，拓宽社会公众参与民主政治渠道，使广大村民充分表达利益诉求和意见建议。

（三）规范好程序

推行"五步协商"模式，即提出协商议题、开展商前调研、组织协商活动、落实协商结果、监督执行效果。

1. 提出协商议题

坚持凡是涉及群众切身利益和公共事务，就要变"为民做主"为"由民做主"，按照流程确定协商议题并接受群众监督，避免协商的突然性，克服协商的随意性。在开展基层民主协商中注重把握好选题方向，科学分类选题。围绕全局工作中最具现实意义的问题以及与民生密切相关而又迫切需要解决的"四公一热"问题来选题。主要有村级组织建设；村级生产经营活动，包括土地流转、土地调整、土地发包等集体经营活动；社会公益事业和社会福利事项；村级集体"三资"管理和处置；村民自治章程和村规民约的修订；各类社会保障资助金和政策落实；村庄规划建设、征地拆迁和基础设施建设；邻里矛盾纠纷调处；村（社区）认为需要民主协商的其他事项。每年年初，村（社区）党组织根据年度工作安排，研究提出年度协商民主议事会计划和初步议题。同时，通过协商民主议事会、同心会客室、网络互动空间等三个互动平台，收集相关协商议题，做到协商民主议事会集中提、同心会客室请来提、网络互动空间随时提。

2. 开展"商前调研"

某个协商议题一经提出，即需要着手组织开展好商前调研。一是设置"商前调研"的适用范围、调研时间。对已经确定的协商议题，协商民主议事会办公室至少要提前三天以书面或电话、短信等形式告知调研时间、具体内容，给予参与调研的议事会成员充足的调研时间。二是做好"议事培训"工作。针对协商议题，有针对性地确定"议事培训"适用范围、培训内容、培训形式、培训课程设计等。培训形式以集中培训为主，辅以现场教学、一对一指导、议事会座谈交流等形式，在培训课程设计上，主要以专业对口为原则，重点组织城建、国土、税务、农办、企办等部门业务负责人参与课程研讨并参与实际授课，合理设置课程内容，以专题形式完善和丰富课程，让大多数议事会成员既"吃得饱"又"吃得好"。三是做好调研保障和调研控制工作。村（社区）党组织要为参与商前调研的议事会成员及特邀人员提供调研保障，给予必要支持（包括调研环境、差旅费及必要的工作经费），鼓励议事会成员依据自身特长开展特色调研。商前调研课题实行分类管理、规模控制，并明确责任，确保调研科学有效。

3. 组织协商活动

协商议事是"五步协商"模式的关键环节，必须精心组织好协商活动。一是向议事会成员发放民主协商议事会会议通知书，要求议事会成员进行会议准备。二是布置协商议事会场。确定议事会主持人，一般由议事会主席担任，也可由其他常务理事担任。三是把握好议事步骤。主持人就相关议题作说明→议事会成员围绕议题发表意见→常务理事会根据多数议事会成员意见确定议事结果，形成协商纪要。协商议事必须有超过三分之二（含三分之二）的议事会成员到会才能进行，议事结果必须尊重大多数人的意见，如果意见分歧大，不能形成协商结果，应安排下一次会议重议，最大限度保障参与人的话语权，最大限度减少意见分歧，以大多数人的意见为协商的结果，求同存异。

4. 落实协商结果

协商纪要送交村（社区）党组织后，村（社区）党组织根据协商纪要，结合本村（社区）情况及时作出是否采纳的结论。对协商达成一致并采纳意见的，除涉及隐私和商业机密外，原则上村（社区）党组织应将协商议事的内容、要求和是否采纳的结论进行公开，接受群众监督。对于公开并予以采纳的，村（社区）党组织要严格按照协商要求抓好落实，落实过程公开透明，同时公布落实责任人、完成时限。落实进度及时通报，对于公开并已经执行或正在落实的协商事项，要及时通过网络互动平台、村（社区）

公告栏等形式公开，通报进度，方便群众监督。

5. 监督执行效果

协商议事结果落实完成后，应自觉接受社会监督，切实保障人民群众的知情权和监督权。一是落实专项监督。在协商议事会中专门设立监督小组，对协商议题、协商过程、协商结果以及执行情况进行监督，及时向广大村民反馈。二是开展网络评议。对于涉及村级经济社会事业发展等重大公共事务的协商结果，可采取网络评议的方式监督村（社区）党组织采纳和办理情况，村（社区）党组织还可根据网络评议结果另行整改。三是做好解释反馈。对于协商结果落实过程中出现的问题或确因客观原因无法落实的协商结果，应及时向广大村民做好解释说明。

三 主要成效

"村事民定"工作法实质上是基层协商民主，倡导"有事大家商量着办"，确保群众对乡村重大事项的知情权、参与权和决策权，成效显著。

（一）协商结果转化率高

截至 2021 年 9 月底，全乡共开展协商议事 320 多场次，形成《协商纪要》246 份，其中落实协商结果 202 件，落实率达 82%。

（二）社会反响热烈

"村事民定"工作法受到各级领导和社会各界高度关注：时任安徽省委常委、合肥市委书记宋国权，人民政协报社党委副书记、副总编张宝川，安徽省民政厅厅长于勇，合肥市市长凌云等省市领导到柿树岗乡调研并给予了高度评价。宋国权在新街社区同心会客室调研时强调，乡村干部在社会治理上要找到与群众的"契合点"，同心会客室这种模式很好。于勇在调研时指出，"村情民知、村务民管、村事民定、村利民享"就是我们基层做民政工作和社会治理工作实实在在的目标。安徽省委党校、安徽省政府政研室、安徽大学等单位的专家学者曾到柿树岗乡开展调研活动。山东、新疆、湖南等省（区）以及省内多个市、县相关部门纷纷前来柿树岗乡交流、学习。新华社、人民网、人民政协网、安徽电视台、合肥电视台等主流新闻媒体相继报道了"村事民定"工作法。肥西县委、县政府于2019年在全县推广柿树岗乡创新提出的"村事民定"工作法。

（三）治理效果明显

一是"听"准了民情。通过协商，掌握村组真实情况，了解不同村民的需求。比如新街社区入口处拆迁，拆迁户因为利益等多方面原因不愿拆迁，乡村干部多次上门做工作无果，对此，社区协商民主议事会将此作为协商议题，开展协商活动。通过议事会成员多方面做工作、多管齐下，终于顺利拆迁，社区入口花园如期建成。

二是"育"好了民风。农村是熟人社会，社会治理不仅靠法律法规、村规民约，也要靠公序良俗。同心会客室既是协商民主议事会成员协商议事的地方，也是村（社区）干部联系群众的场所和品行教育的"课堂"。柿树岗乡某社区的三兄弟因赡养老人问题产生龃龉，社区居委会多次调解无果。最后作为协商议题，采取"议题式"请客的方式，召集相关议事会成员，还特邀了一些能与三兄弟说上话的"老公亲"，共同做工作，晓之以理、动之以情，要求兄弟各让一步，终于使赡养费问题得到圆满解决。同心会客室通过群众身边的案例，以案释理、以情感人，让崇善扬孝扎根于村民心中，公序良俗日渐向好，乡风文明进一步提升。

三是"做"实了民生。推行"村事民定"工作法以来，各村（社区）广泛开展协商，80%以上及时落实了协商结果。新街社区停车场按照美丽乡村建设规划，应建在街道入口处的农民文化广场旁，多数群众反映，在社区入口处建停车场既比较偏远又破坏了入口的景观，要求把社区旁废弃的老电影院拆掉建停车场。协商民主议事会将群众的意见作为协商议题开展协商活动。在协商前，议事会做了大量的商前调研工作，邀请了设计院的相关专家重新论证、设计，最终形成协商结果，将有安全隐患的老电影院拆掉，建公共停车场。公共停车场建成后，得到广大群众的一致好评。

四是"顺"应了新媒体。借助网络互动平台，使公众参与度、互动程度、公开范围、宣传力度、成果体现有了飞跃性的发展。每年通过网络征集各类意见建议上千条。比如，柿树岗乡一年一度承办的"中国·肥西蒿子粑粑节"，每年都会在网络互动平台上开展网上协商、网上征集，基本能收到上千条意见和建议。比如，2019 年度的蒿子粑粑节，柿树岗乡通过网络互动平台，实现 100 多名海外肥西籍华人视频连线互动，取得了巨大的宣传效应，激发了他们爱国爱家的情怀。

五是实现了多元共治。通过建立同心会客室制度，积极开展基层协商活动，发展新乡贤组织，吸引了大批柿树岗籍的在外企业家、专家学者、医生、教师等回馈故里，参与乡村治理，实现政府主导、社会协同、公众参与、群众自治良性互动。

四　经验启示

"村事民定"工作法的核心是基层协商民主，其必将随着乡村治理体系和治理能力现代化进程而不断深化、不断创新。主要有以下几点启示。

（一）党的领导是基层治理取得成功的根本保证

在开展基层协商民主和实施基层治理过程中，要始终发挥党组织总揽全局、协调各方的领导核心作用。党是同心圆中的圆心，在组建工作机构、搭建协商平台、规范协商程序、落实协商结果等各个环节发挥领导作用。安徽省政府政策研究室副主任汪春生在调研时指出，"村事民定"工作法是一种创新、一种尝试，但是不能离开党的领导。党委要起着指导和把关作用，确保协商活动不变形、不走样，不偏离正确的政治方向，始终与党委、政府决策部署相一致，与公共利益相契合，与基层和谐稳定相衔接，与党委的中心工作、重点工作合力合拍，真正使协商活动消除误解、增进共识、凝聚民心、形成合力。

（二）协商对象的广泛性代表性是协商活动的重点

协商民主议事会成员，既要注意广泛性又要注意代表性，特别是注重吸收"两代表一委员"、"五老"人员以及以非公经济代表人士等为代表的新乡贤，这些群体具有较高的议事能力，在群众中具有较高的威望，代表绝大多数群众的利益，吸纳与协商议题相关的社会各阶层、各界别代表人士参加，有利于保障群众的知情权、参与权、表达权、监督权。人民政协报社党委副书记、副总编张宝川于2021年11月来柿树岗乡调研时充分肯定了新街社区通过建立同心会客室制度，开展多阶层、多层次、多领域的协商活动。张宝川在新街社区"老张说事"工作室访谈时指出，要注重协商对象的广泛性和代表性，探索更为灵活的方式方法，就群众的小事、琐事、烦心事，开展面对面协商，不拘泥于"大事、要事"，因为群众利益无小事。

（三）协商议题选择是协商成功的关键

协商议题选得好不好直接关系到群众对协商活动的关注度和满意度高不高。对此，坚持凡是涉及群众切身利益和公共事务，就要变"为民做主"为"由民做主"，对协商议题的选择一方面要根据年度重点工作安排，另一方面要充分征求群众意见，精心制定协商计划，按照"确定大致方向→收集相关资讯→与相关专家沟通→与相关部门或团体沟通→确定协商议题"这样的流程，确保协商议题质量，并予以公布，接受群众监督，努力将党委、政府关注，人民群众关心的热点、难点问题列入协商议题，避免协商的突然性，克服协商的随意性。比如，柿树岗乡新街社区和中洋村2021年4月开始就将村规民约的制定作为协商议题，先后4次召开协商民主议事会，历时5个月，通过民商、民议、民决，最后在村民代表大会上获得通过。新街社区和中洋村的村规民约于2021年10月双双获评"安徽省优秀村规民约"。安徽大学王进芬教授在芜湖全省乡村治理培训班授课时将柿树岗乡的"村事民定"工作法和"一约四会"作为典型案例讲解。

（四）规范程序是确保协商质量的关键

在开展协商时注重把握几个重要环节。一是通过实施"商前调研""议事积分卡""议事培训"等各项制度，加强对议事会成员的培训，提高民主协商议事会成员的议事能力。二是在协商活动中，最大限度地保障参与人的话语权，最大限度地减少意见分歧，增加和谐因素。汇总参会人员意见和建议，以大多数人的意见为协商结果，求同存异。人民网记者汪瑞华在座谈会中说道："在肥西县柿树岗乡的新街社区，但凡村里的重大事项，都让大家伙出出点子、支支招，有事大家商量着办，已经成为一种习惯……"三是注重落实协商结果，对协商结果和办理情况要及时公布，接受群众监督。对协商结果落实过程中出现的问题或确因客观原因无法落实的协商结果，及时向群众做好解释说明。

（五）宣传推广是体现协商成果的重要手段

坚持先试点后推广，及时总结宣传各村（社区）开展"村事民定"协商民主工作的好做法，借智、借力、借资的经验做法和典型事例，在总结成功经验的基础上，不断深化、完善"村事民定"工作法。新华网记者姜刚在现场采访中指出，"村事民定"工作法的关键在于协商活动，要建立健全长效工作机制，依靠村民自治，找到基层协商"金钥匙"，构建基层治理"同心圆"。

搭建"梧桐邻里"协商平台
创新多元共商架构

——合肥市包河区芜湖路街道的协商议事机制

包河区芜湖路街道地处合肥市老城区，存在辖区人口密集，治理精细化难；公共服务薄弱，居民烦心事解决难；老龄人口集中，养老问题难等问题。近年来，芜湖路街道秉承梧桐树下"与邻为善、以邻为伴"的理念，按照"党委领导、政府负责、社会参与、群众自治"的思路，积极搭建"梧桐邻里"协商议事平台，创新推出"1+6+X"多元共商架构，不断完善分类、按序、定期议事协商机制，有效化解矛盾、解决问题、推进工作。2019年12月芜湖路街道被评为"安徽省第二批城乡社区协商示范点"。

一 实践做法

一是平台搭建多级化，让居民有事能商量。根据"小事不出小区、大事不出社区"的要求，芜湖路街道整合辖区资源，不断把居民议事平台向一线延伸，积极推进街道、社区、小区三级"梧桐邻里"协商议事平台建设。街道层面，建成赤阑桥党群服务中心和金玫瑰居家养老服务中心，所有场所对外错时开放，方便居民参与协商议事；各社区均利用社区服务中心设置红色议事厅、党群议事厅、政协委员工作室，常态化组织居民开展议事协商活动；在小区积极整合资源，搭建居民议事平台，仅2021年就打造了恒生阳光城、中铁四局、送变电家园等多个"梧桐邻里"党群服务站，建立居民协商议事制度，开展民情恳谈会、工作听证会和民主评议会等形式多样的议事活动。在线下议事的基础上，积极发展线上议事，开通"漫步芜湖路"微信公众号，广泛建立小区微信群、楼栋QQ群等，引导居民积极参与网上议事、网上协商、网上问政，确保居民足不出户也能商量身边事。特别是疫情防控期间，各社区通过网上发布、网上讨论、网上决策，解决了老旧小区值守志愿者征集、小区出入口封闭、生活物资采购、居民心理疏导等难题。

二是参与力量多元化，让居民有事好商量。按照"社区建党委、小区建党支部、楼栋建党小组"的思路，充分发挥社区党组织在基层协商中的领导核心作用，建立社区工作协商委员会和小区协商议事会，构建"1+6+X"协商议事架构，"1"是指党建引领，社区党委、小区党支部在各类协商事项中总牵头、总协调；"6"是指协商委员会由居委会代表、居民代表、"两代表一委员"、居务监督委员会代表、物业公司代表、社会组织代表等组成；"X"是指其他利益相关方，会根据协商事项进行动态调整。通过建立社区党组织领导、居委会负责、各类协商主体共同参与的工作机制，实现党的组织网络与基层治理网络有机统一，让居民"有事就找党组织、有难就上议事会"，极大提升了社区治理水平。芜湖路街道以"红色领航工程推深做实年"为契机，大力推进民主协商、居民自治工作，各社区共召开各类议事会200余次，先后解决了电动车充电不规范、小区环境卫生差、不文明养犬现象多、电线乱接乱拉、建筑垃圾清运不及时等难点问题500余件。

三是机制构建科学化，让居民有事会商量。社区协商常态开展需要有行之有效的制度体系做保障。为此，芜湖路街道研究制定了《关于推进社区协商的实施意见》、《政协委员进社区工作方案》以及社区定期协商运作、社区协商议事规则、社区协商成果落实、社区协商督查评议等制度，制定了议事协商指导目录，涉及公共管理类、公共服务类、公益事业类、物业管理类等方面的55项事项。按照"百姓提事、两委审事、民主议事、集中定事、协同办事、主动公示"六个步骤，对选定议题进行协商决策和执行，力求让议事过程和实施方案在阳光下运行，真正实现"大家的事由大家商量着办","大家的事大家都知道怎么办","大家的事大家都知道办得怎么样"。比如东陈岗社区每周进行一次协商议事，发动党员和居民骨干做到"楼门小事我来管、邻里困难我来帮、发现问题我来提、解决事项我来参、反馈结果我来讲、和美平安我来保"，让诸多老旧小区纷纷实现逆生长。桐城路菜市场环境提升、香港街骑路菜市拆除、中铁四局小区加装电梯、恒生阳光城小区居民活动中心打造等，都在协商机制的有力保障下顺利开展，并取得了良好成效。

四是实践成果精品化，让居民有事想商量。芜湖路街道在推进社区协商的过程中，围绕民生实事，通过解决居民群众关心的热点、难点问题，激发群众议事热潮。水利厅宿舍原本是私搭乱建多、卫生环境差、基础设施落后的老旧小区，该小区改造被确定为省定民生工程项目，芜湖路街道本着"问需于民、服务于民"的原则，由业委会牵头选举业主代表全程参与前期设计、施工管理、竣工验收及后期管理等工作，改造之初通过发放问卷、召开座谈会的形式收集群众意见，将改造方案及时公示，改造过程中由人大代表、政协委员、居民群众实行跟踪督导，严把项目工程关、质量关、安全关，改造后的水利厅宿舍停车位规划有序、坑洼路面铺设一新、破损墙体重新粉刷、健身设施安装齐全。包河区20余名人大代表视察后，对水利厅宿舍改造给予一致好评。鉴于居民参与老旧小区改造项目的成功经验，芜湖路街道将继续秉持"让群众唱主角"的理念，实施55个"三无小区"的微改造工程，通过群众议事、民主协商的方式，凝聚居民力量，改善小区环境，让"三无小区"变身"宜居家园"。为进一步巩固协商成果，打造协商品牌，芜湖路街道在全区率先探索实践选民代表大会制度，以社区代表工作站为平台，以选民代表为纽带，广泛征求群众日常关注的住房、就业、教育、医疗保健等方面的社情民意，通过人大代表、选民代表与群众议民事、听民情、诉民愿，解决居民的操心事、烦心事、揪心事，街道共有"两委员一代表"及居民代表组成的选民代表101人，通过选民代表参与协商真正实现了由"为民做主"到"由民做主"的转变，极大地调动了居民参与协商议事的积极性、主动性、创造性。

二 成效及启示

一是发挥"专"的优势，推动了政协向基层延伸。根据"让政协委员走出去、让群众代表走进来"的工作理念，芜湖路街道依托各社区政协委员之家、社情民意信息平台，建立了政协领导包挂制度，街道24位政协委员深入社区及时调度基层协商民主建设工作，并建立了协商成果采纳、落实、反馈机制，搭建起政协委员直通社区、直通群众家门口的"便捷通道"。

二是更接"民"的地气，擦亮了基层协商品牌。芜湖路街道通过把三级协商平台搭建到群众中间，使协商议题更贴合群众意愿、协商成果更能被群众感知，真正打通了社区服务基层群众的"最后一公里"。"梧桐邻里"社区协商品牌已在街道全面推广，被评为安徽省第二批社区协商示范单位，东陈岗社区、友谊社区、太湖社区等积极争创社区级协商示范单位，呈现出街道有品牌、社区有亮点、小区有特色的多点支撑格局。

三是营造"商"的氛围，培育了基层协商文化。群众在协商中更有参与感、体验感、获得感，让协商看得见、摸得着、落得实。芜湖路街道10个社区已自觉对房屋拆迁、居民公约制定、和美小区建设等重难点工作开展基层协商，群众从"请我协商""不会协商"向"我要协商""我能协商"转变，基层协商民主氛围浓厚。

四是体现"治"的能力，激发了基层治理潜能。芜湖路街道通过在社区开展协商活动，广泛集中各方面的智慧力量，使协商既作为发扬民主、集思广益的过程，又为基层社区治理搭建了多元参与的平台。经"梧桐邻里"民主协商达成共识后的议题，由社区社会组织或居民自治组织以项目化运行的方式组织协调、落实，他们不仅是反映居民急难愁盼问题的倡导者，也是落实协商成果的推动者，更是解决问题的实践者。芜湖路街道通过社区协商有效推动解决老旧小区改造、社区助老服务、街巷环境整治、社区安全等问题，在社区协商与参与治理过程中助推16个社区组织进行备案，发掘培育了 60 名居民志愿者成为核心骨干，为社区治理增添了新动能，2020 年芜湖路街道被评为合肥市首批党建引领社区治理示范点。

三　未来展望

一是继续健全工作机制，实现程序规范化。坚持广泛协商，针对不同渠道、不同层次、不同群体特点，合理确定关乎居民切身利益的公共事务、公益事业；制定提议、告知、协商、决策、反馈、监督基本流程，建立"阳光议事厅"，推进程序规范化。

二是继续推进良性互动，实现主体多元化。推行"一核多元"的主体参与模式，以社区"两委"为核心，事务相关方共同参与，依托圆桌会、恳谈会、评议会等平台开展线下协商，通过微信公众号、小区 QQ 群等开展线上协商，充分实现各方平等友好协商。

三是继续充分运用成果，实现评价制度化。及时建立协商成果采纳、落实和反馈制度，落实情况在规定期限内通过居务公开栏、新媒体平台等渠道公开，接受居民监督，居民对协商结果、落实情况、长效管理等内容进行评价。

四是继续提高治理能力，实现协商经常化。引导居民参与社区决策前的协商、社区决策中的实施和社区决策后的评价，用居民习惯的方式来解决身边的问题，提升居民参与协商的能力，营造社区协商的良好氛围，形成居民与社区的良性互动，促进基层民主实践的健康有序发展。

党建引领聚合力　协商共治有活力

——合肥市包河区滨湖明珠社区协商典型案例

合肥市包河区烟墩街道滨湖明珠社区成立于 2009 年 6 月，辖区面积 2.6 平方千米，含滨湖明珠、滨湖品阁和文华阁 3 个居民小区，共 5180 户 15260 人，辖滨湖科学城管委会、合肥一中、合肥要素大市场等驻区单位和现代服务企业 1000 多家。社区党委下设 4 个党支部，有党员 162 名、预备党员 2 名。滨湖明珠社区党委曾获得"全国先进基层党组织""全国抗击新冠肺炎疫情先进集体""安徽省先进党组织"等 80 多项荣誉。

近年来，滨湖明珠社区党委深入贯彻落实合肥市委"1+8"系列文件精神，紧密围绕包河区"红色领航"系列工程，积极回应群众多元化、碎片化的利益诉求和对参与事务管理的期盼，有序推进党建引领下的社区协商治理体系建设，依托社区"红领哨所"体系建设，完善"五步"议事程序，构建"三级"议事体系，把社区协商共治体系建设成为实现基层社会共建共治共享的重要载体和微观平台。

一　治理背景

随着社会的发展、主要矛盾的变化和居民需求的多样化，党建引领下的基层也面临着新的问题、新的挑战。

（一）地方详情

一是群众利益诉求多元化。滨湖明珠社区辖区所有小区为纯商品房小区，居民来自五湖四海，习俗文化差异大；合肥一中、合肥四十六中两大名校坐落于此，社区有近三分之一人口为陪读人群，人口结构复杂，利益诉求趋向多元化、碎片化、复杂化。二是基础配套设施老旧化。社区位于滨湖新区启动区域，建成已有10余年，存在基础设施陈旧、配套滞后、房屋老旧等问题，直接影响了居民的生活品质，亟须改造升级。三是社区各类资源多样化。社区辖合肥一中、合肥四十六中、滨湖科学城管委会、合肥要素大市场等驻区单位和现代服务企业1000多家，具有丰富的社会资源，可为提升社区治理水平进行有效补位。

（二）存在的问题

一是社区治理主体单一化。我国城市社区治理，基本上全部由政府承担，社会力量的作用没有得到很好的发挥，社区治理组织较为松散、人手比较不足、力量相对薄弱，只有调动社会力量广泛参与其中，方能补足短板，形成合力，提升社区治理水平。二是社区治理结构碎片化。社区事务繁杂，工作人员忙于应付，精力分散，经常出现"头痛医头，脚痛医脚"现象，呈现"治理碎片化"状态，难以形成整体性的治理格局。三是信息服务平台边缘化。社区公共服务综合信息平台建设滞后，信息孤岛现象普遍存在，与社区治理信息化和智能化的要求还有较大的距离，需要整合各项资源，以统筹的理念强化基层管理和服务。

二　实践做法

滨湖明珠社区党委坚持党建引领，以完善共建共治共享的社区治理格局为政策目标，打造协商共治体系，全面打通社区治理的"最后一公里"，让"毛细血管"畅通活络，做好新时代社会治理"必答题"和"重点题"，不断提升居民群众获得感、幸福感、安全感。

（一）强化网格党建机制，提升协商引领力

为更好地发挥党组织在社区协商共治中的核心引领作用，以生活小区、

主要道路、楼宇位置为划分标准，立足包河区"大共治"工作模式，结合实际建立"1+6+N"基础网格系统，即加强社区党委这"1"核心领导，通过划实划细"6"大网格，每个网格配备"N"名自治共治力量，包括一名网格长，社区工作者、信息员、党员先锋、居民骨干、企业职工等专职、兼职网格员，引入公安、市场、城管等下沉力量。依托基础网格系统，按照"支部建在网格上"原则，成立小区网格党支部，支部书记、网格长合二为一。实施网格工作责任制，统筹党建资源，推动网格党员在党员先锋岗、青年文明号、巾帼文明岗等11个岗位上创先争优；盘活楼栋党建资源，精心打造"楼栋党员中心户"、党员"邻里守望"工程，充分发挥党员在社区治理中的模范带头作用。

（二）聚焦基层居民自治，激发协商内生力

滨湖明珠社区建立健全社区党组织领导下的"一居多会"居民自治组织体系。一是强化"两长多员"队伍建设。在3个居民小区设立3个小区党支部，实现党组织在居民小区的全覆盖，在32个楼栋推进党建服务点的全覆盖。按照"5+N"楼栋打造标准，建立楼栋阵地，摸排"两长多员"人选，成立自治小组18个。二是打造社区共治共享平台。社区党委牵头，建立"一居多会"制度，邀请物业、业委会、社区律师等人员加入，构建"三级"议事体系，努力实现"小事不出楼栋、大事不出网格、难事不出社区"。三是建立社区治理学院，提高居民在自治协商、纠纷调解等方面的意识和能力。开设专家课堂，定期组织开展志愿者培训等；鼓励社区达人以宣讲、座谈等形式，分享项目经验成果和共建共治理念，带动社区居民从参加活动、享受服务向参与共治、提供服务转变。

（三）立足商圈党建资源，增强协商凝聚力

整合隶属关系不同、级别不同、行业领域不同的党建资源，成立"中共合肥市要素市场商圈委员会"。建设滨湖·要素红领哨所商圈党建服务阵地。一是组建5支志愿服务队："红领成长营"聚焦党建交流提升；"红领

研习社"着力于理论宣讲；"民情观察哨"专注于扶贫助困、排忧解难；"红领顾问团"提供法律、财税、金融等方面的专业指导；"向上先锋队"开展文体交流、素质拓展、交友联谊、职业规划等服务项目。二是创新党建工作模式，实施"区域化组建""社会化融入""功能化整合"三项举措，建立定期议事协商机制、"红色党日"轮流机制、示范引领机制、经费保障机制四大机制，结合商圈党员群众实际需求开展"初心讲坛、红色服务、主题沙龙、红领发布"等多项服务。对接联系中国好人葛杨成立"葛姐阳光工作室"，常态化地开展心理咨询、纠纷调解、职场解压等活动。

三　成效及启示

滨湖明珠社区协商共治体系有效调动各方力量参与社区治理，形成社区共治合力，共同协商解决社区事务，实现社区治理的扁平化、精细化、信息化。

（一）主要成效

1.建立四级党建联动机制

建立"社区党委—小区党支部—楼栋党小组—党员中心户"四级党建联动机制，在社区层面完成党组织升格，成立党建工作领导小组，统筹社区党建工作；成立3个小区党支部，打造红领哨所服务阵地，由小区党支部书记兼任哨所所长、小区网格长，统筹居民小区党建工作；在楼栋设立楼栋党建服务点，成立楼栋党小组，将组织工作延伸到户、到人；挖掘培育红色先锋、和美之星，涌现出高合法、代立荣等"红色领头雁"，示范引领带动群众。打造"法治""绿色"等特色主题楼栋，架起服务"连心桥"，织密楼栋"户联网"，推动居民和亲、楼栋和谐、小区和美。疫情发生后，社区党委依托四级联动机制，联合区疾控中心、街道卫生服务中心等驻区单位，在各个网格内率先推行"四证齐发"管理模式，同步建立"6+1"和"5+1"的包保服务机制。在疫情防控的关键阶段，统筹机关下沉到社区的13名党员干部，第一时间成立疫情防控点临时党支部，将党支部建在疫情防控最前沿，筑牢了守护群众健康的"红色堡垒"。

2. 打造社区协商共治模式

完善"五步"议事程序，经"三方"提事、"四会"审事、集中定事、协同办事、主动公示，落实"发现、处置、报告、反馈"流程，畅通座谈会、联席会等群众参与渠道，汇聚协商共治力量。围绕健身器材改造、小区房屋漏水维修、企业公租房申请等群众关切的问题，召集社区居委、网格长、党员居民代表、业委会、物业等共同商议，探讨解决之法，先后完成品阁小区地下车库改造等工程，持续推进解决明珠小区房屋漏水及电梯维修等问题。2021年，滨湖明珠社区党委聚焦群众急难愁盼问题，列出12个"我为群众办实事"履责项目。其中，"健身器材改造升级项目"着力解决小区健身器材陈旧、老化问题，滨湖明珠社区通过与辖区单位深化共建，争取到资金支持，并通过"四位一体"联席会、居民见面会、"楼长有话说"等"一居多会"制度的落实，组织社区、业委会、物业、居民等齐聚一堂，共同协商升级改造事项，并发动志愿者落实巡查值守、宣传保障工作，共增设完善园区6处暖心便民"小设施"，切实提升了人民群众的获得感、幸福感。

3. 凝聚协商共治强大力量

党的组织和党的工作进商圈、进楼栋、进企业取得显著成效，凝聚起共建共治的强大力量。滨湖·要素红领哨所商圈吸纳17家成员单位，小区红领哨所摸排培育居民骨干83人，社区志愿服务队伍扩展到12支，志愿者达320人，在楼栋自治、文明劝导、爱心护学、环境巡查等志愿岗上恪尽职守，产生良好服务效益。2018年以来，由社区党委牵头，党员、居民参与，成立楼栋党小组、楼栋自治小组，通过召开楼栋见面会、楼栋自治协商会，持续开展楼栋改造、维护、巡查等活动，让楼栋成为居民参与社区协商共治的微平台，吸引更多居民参与社区治理，激发居民社区意识，不断将社区意识转变为社区行动。

（二）经验启示

协商共治的实践探索，加深了对城乡社区协商的规律性认识，为今后稳步推进社区协商提供了重要经验和启示。

1.必须坚持党的领导

党的领导是中国特色社会主义最本质的特征，也是加强城乡社区协商民主建设的根本保证。社区党组织要发挥好在协商中的领导核心作用，加强对协商工作的政治领导、思想引领、组织保障，把好社区协商的正确方向，把党的领导贯穿于城乡社区协商全过程和各方面，推动社区治理结构更加系统化、规范化。

2.必须坚持基层群众自治制度

基层群众自治制度是我国的一项基本政治制度。城乡社区协商是人民群众直接行使民主权利的有效途径，不断完善社区居民自治体系建设，规范议事程序，通过协商来表达诉求、化解矛盾、增进共识，把群众的事商量着办好。

3.必须坚持依法协商

依法治国是党领导人民治理国家的基本方略，也是开展社区协商的重要前提。要将社区协商纳入法治化、制度化轨道，确保社区协商活动合法有序进行、协商结果合法有效、协商制度健康发展。

四　未来展望

按照"协商于民、协商为民"的要求，加强社区协商，找到群众意愿和要求的"最大公约数"，努力形成共识，化解矛盾纠纷，解决群众的实际困难和问题，促进基层民主健康发展。

（一）构建社区治理共同体

依托社区"大共治"网格化工作模式，完善共建共治共享的社会治理制度，建设人人有责、人人尽责、人人享有的社会治理共同体，呈现出的是一种多元利益主体（既有社区党委、居委会、业委会、驻区单位、居民等利益主体，也有社会组织、非公经济组织等各类新型组织）共同参与治理的状态，化解各利益主体间存在的矛盾，提升决策的科学性，构建起多方参与的协商民主机制，推动社区治理现代化发展。

（二）打造专业化协商队伍

选拔社区后备人才，充实社区协商队伍，充分发挥社区治理学院的孵化、培育作用，强化骨干赋能项目建设，采取"专家授课+对标跟岗+观摩拉练+经验分享+情景教学"的方式，提升社区提案及处理实务能力。

（三）搭建智慧化协商平台

畅通楼栋自治交流群、协商议事群等数字化平台，拓宽群众诉求表达渠道，让群众反映的问题能够得到快速响应、有效协商、高效解决，实现协商共治的科学化、智能化。

新的历史条件下，滨湖明珠社区将继续围绕国家治理体系和治理能力现代化建设的目标要求，不断强化社区党委的领导作用，激发社会力量的参与活力，发挥社区工作者、社工等专业力量的协同作用，凝聚社区协商共治的强大合力，不断创新社区协商的内容、载体和机制，整体推进社区协商共治的制度化、规范化、程序化。

志愿服务聚合力　心系家园共协商

——合肥市包河区常青街道"爱家翁"公益创投项目

开展民主协商是聚焦群众关心的民生实事和重要事项的重要举措，有利于在基层公共事务和公益事业中广泛实行群众自我管理、自我服务、自我教育、自我监督，进一步拓宽群众反映意见的渠道。在合肥市的各个小区中，大到生活保障，小到便民服务，每一件事都关系到居民的生活体验。如何深化完善社区治理，推进居民小区齐抓共管，让每一位居民的生活更加便捷、舒心，是城乡社区发展治理中绕不过的话题，建立起成熟的社区民主协商治理体系则是其中的重要一环。

包河区常青街道金寨南路社区辖区面积较大，企事业单位较多，其中，江淮化肥厂小区是一个老旧小区，居民主要来自企业职工，退休老人较多，小区的生活条件不完善，经常出现设施破损、汽车乱停乱放等现象，严重影响了居民生活。因为种种不便，2020 年常青街道以微公益创投为契机，协助一群特殊的退休老党员凝聚为一支团队，以"爱家翁"志愿服务项目的形式为小区及邻里提供力所能及的帮助。这支由 6 人组成的团队，通过分管包片的形式，对辖区主干街道、重点区域、人员密集场所进行常态化巡逻，通过资源整合，发动群众，以日常家园巡查工作法和"资源联动"响应协商解决机制为抓手，探索出针对群众矛盾源头的解决策略，解决好居民身边的事，推动社区协商举措融入基层社会治理。

"爱家翁"项目是常青街道充分发挥社区社会组织作用，引导专业社会工作服务机构、其他社会组织和社会工作专业人才参与城乡社区协商工作的重要载体，是将疑难型、复杂型、专业型协商事项经需求评估和可行性论证之后，通过公益创投的方式促进群众社区协商的实践，旨在促进专业人才发挥协助建立协商平台、制定协商规则、完善协商流程、运转协商程序和落实协商成果等方面的优势和作用。

一　实践做法

（一）党建引领多方力量，搭建红色治理协商体系

在常青街道和金寨南路社区的指导与支持下，依托"爱家翁"项目，搭建社区平台，设置"居民接待点"以及意见箱等，设立党员服务先锋岗，吸纳网格员和楼长、党员志愿者、学生志愿者、退休职工等多元主体参与。"爱家翁"项目利用家园巡查、协商议事、主题活动等形式，线上、线下相结合，引导社区退休职工及党员志愿者从社区治理的"局外人"转变成为小区建设贡献力量的"主人翁"，组建巡查小组，不定期开展巡查行动，将巡查带进社区、带进小区、带进楼栋。将巡查过程中发现的问题以及提出的建议一一记录在册，探索解决路径，补齐治理短板，聚焦协商内容。对于梳理和聚焦的重点问题，以"社区+物业+组织+居民"多元主体共同参与的模式，实现集中定事、民主议事、协同办事，共同讨论改善方法，运用协商成果，解决噪声扰民、停车难、房屋漏水等问题20余件，实现"微事不出楼、小事不出格、大事不出居"，有效发挥党建引领下的社区协商议事作用，发挥城乡社区党组织战斗堡垒和党员先锋模范作用，引领居民和各方力量广泛参与社区协商，努力解决小区治理问题，共建美好家园。

（二）聚焦社区协商内容，规范民主议事机制

江淮化肥厂小区具有老年退休人员多、失业人员多、出租户多、流入人员多、群众需求差异化和多样化的特点。基于此，江淮化肥厂小区以"促融合"为工作发力点，把"议事为民、协商为民"理念贯穿于议事平台搭建全过程，通过居民会商、文化融合、议事溯源等形式，在继承"爱家翁交流群""聊天夜谈"等议事机制的基础上，通过及时走访、意见箱、QQ

群、微信群等多种渠道，创新打造"爱家翁议事亭"，收集居民群众关注的问题和反映的意见，并进行梳理汇总。为解决居民诉求多元的问题，居委会、党小组、居民代表牵头进行意见征集，以单元为小组，确认协商进度，对管理规则等相关事项进行协商并签订协议。为推动"民事民议、民事民办、民事民管"，破解小区难题，金寨南路社区成立民主协商"爱家翁"志愿小组，形成"党支部牵头、党员先行、群众支持、全员发动"的工作局面，发挥议事会担当作用，极大提升了小区居民的责任感。

（三）运用社区协商结果，促进协商善治持久

围绕江淮化肥厂小区治理提升议题，小区引导、鼓励居民协商自助，将屋顶漏水、小区环境绿化、积水、楼道美化、文明养犬、车辆乱停乱放等问题纳入常态化巡查范围，共同推动项目高质量实施。小区治理从提案变为现实，缘于街道、社区、党小组、居委会等协商平台多次组织居民参与访谈、会议、活动，解析项目的重要性和将给居民带来的好处。居民们还针对自己家门口的实际情况，为项目打造献计献策，"和美小区"行动也在如火如荼开展。坚持开放开明赢民心、聚公信，健全成果督办反馈机制，将社区民主协商成果通过会议纪要、社区公约、社区网络论坛、居务公开栏、微信号等渠道向居民群众公示，及时跟踪问效、反馈实效，接受党员、群众监督评议。对于协商过程中持不同意见的参与主体，要及时做好解释说明和反馈工作，避免出现结果运用与民主协商初衷相悖的情况，从而保持社区民主协商善治的持久生命力。

二　成效及启示

（一）坚持安全巡查，为民排忧解难

"爱家翁"志愿服务队带领热心居民利用休息时间，在辖区内开展安全巡查活动，切实加强社区安全稳定。对辖区内的平房、老旧弃管小区进行全

面巡查，重点检查小区楼道内是否有堆放物、易燃物，楼体外飞线充电现象，老旧小区暴雨天气是否有渗水、漏水情况，提醒居民增强安全意识，注意防火，规范用电。将巡查中发现的安全隐患告知居民限期整改，之后将进行安全隐患"回头看"检查工作。项目开展以来累计开展巡查 72 次，使江淮化肥厂小区安全隐患减少，盗窃率降低，营造了治安秩序好的小区环境。

（二）倾听居民心声，维护合法权益

为进一步全面、客观、真实地了解群众意愿，有效解决辖区内居民最直接、最集中、最关心的现实问题。"爱家翁"项目通过搭建社区平台，围绕关乎居民自身利益的民生实事项目，诸如环境整治、小区管理、文化建设等方面的问题各抒己见。设置"爱家翁议事亭"以及意见箱等基础设施和服务平台，在对居民提出的意见进行探讨与解答的同时，也要求工作人员对各类建议、意见进行汇总记录，让居民有处说、有话说、敢于说。"爱家翁议事亭"成立以来，解决居民纠纷 20 余件，确保协商结果不走样、不走过场、取得实效。通过这些举措，进一步拉近了邻里关系，维护了居民合法权益，推动了和美小区建设长效管理。

（三）汇集优势资源，治理矛盾源头

"爱家翁"项目探索以社区党委为主导、党建引领为核心的区域化党建组织体系，成立了小区党支部，把党建融入小区管理。在党建引领下，社区更加了解小区动态、工作难点、矛盾纠纷、服务需求，能更好地为居民排忧解难。以群众需求为出发点，以群众满意为落脚点，充分尊重居民的主体性，与辖区内社区工作站、物业、供电单位、商户、企业沟通互联，切实解决居民的急难愁盼问题，治理矛盾源头，为居民办实事，极大提升了社区居民的满意度和获得感。积极争取辖区机关、企事业单位、爱心团体和人士的资金、物资支持，确保"爱家翁"志愿服务队行稳致远，更好地服务社区群众，助推基层治理共建共治共享。

（四）传承服务精神，壮大志愿队伍

"爱家翁"项目从初期的两个人发展到现在的六位成员，积极吸纳辖区先进典型、道德模范、社会贤达和其他有意愿的居民加入志愿服务组织，发现并吸纳一批有专业特长的人员参与志愿服务，不断壮大"爱家翁"志愿服务队伍。项目由原来单一的环境清扫和秩序维护扩展到政策宣传、矛盾纠纷调解、消费引导、扶危济困、治安巡逻、文化服务、便民服务、家政服务等，创新志愿服务模式，提升居民满意度、幸福感、获得感。"爱家翁"项目通过服务挖掘居民志愿者，调动居民参与社区治理工作的积极性，培养居民参与意识，发挥居民自治作用，让社区生活有温度。

（五）共同参与小区治理，消灭消防安全隐患

公共楼道因部分居民的乱堆乱放变身"杂物间"，各种老化基础设施得不到及时维护和维修，环境、治安问题得不到有效解决，小区居民与物业、产权单位的矛盾加深，最终导致居民生活质量下降、社区不和谐。小区的治理面临两大困境：一是资源协调困境。由于居民构成复杂、单位制遗留问题及社区居委会资金不足等，物质资源有限，解决社区内复杂问题的能力不够。二是各主体互动困境。小区的产权单位、居民、物业关系复杂，相互之间缺乏信任与合作。面对这些社区治理难题，小区的居民和居委会做出了一系列尝试，开展了社区治理实践。"爱家翁"志愿服务队通过发放宣传资料，借助微信、黑板报、电子显示屏等途径宣传安全用火、用电、用气等消防安全常识，邀请金寨南路社区综治办专业人士给群众举办安全知识讲座，结合生活中的真实案例，详细讲解发生火灾时的自救和逃生方法，通过"爱家翁"志愿服务队的不懈努力，有效地提高了消防安全知识的普及率，切实增强了居民群众的防火防灾意识。

（六）保护环境突出重点，助力实现垃圾分类

垃圾分类成为街头巷尾的热门话题。对垃圾进行正确分类，关系每个人

的生活，同时是城市和社区治理的重要课题。为推动社区多元治理，小区将垃圾分类与社区议事协商相融合，推动形成垃圾分类新时尚。首先，召开会议聚合力。居委会召开垃圾分类重点工作推进会，将垃圾分类作为重点任务推进，结合"爱家翁议事亭"的创建，深入小区开展垃圾分类宣传活动，运用张贴宣传海报、发放环保宣传单页等方式，用通俗易懂的语言向居民群众讲解了垃圾分类的基本常识、重要意义等相关内容，号召大家垃圾分类从自己做起，共同养成低碳环保的生活习惯，营造绿色和谐社区，同时也为创建文明城市工作打下坚实基础。围绕推动垃圾分类工作开展社区协商活动，助力垃圾分类有序开展。其次，充分动员明方向。小区积极发动党员、居民代表、热心居民等群体，发挥其先锋模范、示范引领、贴近群众的积极作用，针对垃圾分类存在的问题以及工作如何开展召开协商会议 10 余次，将生活垃圾分类纳入楼门院和单元门治理之中，打造多元主体参与、社区协同共治的新格局。逐步实现培育先进典型，推广协商成效，推进垃圾分类常态化、制度化、规范化的工作目标。有效提升群众对垃圾分类的知晓率、参与率和正确投放率，营造出人人参与、共建共享的浓厚氛围。

三 未来展望

我国基层城乡社区的各种协商民主实践，覆盖了基层治理中的群众自治实践，涉及民主决策、管理和监督等环节。"爱家翁"项目是多样性的协商民主实践，是基层群众自治的生动体现，是社会主义协商民主建设的重要组成部分和有效实现形式，实施以来，在为民服务、小区治理等方面都取得了一定的成效，接下来将着重在以下几个方面发力。一是积极争取政府层面的支持和助力，以项目为载体，积极动员居民参与，形成合力，提升社区治理效能，进一步深化城乡社区的协商民主做法，有效化解基层的矛盾纠纷，运用基层民主的办法来解决基层矛盾，促进群众广泛参与社会政治生活。二是注意挖掘"居民领袖"，通过挖掘志愿服务队伍中的优秀人才，建立自上而下的居民自治参与体系，随着团队领袖、骨干的成长，居委会社工得以从

"运动员"角色回归到"教练员"角色。三是充分利用信息化手段，吸引新生力量。提升小区治理水平，信息化手段是关键，以"常来常青"为载体，以街道微信公众号为平台，通过随手拍、新闻稿等方式让居民在开展活动的同时，随时随地发现问题、上报问题，提高小区居民参与热情。"爱家翁"项目将持续深化多元协商做法，不断提升社区居民的权利与义务意识，提升社区居民自我效能感，通过表达需求并采取有效行动来推动基层社区治理实践。持续推进民主协商议事实践落地深化，引导"爱家翁"项目成员当好居民代言人，鼓励居民发现问题、协商问题，让居民成为小区自治的参与者、维护者和监督者。健全基层民主协商机制，高效解决小区居民的问题与需求，提升居民的获得感与幸福感，小区治理将更加完善，居民生活将更加舒心，社区民主健康发展的目标将更快实现。

发挥社区协商作用
推进城乡社区民主建设

——蒙城县村级议事协商创新实验试点典型经验

蒙城县位于安徽省北部，淮北平原中部，东邻蚌埠市怀远县，西靠亳州市利辛县、涡阳县，南接淮南市凤台县，北接淮北市濉溪县，土地面积2144平方千米，辖3个街道、12个镇、2个乡，总人口142万人，常住人口116.1万人，县城建成区面积50平方千米。立仓镇罗集社区位于亳州市蒙城县东南45千米处，社区下设3个党支部，6个党小组，有党员96名，社区"两委"成员7名；共有14个自然村，27个村民小组，1380户6380人。

主要存在以下突出问题。一是基层干部指导村级事务的能力有待提高。部分基层干部存在思想观念保守、工作方法粗暴单一的问题，在管理基层事务时缺乏创新能力和执行能力，管理水平有待提高。二是群众参与村级事务管理的热情有待提高。群众民主意识薄弱，认为"村里的事情与我无关"，又因为农村外出务工人员较多，村内多是留守老人、留守儿童，群众参与不够广泛，热情不高。三是村民文化法律水平有待提高。村民的科学文化知识、法律知识水平较低，导致村民的民主和法律意识薄弱，不能理解民主的意义和作用，在行使民主选举、民主决策、民主管理和民主监督等权利时不能发表意见、参与讨论，行使自己民主权利的意愿不强。

一　实践做法

蒙城县立仓镇罗集社区用好自身资源，深入开展城乡社区协商工作，

2020年入选安徽省第三批城乡社区协商示范点建设名录。罗集社区正在申报民政部"村级议事协商"实验点建设。

蒙城县立仓镇罗集社区始终紧扣乡村治理总体目标，坚持党的领导、基层群众自治和依法协商有机统一，按照"协商于民、协商为民"的要求，以基层党组织领导的基层群众自治机制为基础，以扩大有序参与、推进信息公开、加强议事协商、强化权力监督为重点，创新村级议事协商，拓宽协商范围和渠道，丰富协商内容和形式，力争到2022年底，在罗集社区建立健全充满活力的基层群众自治机制，形成协商主体广泛、内容丰富、形式多样、程序科学、制度健全、成效显著的社区协商新格局，为推进社区民主决策发挥积极作用。

（一）搭建议事架构，完善协商平台

一是组建罗集社区工作协商委员会。协商委员会成员组成方式按照"7+X+Y+Z"四方议事模式架构。

"7"为七类常设成员（均为兼职），即在村党组织代表、村民委员会代表、村民代表、社会组织（村社会组织联合会、辖区单位、物业公司、业委会等）、有一定威望的老同志（包括老党员、老干部、老教师、老乡贤）、"两代表一委员"、群团组织负责人等群体中推荐产生。会长由村党总支书记担任，充分发挥党组织引领作用。

"X"即议事协商涉及的利益相关方、申请议事的村民的亲友、辖区"三长"（邻长、组长、片长），根据协商事项进行动态调整，人员数量原则上应不高于15人，协商事项完毕即告结束。

"Y"即专业力量提供专业支撑，邀请协商事项涉及的相关业务部门的工作人员、专家学者、专业技术人员〔如律师、村（社区）法律顾问〕、第三方专业机构工作人员，参与协商并进行论证评估，提供专业化、合理化意见建议，健全议案评估制度。

"Z"即强化监督管理，建立健全跟踪落实制度，强化协商信息公开，创新引进村镇纪委委员，村务监督委员会、社区协商监督委员会对协商事项

进行监督管理，协调推进协商办理事项，确保按质、按时完成协商事项，形成协商事项监督报告，并纳入协商档案管理。

二是建立网格协商委员会。为确保群众广泛参与，在充分征集群众意见的基础上，由村民在党小组长、"三长"、热心党员、热心村民中自行推选产生 12 个网格协商委员会，进一步明确职责和工作内容，同时启动网格协商委员会的议事平台。

三是加强网络协商平台建设。线下实地协商和线上网络协商同步开展，线上网络协商平台借助"徽商量"小程序（包含六大模块：我要提议、协商组织、码上协商、成果公示、监督落实、协商案例），打造党建引领的"互联网+社区议事协商"新模式，通过全程留痕，保证居民自治协商结果在落实中可操作、可查询、可追溯、可评议，促进社区议事协商更加高效。

（二）建立"五步工作法"，理顺协商流程

通过党群提事、"两委"定事、协商决事、高效办事、监督评事，让协商机制有效衔接，将村规民约和议事协商相融合，充分提升群众"自我管理、自我教育、自我服务"的能力，真正形成民主选举、民主决策、民主管理、民主监督的社区环境。"五步工作法"得到了群众的认可，让协商议事流程更加顺畅，让协商议事平台作用得到更大程度的发挥。

（三）拓展议事范围，建立健全议事协商目录

亳州市蒙城县立仓镇罗集社区多次召开村级议事协商创新实验试点座谈会，就试点建设实施方案广泛征集群众意见，建立了"10 必议"工作制度，以社区为单位，围绕土地流转、生态环境、公共设施建设、乡风文明、农业经济结构调整等主题将协商事项分为公共事务类、基础设施类、乡风文明类、公共服务类、权益保护类等 5 个大类 30 余项具体事务，切实把涉及村民切身利益的重大事项纳入其中。

（四）创新协商工作机制，建立党建引领和志愿者服务激励制度

罗集社区实行党员和志愿者积分评定办法，将党员和志愿者参与社区协商工作情况与物质奖励挂钩，实行积分奖励，引导党员和群众投身于社区建设、服务居民，以实际行动带动居民群众参与乡风文明建设。

二　主要成效

（一）协商机制逐步健全，"五步工作法"初见成效

全面建立健全了村党组织领导、各类协商主体共同参与的工作机制，进一步完善了协商机制运作制度、议事协商制度、成果落实制度。罗集社区通过"五步工作法"让协商机制有效衔接，充分提升群众"自我管理、自我教育、自我服务"的能力。开展协商活动以来，形成了"盘活三边四荒集体资产""罗北至罗南村庄水泥路修建""'阳光玫瑰'葡萄园建设"等一批协商成果。真正地将议事协商会议融入了社区管理之中，实现"协商于民、协商为民"。

其中最为典型的是立仓镇罗集农贸市场商户摊位分配协商。农贸市场摊位分配协商会议也是罗集社区第一次通过议事协商会议解决社区问题，由于开展协商工作经验不足，第一次协商失败后，商户们各持己见，各有想法。于是社区又组织了第二次议事协商会议，第二次协商由于未在协商现场形成书面协议，后期商户反悔，又以失败告终。立仓镇罗集社区认真从前两次协商会议中总结经验，从失败中吸取教训，组织了第三次议事协商会，邀请了派出所代表、工商所代表到现场监督，采取全程录像、现场签协议的方式，保证了协商成果的落实，第一次真正通过议事协商会议，解决了商户们之间的矛盾，保证了农贸市场的有序经营，明显改善了农贸市场的经营环境，极大地提升了罗集农贸市场的文明形象。

（二）协商平台逐步稳固，协商成效显著

亳州市蒙城县立仓镇罗集社区通过议事平台，共组织开展协商议事 12 次，参加人员 215 人次，其中村民自发组织的协商议事 6 次。通过协商，化解群众矛盾纠纷 4 件，较为典型的案例是化解了多年来的信访事件，即群众反映强烈的郑某鹏侵占集体土地纠纷；通过议事平台，解决群众争议的事件 8 件，较为典型的是胡圩庄煤矸石事项、罗集农贸市场商户摊位的分配争议等。群众看得到通过协商议事平台解决的事情，也相信协商议事平台的沟通化解能力。同时协商议事平台也对社区的产业发展起到了积极的作用，如罗南庄土地流转工作中，有部分群众不愿流转土地，通过协商议事平台充分了解群众的想法和顾虑，耐心细致地做好思想工作，赢得了群众的理解。自 2020 年协商议事试点工作开展以来，罗集社区未发生一起群众到县访或集体访事件，整体发展环境较为稳定。

（三）协商议题范围广泛，协商氛围浓厚

罗集以社区为单位，围绕土地流转、乡风文明、农业经济结构调整等主题将协商事项分为公共事务类、基础设施类、乡风文明类、公共服务类、权益保护类 5 个大类 30 余项具体事务，把涉及村民切身利益的重大事项纳入其中。协商议事为解决矛盾提供了渠道，罗集社区通过建立社区协商宣传专栏、搭建议事平台、评议协商成果、发布协商议题等，充分宣传民主协商工作法，切实为群众营造了"有事好商量、有事能商量，大家的事大家办"的良好议事协商氛围。

三 经验启示

（一）完善议事体系

亳州市蒙城县立仓镇组建镇、村、网格协商委员会，重组协商单元，下

沉协商平台。罗集社区在建立社区协商委员会时，坚持"依靠群众、信任群众"的原则，通过村民代表大会，选举成立了社区协商委员会。同时，为确保群众广泛参与，在充分征集群众意见的基础上，由村民自行推选，将社区划分为 12 个议事协商网格，在每个网格成立协商委员会，并民主推选网格协商委员会成员，为顺利推进协商议事工作打下坚实的基础。

（二）理顺协商流程

坚持议事协商"五步工作法"，让协商机制有效衔接，将村规民约和议事协商相融合，充分提升群众"自我管理、自我教育、自我服务"的村民自治能力，真正形成民主选举、民主决策、民主管理、民主监督的社区环境。同时，充分利用春节及其他节假日、逢古会等有利时机，广泛宣传村级议事协商"五步工作法"，积极营造村民议事协商的良好环境。

（三）拓展议事范围

亳州市蒙城县立仓镇罗集社区多次召开村级议事协商创新实验试点座谈会，就试点建设实施方案广泛征集群众意见，确定工作目标和任务。在此基础上，罗集社区建立了"10 必议"工作制度，通过广泛征集意见和研判，制定了社区协商目录 4 类 52 项，其中制度建设类 10 项、公益事业类 25 项、矛盾纠纷类 11 项、重点工作方面 4 项，基本包括了群众生产生活的各方面。为确保事项不遗漏，罗集社区又邀请第三方——合肥社区治理学院专家指导社区议事工作，通过专家把脉，进一步厘清了协商工作重点。

（四）广泛宣传动员

为真正让群众能够接受、参与协商议事工作，镇、村采取党员带头、以点带面的方式进行推广。首先是结合"邻长制"工作，把"邻长"变"议长"，充分发挥"一核多能、党群共治"的优势，宣传协商议事制度。在此过程中，真正落实三个"做到"：一是做到服务共创，由"党员干"逐步变成"大家干"；二是做到事务共理，由"干部管"逐步实现"大家管"；三是做到责任共担，由"个人说"逐步发展成"大家议"。其次是确保"事事有回音、件件有落实"，用实实在在的议事成果，让群众对协商议事从最初的观望，到接受，再到融入，最后群众参与协商议事成为一种习惯和自觉。

四　推进之策与未来展望

（一）推进之策

一是发挥基层党建引领作用。开展社区协商工作是体现基层民主，保障广大人民群众行使民主权利的有效手段。基层党组织工作直面群众，强化基层党组织在社区协商工作中的作用和功能，引领社区协商工作推向深处，对于进一步推动社区协商工作规范化、标准化、程序化具有重要意义。

二是加强宣传工作，强化群众民主意识。社区协商是社区治理的重要手段，也是实现群众自我管理的有效形式。通过广泛宣传，强化群众民主意识，珍惜手中的民主权利，点燃参与村集体事务的热情，营造群众广泛参与、民主协商的良好范围，充分发挥基层民主作用，激发社区治理活力。

（二）未来展望

一是畅通基层民主渠道，促进基层群众有序参与。通过加强社区协商建设，可以促使村民在民主选举、民主决策、民主管理和民主监督的实践中培育公共意识、参与意识，为扩大基层民主提供坚实的基础，真正树立起"社区事务即是我的事务"的理念。

二是广纳群言、广集民智，提高基层决策的民主化、科学化水平。加强社区协商建设，可以充分发扬民主，广泛征求各方群众的意见。在事务决策过程中，通过社区协商讨论，让群众充分发表意见和建议，把矛盾化解在表决前，使讨论结果最大限度取得一致，让决策方案被大多数群众所接受，提高协商的公平性、公正性。

三是解决群众的实际困难和问题，化解矛盾纠纷，维护社会和谐稳定。

随着经济社会不断发展，利益主体日益多元，利益诉求更加多样。社区协商可以解决群众的实际困难和问题，使矛盾主体将对抗变为对话。通过充分发挥引导作用，利用协商形式，将矛盾双方聚在一起，通过理智交流寻求解决问题的方案，通过对话来化解对立关系。

总之，罗集社区通过深入推进社区协商工作，积极采取群众喜闻乐见的形式开展宣传，帮助居民掌握并有效运用议事协商的方法和程序，让"大家的事大家办，大家说的算"的协商理念深入人心。罗集社区切实营造党员带头、多方参与、共议共商的良好局面，努力构建自治、法治、德治、智治有机统一的农村社区治理体系，为密切党群、干群关系，促进社会和谐稳定，推动实现社会治理体系和治理能力现代化打下坚实基础。

健全协商机制　提升社区治理水平

——淮南市谢家集区城乡社区协商经验

近年来，谢家集区深入贯彻落实习近平总书记系列重要讲话精神，坚持党的领导、基层群众自治和依法协商有机统一，按照"协商于民、协商为民"的要求，健全基层党组织领导的基层群众自治机制，拓宽协商范围和渠道，丰富协商内容和形式，全力推进城乡社区协商工作。

谢家集区，隶属安徽省淮南市，位于淮南市中部，淮河与东淝河之间。南与长丰县接壤，西与寿县比邻，北依淮河、八公山。截至 2020 年 5 月，谢家集区下辖 5 个街道、6 个乡镇，56 个村、37 个社区，根据第七次人口普查数据，截至 2020 年 11 月 1 日 0 时，谢家集区常住人口为 221589 人。2016 年，谢家集区积极探索城乡社区协商工作机制，通过网格化管理和社区协商两种方式，引入多元力量化解社区管理方面产生的矛盾纠纷，提升社区治理能力，取得一定成绩。

一　实践做法

（一）细化协商内容

坚持从村（居）民自治实际出发，将涉及城乡社区公共利益的重大决策事项、关乎基层群众切身利益的热点敏感问题等纳入协商范畴，合理确定协商内容。结合本地实际，建立村（社区）协商目录，主要包括：党和政府的方针政策、重点工作部署在村（社区）落实的具体措施；村（居）民委员会的设立、撤销、范围调整，村（居）民小组的划分，村（居）委会办公服务用房选址及场所基础设施建设，村（社区）长期建设规划、年度工作计划等发展规划；村（居）民自治章程、村规民约（居民公约）、服务群众制度等规章的制定和修改；财务预算决算、资金安排使用、集体收益分配、集体资产处置、公益事业兴办、房屋拆迁改造、工程项目招投标等重大事项；困难群体救助、特殊群体帮扶等民生保障；社区治安维护、环境卫生清理、道路交通整治等公共治理；与居民日常生活密切相关的供水、供电、供气、供暖等行业服务；当地居民反映强烈、迫切要求解决的实际困难、问题和矛盾纠纷；法律法规和政策明确要求协商的事项，以及各类协商主体提出协商需求的事项等。

（二）明确协商主体

建立村（社区）协商组织机构，作为村（社区）党组织、村（居）民委员会领导下的常设机构，其成员结构采取"7+X"模式，总数原则上是小于20的单数，其中7名同志作为组织机构的固定成员，"X"则表示根据具体协商议题，可酌情吸纳"X"名相关人员作为社区协商成员参加协商活动，在人员比例上，基层干部一般不超过三分之一。社区协商组织机构负责人一般应由村（社区）党组织书记或村（居）民委员会主任兼任，成员一般应从基层政府及其派出机关、村（社区）党组织、村（居）民委员会、村（居）务监督委员会、村（居）民小组、"两代表一委员"、驻村（社区）单位、基层社会组织、网格负责人、帮扶单位、业主委员会、农村集体经济组织、农民合作组织、物业服务企业、当地户籍居民、非当地户籍居民代表中推荐产生，专门负责组织实施社区协商的具体事务。

涉及村（社区）公共事务和居民切身利益的事项，由村（社区）党组织、村（居）民委员会牵头，组织利益相关方进行协商。对跨村（社区）的重要事项，根据需要由乡镇、街道或区政府组织开展协商。有条件的村（居）民小组，可根据群众意愿和实际需要，将协商延伸到村（居）民小组，并确定相应协商主体。对一般性事务的协商，由协商组织者根据本村（社区）户籍和非本村（社区）户籍常住人口的多少确定，原则上要求利益相关方均有代表参与。对专业性、技术性较强的协商事项，可以邀请相关专家学者、专业技术人员、第三方机构等进行论证评估。协商还应当注重吸纳威望高、办事公道的老党员、老干部、退休回乡人员、基层群团组织负责人、社会工作者以及与双方利益无关的群众代表参与。

（三）规范协商形式

健全村（居）民会议、村（居）民代表会议议事制度，完善村（居）务监督委员会工作规则，把协商的价值取向和规则制度融入村规民约（居民公约），为城乡居民开展协商实践提供指导。完善村（居）民议事会、村（居）民理事会、小区协商、业主协商、村（居）民决策听证、民主评议等方面制度，采取社区党员议事会、村（居）民议事会、村（居）民理事会、农村集体经济组织成员议事会、物业联席会、小区协商、业主协商、楼栋协商、村（居）民决策听证、民主访谈、民主评议、社情民意恳谈会、社区论坛、社区工作坊等形式，开展灵活多样的协商活动。加快城乡社区信息化建设，通过开辟社情民意网络征集渠道等，为城乡居民搭建更为广泛的网络协商平台。

（四）优化协商程序

城乡社区协商要针对不同协商形式，制定严格的协商程序和议事规程。社区协商的一般程序如下。

一是确定协商议题。村（社区）民主协商委员会要畅通议题收集渠道，通过社区党群活动中心、居民论坛、社区议事厅、社区警务室、妇女之家、民情恳谈日、走访调查等载体和途径，利用社区信息平台、居民QQ群、社区微信公众号、议题收集箱等多种渠道征集协商事项；按协商内容和要求筛选协商议题，并确定参与协商的各类主体。

二是做好协商准备工作。协商议题确定后，协商委员会制定具体协商方案，明确协商时间、协商地点、协商形式以及议事规则等内容，并提前通知相关单位和人员，同时向其提供议题材料。对于村（社区）党组织认定的涉及面广、关注度高的重大协商事项，协商方案需经村党组织审核同意，同时要有三分之二以上的协商委员会人员到场才能召开协商会议。

三是组织开展民主协商。根据确定的协商方案，由协商委员会牵头组织人员开展民主协商、平等议事。议事主要有四个流程：首先，由委员会主任或议题召集人说明议题来源、审查情况、具体内容和议事规则；其次，由议题提出人对议题进行说明；再次，相关人员就议题发表意见，委员会成员就议题和各方意见发言，组织进行协商；最后，由参会的各方对协商形成的基本共识进行举手或投票表决，形成协商意见。协商须按规定做好会议记录。协商无法形成基本共识的，待条件成熟后，可进行二次协商；通过协商无法解决或存在较大争议的问题或事项，应当提交村（居）民会议或村（居）民代表会议决定。跨村（社区）协商的程序，由乡镇（街道）党（工）委研究确定。

四是主动公开协商成果。村（居）民协商委员会要及时将协商成果向村（社区）党组织和村（居）民委员会备案；要通过电话、网络或书面等多种方式，将协商成果向各利益相关方及时通报。同时，要利用村（居）务公开栏等平台，将协商事项和协商成果进行公示，自觉接受监督。

（五）运用协商成果

建立协商成果采纳、落实和反馈机制。需要村（社区）落实的事项，村（社区）党组织、村（居）民委员会应当及时组织实施，落实情况要在规定期限内通过村（居）务公开栏、社区刊物、村（社区）网络论坛等渠道公开，接受群众监督。受政府或有关部门委托的协商事项，协商结果要及时向基层政府或有关部门报告，基层政府和有关部门要认真研究，并在 10 个工作日内以书面形式反馈。需地方政府及职能部门落实的社区协商事项，有关地方政府及职能部门要认真督促落实，并及时向协商事项利益相关方反馈。对协商过程中持不同意见的群众，协商组织者要及时做好解释说明工作。协商结果违反法律法规的，基层政府应当依法纠正，并做好法治宣传教育工作。

（六）健全协商制度

将城乡社区协商始终贯穿基层群众自治全过程，建立基层政府及其派出机关、自治组织、城乡居民的沟通协调制度，建立健全村（居）民会议、村（居）民代表会议、社区协商议事会等议事制度，明确村（居）务监督委员会工作职责，探索建立公众参与利益调处、社区社会组织内部治理、驻村（社区）单位共建协商制度。有物业服务企业管理的居民小区，要探索建立社区居民委员会、业主委员会、物业服务企业"三位一体"的物业服务协调制度，实现各类协商主体有序开展专题协商、定期协商和对口协商。每个村（社区）全年开展协商活动不少于 6 次，并建立台账，村（社区）有重大事项、重要工作需要协商时，可随时进行协商。

二 成效及启示

自开展议事协商工作以来，谢家集区孙庙乡、孤堆回族乡、李郢孜镇、唐山镇、杨公镇、望峰岗镇、蔡家岗街道、立新街道、平山街道、谢家集街道、谢三村街道共 11 个乡镇（街道），56 个村和 37 个社区，始终坚持群众自治、依法协商、民主集中制、协商于决策之前和决策实施之中、因地制宜、注重实效的原则，按照收集意见、确定议题、制定协商方案、议事协商、决策实施五个工作步骤开展各项议事协商工作。在以党的十九大和十九届三中、四中、五中全会精神及习近平总书记系列重要讲话精神为指导，坚持党的领导基础上，谢家集区基本形成成效显著的社区协商新局面。

（一）领导重视，高位推动

积极贯彻落实省委办公厅、省政府办公厅《关于加强城乡社区协商的实施意见》和中共淮南市委办公室、淮南市政府办公室《关于加强城乡社区协商的实施方案》的精神，深入落实省民政厅《关于开展全省第三批城乡社区协商示范点建设的通知》要求，制定《关于创建社区协商示范区的实施方案》（谢民字〔2020〕20 号），明确指导思想和基本原则，细化协商内容、主体、形式、程序以及成果运用。建立健全基层党组织领导、村（居）民委员会负责、各类协商主体共同参与的工作机制，建立健全乡镇、街道协商与村、社区协商的联动机制，建立社区协商示范区创建工作不定期调度机制。联合组织部门在全区社区工作会议上对社区协商示范区创建工作进行调度，针对全区城乡社区协商工作集中制作标识，成立组织机构，推动制度上墙，社区工作协商委员会实现城乡社区全覆盖。

2020年以来，区民政局局长多次带队深入社区，实地查看社区协商档案台账和工作落实情况，针对协商议题、协商的程序与社区开展交流。谢家集区于2020年被认定为省级第三批城乡社区协商示范区。谢家集区红轮社区、望峰岗镇靠山社区均申报并成功被认定为省级城乡社区协商示范点。全区93个城乡社区以蚌埠社区、红轮社区、靠山社区为学习典范，开展社区协商工作，全区每个社区至少开展6次协商活动并对协商成果进行公示。全区通过开展社区协商，解决了一些社区长期积存的问题，让居民感到事情有人管、结果有人问，对社区服务的满意度越来越高。协商议事工作使社区居民通过参与协商找到维护和实现自己利益的好渠道，抒发了自己的心声，取得了社区居民的认可。

（二）加强宣传，营造社区广泛参与的共治氛围

注重加强对社区典型案例的宣传，着重提升社区协商参与度和知晓率。实现各类协商主体有序开展专题协商、定期协商和对口协商，营造社区协商的良好氛围。通过制作展牌在城乡社区营造浓厚的协商氛围，吸引更多居民融入社区工作，共同参与到共建共享的社区公共事务中和居民的日常生活中，履行参与社区治理、维护公共秩序、创建文明城市、做文明市民的责任义务。

（三）示范带动，推进社区协商工作常态化

2019年联合区委组织部组织社区书记到蚌埠学习社区协商工作经验，2020年全区93个村（居）开展社区协商563次，解决了社区居民的很多问题和难事，释放了"协商为民"的强大正能量，同时促进了社区各项工作的开展和各项任务的完成，得到社区居民的认可。通过城乡社区协商示范点

建设，全区基本已形成协商主体广泛、内容丰富、形式多样、程序科学、制度健全、成效显著的城乡社区协商新面貌。必须抓好社区建设成果的示范引领，由点及面，依法有序、积极稳妥推进谢家集区城乡社区协商建设。

三　未来展望

在协商议事取得显著成效的同时，也可以看到各城乡社区仍有一些方面存在不足，集中表现在以下几方面。一是开展城乡社区协商工作经费保障机制不健全。未来将不断完善机制，增加专项经费。二是社区居民参与协商的意识淡薄，对社区协商的参与度不高。谢家集区将通过大力宣传协商典型案例，进一步增强居民协商意识。三是缺少化解矛盾纠纷的司法专业知识，依法协商意识有待强化。突出表现在依法依规协商观念不强，存在"有事推给政府"现象。今后将定期开展宪法知识普及指导活动。四是进一步推进部门信息共享、业务协同。坚持党委、政府统筹推进村网格化服务管理，建立统筹协调机制。五是进一步加强网格员队伍建设，培育一批坚强、有实力的城乡社区工作人才。

"五色交辉，相得益彰；八音合奏，终和且平。""协商"是在探索实践中且行且学习且积累。群众利益无小事，下一步谢家集区将继续大力推进社区协商常态化、议题征集多样化，让"协商"工作形式多样灵活、注重实效。全力建设城乡社区协商新局面。促进社区居民幸福指数的提升，为社会的稳定和长治久安奠定坚实的基础。

搭建"1+N+X"组织架构
完善协商共治机制

——天长市郑集镇向阳社区村级议事协商实践

向阳社区位于天长市郑集镇镇中心，2007年12月由三个村合并而成。总面积10平方千米，有33个居民组，户籍人口5365人，居民代表55人。社区"两委"成员11人，党总支党员90名，下设2个党支部，4个党小组。

一 治理背景

向阳社区是城乡接合部，农业人口和城镇人口参半，工业基础较好，外来打工人员较多，属于典型的城市社区和农村村委会混合体，老百姓的需求是全方位的。向阳社区"两委"成员仍然使用村委会的工作方式方法和工作理念，明显感到工作力不从心。许多历史遗留问题和矛盾日益凸显。村集体经济增收难度越来越大，信访维稳压力较大，公民对公共基础设施建设的需求日益增长。为此，需要发挥党组织引领作用，建立一整套适应治理、满足群众需求的新方法，改进社区村民自治方式，发展村级集体经济，化解多年来遗留的老旧矛盾，推动居民共同参与社区治理，促进社区和谐。

2018~2020年，天长市被确定为全国48个农村社区治理实验区单位之一，实验主题为"建立党建引领、多方参与、协商共治的农村社区治理新机制"，向阳社区围绕这一主题，在"基层服务型党组织建设""农村社区治理体系建设""农村社区协商机制建设"等方面进行了积极的探索，创新搭建了"1+N+X"的协商组织架构，建立了"11355"协商共治机制，在促进乡村建设、化解老旧矛盾等方面取得了明显的成效，初步培育了社区协商治理的土壤，夯实了村民自治的基础。但是在社区治理方面仍然存在不少问题：一是协商治理的深度和广度不够；二是村民集体意识不强，参与积极性不高；三是信息化技术手段有限；四是"三治融合"有待深化。为此，需要再试再推，将基层实践作为"试金石"，来检验民主协商在村民自治中的作用和效能。

二　实践做法

（一）抓住党建引领这个"牛鼻子"

就社区治理整体工作而言，党建引领是关键性的"牛鼻子"。充分发挥农村基层党组织在引领乡村建设、乡风塑造、居民自治等诸多方面的"领头雁"作用，围绕农村党组织的组织建设、平台建设、载体建设和机制建设四个方面，与社区治理创新实践深度融合，通过创新引领，强化基层党组织的凝聚力、领导力和发动群众能力，构建乡村治理新体系。深刻领会党建引领是每项工作的"牛鼻子"，促进党建引领与协商治理深度融合，拓展思考的深度、广度和眼界。在社区治理实验过程中，党组织是最终的负责者、资源整合者、事务协调者、民主协商的中间人和主持人。社区党组织也是通过一件件具体的事务来体现党建引领的，社区党组织凝聚力和居民的认同感不断提升。

在发展村级集体经济方面，党组织引领作用尤为突出。例如，荒废几年的原浮山窑厂占地 13.7 亩，其中部分土地被群众占有，社区由党组织书记牵头积极向镇党委、政府汇报，争取项目，召开党总支会议、党员会议，广泛听取老党员、老村干、居民组长意见和建议，多次召开会议，由社区干部及觉悟高的老党员，共同找侵占土地的群众谈心谈话，说清道理，开展多轮协商，最终收回被侵占土地，也争取了光伏项目，建成 80 千瓦光伏发电站，每年集体经济增收 7 万多元。又如，原街北村村部旧址 2.3 亩面积闲置四年，也是党组织主动作为、主动谋划，召开党员会议、村民代表会议，开展协商，引进企业，出租地皮，每年集体经济增收 1.2 万元。

（二）搭建"1+N+X"协商委员会组织架构

协商委员会采取什么样的架构，是协商治理的关键，是"牛鼻子"。2018 年该社区采取"7+X"社区协商委员会组织架构。从社区"两委"、居务监督委员会、居民小组、"两代表一委员"、驻社区单位、基层社会组织、农村集体经济新组织中推选产生 7 名固定的主体成员，2019 年协商委员会调整为"1+N+X"模式，"7"调整为"1+N"，看似微调，却更便于实际工作，1+N≥7，突出党组织书记，建立完善 7 类人员数据库，"X"指利益相关方。每一项协商事项都有不同的利益方，根据协商事项需求，从"1""N"中选取人员，与"X"组建成一个协商委员会。协商结束后，该协商委员会自动解散。这种模式既体现了协商主体的多元性、代表性与开放性，又符合协商的精髓，切合农村实际，减轻了基层工作负担。同时，依托社区干部包组，组建社区以下协商委员会，实现协商网格化全覆盖，做到"一张网"到底。截至 2021 年 11 月，该社区村级协商人员数据库共 104 人，包括社区"两委"成员、监督委员会成员、居民组长、居民代表、"五老"、乡贤、"两代表一委员"、种田大户及法律顾问等。同时根据社区干部包组包片情况，设立 10 个下级协商小组，实现网格化全覆盖。

（三）形成系列配套的协商机制

一是组建村级协商委员会。向阳社区"1+N+X"协商委员会架构、"1+N"数据库人员、村级以下协商网格化人员分组、向阳社区协商委员会章程、向阳社区协商目录库（分为公共事务类、基础设施类、乡风文明类、公共服务类、权益保护类 5 大类 47 项）及向阳社区协商议事会议规则，在居民代表大会上一致表决通过，并记录在"两委"记录簿上。

二是绘制一张协商流程图。绘制了《向阳社区协商事项办理流程图》，一图看懂协商。在流程图上，清晰地反映出协商层级，如涉及 1 个包组村级干部的、涉及 2 个及以上包组村级干部的、涉及 2 个村及以上村的。对协商议题的采集、选定、层级、交办、办理、结果公示和结果评议整个协商过程一目了然。协商流程便捷化，在开展协商议事时，不拘泥于协商议事规程，而是具有灵活性。事情紧急的，采集后直接进入办理程序，然后反馈到"两委"扩大会议记录中即可。

协商灵活性具体表现在四个方面。

一是形式灵活。该社区根据实际需要灵活采用会议协商、现场协商、确认书协商、圆桌协商、议事厅（长廊）协商等形式。在农田基础设施建设"最后一公里"工程中，涉及 33 个队组 382 个配套小项目，资金 700 多万元。确定项目前，每个队组组长和农户签订确认书。实施过程中，矛盾频发，社区采取多种协商形式，最终于 2020 年 6 月底圆满完工。在工矿废地改造项目中，涉及农户房屋拆迁，农户把旧房屋材料卖给拆迁方，但施工缓慢，影响了工程进度，到农户家中协商多次未果，后来经三方现场协商，达成一致，动用挖掘机直接填埋，给拆迁方适当补偿。

二是地点灵活。在高标准农田改造中涉及 17 个队组连片改田，每个队组都有各种不同的矛盾发生，某生产小组漏规划的 6 亩田及想改田的 2 面废塘都不在计划中，社区人员去现场先看后议，觉得黄某林和干某昌（二人是协商小组成员）的建议是对的。陈块组郭某英家无人在家，组长未通知到位，施工方把其两座坟平整了，这在农村问题大了，她知道后从安庆赶回家，阻工，要说法。去她家里恳谈协商了 3 次，现场协商了 2 次，到社区会议室会议协商了 3 次，最后，组长认错，施工方把坟迁到田埂下沿。某小组二级站塘扩建，塘埂地基已做好，居民陈某宝阻工，工作人员就去他家里协商。某小组大塘施工时，居民胡某金发现，如果按设计图纸扩建陈某家门口大塘，那么蓄水将存在困难，遂阻止施工方施工。该小组协商小组成员胡某春等人立马赶到现场，召集居民卢某金、胡某金等 7 位利益相关居民，和施工方进行现场协商，最后采纳了胡某金提出的将水塘向下移的方案。一项高标准农田改造工作出现几百起矛盾，该社区根据不同事，采取了现场协商、到农户家协商、到田间地头协商等形式。

三是主持人灵活。叶庄和清塘两个队组改田时需要对换田块,队组干部协调不成,社区书记作为主持人,亲自主持协商6次才解决。崇坊组遗留问题协商由村干部徐白石主持,村干部马立松记录。高庄队组进水渠硬化,由党小组长胡立春主持。郭庄进水渠和滚水坝建设资金不足,需要群众集资,由村民组长陈树昌主持。

四是步骤灵活。对居民公约修订、社区标准化厂房建设、居民误工补贴发放、重大工程项目建设等,按照议题采集、确定、交办、办理、公示、评议的流程,引入协商机制,合并使用"四议三公开"程序。对一般性事务,包组村干范围内的事务,一些来不及按照规范流程处理的事务,在采集议题后直接进入办理程序,最终记录在"两委"扩大会记录簿上,公示、评议按季度、半年进行,集中开展。

(四)组织开展好系列重点协商事项

协商事项太多,有村级协商、社区包组干部组织开展的协商、居民组级协商等,这里选择性介绍四个方面的重点协商。

1. 规范开展居民公约制定和修订工作

改进了居民公约的制定方式。以前的居民公约基本都是社区"两委"或居民代表会议讨论决定。新修订的居民公约,由党总支安排专人拟定初稿,"两委"成员对初稿进行讨论完善,召开由居民组长、部分居民代表、社区"两委"、乡贤等参加的协商会。社区干部包组到人,下居民组入户征集民意,根据征集意见对初稿进行修改,形成草案。"两委"会听取党代表、部分党员、人大代表、政协委员、机关干部、法律顾问、妇联等的意见建议,提请党委政府审核,根据政府审核意见严格把关,进一步修改形成审议稿,按包组社区干部分工,提交各居民组户代表,以确认书形式签字或以居民组会议形式经农户确认,表决通过后,报镇政府备案,予以公布实施。同时,向阳社区在居民公约的基础上,制定通过了居民公约实施细则,以方便社区具体实施。

在秸秆禁烧、殡葬改革、废弃物管理等方面，有居民违反居民公约，向阳社区运用居民公约做了处理，取得了明显效果。例如，2021 年 1 月 12 日下午，崇坊组大户林某华焚烧秸秆，造成了不好的影响。为此，向阳社区及时汇报镇分管秸秆禁烧领导，然后联系派出所，依法治理。派出所所长、副所长及时赶到向阳社区，并电话通知林某华到向阳社区来，社区干部共同参与协商处理，告知当事人焚烧秸秆，违反了《环境保护法》，违反了向阳社区居民公约细则第九条，最终林某华认识到了自己的错误，写了保证书，自愿承担处理田埂焚烧痕迹的人工加机械费用（共计 1000 元）。其保证书贴在"黑榜"上，并在崇坊组路口张贴。17 日，居民崇某也焚烧秸秆，参照林某华处理方法，他主动接受处理，该事被写入负面诚信档案，起到了很好的警示作用。

2. 规范开展村级务工补贴发放协商

依据《中华人民共和国村民委员会组织法》第二十四条，村民会议可以授权村民代表会议讨论决定本村享受误工补贴的人员及补贴标准。该社区召开队组会议后，全体居民同意委托居民代表协商误工补贴发放标准。随后召集全体居民代表开展会议协商，社区"两委"成员、社区监督委员会成员、"五老"、乡贤等参加，镇纪委委员、农经站人员、财政所人员、法律顾问等列席，居民代表作为"1+N+X"中的"X"利益方，参与协商会议，最终表决确定了一系列务工补贴发放的范围、标准。

3. 规范开展系列老旧矛盾协商

这方面的实际典型案例较多，如果没有现在的区域性协商，而是像以前那样必须召开居民代表会议表决才有效的话，这类遗留的历史问题永远解决不掉。

案例一：崇坊组集体土地栽树遗留问题成功化解。2002 年农业结构调整，居民组预留了 8.5 亩机动地，为了不抛荒这片地，居民组群众会议口头协议给洪某种植，租期为 10 年，只要求其按规定缴税（当时有农业税），2013 年到期归还居民组集体。到期后，树木也长大了，严重影响周边农户种植的农作物，居民组要求他履行当年口头协议，但他以各种理由不归还集体，也不向居民组缴纳租金。居民组群众反映十分强烈。党支部安排包组村干、调解主任、居委会主任找他沟通商量，要求他把田里的树砍了，把土地归还集体，但他就是不归还该集体土地。于是社区干部和居民组长，找了当年的几个知情人，掌握了当年和现在的情况，觉得要通过群众会共同讨论商量，让群众来共同决定。2019 年 10 月 27 日，开展专题协商会议，由社区文书主持，调解主任参加，综治主任记录，会议首先宣布议事规则，洪某先阐明观点和要求，然后群众依次发言进行讨论，会上大家的讨论让洪某意识到了自己的理由站不住脚，同意砍伐树木，复耕还田给集体，但树木砍伐后清理树根复垦费用不小，他认为吃亏了，参会群众从同情理解的角度替他着想，同意田仍然归他种植，并减免他三年租金，三年后每年向居民组缴纳 1600 元租金，2025 年 9 月到期后归还集体，会议一致通过这个方案，参会群众在会议记录上签名。为了尽快把此事落实好，社区帮助洪某办理了砍伐证，并帮助联系收树老板竞价，全程跟踪。2019 年 11 月 6 日洪某与收树人签订了砍伐安全协议，择日砍伐后复耕还田。这件久拖不决的事情圆满解决。

案例二：社区过道被陈某侵占多年后成功收回。向阳社区原街道后院过道被居民陈某堆放了很多废旧物，集镇人居环境整治时他不肯清理。社区在和薛某协商事项中也牵涉该过道。经多次协商，陈某拒绝让出，并说这过道是过去他家给社区干部上班走的，现在他家收回过道归自己所有。但他拿不出能证明过道是他家的证据。社区干部走访了五位过去任职的村干部，他们在谈话记录上签字按手印，证明这就是集体的过道。最后社区五个村干部和他谈话，他态度依旧。后来，工作人员就扫黑除恶专项斗争工作向他做了宣传，并告知有人证物证证明这过道是原街道村集体的。最后陈某妥协了，三天内就清理了废旧物，并和向阳社区签订了承诺书。在这个协商案例中，体现出民主协商离不开法治保障，法治是底线。

还有诸多案例，像冲塘居民小组陈某占用集体土地，乔刘村民小组陆某拒不让出集体的水塘等，都是一些陈年矛盾，通过民主协商，都得到圆满化解。

4. 规范开展高标准农田改造

一是信息采集。向阳社区属高岗地区，在规模化经营模式下，承包大户倾向于承包水利条件好、道路条件好、田块面积大的良田；水利条件差、田块面积小、机耕路不畅通的田地只能低价承包或闲置。2018 年，在土地流转时，清塘居民组队长反映："清塘的田，现在 200 斤稻谷一亩都找不到人包了。"

二是党支部牵头，"两委"会商议。为改变现状，向阳社区党支部委员会商议，向上级申请高标准农田改造项目，实施社区农田"四化"改造。如果能争取到该项目工程，不可避免会牵扯出各种矛盾纠纷，商议后支委成员一致同意牵头——想做成这件事。2019 年正月初七上班后，该社区把争取高标准农田改造项目摆上重要议程，首先解决全体村干部思想认识问题，统一思想，做好吃苦的思想准备，这项工程工作量大、涉及面广，矛盾肯定多，要处理迁坟、菜园赔青、树木清障等一系列问题。意见统一后，村干部包队先分头下去征求各队组部分人意见，80% 以上农户同意改田。

三是"N"中找方案。该社区召集"N"中的监督委员会成员、"两代表一委员"，征求了当过队长的老党员、老退休干部、懂农村工作的乡贤等，大家意见一致，认为这是利于子孙后代的好事。意向定了，各类人群集体共商，制定合理明晰的农田改造方案，是最大化减少矛盾纠纷、让项目有效落地的首要策略。然而，改田事项内容复杂，良好的方案可最大化提高农田使用效率，能与村庄未来发展规划耦合。经过多番讨论，乡贤们最后达成共识，制定了改田初步细则方案，重点包含以下几点：打通南北组之间的循环路，路南改，路北留作建设用地；田块改成三亩至五亩大小，不具体划分到户，但维持承包关系不变，各户承包地面积依据改田情况同升同降；考虑到集体利益，工程中涉及的迁坟、菜园损毁等无赔偿，同时，占用庄基地宜征得农户认可；采取少数服从多数原则，只要有 80% 以上的农户同意该方案，项目就组织实施，任何人不得阻拦；为确保村民遵守方案规定，促进工程有效落地，33 个居民组每户出具纸质承诺书，并签字确认。

四是灵活协商，以小组协商解决具体问题。尽管规划设计时，社区通过广泛协商征求了各农户的意见，但工程落地时，设计有时与实际需要不够吻合，为此，需要现场协商。为快速回应居民的需求，向阳社区启动第二层次协商——小组协商，即在每个小组都设定两到三人的协商小组，全程负责协商在项目施工中引发的之前未被预料到的矛盾纠纷。在项目落实过程中，各个协商小组累计快速解决了 30 余项矛盾纠纷，确保了在 7 个月内保质保量地完成农田改造。

三　成效及启示

（一）主要成效

三年来，向阳社区就村集体经济、信访维稳、历史遗留问题和矛盾、公共基础设施建设、村规民约、移风易俗等方面开展协商，形成 112 个典型案例卷宗本，每个案例装订成册。各级组织、兄弟县市区领导和上级领导十分重视向阳社区，到向阳社区指导、调研 65 场次，分别被《人民日报》、人民网、新华社、学习强国、《中国城市报》、《中国社会报》、《中国社区报》、《乡镇论坛》等多家媒体报道，得到了安徽省、滁州市各级领导和社区治理业内专家的充分肯定。向阳社区居民公约被安徽省确定为全省优秀居民公约，向阳社区在 2020 年 10 月全省乡村治理和农村社区示范培训班上作了题为《村规民约规矩好，协商治理不能少》的交流发言。向阳社区被天长市认定为全市社区治理协商示范社区。

每一件协商事项都具有显著成效。如前文所说的高标准农田改造项目，从实施之初到实施过程中，都成功运用了协商的方法，取得的成效也最为明显。一是项目圆满结束。经过广泛协商，社区 900 多户（占比在 90% 以上）同意改田。在市乡村促进中心项目资金支持下，向阳社区在 7 个月内保质保量完成了 17 个队组 5800 亩土地平整工作，扩建了 44 面当家塘、6 座泵站、46 座机耕桥和涵管桥，新开渠道 108 条，硬化渠道 7929 米，极大改善了社区的农田耕种条件。二是农地面貌焕然一新，干群关系愈加和谐。在农田"四化"完成之后，一眼望去，向阳社区田成方、渠相通、路相连。2020年丰收之季，承包大户鲍应华的千亩农场呈现稻穗飘香、一片金黄的景象。山南组老队长胡久义不由感叹："活了70多岁，做梦都没有想到自己耕种了半生的田能改成'四化'田。"同时，经过这件事，居民们看到了社区干部为居民服务的公心、责任心，极大地提高了对社区干部的认可度。三是居民收入大大提高。农地改造后，外来7个大户要求承包责任田。2020年5月，经过公开竞争，最后由外省来的种植大户鲍应华以每亩320斤稻谷的价格，以连签6年合同的方式，连片承包了向阳社区6个居民组的1200亩田地。四是集体经济得到发展。壮大村级集体经济是乡村振兴战略的重要内容。经与承包大户沟通协商，社区为承包大户在种植经营上提供力所能及的服务，并收取每亩5元的服务费。由此，社区当年增加了1.16万元集体收入。

（二）经验启示

第一，关键是发挥党组织的引领作用，其中党组织书记是"牛鼻子"中的"牛鼻子"。只有村（社区）书记认识到社区协商的好处，把协商的理念、协商的方法运用到村务管理中，主动作为，才能推动协商治理，实现村（居）民共同参与社区治理。向阳社区书记，从建立协商机制到实施具体村级协商事务，再到一件件协商事项的收集整理，亲力亲为，发挥了党组织书记作为第一责任人的引领作用。第二，目前探索的民主协商形式，比如村级协商、村民组协商，具有单元性、区域性、灵活性、可操作性，为村级基层治理提供了新方法、新手段、新路径，深受村级基层干部欢迎和拥护。第三，天长市的"1+N+X"协商架构，与向阳社区实际开展的工作相符，符合村（社区）"两委"工作需求。第四，这种协商在一定程度上强制性要求村干部在工作中要有民主意识，帮助村（社区）"两委"干部规避工作失误、规避工作风险。第五，它是提升当前村（居）民知晓度、参与度最有效的方法。

四　未来展望

党的十九届四中全会指出："依法实行民主选举、民主协商、民主决策、民主管理、民主监督",[1] "必须加强和创新社会治理，完善党委领导、政府负责、民主协商、社会协同、公众参与、法治保障、科技支撑的社会治理体系，建设人人有责、人人尽责、人人享有的社会治理共同体"。[2] 党的十九届五中全会提出了"社会治理特别是基层治理水平明显提高"[3] 的要求。

下一步要继续以党建引领自治，实行法治，弘扬德治，做到有事好商量，众人的事众人商量，更好地凝聚共识，使社区群众有更多的安全感、获得感和幸福感。加快推进信息化手段应用，建立智慧社区平台，实现"互联网+"，进一步巩固协商成果，把自治、法治、德治有机融合向纵深推进，促进了社区和谐发展。通过试点，社区党组织领导的核心作用更加凸显，社区居民自治组织明显改善，打造共建共治共享的农村社区治理新格局，构建自治、法治、德治、共治有机统一的农村社区治理新体系和"产业兴旺、生态宜居、乡风文明、治理有效、生活富裕"的新型农村社区。

---

① 《十九大以来重要文献选编》（中），中央文献出版社，2021，第275页。
② 《十九大以来重要文献选编》（中），中央文献出版社，2021，第287页。
③ 《十九大以来重要文献选编》（中），中央文献出版社，2021，第793页。

议事协商"五部曲" 奏响社区和谐音

——长丰县安费塘社区协商案例

以习近平新时代中国特色社会主义思想为指导，全面贯彻党的十九大和十九届二中、三中、四中全会精神，紧扣乡村治理总体目标，长丰县下塘镇安费塘社区开展村级议事协商创新实验，围绕加强党的领导、畅通参与渠道、激发参与活力、提升议事协商实效等实践问题深化探索，努力为村级社区协商制度化、规范化和程序化提供可复制、可推广的经验。

一 治理背景

安费塘社区位于下塘镇政府东北部，距离下塘镇政府 11 千米，占地总面积 12 平方千米。社区耕地面积 7501 亩，林地面积 484 亩，水域面积 300 余亩，是个地道的传统农业村落。由于传统文化思想观念根深蒂固，社区面临一些急需解决的问题和情况。一是社区人心涣散。居民之间各干各的，少了邻里之间的相互帮助，特别是参与社区事务时，更是"事不关己，高高挂起"，凝聚力明显不足。二是社区大多数青壮年外出务工、定居，家中剩余人口以妇女、儿童和老人为主，受文化、年龄以及身体状况等因素影响，他们只关心眼前家庭生活问题，无暇顾及以及不关注社区发展建设，不愿参与社区治理。三是居民法律意识淡薄，遇事处事还惯用"家族势力"压人，邻里矛盾常用"拍手骂街"方式解决，不知道如何运用正确方式来处理遇到的问题。

针对以上几点问题，下塘镇安费塘社区以党建引领"社区治理 4 + 1"为理念，提炼出民主协商"五部曲工作法"来不断提升社区治理能力和服务群众水平，进一步密切党群关系，增强基层治理服务能力。

二　实践做法

（一）抓班子带队伍，加强社区党组织建设

2021年10月通过社区党组织换届选举，进一步优化班子成员结构，打造一支团结向上、充满活力、有创新开拓精神的工作团队。此次换届选举出的班子成员呈现出"三高一低"的特点。一是党员积极性高。在"三会一课"、党员活动日中，常驻党员参与率平均达到99%，在宣传政策、为群众办实事方面，党员参与率达到90%。二是群众满意度高。社区群众对新一届支委班子好评率达98%，新一届支部委员以实际行动向居民证明了他们这个团队能干事、想干事、能干成事。三是班子文化素质高。大专及以上学历的占100%，党群、干群在工作中更容易达成一致意见。四是平均年龄低。平均年龄39周岁，其中党总支书记31岁，较上届年轻29岁。

日常工作中，始终坚持以党建带动社区各项工作，不断强化、深化党建的引领作用。一是优化配强组织力量。积极探索工作模式，党总支书记由社区党总支委员担任，党小组长分别由小组党员推选产生，逐步探索建立了"社区党总支—党支部—党小组"的"三级"管理模式，形成党总支联系党支部、党支部联系党小组、党小组联系党员、党员联系群众的"四联"党建工作模式，充分发挥党组织和党员的作用，有力促进和带动了社区治理的层层推进。二是成立党员志愿服务队伍。组建以党员为代表的居家养老志愿者帮扶队伍，以党员带动群众组织的义务巡逻队、党员议事会等志愿服务队。全年共开展各类志愿服务活动70余次，党员模范带头作用日益突显，党群关系进一步密切。三是创建廉政文化示范社区。从制度建设、阵地建设、廉政教育、营造氛围等方面入手，创建县级廉政文化示范点，将廉政文化建设与社区党建工作相结合，打造了廉政文化示范社区，被

评为长丰县廉政文化建设社区示范点。四是坚持以优质服务为目标，加强党群联系。

积极发展服务性、公益性、互助性社会组织，通过开展送电影下乡等丰富多彩的文娱活动，吸引村民参与，培养文明意识和文明素养。根据村民人员结构、年龄层次和实际需求，通过不同的志愿服务组织，广泛开展"志愿者服务进家庭"实践活动，劝导不文明行为，改善村居环境，开展敬老、爱幼、扶贫、助残等志愿服务，村民文明意识得到明显增强，村民逐渐形成了良好生活习惯。

积极搭建集信息咨询、事项办理、服务查询、交流互动于一体的服务平台，建立居家养老服务平台，推进各项为民服务的开展；利用村级 QQ 群、微信平台、计划生育商务领航平台、村级先锋网定期发布村居活动信息、政策通知、工作动态等，特别是加大了对外出务工年轻群体的宣传力度，提供方便快捷的优质服务；通过村居"民情收集员"，及时收集、反馈村民需求、困难和问题；对特殊困难群体，开展党群结队帮扶，满足特殊困难群体的日常生活需求。

（二）修订居规民约，形成社区"共同体"

要开展好社区治理，修订和完善一份适合社区的居规民约是前提。一份好的居规民约离不开居民的支持和参与，安费塘社区以党组织建设为契机，坚持发动群众、依靠群众来修订完善居规民约，在修订完善的过程中，反复入户征求群众意见，严格按照"四议两公开"的方式进行修订。广大居民积极参与，建言献策，对于制定合情、合理、合法的居规民约，保证居规民约的执行都起到了良好的推动作用。居规民约的修订完善推动了居民相互帮助与相互监督，为了落实居规民约，安费塘社区建立了红白理事会、道德评议会、协商议事会，协商议事会对于化解矛盾起着非常重要的作用。可以说，居规民约的制定完善有效促进了社区"共同体"的形成。

（三）村级议事协商"五部曲"工作法，社区治理"好帮手"

以"打造优质服务、促进社区和谐"为目标，以"党建引领、民主协商、群智共建"为思路，努力探索村级议事协商"五部曲"工作法（走访收集知民情、议事协商听民意、群策群力聚民智、科学决策得民心、民主监督保落实），推进村级议事协商创新实验活动，逐步实现村级议事协商制度化、规范化和常态化。

1. 健全组织体系，完善协商机制

成立安费塘社区议事协商委员会，通过村民代表会议民主推选出在群众中威望较高、参政议政能力较强、有一定工作能力的党员和群众骨干成为议事协商委员会成员，民主推选出会长、副会长。议事组织成立后，按照议事会议事、村民会议决策、村委会执行、社会组织协助、村民群众监督的程序履行职责，发挥作用。设立民情收集箱，及时收集村民的民生诉求及对社区工作的意见和建议，提高议题的"民意含量"；设立社区"议事专栏"，及时公布议事情况及反馈情况，接受群众监督。

2. 营造协商氛围，发动群众参与

社区利用宣传横幅、折页宣传单、党员活动日、村民代表会议等形式进行宣传动员，利用社区文化广场和文化长廊等现有的社区资源，加强对议事协商氛围的营造，利用社区的微信群、社区服务平台发布议事协商信息，逐步提高群众对议事协商知晓率，提高群众主动参与议事协商的积极性，真正做到"全民共建、民主协商"。

3. 明确协商主体，拓展议事渠道

社区党组织、村民委员会、村务监督委员会、村民小组、社区社会组织、农村集体经济组织、农民合作组织、户籍村民代表、非户籍村民代表及其他利益相关方可以作为协商主体。涉及社区公共事务和群众切身利益的事项，由社区党组织、村民委员会牵头，组织利益相关方进行协商。人口较多的村民小组，在社区党组织的领导下组织村民进行协商。对于专业性、技术性较强的事项，邀请相关专家学者、专业技术人员、第三方机构等进行论证评估。议事协商中应当重视吸纳威望高、办事公道的老党员、老干部、群众代表、党员代表，以及社会组织负责人参与。通过开展党员活动日、社区大讲堂、志愿者服务等活动积极拓展老党员、老干部及社区群众参与社区事务的渠道；为保障社区外出务工人员能及时了解参与社区事务，社区着力打造覆盖全体居民的社区服务平台，将社区与群众紧密联系起来，实现线上交流，及时沟通。这种全新的邻里交际模式，既能拓宽民意表达、事务公开、群众监督的渠道，也能成为群众参与议事协商的一个新平台。

4.创新议事形式，丰富协商平台

一是会议协商。定期召开村民代表会议、议事会、座谈会等会议，收集村民意见，梳理群众关注度较高、涉及群众切身利益的事项，畅通群众诉求表达渠道。二是走访协商。不定期开展入户走访，走到群众身边，倾听群众诉求，积极为群众解决诉求，满足群众需求。三是线上协商。2020年以来，随着社区土地增减挂钩搬迁项目的实施，部分村民搬迁外出，还有部分村民在外务工，不能及时参与社区事务，如土地流转、土地增减挂钩搬迁、修路征地、公共设施建设等。社区将针对这些不能"坐下来，面对面"议事协商的人群，积极搭建线上议事平台，利用微信和钉钉等线上软件进行视频会议，让群众无论在何地，都能参与并了解"家里"的事，让群众心怀"人不在，心犹在"的乡情。四是特色协商。为了让议事协商更接地气，能够被社区所有居民认同并参与，2021年农村土地复耕项目结束后，群众安置房建成时，社区将在位于东刘岗村民小组的一棵百年棠梨树下开展"棠梨树下议事会"，为群众议事协商提供便捷平台，让社区的矛盾纠纷、问题、群众各类诉求都能在"谈笑风生"中解决。

5.落实协商成果，确保取得成效

议事协商后，社区议事协商委员会要及时形成协商草案并提交参会人员讨论通过。同时要及时将协商成果（包括确定的方案）以书面材料张贴公示或在线上进行公示，让群众普遍知晓议事协商的目的和意义、具体过程和达成的最终结果，激发群众积极参与议事协商的热情，提高群众参与议事协商后的获得感和成就感。在推进议事协商事项的过程中，社区将始终坚持"协商于民、协商便民、协商为民"的工作目标，把为群众"办好事、做实事、解难事"作为议事协商工作的出发点和落脚点。

（四）居民积分制管理，促进社区"积极向善"

为全面提升社区综合治理科学化、精细化、现代化管理水平，激发社区居民参与社区治理的积极性和主动性，提升居民文明程度和社区民主管理水平，安费塘社区2021年推行居民积分制管理，涌现出了越来越多的做好事、做善事、弘扬社会正能量的好行为、好习惯，拉进了社区与居民之间的关系，实现了居民自治，促进了社区和谐。葛户组居民李道荣在拿着积分卡到社区兑换了一大瓶洗洁精后，激动地回到家，告诉左邻右舍："只要我们平常多参加社区组织的活动，把家里卫生搞好，就是你家交医保都可以积分，真的不要钱就可以换东西。"一个小小的积分，拉进了社区与居民之间的关系，实现了村民自治，促进了社区和谐。

（五）成立志愿者服务队，让社区"快乐十足"

为更好地服务社区群众，促进社区和谐有效治理，2019年社区成立了"一米阳光"服务社志愿者服务队，邀请社区工作者、大学生、退役军人以及退休干部、党员等同志加入，他们在社区都有深厚的群众基础，也积极热心参与公益，做事比较有冲劲。安费塘社区"一米阳光"服务社，主要依托乡村治理平台，组织志愿者开展传统节日庆祝活动，举办老年人生日派对，进行扶贫帮困、助老、助残、助弱、环境保护宣传，开展移风易俗及各类政策解读、安全隐患排查等工作，"一米阳光"服务社承载了社区干群桥梁角色。社区工作人员人手不足，交流沟通不及时，导致干群之间存在误会和隔阂，"一米阳光"服务社的介入，消解了干群之间的隔阂，让社区真正做到了"小事不出社区、大事有人帮忙"，群众的热点、难点问题能够得到及时处理。

三 成效及启示

近年来，安费塘社区探索的党建引领社区治理模式逐渐清晰，居规民约的修订让群众有了参与社区事务的意识，了解了作为居民的权利和义务；民主协商"五部曲"工作法，从走访收集民情民意，到协商议事时耐心倾听群众的心声、各方代表坐到一起进行协商，再到讨论的问题有了合理的处理结果，最后是各方相互监督落实，民主协商"五部曲"工作法，成为安费塘社区化解矛盾纠纷独有的"秘密武器"。此外，社区创造的积分制管理举措，不仅发挥了党员先锋模范作用，还有效地将自治、法治、德治融合，让群众在"积分"的快乐中，与社区形成共治的局面。

（一）凝聚人心

社区在元旦、春节、"七一"、母亲节等节日组织开展送温暖、送政策、送文化等活动，有效凝聚了一批服务家乡、服务群众的志愿者，让群众体会到政府关怀、社区关爱以及志愿者的至善之心。"一米阳光"服务队的成立就是为了让爱传递到社区的"最后一公里"，让社区充满温暖与友爱，在爱的传递中将人心聚拢到一起。

（二）社区和谐

结合社区实际，探索以德育村、依法治村、民主议事、智力助村等，通过开展政策宣讲、道德讲堂等活动，把优秀的党员、村民代表、退休干部、退休教师、妇女代表等推荐到社区协商议事会、村民自治理事会，协助服务社区、治理社区。在此过程中，协商议事会发挥了重要的纽带作用，使党委导向、政府要求与群众意愿在同一个平台上实现三方互动，为人民群众反映社情热点提供了制度化、常态化的渠道，党委、政府与民众的意见沟通更加顺畅、信息传达更为充分、互动交流更为有效，实现了宣传政策疏通群众情绪、化解矛盾纠纷维护社会和谐稳定、开展法治宣传促进依法治村、参与民主监督促进公平正义的目的，融洽了党群、干群关系，促进了社区和谐。

四　未来展望

党建引领社区治理，民主协商是纽带，而居规民约、积分制管理以及志愿者活动是实现村民自治与共治的保障，协商议事会是村民自治的平台。安费塘社区自建立党建引领社区治理"4+1"工作理念以来，有效激发了群众的自主管理和多方共同治理社区事务的热情，做到了"小事不出社区、大事有人帮"，社区各项工作考核指标都名列前茅。接下来，下塘镇安费塘社区将继续把协商议事融合到乡村振兴、集体经济发展、文明创建、人居环境整治等各项工作中，让协商议事成为基层群众自治的一种生动实践。

第四篇 智慧社区建设

"12415"智慧社区建设模式

——基于合肥市包河区的实践

包河区位于合肥主城东南，居八百里巢湖之滨，是安徽省政治、经济、文化中心，辖9个街道、2个镇、2个街道级大社区和1个省级经济开发区——包河经济开发区，区域面积340平方千米，其中巢湖水域面积70平方千米，常住人口约122万人。包河区综合实力连续多年稳居全省县（市）区、开发区首位，2020年地区生产总值突破1430亿元，综合实力进入全国40强，大数据、云计算、5G、区块链等新兴技术产业在包河区蓬勃发展。

一 治理背景

随着包河区经济发展水平和经济地位日益提升，社区治理面临着三大挑战。

一是服务人口日益增多。包河人口连续多年正增长，2020年人口较上一年增长近 23.5 万人，这意味着包河区社区服务规模不断扩大，人口结构也日益复杂，传统的治理模式难以满足居民服务需求，利用信息技术赋能社区治理成为大势所趋。

二是服务需求日益精细。随着所处发展阶段从"全面小康"迈向"全面现代化"，包河区从老郊区变为城区乃至全省"第一城区"，营造便捷、优质、高效的智慧治理场景，成为居民群众过上美好生活的应有之义。

三是社区治理任务繁重。随着治理重心的下移，上级任务分解下压多，社区承担的事务越来越繁杂，治理效率难以满足治理需求，由此带来的社区服务功能弱、治理能力不足等问题日益凸显，通过智慧手段提高治理效能成为现实所需。

二 实践做法

包河区牢牢把握社区治理智慧化发展趋势，以提高社区服务效度为出发点，以"大共治"一体化信息平台为切入点，以"两级中心"建设为支撑点，以养老、便民服务、社区协商、综治四大领域为着力点，探索将移动互联网、云计算、大数据等信息化技术与社区治理相结合，打造社区"15 分钟服务圈"，形成了"12415"智慧社区建设模式。

（一）建设"大共治"一体化信息平台

一是建立一体化信息平台。分类整合"12345"政府服务直通车、数字城管、公安非警务、"12318"文化市场管理热线、"12319"数字城管热线等热线平台，汇集城市管理、公共安全、公共服务等信息资源，打破信息壁垒，建立了包河区"大共治"一体化信息平台，实现"多个入口、一个平台"。

二是创新执法联动机制。按照"属地管理、条块结合、以块为主"的原则，推动执法力量下沉，建立"4+X"综合执法队伍，探索综合执法联动模式。其中"4"是指城管、市场监管、派出所、交警四个职能部门，"X"是指民政、环保、卫生、人社、住建、农林水等其他部门。将执法队伍指挥调度、考核监督权限下放到街镇、大社区，实行"区属、街管、街用"。

三是推行网格化综合治理。将全区划分为 434 个基础网格，每个网格按照"1+2+N"的标准组建一支相对固定的网格治理队伍，其中"1"是指 1 名网格长，"2"是指 2 名专兼职网格员，"N"是指楼栋长、党小组长、物业人员、志愿者、乡贤、社会组织等。社区以问题为导向，建立了 11 类 118 项目录清单并实行动态更新。同时，将高龄老人、城乡特困人员、孤儿等 9 类重点服务人群纳入网格走访对象。

（二）打造"两级中心"综合服务设施

一是打造睦邻中心。按照步行 5~10 分钟可达标准，建设"睦邻中心"，将其打造为组织开展群体活动的智慧社区集成平台。统筹考虑"老年友好型社区""儿童友好型社区"建设标准，明确每个"睦邻中心"占地面积 30 亩左右，服务人口 1 万~2 万人，服务范围 1~2 平方千米，服务半径 500 米左右，形成"睦邻中心"规划建设标准；按照就近便民的原则，配置与居民日常生活息息相关的服务场所、协商议事场所、文体活动场所等。

二是打造社区中心。按照步行 15 分钟可达标准，建设"社区中心"，将其打造为规模化配置公共服务资源的智慧治理集成平台。明确每个"社区中心"占地面积 85 亩左右，建筑面积 2.2 万~2.7 万平方米，服务人口 5 万~10 万人，服务范围 6~7 平方千米，服务半径 1500 米左右，形成"社区中心"规划建设标准；与"睦邻中心"错位互补，集中布置辖区公共安全保障设施、综治信访中心等公共服务设施；前瞻性布局社会组织孵化园、街道级社区治理学院等服务设施；迭代布置要素汇集的社区商业。

三是打造智能治理场景。立足于社区资源禀赋和人民群众对更高水平公共服务的期待和需求，积极构建线上与线下相结合的社区治理新场景。推进一体化政务服务平台建设，推动"一网通办""就近可办"，打造智慧政务场景；设立"网上议事厅"等应用模块，发布公益、志愿、慈善等项目，建立以服务换积分、以积分换服务的激励机制，营造智慧自治场景；探索引入微课程、微视频等学习资源，建立社区邻里共享学堂、共享图书馆等，营造智慧教育场景；打造居家社区养老服务信息平台，加大智慧健康养老设备、智慧终端推广应用力度，营造智慧养老场景。2017年以来，全区累计投入建设资金32亿元，滚动实施"两级中心"建设项目75个，建筑面积达72.6万平方米，其中已建成"两级中心"62个，建筑面积达46.6万平方米，为智慧社区建设夯实了基础。

（三）找准四大着力点

一是推进养老智慧化。完善城市社区养老服务设施配建，利用闲置资产、公用设施用房租赁或暂借等方式，建设社区养老服务中心，采用"线上+线下"运作模式，为老年人提供快捷方便的"订单式"养老服务，形成"15分钟养老服务圈"。探索"互联网+养老"模式，对社区养老、家庭养老、机构养老资源进行整合，为居家养老家庭安装适老设施和养老服务呼叫装置，实现对老年人24小时"在线"服务。打造合肥市首家居家智慧养老服务产品及康复辅助器具租售点，对于价格高、流通性低、老年人需求度高的健康管理类可穿戴设备、便携式（自助式）健康监测设备、智能养老监护设备、家庭服务机器人等智慧养老产品，探索以租赁方式在居家养老家庭进行推广，从而满足多样化、个性化的健康养老需求。

二是推进为民服务"指尖化"。主动顺应群众诉求表达方式的新变化，积极在社区层面推广使用合肥智慧社区平台，每一社区选育3名"全科社工"，依托包河区社区治理学院对"全科社工"进行专题培训，为"一口受理、网上办理"夯实基础。开发建设"共治包河"微信小程序，设置"议事"、"报事"、"办事"、"我的社区"（社区动态、住在社区、玩在社区、法律顾问等）以及"我的"五个子模块，通过互联网收集民情民意，在线治理社区事务，拓展为民服务渠道和方式，实现政务服务"指尖办""掌上办"。将重点人群服务走访模块嵌入"共治包河"微信小程序，将高龄老人、残疾儿童以及城乡特困人员等9类重点人群的线下走访服务与线上流转派单结合，实现从"巨系统"到"微服务"的价值转移。

三是推进社区协商网络化。认真贯彻落实合肥市智慧社区建设工作部署，探索网上协商新模式，依托芜湖路街道线下协商的成熟模式，在太湖新村社区开展网上协商试点工作，打造线上协商议事厅，把线下议事流程搬到线上，开发出网上投票、民主选举、在线议事、监督举报、居民互动、矛盾调处等功能模块，形成居民、社区工作者及社会组织多方参与、协商共治的"网上群众路线"，提高了居民群众参加协商的积极性。包河区自主打造"有事好商量"线上协商议事厅，围绕垃圾分类、文明养犬、电动车停放等居民关心事、愁心事、忧心事，确定年度十大重点协商议题，本着"从群众中来到群众中去，为民办实事"的宗旨，采取线上民主协商新形式，寻找"最大公约数"，画出"最大同心圆"。

四是推进综治智能化。在实施"大共治"、落实"网格化"的基础上，出台《包河区智慧平安小区建设推进和管理工作实施方案》《包河区智慧平安小区建设以奖代补实施方案》，明确智慧平安小区两年建设任务，即到2022年底全面完成全区535个平安智慧小区建设任务。通过引进科技企业、物业企业、承建企业等专业的第三方智慧平安小区改造机构，对住宅小区实施智能化安防改造，进一步夯实社会治安防控体系基础建设，切实提升群众安全感、满意度。同时，按照"谁建设、奖补谁"的原则，对建成并交付使用的智慧平安小区的建设单位进行奖补，提升街镇（大社区）、开发企业、物业企业、承建企业参与平安建设的积极性，引导和支持自主开展智慧平安小区建设。截至2021年12月，全区已建成智慧平安小区412个。

三　主要成效

一是构建了社区"15分钟服务圈"。依托"两级中心"建设，借助以大数据、人工智能为代表的新技术，构建智慧治理场景，不断提高资源配置、服务供给、多元参与的效率与效益，打造了集公共服务、行政服务、志愿服务、市场化服务、便民利民服务于一体的综合服务平台，实现了社区综合服务设施的全覆盖，提供了一体化、人性化、差异化、便捷化的社区服务，提供了居民便捷化参与治理、获得服务、享受成果的渠道。

二是优化了基层治理服务机制。推行"大共治"模式，开发微信小程序，实行"一网联通、一网共治"，打破了信息壁垒，在村居、街镇、区级三个层面有效整合各类资源，构建条与条、条与块之间常态化联动工作机制，并依托信息平台，在社区和居民之间架起了直接、高效的沟通桥梁，提升了居民参与的积极性和主动性，为居民自治提供了新路径。

三是提高了群众参与度和满意度。通过线上、线下多渠道收集民情民意，培育和整合基层自治力量，以群众喜闻乐见的方式引导居民参与社区治理，极大地唤醒了社区居民的参与意识，促进了社区多元主体的平衡、合作和发展，推进了居民自治与社区共治高效互补、良性互动，实现共建共治共享的社会善治目标，居民的满意度和获得感不断提高。

四是减轻了社区工作负担。通过智慧化服务平台建设，基本实现了信息共享和业务协同，提高了工作效率，减轻了社区工作人员的负担，解决了社区居民"办事难"的现实问题。在此基础上，各个街镇（大社区）及社区利用互联网技术的优势特点，将查询、咨询、事项预约等服务推送给社区居民，并对养老、卫生、教育、就业等社区公共服务进行整合，实现社区服务线上与线下深度融合。

四 未来展望

经过一段时间的实践探索，包河区智慧社区建设在区、街镇、社区层面均取得一定成效，社区服务体系日趋完善，服务效能显著提升，服务对象满意度不断提高。但仍存在一些亟待破解的难题：一是分散建设，重复投入，缺乏政府顶层的统一规划和指导，导致各职能部门的建设割裂，不仅造成重复建设，更是在后期信息资源整合、业务系统对接方面形成了技术壁垒，不利于智慧社区健康发展；二是手写录入，滞后易错，社区常住人口和流动人口基本信息、出入信息、健康信息等动态信息收集仍采用手工登记的方式，基层工作人员填表填到手软，还容易出现数据错记、漏记情况，数据可信度低，信息更新不及时；三是服务离散，体验性差，不同条线服务渠道离散，影响公众对于惠民服务获取的感知，缺乏有效的便民服务和信息互动平台。智慧社区的建设使用和迭代升级是一个持续、动态、长期的过程。

展望未来，包河区将在既有成果上，着重从三个方面用力。

一是加强对技术的理解和应用。加强对智慧化、智能化的认识和理解，统筹综合平台开发、数据中心建设、智慧场景打造、业态生态构建、数据共享与安全等，推动人工智能、大数据、5G、区块链等技术与社区治理及服务深度融合，支持引导可穿戴设备、虚拟现实、智能感知等在社区推广应用。

二是打造更多智慧服务场景。综合考虑政府、社会、居民需要，在养老、服务、协商、综治的智慧场景基础上，根据治理需要和居民要求对智慧社区管理平台进行动态提升，打造智慧党建场景、智慧自治场景、智慧商业场景、智慧健康场景等智慧服务场景，探索不同场景的顺畅衔接，不断丰富智慧社区生态体系，形成更加完善的智慧治理体系。

三是加强综合平台开发集成。紧紧围绕"提高保障和改善民生水平"的民生导向，围绕在社区范围内满足一个人"从出生到死亡"的全部需求，利用"互联网+"建设线上线下相结合的"15分钟社区生活圈"，提升配套服务水平，优化社区服务中心的公共空间建设，构筑社区综合服务平台，建立覆盖社区全体成员、服务功能完善、服务主体多元、服务品质较高的社区智慧生活服务体系。

"小天网"打造平安社区建设新高地

——铜陵市义安区智慧社区建设经验

铜陵市义安区地处长江中下游南岸，辖区内多丘陵与洲圩区，户籍总人口31万人，面积845平方千米，下辖6个镇、2个乡及1个街道，共99个行政村、16个社区。因靠近苏、浙、沪等经济发达地区，受虹吸效应影响，义安区劳务输出情况较为普遍，农村"空心化"问题比较突出，"青壮外出、老幼留守"成为乡间一时的真实写照，加之受地理条件限制，村民难以聚集，几呈分散状态，警力不足，基层治理面临新挑战。

为有效破解基层平安建设难题，义安区以信息科技为破解治理难题之关键，通过在预警预防、矛盾化解、社会治理等方面深度融入信息科技，织密了平安建设的"天罗地网"。在全区推进社会治安视频监控"小天网"项目建设，该项目以村（社区）为单位，根据实际情况科学确定视频监控探头数量及点位，全面整合社会监控资源，使视频监控点联成片、形成画、织成网，且项目投资金额小、建设速度快、覆盖范围广，与"天网工程""雪亮工程"互为补充，成为基层治理的"千里眼、顺风耳、贴心管家"，有效提升了老百姓的安全感、获得感、幸福感。

一　实践做法

（一）层层压实，助推项目落地

为有效推进项目建设，义安区成立了社会治安视频监控"小天网"建设领导小组，区委常委、政法委书记任组长，区政法委副书记、公安分局副局长任副组长，相关单位及乡镇（街道）分管领导为成员，领导小组下设办公室，区政法委副书记兼任办公室主任，负责"小天网"建设的综合组织协调工作。同时，区委平安办印发《铜陵市义安区社会治安视频监控"小天网"建设实施方案》，明确了建设目标、部门职责，并提出了相关工作要求。层层压实，部门联动，确保"小天网"建设工作有序有效推进。

（二）试点先行，推广全面建设

义安区"小天网"项目建设采取先试点再推广的模式，通过前期摸排踩点，最终确定以顺安镇盛瑶村为试点村，该村系顺安镇外出务工大村，村里老弱居多，且居住较为分散，偷采偷盗情况时有发生，甚至还发生过个别村民借山林茂密之利聚众赌博的现象，群众反映强烈。为有效解决"空心村"导致的系列治安问题，盛瑶村决定与电信部门进行合作，经过多次实地勘查和走访调研，按照"点位实用、布局合理"的原则，在进村主干道、邻村分界点、寺庙等重点部位，布点 50 个视频监控，并在村综治中心大厅安装了监控平台。自"小天网"项目建成以来，十多里物华尽收眼底，几百户村民得到保障，昔日的治安问题村成为远近闻名的平安建设示范村，"小天网"成为义安区基层平安建设的关键。

试点取得了良好的示范效应，决定在全区推广。2020 年 7 月 3 日，义安区在盛瑶村召开社会治安视频监控"小天网"建设现场推进会，正式启动项目建设。截止到 2021 年 6 月，义安区已安装监控探头 1.3 万余个，其中沿街道路、鱼塘、寺庙、卫生室、学校路口、广场等重点公共场所（部位）安装监控探头 2725 个，视频监控覆盖率达 100%，且已基本实现了电脑手机跨平台运行、实时查看回放监控画面，以及运用探头进行实时语音引导警告等多项功能性操作，智能化雏形已经显现。至此，"小天网"建设全面铺开，美丽义安协奏曲已然在青峰耸翠的长江南岸奏响。

（三）铁规护航，促进网安增效

义安区"小天网"建设工作按照"谁主管谁负责、谁使用谁负责"

的原则，制定了"小天网"建设工作的规章制度，以铁规铁纪护航网络信息安全，全面提升了网安工作的质效。首先，在"小天网"工程建设之初，严格按照视频监控监视区域不得涉及个人隐私的要求，进行布点施工，并从严抓实项目验收工作。其次，在使用与调阅"小天网"相关数据时，严格要求使用人只能浏览本区域视频，不得私自下载、上传视频信息，否则由此造成的一切后果将由视频泄露者承担。最后，对因案件办理需要采集"小天网"视频数据的情况也做了明确规定，要求公安机关必须按规章办理，杜绝一切不合规定、不走程序的事件发生，确保网络信息安全有法可依、有法必依。自"小天网"投入使用以来，无一起信息泄露导致的案件，"绿色、安全、舒心、放心"逐渐成为"小天网"的代名词，一座固若金汤、人民信任的新时代"万里长城"正在义安铸就。

二　成效及启示

（一）村民入网，"小天网"绘成"平安符"

基层治理，主体在于村民自治。义安区顺安镇沈桥村地处城乡接合部，村内交通纵横、水陆交错，由于大部分青壮年外出务工，昔年繁华沈桥如今变成了以老幼为主的"空心村"，治安问题也由此突出起来。为有效提升治安防控力，刹住"偷鸡摸狗"的歪风邪气，义安区决定在盛瑶村建设"小天网"工程的同时，启动沈桥村"小天网"建设工作，参照盛瑶村建设标准，沈桥村"小天网"建设基本实现了监控全覆盖，由基层人力薄弱导致的治安问题亦从根本上得到了解决。天网如法网，探头如警临，"小天网"建设工作得到了越来越多村民的理解与支持，更有部分村民在自家院落门口装上了视频监控，并积极申请加入村级"小天网"管理中心。截止到2021年6月，以沈桥村为例，已有十余户村民正式连线村级"小天网"，接受村级管理中心统一管理。以村级"小天网"为主干，以村民自装监控为延伸的"沈桥式平安符"已经绘就，并不断趋向完善，助推义安区平安建设再上新台阶。

（二）微信聚力，"小天网"变身"司令部"

基层治理关键在"人、财、物"，难亦在"人、财、物"。自"小天网"工程建设在义安区全面铺开之后，乡村治理效能显著提升，主要表现在"小天网"建设工作不仅为乡村治理从根本上降低了"人、财、物"的投入，更赋能治理专业化、精细化、高效化。如义安区在"小天网"建设工程的基础上，全面搭建微信群组矩阵框架，依托网格化管理优势，按照区、乡镇（街道）、村（社区）、居民组四级，建立"平安义安"微信群组矩阵，全区共分层分级建群 300 个，覆盖群众 10 余万人。"小天网"变身"司令部"，微信群成为"作战连"，党员干部、人民群众就是源源不断的生力军，一场夺取新时代基层治理伟大胜利的攻坚战已在义安区拉开帷幕。

（三）汇聚合力，"小天网"成就"聚宝盆"

义安区以"小天网"为平安建设主抓手，以点带线，以线扩面，多维发力，不断汇聚平安建设合力，增强社会治安防控能力，提升市域社会治理现代化水平。

1.组建教官团，法宣全覆盖

义安区从公检法司、教育、综治等部门严格选拔了 80 名政治素质和理论水平高、语言表达能力强、热心于宣讲工作的年轻干部担任宣讲员，组建起了一支"平安法治教官团"。通过开展多层次、广覆盖、立体式的宣讲活动，推动安全与法治宣传教育进社区、进机关、进学校、进企业、进农村、进家庭，春风化雨，普法有声。

2.开展培训班，宣讲提声色

为切实增强宣讲效果，义安区政法委广泛征集课题，委托安徽公安学院，开展教官团培训工作，先后举办了两期"公民法治与安全课堂"教官培训班，并邀请专家就教师演绎能力提升、课程视觉设计、课程解析等方面进行了系统专业的指导，以此推动普法宣讲拔高度、增温度、提声色。

三　未来展望

（一）网络技术再升级，"小天网"实现大治理

义安区"小天网"建设工作，虽已全面铺开，但就实际运行效能而言，仍处于初级探索阶段，智慧化水平较低。下一步，义安区要加大整合各部门、行业信息系统资源的力度，着力推进社会治理信息化建设，打造出集视频对讲、视频会议、网格化管理以及视频监控等功能于一体的社会治理综合信息系统，通过先进的网络互联技术实现区、乡、村三级贯通，并在此基础上逐步实现"一图全面感知、一键可控全局、一体运行联动"的发展目标。助推"小天网"实现大治理，基层治理智能化水平大幅度提升。

（二）专业团队再提升，"小天网"发挥大作用

义安区"小天网"建设工作，缺乏专业的运营管理团队，村和社区多安排工作人员兼任，导致不能有效地发挥"小天网"功效，治理的专业化与智能化未能得到很好的体现。下一步，义安区要凝聚招引与培养"小天网"专业人才的共识，筑巢引凤，腾笼换鸟，为"小天网"建设工作配备好专业团队，不断拓展"小天网"服务的广度与深度，综合提升"小天网"治理效能，让"小天网"发挥出大作用，助推基层治理从根本上实现由"传统管理"向"智能服务"的华丽蜕变。

（三）基层治理再发展，"小天网"登上大舞台

"小天网"建设工作虽是平安建设的主抓手，但于实际效能而言，却又是基层治理的重要载体。尤其是随着网络科技发展日新月异以及基层治理不

断走深走实，智慧社区建设已经成为新时代基层治理提质增效的核心内容，而加快推进智慧社区建设的重要一环，就是要加强与"小天网"的互联共通，依托"小天网"的信息优势，不断加强与完善智慧社区建设。助推"小天网"登上大舞台，为广大人民群众提供安全、舒适、便利的现代化、智慧化生活环境。

借力智慧社区提升智治能力

——亳州市谯城区马元社区建设案例

社区是基层治理的"神经末梢"，处于联系、服务群众的"最后一米"。长期以来，基层服务仍旧以"粗放型"为主，社区干部工作多、任务重，无法下沉到千家万户，与群众期待的"精细化"服务还存在一定距离，基层工作陷入难入微、难匹配、难动员的尴尬境地。特别是在 2020 年新冠肺炎疫情期间，基层治理"最后一米"的困境显得尤为棘手。社区作为疫情防控战中外防输入、内防扩散最有效的防线，如何打好这场疫情防控战？如何让信息与政策及时、全面、精准地传达到位？如何让基层诉求得到真实传递、快速反馈与妥善处理？如何筑牢这道防线？亳州市谯城区薛阁街道马元社区通过构建智慧社区治理体系，探索智慧社区发展新路径，大大提升了社区智治能力、智治水平，为疫情防控、疫苗接种提供数据支撑，使社区信息化建设更加便捷、更具活力。

一　案例背景

马元社区隶属于亳州市谯城区薛阁街道，位于汤王大道东侧，东临宋汤河，西到药王大道，北至光明路，南到药都路。辖区总面积 3.5 平方千米，总人口 48756 人。辖区内有天润花园、富荣花园、盛世家和园等 16 个居民小区，划分为 7 个大网格。社区党委下设 3 个党支部，现有党员 180 人。作为安徽省重点智慧社区建设项目，马元社区积极探索智慧社区发展新路径，通过协商议事等途径引导居民深入参与社区管理和小区自治。

马元社区以统筹和整合社区现有各类信息化应用资源为切入点，以满足社区居民、社会组织的需求为落脚点，构建集社区管理、居家养老、健康保健、电子商务、文化娱乐、社区生活和便民服务于一体的智慧化综合信息服务平台，为居民、政府、社会组织等提供人文化、多元化、社会化的公共服务，全力打造生活服务更便捷、生活环境更优美、生活状态更和谐、幸福指数更高的智慧、人文、宜居的现代新型社区。

二　主要做法

（一）织牢"一张网"，网上建新家

打造互联网智慧党建管理服务平台，整合社区信息数据库，发挥信息技术优势，根据属地管理、地理布局、现状管理等原则，建设社区智慧大厅，完善网上网格化社会治理管理模式体系，对每一网格进行实时动态、全方位管理，实现网格内"人、地、事"等全要素信息常态化管理，群众反映诉求、办理事务更加便捷高效，群众办事只需要上传必需的资料，不受时间、地域限制，随时网上办业务，真正让数据跑腿，实现了涵盖党建、民政、司法、劳动保障、消防安全、社区警务、社区文化等多方面的一站式管理。平台还设置了智慧党建、网格管理、特色服务等多方面内容，推行"网上微课堂""数字化预约"等服务项目，为社区党员、群众提供24小时全天候服务。

（二）读好"一本书"，"两委"做管家

实施"'两委'项目治理书"机制，将社区"两委"成员的工作事项、目标任务等融入智慧社区建设，通过智慧平台细化"微服务"、"微综管"和"微治理"，让社区干部责任都晒在"公共服务站"群里，方便群众"点对点"反映问题，开通了一条为社区居民办实事、解难题的便捷快速通道。每个小区都建立楼栋微信群，鼓励居民利用网络阵地"群商群治"。比如将便民服务卡发到网上，将各网格长电话发送到微信群里，解决群众诉求无

门、找人无群的难题。2021 年，社区为 1000 余名 70 岁以上的老人建立精确的网上档案，统一管理，社区"两委"每月定期走访，并为老年残疾人、行动不便者提供免费送餐、义务理发等服务，为老人过集体生日 6 次。

（三）围绕"一中心"，党员为大家

以党群服务中心为载体，通过创新智慧党建项目、开展常态化党建活动，构筑起社区党建工作新亮点，"晒"出党员好形象。开展"党员认领社区服务公益岗位"活动，特别是发动辖区在职党员干部认领"八小时以外公益岗位"。开展"相约马元"市、区、街道领导干部驻点联系群众活动，根据各自工作性质和时间要求，从周一到周日排出时间表，组织党员干部和社区同志走街串巷、上门入户，及时为群众排忧解难。社区成立敬老孝亲、巾帼志愿、帮扶慰问、文明宣传、法治宣传、平安建设、阳光助残、学雷锋等志愿服务队，在册志愿者达到 2878 人。2014 年 10 月以来，累计开展志愿服务活动 500 余次，党员责任感和群众满意度显著提升。

（四）依托"一载体"，社会共享家

以公共服务站为载体，通过"社区+社会组织+社工"三社联动模式，引入社会组织开展家庭综合服务。组建社区"智囊团"，推动社区居民自治，开展幸福家庭成长计划、特色家长学校、"全家福"社区公益联盟等社区微公益活动，义务提供心理疏导、网上法律援助等服务，定期组织"再就业明星评选"、社区睦邻节、亲子乐园等特色服务项目，全天候为党员、群众提供无死角、全覆盖的综合性服务，让社区服务无缝对接、无处不在、无所不为。

（五）用好"一平台"，服务送到家

利用 APP 平台，将社区服务传递到每个家庭。一是"零距离"服务。社区将安全防范提示、租赁房屋登记备案、流动人口居住证办理、户籍业务办理、法律援助等的办事流程推送至业主 APP 服务端。业主通过 APP 服务

端自主查询，让数据多跑路，让群众少跑腿，服务群众零距离。二是"互动式"服务。业主可通过 APP 服务中心模块，随时与社区工作人员就相关业务进行一对一的沟通、交流，进一步拉近工作人员与居民之间的距离，增强了与小区居民之间的沟通。三是"共建型"服务。业主 APP 服务端"邻里圈论坛"模块，以业主利益点、关注点为切入口，以虚拟空间为载体发现社区管理难点，充分实现了社区、物业公司、业主居民共同管理小区事务的"三位一体"自治结构。

三　成效与反响

智慧社区服务与管理平台项目整合了现有的公共资源，能够在很大程度上节约社会运营管理成本，项目实施应用将努力实现公共管理与社会服务模式的创新。

（一）网格融合，治理体系日趋完善

结合社区"邻长制"基层组织体系建设，按照"纵到底、横到边、全覆盖"原则，构建起"社区党委—网格—片—组—邻"五级组织体系，建立纵向到底、横向到边，"一网统筹、事事入邻"格局，探索网格服务管理"多网合一、一网多员、一员多用"，与辖区派出所、行政执法局等单位联合执法，有效解决辖区在文明创建、安全生产等工作中产生的各种问题。

（二）服务融合，治理措施集成精准

亳州市谯城区薛阁街道马元社区在社区治理工作开展过程中，始终把群众满意度和安全感作为出发点与落脚点，坚持把"以人为本、服务为先"作为社区治理的关键理念，在服务中实现管理，在管理中体现服务。社区在册志愿者已达到 2878 人，累计开展志愿服务活动 500 余次。智慧社区网上办事大厅实现"一口受理、一窗通办、首问责任制"，真正打通服务群众的"最后一米"。

（三）治理融合，治理载体丰富多样

探索构建社区党委领导下的"网格党支部"、业主委员会、"红色物业"等多方联动治理体系。制定社区居民公约，组建红白理事会，成立社区老年协会、平安服务队和文艺演出队等各类团体，将社区治理融入居民生活的方方面面。利用社区智慧信息平台，畅通居民线上咨询、政务服务以及信息反馈渠道，创新运用大数据，呈现基层社区治理智能化效果。

四 案例启示

智慧社区不仅仅是一个充满智能设备，给社区居民带来便捷化、现代化生活的社区，也是居民的心灵归宿、幸福源泉。遍布各处的传感器和智能设备组成"物联网"，能够全面感测、监控和分析社区运行的状况，为社区管理者提供基础数据，使城市里的各个关键系统和参与者进行和谐高效的协作；能够更好地连接、整合"物联网"和互联网系统，通过智慧化的手段收集、整合、优化各种信息，使居民生活与社区运行紧密结合；不断激发人们的创新潜力、提升人们内在的创新能力，为人和城市的发展提供源源不断的动力。马元社区围绕社区居民的"衣、食、住、行"等方面，依托自动化、信息化等技术带动人力、财力、物力及信息、智力资源的整合，使各种资源在社区服务中得到科学优化配置，提升工作效率，更好地服务于社区管理、便民服务等。

亳州市谯城区薛阁街道马元社区智慧社区服务与管理平台建设以居民的幸福感为出发点，关注产业联动，以实际生活为本，以需求为导向。随着智慧社区建设的全面推进，马元社区在医疗卫生、交通、安全、教育、文化等社会发展领域，逐步实现成熟的公共服务体系，加强社会各方合作，营造良好的社会环境。社区先后获得"全国最美志愿服务社区"、"全省政务服务系统最佳服务窗口"、"全省学雷锋志愿服务十佳社区"、省级"十佳"学雷锋志愿服务优秀典型、"安徽省地震安全示范社区"、"城市生活 e 站省级示

范单位"、"全国家庭工作先进集体"、"亳州市城市流动人口计划生育示范社区"、"亳州市巾帼文明岗"、"亳州市无传销示范社区"等荣誉称号。社区党委书记郭侠荣获亳州市"三八红旗手"称号，并被推荐为"全国疫情防控工作先进个人"。

通过构建便捷高效的智慧社区治理体系，探索智慧社区发展新路径，亳州市谯城区薛阁街道马元社区创新社区工作方法，助力社区信息化建设更具活力，切实增强为民服务的智治能力，用信息化助力"社区治理"提质增效。

系统思维提升智慧社区建设整体水平

——六安市裕安区政务新区社区典型案例

"智慧社区"就是把社区管理与互联网服务整合在一起，实现更加方便快捷的管理。以"惠民、兴业、善政"为目标，以"互联网+"为创新引擎，以促进信息和资源共享为重点，着力构建便捷高效的社区管理和民生服务体系。2019年六安市裕安区小华山街道政务新区社区被确定为安徽省省级智慧社区建设试点单位，在省、市、区、街道各级领导的支持和指导下，紧紧围绕创建智慧社区各项目标任务，扎实有序推进智慧社区建设，各项工作合理有序开展，发展态势良好。

一　治理背景

六安市裕安区小华山街道政务新区社区成立于 2017 年 3 月，辖区面积约 0.5 平方千米。下辖万融领秀城、中辰一品、和顺沁园春雅园 3 个居民小区和辰龙欢乐颂 1 个商业综合体，规划 2400 余户，常住人口 5600 余人。社区办公用房面积 520 平方米，办公地址位于万融领秀城东门。社区环境优美，基础设施齐全，设有集党建、计生、民政、社保、综治于一体的服务大厅，以及警务室、电子图书阅览室等居民文化娱乐活动中心。政务新区社区党支部现有正式党员 23 人、预备党员 2 人、专职社区工作者 6 人。

政务新区社区始终秉承"与民同行、为民服务"的工作理念，以创建智慧社区为契机，坚持党建引领社区工作，结合社区实际，以技术手段为支撑，以群众需求为导向，积极构建新型社区治理模式。通过科技手段，整合辖区内人、物、绿化、房屋等各种资源，统筹公共管理、志愿服务和生活服务等资源，以智慧社区软件服务平台为支撑，合理完善基础设施建设，提升社区治理和小区管理现代化水平，促进志愿服务和居民生活服务智能化。精心打造政务新区社区智慧社区一体化综合服务平台工作体系，有效提升了智慧社区建设的整体水平。

但是，智慧社区建设还存在以下问题。第一，信息共享存在问题。社区网格化管理的实质就是打破部门隔阂，实现信息资源共享，调动一切资源为城市社区服务，但由于政府各单位软件互相不兼容，信息无法共享，进而形成了一座座信息孤岛，导致智慧社区建设受阻。第二，政府主导多，社会参与少。建设智慧社区，就是为了通过群众不断参与来完善为民服务的各项措施，但由于缺少社会参与机制、参与面窄、运转效率偏低、成本偏高等，智慧社区建设创新困难。第三，经费不足问题。社区信息系统的建设和日常运行维护需要大量经费，后期维护不利，投入缺乏连贯性，就会导致"半拉子"工程。

二 实践做法

近些年来，国家通过各种政策支持智慧社区建设，国家发展改革委、科技部、住房和城乡建设部、公安部等各部委发布相应政策规划及建设标准，全力推进智慧社区建设。任何领域的信息化、智慧化升级都离不开"以人为本"的理念及原则，智慧社区在此基础上，应综合运用现代信息技术，立足实际，在感知和泛在互联的基础上，整合各类资源，完善社区基础设施，提高社区服务和治理水平，增强社区便民、利民服务能力，为智慧城市的实现提供基础。

万融领秀城小区是政务新区社区办公地点所在小区，也是 2015 年刚建立的新小区，各方面基础设施相对完善，居民入住率也相对较高，所以将万融领秀城小区作为政务新区社区智慧社区建设的示范小区，其主要举措如下。

（一）基本实现高空摄像全覆盖

万融领秀城共有 11 栋楼 19 个单元，已安装了高清摄像机球机 30 个、枪机 21 个，基本上实现了小区的高空摄像全覆盖。监控室设置在社区微机室，方便居民随时调取监控，已帮助居民解决高空抛物问题 20 余件、失物寻找问题 10 余件，切切实实为居民群众解决诉求。

（二）实行封闭式管理

万融领秀城是封闭式管理小区，进入小区需刷门禁卡，已在小区东门、北门和南门安装了人脸识别系统，更加方便居民日常出行，录入设备设置在万融物业办公室，已录入 500 余人。

（三）构建智慧社区一体化综合服务平台

网格化服务一体化综合服务平台：夯实网格化管理基础，建立政务新区社区动态数据库，实时掌握小区、楼栋、家庭、企业、沿街商铺、驻地单位、人防工程和在建工地等的信息，构建概况、分布、动态分析一张图系统。

社区事件管理系统：收集社区居民上报的事件信息，分网格进行动态分析，并对高发和高危事件进行警示。

民生政务系统：通过后台模块化设置，让居民能够在微信公众号上对社区可办业务一目了然，让居民少跑腿甚至不跑腿就可轻松办理业务。

指挥调度中心系统：通过居民、网格员上报或市长热线和市长信箱等反馈事件，建立事件管理档案，根据事情紧急程度分类进行预警督办。

社会治理一张图子系统：整合各模块信息，动态显示在一张图子系统上，实现一网管全域，实时响应，切实提升社区应急事件处置效率。

三　主要成效

智慧社区一体化综合服务平台主要展示网格化服务一体化综合服务平

台、社区事件管理系统、民生政务系统、指挥调度中心系统、社会治理一张图子系统五个模块的数据，对相关信息进行数据整合分析和展示，它的优点是快速地向用户传递信息，让用户一目了然，有利于网格管理，方便领导进行监督，及时了解具体的工作进展，助力工作有效开展。具体建设成效有以下几个方面。

（一）一张图感知社区全貌

以三维 GIS 地图技术为核心，将社区的重点人员、重点事件、重点企业、社区部件、网格划分等信息在一张图上展现。如有异常事件发生，都可以通过 GIS 地图及时展现，并可以在地图上便捷操作处理。

（二）一体化覆盖全部业务

通过内部管理，实现辖区内党建、计生、民政、社保、综治等业务的科学管理，包括党员活动、睦邻党建、社保政策、民政计生业务办理、市长热线与接访处理等内容；通过外部服务，为党员、群众、企业、组织提供全面服务。例如，党员可以实现在线缴纳党费、关系转移，群众可以网上办事、一键上报、物业报修等；上下贯通，打通多级架构的沟通渠道，实现对上级部门的工作汇报、数据上报，对居民群众实现数据模块化展示与实时服务。

（三）一张网融合五级生态

智慧社区贯通市、区、街道、社区、小区五级架构，打造以社区为主的开放生态，扩大智慧社区覆盖范围，高效整合多方资源，实现多级部门的互联互通，提高社区工作效率和群众获得感。智慧社区集党建、计生、社保、民政、综治、宣传功能于一身，全面迎合各级政府的管理需求，覆盖五级业务。

（四）一站式服务百姓民生

政务办理方面，可以通过线下和线上一网通办、两个入口双管齐下，通过"智慧社区"平台集中处理。生活服务方面，通过网格化管理，为每户居民配备一个专属网格员，居民可以通过公众号查询自己所属网格的网格员和网格长，实现社区精细化管理和贴心化服务。群众有事一键联系网格员，即可享受社区提供的各类便民服务。物业管理方面，充分发挥社区党组织领导核心作用，健全完善统筹联动机制，推动"家门口"服务工作。

四　未来展望

"以人为本"是智慧社区建设和管理的首要准则。我国智慧社区建设和管理还处在不断探索的过程中，居民当前所面临的困境还与人们对美好生活的向往存在一定差距，因此，智慧城市和智慧社区的建设和管理是一项艰巨的任务。

（一）重视和加强信息安全管理

在智慧社区的建设过程中，大数据、云计算、物联网等技术的运用，对居民的个人信息和隐私的安全管理提出了更高的要求。要确保智慧社区的信息安全，要明确社区信息开放和共享的边界，构建智慧社区信息安全和保障体系，对需要保密的信息制定极为严格的标准和制度，规范信息利用行为，严防泄露，保障居民的信息安全。

（二）变革智慧社区管理理念

建设智慧社区的核心是服务和便民，在社区的管理与服务中要做到满足社区居民的需求，以服务居民为导向。将智慧社区管理理念与社区居民的需求结合起来，充分发挥居民的积极性和主动性，通过线上和线下等多种形式，形成政府和社会多元主体的合力，以合作的形式协商共管，共同促进智慧社区的建设和管理，更好满足居民的各种个性化需求。

（三）运用智慧化管理方式促进社区自治

要不断拓宽居民参与社区管理的渠道，激发居民自治的热情。鼓励居民通过社区微信公众号、居民微信群等渠道来表达诉求，同时通过问卷调查、上门走访、电话访问等多种途径了解居民需求和建议，通过数据分析了解居民需求和建议。通过推动社区文化建设，增强社区的凝聚力。社区文化的建设要线上、线下相结合，注重平台云端社区文化的建设，打造具有本地特色的门户社区文化。

信息社会快速发展，在大数据、云计算的驱动下，从传统型社区到智慧化社区的变革是必然趋势，智慧社区的管理涉及社会管理制度的多层次。政务新区社区的智慧社区建设和管理还处在初级阶段，下一步将结合自身实际情况，循序渐进，逐步开展。

数字赋能打造基层社区治理新模式

——合肥市包河区方兴智慧社区建设实践

包河区方兴社区于 2015 年 5 月 23 日正式挂牌成立，是合肥市街道级社区、安徽省行政中心所在地，总面积 11.8 平方千米，人口 10 万人。社区始终坚持以全域党建引领社区基层治理，为创新社区管理体制机制、推进城市社区基层治理体系和治理能力现代化探索新路。

一　治理背景

探索新型社区制，构建"一委一会一中心"组织体系，搭建"共驻、共建、共治、共享"主平台，走在社区体制机制改革最前沿；建设三级社区中心，率先试水"五社联动"，创新开展四届微公益创投及居民区"五微"项目，构筑社区基层治理创新新高地；实施"智慧方兴"建设三年行动，创设全省地方标准《智慧社区建设指南》，树立智慧社区建设新标杆；运用科技手段，整合各方资源，推动多元参与，创新"大共治"模式，打造社区自治、共治、善治新样板。

成立伊始，方兴社区就在全市率先确立了智慧社区建设的发展思路，并同安徽大学社会与政治学院进行校地合作，积极开展智慧社区建设的创新实践。智慧社区建设是一个系统工程，其目的是践行"智慧"理念，最大限度地方便居民生活，最低成本地推行高效社会治理，最大可能地满足居民多元化需求，最大范围地实现信息共享，最大限度地促进社会阶层融合和矛盾化解。2015 年合肥市国资委、合肥市发改委、合肥市民政局联合出台了《合肥市"智慧方兴"试点社区建设发展规划（2016—2018 年）》。以网络化、信息化和智能化为智慧社区建设的基础，以智慧创新社区、平安法治社区、睦邻美丽社区、生态低碳社区和国际化先行社区"五型社区"为建设目标，着力打造"管理层级最少、管理成本最低、管理效率最高、居民生活最优"的先进社区。

2018年方兴社区被列为安徽省首批两个智慧社区试点单位之一，也是合肥市智慧社区首批试点单位，方兴智慧社区建设首先着力提升服务能力，建立统一的数据存储服务平台，将信息化平台定位于"硬盘"和"CPU"角色，使服务更高效、更便捷；创新性地提出"四库+一库"概念（具象化建设人口库、法人组织库、地理信息空间库和城市部件库，创新设立感知应用库），持续更新、完善管理服务标准，优化工作流程，80%的事项通过平台自动感知分流，极大地加快了反应速度，提高了工作效率。

二　主要内容及特色

结合方兴社区实际，坚持"以人民为中心"，围绕精准管理、精细服务、精致创新，推动方兴社区治理现代化和服务智慧化发展。

（一）平台搭建

结合社区实际，通过智慧社区几年的探索，方兴智慧社区建设从单向管理的1.0版向管理与服务融合的2.0版提升，最终向围绕健全"五库三治"的智慧社区3.0版迈进，即通过数据支撑业务、诚信融入平台，实现界面友好、人机和谐。通过梳理工作脉络，实现"对象明、事项清、流程畅、案件了"。针对社区治理中的管理、服务、创新，将责任分配到相应部门，通过条件设置和人工标注，不断更新完善人口库、法人组织库、地理信息空间库、城市部件库，保证数据完整、准确、鲜活、实用。按照人治、智治、数治三条路径，立体化推动数据的应用分析，推动社区治理各项工作有效、有力、有序开展。

（二）数据抓取维护

按照"谁负责、谁分析"的原则，根据区域、时段、案（事）件类型、办理情况进行横向或纵向对比分析，最终用饼状图或折线图进行结果展示。每周统计各模块应用情况，跟踪统计各模块使用情况，从数据维护及时率、准确率方面进行分析评估，每周通报，每月复核，保障模块应用平稳有序。

通过日常工作以及与其他部门常态化对接，对社区平台相关数据进行比对维护。每月对接一次派出所、物业，核对户籍人口迁入、迁出登记情况。每周对接一次社区服务大厅事项办理、户政大厅登记及出租房屋备案情况。

（三）场景应用

1. 精准管理，一张图统筹覆盖

通过建设网格化管理平台，对人、事、地、物、情等实行精准定位、精准管理，一张图网尽社区管理各类信息，运用后台数据库和云端分析，实现信息化与网格化有机融合。一是设置智能门禁，强化源头管理。加强智慧平安小区门禁系统建设，对小区实施"旅栈式"管理。通过人脸识别验证，将人员出行情况与居民信息采集系统相关联，做到"人来登记、人走注销"，全面记录人员出入小区的信息，减少社会闲散人员给小区带来的治安隐患。二是整合视频资源，强化周边管控。整合辖区1000余个天网监控、538个居民区监控接入社区治理一体化平台。开展"探头站岗、鼠标巡逻"，加强对小区周边的管控，维护小区周边安全稳定。三是配备手持终端，排查各类问题。网格信息员通过手持终端，向平台报送摸排到的各类矛盾纠纷和信访隐患，平台根据信息的级别和事态发展进行研判分流，尽早、尽快解决苗头性、倾向性、群体性问题。2017年以来，社区共排查调解各类矛盾纠纷400多起，累计上报问题信息8万余件，成功化解数起群体性事件。四是绘制全景地图，网尽社区大事。围绕社区一张图的基础数据，将辖区内各类资源以及与居民生活息息相关的场所收录其中，实时显示管理人员定位、事件上报情况、服务功能信息等，真正实现了一张图网尽社区大事，便于日常工作的指挥调度。

2. 精细服务，一个主题深度挖掘

以"惠民生"为目标，真正提升社区居民的满意度和获得感。建设方

兴社区为民服务中心和洞庭路睦邻中心，在全面梳理辖区内现有公共服务类、公共事务类事项和条线业务部门要求的基础上，开展智慧社区云平台的建设试点工作，平台涵盖基层社区贴心服务、党务服务、物业服务、志愿服务等十项服务，依托社区采集的基层数据，打通业务流程，打破平台壁垒，实现数据资源的共享协同，建设方兴社区"十服务"平台。

为进一步规范社区微信公众号及工作微信（QQ）群宣传管理，保障微信公众号及工作微信（QQ）群运行高效、内容规范、信息畅通、互动良好，预防、制止不良和有害信息的传播，全面提升宣传成效，根据《互联网信息服务管理办法》等法律法规，结合社区实际，建设"两级三层"微信群制度。一级群由社区领导班子、各部门部长及居民区负责人组成，负责社区对外宣传工作的定位、传递信息的把关；居民区二级群由居民区负责人、居民区"两委"成员、楼栋长等居民区宣传分组负责人等组成，专项工作二级群由负责部门牵头围绕街面网格、学校、工地等工作对象建立，负责承接方兴社区信息工作群的信息推送要求，并安排相应人员在下级工作群传递转发，其中专项工作联络群覆盖率不低于90%；楼栋等三级群由"两长四员"（党小组长、楼栋长、警员、居民区管理员、信息员、物业人员）和楼栋居民组成，其中楼栋群居民以户为单位覆盖率不低于80%。

3. 精致创新，一盘棋统筹推进

深度利用社区大数据，社区搭建平台，企业入驻"唱戏"。与各类企业合作，已建设8项创新项目，打通了公共服务与社会化服务之间的数据通道，通过数据共享推动民生数据产业化，如智慧养老、智慧农贸等。方兴社区智慧养老中心按照满足"吃好饭、洗好澡、睡好觉并照顾到精神需求等基本养老需求"的要求，以专业的视角将智慧养老中心打造成一个集智慧养老信息中心、居家养老服务基地、品质养老体验中心于一体的养老综合体。打造智慧养老中心，实现智慧养老与传统社区居家养老的结合，同时赋予社区居家养老运营组织"自我造血"功能，完美地解决了社区居家养老运营组织主要依靠政府补贴、生存较为困难的问题，具有可复制、可推广的价值。建立线上智慧养老平台，链接辖区内的养老资源，进一步提高养老服务转介效率，更加便捷、快速地满足养老需求，一是对辖区内的养老服务资源进行整合和链接，对老年人服务需求进行转介，通过线下站点集中服务和服务商提供居家养老服务，打造"15分钟智慧居家养老生活圈"；二是用物联网设备终端、人工智能设施设备等，为居家老年人提供紧急救援、安全监测等服务，并设立24小时应急机制，有效保障老年群体特别是空巢老人的居家安全，防止冲击社会道德底线的事件发生。

（四）统筹调度

1.建立月调度制度

通过成立社区领导小组，每月对智慧社区建设进展情况进行会议调度，会议由领导小组组长组织召开，其也可委托副组长组织召开。会议内容原则上根据每月工作重点，由相关部门、居民区汇报各模块运行情况及重点模块推进情况，提交存在的相关问题，领导小组经过分析研判给出具体解决路径。同时明确下月工作重点任务，确保智慧社区建设工作持续推进。

2.完善周调度机制

领导小组办公室统筹"四个中心"工作组工作，跟进落实领导小组工作安排。办公室每周调度一次，由"四个中心"工作组成员参加，采取汇报的形式，对一周以来的工作进展进行总结，协调解决存在的问题，并部署下一周工作任务。

3.建立督查考核机制

常态化落实督查考核制度，社区纪委牵头负责对领导小组任务部署进行跟踪检查，对长期没有使用记录的模块，由社区纪委约谈通报，并与年度绩效挂钩。

三　主要成果

对于智慧社区建设来说，信息层是所有建设的基础，任何具有功能性的系统建设都需借助信息的录入，通过这种方法可以完成数据调取智能化的目标。智慧社区建设有助于资源整合和优势互补，可以丰富社区内资源种类，拓宽信息资源共享渠道，提高资源使用效率。同时可以优化信息流动环节，促进信息交流合作，将城市、社区和居民的立体性、多层次需求有效链接，让信息元素在经济、社会、文化等多方面产生联动效应，在新冠肺炎疫情防控工作中发挥作用。

（一）主抓社区一张图，为疫情防控提供数据支撑

1. 确定重点区域

在疫情防控起始阶段，通过社区治理一体化平台，分析小区入住情况和人口分布情况，明确疫情防控工作重点区域和阶段防疫重点。方兴社区涉及17个小区3.3万户，实际入住2.2万户，通过数据分析，将人口相对集中、入住率较高的瑞园、康园及万科蓝山小区作为重点区域。

2. 确定重点人群

通过日常信息采集，完善居民信息，精准了解辖区人员情况。结合各地发布的中高风险地区公告，动态关注辖区各类返程人员信息。在管理方面，在小区主要干道及出入口，通过人脸设备抓拍，实时掌握居家隔离人员管控情况。在服务方面，依托线上平台，对居家隔离人员开展1对1"包保"心理服务，为居民在特殊时期产生的应激心理反应进行专业调适与减压，减少焦虑及恐慌情绪。

3. 调配防疫力量

依据前期掌握的数据，根据工作量合理分配防疫力量，按照社区部门工作人员包联居民区情况，补充基础防疫力量。

（二）建设专项模块，为复工复产提供线上途径

在服务居民方面，一是通过建设手机端微平台，面向居民开展各类线上业务，将居民关注度高、办理量大的民生类服务项目搬上"线上大厅"。居民可以随时点读，了解民生政策范围和业务流程，实现民生政策的"线上知晓"。二是依托楼栋二维码和微信公众号，打造"线上不打烊"的"十服

务"平台,集就业创业、社会保障、养老服务、残疾人服务等项目于一体,为实现管理精准化、服务精准化奠定坚实基础。三是按照民生工程项目归纳出各类办事指南,社区根据承接办理的便民服务事项的不同特点以及辖区各年龄段不同群众的服务需求,主动提供全方位服务。比如通过资料比对,主动对接符合计生办证、残疾人办证等申请的对象,开展"主动上门送证入户"服务,从源头解决了疫情防控下居民生活的不便。

在服务企业方面,通过建设复工复产备案模块,实行企业复工复产网上报备、员工复工线上防疫教育,实行线上日报制度,一方面实时掌握各单位返岗人员信息,另一方面及时收集各复工企业需要帮扶的意见。

(三)依托科技手段,为常态化管理提供技术支持

社区建设的方兴云平台,主要解决小区居民散播与疫情相关的不当言论以及居民担心外地返程等相关问题,社区主动出击、积极回应,从萌芽处消灭各类舆情风险,累计发送短信、微信 36000 余条,保持信息对称,有效化解了居民恐慌情绪。同时,利用社区掌握的心理咨询师资源,在线上开展心理咨询。

四　工作思考

智慧社区在国家治理现代化、"互联网+"的背景下,正在重新寻找正确定位并接受技术赋能,利用互联网技术加快转型升级,积极推动行业发展,发挥平台作用。积极参与社会治理,与政府分工协作,共同治理社会事务,实现政府管理社会与社会自我管理过程的融合,达到整合社会管理资源、协调多元利益和社会矛盾的目的,最终形成高效的社会治理格局。

我国的智慧社区建设仍处于发展阶段,对于智慧社区的研究应当体现在社区居民生活的方方面面。方兴社区探索了"产业化运作+平台支撑"的模式,促进智慧社区建设节能环保,提高智慧社区服务的精准程度,提升智慧社区的应急管理能力。通过信息化辅助手段补充了线下社区建设的空白点,

通过标准化流程减少社区工作量，通过多源融合居民诉求信息并予以及时反馈提升智慧社区居民参与度。在未来的社区研究中，将更多发挥人的积极性，围绕社区居民需求，提升居民参与度，以居民满意度为重要参数。

社区作为基层治理的"神经末梢"，应该找寻更多的建设场景，从便民、惠民、安民、利民等多维度推进，让公共资源的配置更合理、社会资源的配置更公平。通过数据流动，减少人员流动，从而提高居民的知晓度、满意度、获得感。

科技支撑探索基层治理新路径

——合肥市瑶海区元一社区典型案例

为贯彻合肥市委关于城市基层党建与基层治理的"1+8"系列文件精神，落实《合肥市智慧社区建设规划（2019—2021年）》（合政办〔2019〕26号），瑶海区元一社区和元一时代花园小区分别作为首批示范样板社区和试点小区之一，按照市民政局统筹规划并结合社区和小区实际启动了智慧社区建设，在科技支撑下探索基层治理新路径。

一　治理背景

瑶海区长淮街道元一社区成立于2007年4月，区划调整后，辖区东至胜利路，南至凤阳路，西至夏园路，北至临泉路，占地面积1.13平方千米，共有住宅小区18个，户数4650户，常住人口约13000人，商业楼宇大厦4个，入驻企业约600家。社区现有党群服务中心面积约1300平方米，设有"一窗通办"一站式服务大厅、多媒体会议室、多功能活动室、心理疏导室、图书室、综合减灾物资储备室等。元一社区实行网格化管理，共有9个网格，社区党委下设8个党支部，有325名党员。社区还拥有党员志愿服务队、青年志愿服务队、"平安"志愿服务队等多支志愿服务队以及多支民间团体队伍。社区环境优美，地理位置优越，基础设施完备，服务功能齐全，周边交通便利、商业繁荣。

二　实践做法

（一）政策目标

根据"11143"智慧社区总体架构，以"互联网+"为创新引擎，以促进信息和资源共享为重点，着力构建便捷高效的智能化社区治理体系。通过合肥市智慧社区项目建设，建设一体智能基础设施、一套数据资源体系、一个智慧社区融合平台，打造"智管、效能、宜居、平安"四类智慧社区应用程序，初步实现社区数据资源跨层级、跨领域、跨部门共享利用，建立宜居、便捷、普惠的社区公共服务体系，探索可复制、可推广的智慧社区建设模式，提升人民群众的获得感、幸福感、安全感。

（二）主要做法

为探索出具有合肥特色的智慧社区，使项目建设能够接地气、见实效，自 2020 年 5 月以来，在市民政局组织下，元一社区和科大讯飞项目组共同投入大量人力，梳理规划各模块建设。

1. 接口对接

已实现了接口对接，小区通过专线已对接政务网，完成小区现有车辆识别系统、道闸、人脸识别门禁数据对接，元一时代花园小区智慧平安小区系统已将人脸数据全部接入公安网。

2. 融合平台

对社区工作人员来说，使用 13 个业务部门的 35 个业务系统，系统间业务割裂、数据格式不统一、数据准确性不足、信息流转不协调、信息获取较被动等问题较为明显，为社区服务管理带来不便。对主管部门来说，一方面，下面的对口太多，信息渠道不一致、不畅通，不利于政策制定及相关决策执行；另一方面，上面的各类政策资源、数据资源沉不下去，无法有效发挥作用。针对上述问题，智慧社区融合管理平台重点从两个方面来解决，一方面是"人和组织"的融合，另一方面是"数据及系统"的融合。

第一，对象融合。智慧社区融合平台的目标是让社区各级对象，包括社区工作者、社会组织、周边商家、辖区居民使用一个账号即可享受所有与社区相关的各类服务，使用各类系统，基于市级统建的统一用户认证系统，融合对接各类应用，统一应用渠道入口，实现"一号通行"。

第二，终端融合。面向社区工作者，提供基于政务专网的社区工作网页端和社区工作移动终端。面向社会组织、商家、居民，提供基于互联网的智慧社区移动应用、社区微门户以及社区服务大厅的自助服务一体机。各个终端根据登录用户的账户权限，提供不同的功能，但后端平台和底层数据融合统一，从而实现"多端统一"。

第三，数据融合。数据融合是融合平台的核心基础。不管是社区管理还是为民服务，都需要大量数据支撑，过去依靠社区工作人员、网格员不断、反复地摸排、采集数据，耗时耗力且效率不高，往往大部分数据在不同条块业务系统均有存储，但其他条块业务系统又需要重复填报类似的数据。因此，基于市数据资源局统建的市大数据中心，根据每个社区的需求和权限，进行动态数据共享交换，实现社区数据与市级数据的融合。将社区级相关数据下发到社区级专题库，将数据资源下沉到社区，发挥数据作用。同时，社区基于大数据中心的核心数据进行摸排、校准后，将更"鲜活"的基层数据反馈给市政务大数据中心，提升市政务大数据中心的数据质量。

第四，系统融合。社区工作人员日常工作中工作量最大的就是采集各类基础数据，并根据各条块业务部门的要求整理、填报到不同的业务系统中。基于统一用户认证和数据融合，在政府侧，依托智慧社区融合平台和合肥市大数据平台，纵向上与国家部委、省垂管业务系统进行互联对接，横向上将市级以下各类自建业务系统打通，实现对自建系统业务数据、网格员采集数据、物联网采集数据、垂管业务系统数据的统筹归集和全面整合，打破系统间的技术壁垒，实现系统间用户互认、功能整合。

3. 协商议事

秉承"与邻为善、以邻为伴"的理念，按照"党委领导、政府负责、社会参与、群众自治"的思路，积极搭建"梧桐邻里"协商议事平台，创新推出"1+6+X"多元共商架构，建立"点事、定事、议事、决事、办事、评事"的"六事"协商工作流程，打造社区协商的工作闭环，建立社区党组织领导、居委会负责、各类协商主体共同参与的工作机制。

4. 电子投票

实行线上投票。线上投票将包含全流程的投票管理，从公示到结束，可实名确认也可以匿名进行，所有投票的结果将最少保存 5 年。在实名制投票上，对接合肥互联网统一用户认证平台，根据投票的范围和社区业务数据库进行用户比对，符合条件的才可以参与投票，并加入多种实名认证的方式，比如人脸认证等实名生物身份认证，同时在自助一体机上开发投票功能，以方便无法使用手机操作的老年人参与民主投票。

5. 智能台账

工作台账是社区全部业务数据的保存方式和维护基础，各个试点社区均不同程度地做到了纸质台账和电子化管理相结合，但是因为业务要求，个人习惯，台账的种类、更新频率、使用方式不同，在社区数据管理上比较混乱。利用 OCR 识别等技术，将社区工作中涉及的房屋基本信息、家庭成员详细信息、帮扶救济信息、空巢信息、医保社保信息、残障人员信息、社区矫正人员信息、单位或经营场所信息、单位负责人及法人信息、从业人员信息 10 类非结构化台账数据转变为文字类型的结构化数据。实现"社区一本账"，实现对社区简介、人员架构、社区活动、社区会议、工作总结、政策文件、外部宣传、社区荣誉、楼宇企业等各类信息的汇总、归类、共享，解决社区信息不统一、不互通问题。迎接上级各项检查时，按照检查要素从台账系统中提取，在线可直接查看，既避免大量纸面件的打印，又方便快捷。

三　成效及启示

（一）建成智慧社区服务站模式

智慧社区建设体系打造了八大场景：智慧办公、智能台账、智能外呼、智能议事、智慧关怀、智能守护、智慧办事、智感通行。这八大场景拓展了"智管、效能、宜居、平安"四个应用领域。针对小区里需要重点关注的人群，如高龄老人、孤寡老人，制作了独具特色的精准化服务应用，通过前端感知设备、智能猫眼与智能门磁的实时感应，当出现意外情况时及时生成一条信息同步在智慧社区平台上，第一时间通知到家属及网格员，方便上门查看，使居民更具有幸福感、安全感。

（二）减轻基层工作人员负担

各种台账类型繁杂，在部分信息相同的情况下根据业务情况有新增的内容时，重复部分需要重复填写。智能台账系统的应用，有效地解决了社区信息不统一、不互通问题，有助于社区工作人员熟悉掌握本社区人、房、事、物、情的全部信息，为高效地维护、更新、共享数据提供了便利。

（三）提高社区治理效率

线下投票在社区中被广泛应用，但是投票结果会因为种种原因无法生效。不记名投票时，会发生恶意投假票的现象；实名制投票时，很多人也因为实名制而不敢参与，导致投票参与人数不足，投票结果无法生效。2021年，元一社区就居民是否同意罗马花园小区更名一事首次使用电子投票系统，并取得了理想的结果。电子投票系统借助信息化手段，打破投票人的时空限制，方便对投票情况进行客观统计，降低居民权利的实现成本，有助于切实保障居民行使表决权，更好地维护社区居民的权利，提高社区治理效率。

在后续工作中，区、街、居将和科大讯飞共同努力，不断优化智慧社区建设实施方案，把元一社区智慧社区实践成果和成功经验在全街道进行全面复制推广，用科技支撑探索基层治理新路径，为社区居民的幸福生活保驾护航。

第五篇　社区微治理案例 ▷▷

党建引领老旧小区微治理新模式

——合肥市包河区芜湖路街道的实践创新

作为老城区，街道重难点问题多，治理精细化难、小区管理权属不清、居民烦心事解决难、公共设施薄弱、群众文化需求满足难、老龄人口集中养老难等矛盾问题突出。着眼全面贯彻落实合肥市委"1+8"系列文件精神和区委"红色领航"工程部署要求，合肥市包河区芜湖路街道深入推进党建引领社区治理"同心圆"工程，积极探索"一核三体、同兴同得"（发挥党组织核心领导作用，做强自转体、做实共同体、做优公转体）的共建共治共享模式，形成了"用党建来引领、用机制来创新、用共建来保障、用网格来覆盖、用项目来推动"的工作做法，有效激发了基层治理工作新动能。

一　实践做法

（一）"新体制"破除"旧壁垒"，"两项改革"带来社区治理新气象

一是下好街道体制改革"先手棋"。按照合肥市委"1+8"系列文件精神，经包河区委、编委审批，街道制定《芜湖路街道体制改革工作实施方案》，成立了"一办七部两中心"，创新推出干部竞争上岗和巡督一体专班，形成了"职权清晰、权责一致、运转协调、保障充分、执行有力"的组织架构和综合服务管理体系。二是打好基层减负增能"主动仗"。着眼实现"管理扁平、服务下沉"的目标，芜湖路街道开展减负工作。10个社区共减牌56块，各社区主入口只保留"社区党组织委员会""社区居民委员会"两块牌子和"中国社区""党群服务中心"两个标识，内部功能室只悬挂一块识别牌。各社区均实现"两个清单"上墙公示，未纳入清单的事项一律取消。芜湖路街道取消对社区的一票否决制、目标责任制和其他未纳入清单的考核，每年对社区只进行一次综合性考核。同时，芜湖路街道采用"全科社工"服务模式，让社区工作者由"专岗专能"转变为"全科全能"，通过"1+N"模式（1个中心、多个代办点），搭建为居民"全程代办"平台，实行轮流上岗和错时上下班制度，实现对社区居民服务的无缝对接。

（二）"小区域"统筹"大资源"，"三大工程"构建基层治理新格局

一是推动党组织联建联动工程建设。根据区委相关文件精神，芜湖路街道制定党建共同体共治共享方案，定期召开党建联席会议，建立需求、资源、项目三个清单，动员辖区力量实现共建共治共享，链接31家共同体单位参与社区治理，筹得善款12万元，认领治理项目32个。二是强化新兴领域党建工程。与辖区非公企业和社会组织常态化开展共驻共建活动。芜湖路

街道已组建 130 个非公企业和社会组织党支部，全部纳入各社区党建共同体，开展合作共建活动。街道商会党建工作获评"创新中国"工商联（商会）工作优秀案例，金水坊文化产业园入选第二批安徽省"小个专"党建工作示范街（区）。三是推进党建网络信息化工程。建立上下贯通的政务服务管理使用网络，服务大厅设立综合窗口，一窗受理；积极做好学习强国平台、皖事通、合肥通等的推广工作；利用街道微信公众号，开辟党建及社区治理栏目，扩大宣传面；以小区、楼栋为主阵地，建立小区党支部工作群、楼栋微信群，打造楼栋"110"，推动小区、楼栋党组织对居民群众"有求必应"，做到"小事不出楼栋、大事不出小区"。

（三）"交响乐"取代"独角戏"，"四曲联唱"奏响协同治理新乐章

一是在党建力量配置上以精促强。聚焦"组织进楼、服务进家"，芜湖路街道以"地缘"为纽带建立小区功能性党支部，把党的组织工作触角延伸到社区的"神经末梢"。各社区按照"小区建党支部—楼栋建党小组—党员家庭确定示范户"的组织架构，将居委会人员、物业公司代表、业主代表、社会组织代表、片警等纳入小区党组织体系，鼓励"双向进入、交叉任职"。发动小区居民、物业和社会组织中的党员担任党小组长，充分利用各方力量，并通过在小区里评定"党员示范户"，让党员亮明身份、树立形象，充分发挥党组织、党员先锋模范作用和示范带动作用。芜湖路街道已建立小区党支部 36 个，楼栋党小组 53 个，党员中心户 200 余个，并链接 100多个党建共同体单位。二是在多方参与架构上以变求新。建立社区红白理事会、环境和物业管理委员会等"一居多会"制度，抓好党小组长、居民楼栋长、治安员、卫生员等"多长多员"队伍建设；以社区党组织为核心，吸收社会组织代表、居民代表、物业公司代表成立"三位一体"的议事机构，协调解决了广场舞扰民、老旧小区加装电梯、小区停车位分配等一系列问题。三是在网格化治理上以小见大。街道研究制定网格化治理方案，以街道辖区各社区范围为基准，以实有人口、居民区、道路等要素为基础，综合

区域管理事务和难度，划分 10 个社区基本责任网格和 105 个内部管理网格，按照 "1+2+N" 的模式，建立网格长和网格员队伍，通过优化运行机制、缩减网格规模、下沉包保力量、明确工作职责、建立巡查日志、定期通报情况等方式，形成 "十分钟管理全覆盖、服务全包保" 的高效治理模式。四是在服务阵地建设上以点带面。街道成立 "一中心一园一会"（社会服务中心、社会组织孵化园和社会组织联合会），将其作为运作主体，在街道、社区、小区分三级设立党群服务中心和站点，搭建 "梧桐邻里" 基层社会服务创新治理实践平台，形成 "1+10+N" 的社会服务平台建设体系。街道通过三供一业移交、闲置房产改造、与辖区单位合用等形式盘活小区现有资源，因地制宜、因陋就简，打造一批阵地平台，太湖新村、恒生阳光城、南园新村、宿松小区、曙光社区等 10 多个站点已建设完毕，安徽省电力设计院小区、中铁四局机关大院、送变电家园等 6 个小区将通过与辖区单位合用形式完成活动阵地设置，为居民提供文化活动、休闲娱乐、图书阅读、日常议事、健康咨询等方面的服务场所，打通联系、服务群众的 "最后一米"。

二 成效及启示

（一）首创居家养老合作社新模式

街道 60 岁以上老人约 2.3 万人，其中 80 岁以上老人约 4739 人，公共养老设施较少，社区养老力量薄弱，老人的居家养老照顾需求较大。自 2017 年以来，街道与安徽乐邦慈善基金会、党建共同体单位共同发起建立 "乐养互助" 专项基金，成立养老专委会予以监管。创立居家养老合作社，构建社员标准、服务菜单、服务流程、收费标准等工作机制，设立了 "两库三清单"。以望江东路、南园、友谊及东陈岗四个社区为重点开展服务，为普通老人以及高龄独居、高龄空巢、低保特困、重大病、孤寡失独、残障失能六类重点老人提供身体心理、精神关怀、个人增能等方面的服务，逐步构建一个互助养老、关怀养老、专业养老和救助养老相融合的养老服务体系。居家养老合作社运作 3 年来，共发展了社员 800 余人，其中特殊老人 90 人，对六类重点老人进行了服务全覆盖；链接 63 个服务资源方，提供生活照料、医疗保健、家政服务、精神慰藉等 37 项标准化服务；孵化温情暖暖、豆子工作坊等 8 支社区社会组织，培育 20 多名核心志愿者，形成服务质量稳定、服务反馈良好的邻里探访"敲敲门"、志愿理发"银丝坊"等十大为老服务品牌。

（二）建立城乡社区协商新体系

街道按照"党建引领、群众自治、社会参与、多元共治"思路，探索构建"1+6+X"协商议事架构，建立"点事、定事、议事、决事、办事、评事"的"六事"协商工作流程，打造社区协商的工作闭环。通过在线上、线下广泛收集民情民意，制定涉及公共管理、公共服务、公益事业、物业管理等的议事协商指导目录。根据议事内容不同，召开线下的协商议事会、民情恳谈会、工作听证会以及线上的网上议事、网上协商、网上投票活动。芜湖路街道通过协商解决了老旧小区征迁改造、特色街区打造、旧小区加装电梯等一大批重点工作。特别是疫情防控期间，各社区通过网上发布、网上讨论、网上决策，解决了老旧小区值守志愿者征集、小区出入口封闭、生活物资采购、居民心理疏导等一大批难题。街道被评为安徽省第二批城乡社区协商示范点。

（三）开创小区分类精准治理新局面

在坚持"一核三体、同兴同得"理念基础上，不断进行总结探索，形成了四类小区治理模式（社区主导、居民参与的回迁小区治理模式；社区引导、居民自治的商业小区治理模式；社区介入、居民协商的单位小区治理模式；社区指导、居民自管的三无小区治理模式），解决了一大批制约小区发展的难点、痛点问题，达到了多方参与、协同共治的目的。太湖新村社区和美小区建设"四个一"工作法，被包河区委写入"红色领航 和美小区"建设方案，被《人民日报》头版头条报道，受到省委书记批示肯定，在全省发挥示范引领作用。芜湖路街道积极推广四类小区治理模式，先后打造曙宏新村、金龙苑、送变电家园、创景花园等 6 个区级示范点，即将接受区委组织部验收考核。

（四）形成社区治理人才培养新格局

凝聚一批由社工理论研究专家、资深社工督导、机构运营主任、一线社工组成的跨专业、多元化管理团队和服务力量。街道依托"两级中心"成立街道社区两级治理学院，紧紧围绕街、居治理短板，编制系统化培训课程，常态化面向街道工作人员、社区"两委"、社会组织、楼栋长等进行社区治理创新能力培训，激发了社区治理的内生动力，已开展两次集中培训，常态化开展线上培训课程。为营造"想创新、能创新、争创新"的干事氛围，推动党建、治理、服务三大主业创新发展，芜湖路街道择优遴选 24 名业务素质过硬、富有创新意识的年轻干部，成立创新人才工作室，分别认领社区治理项目，街道实施阶段性调度，并作为人才选拔的考核指标，为加强社区治理提供了人才支撑。

微公益激活基层治理新引擎

——合肥市包河区常青街道推出"青草公益"项目

完善社会力量参与基层治理机制，创新社区与社会组织、社会工作者、社区志愿者、社会慈善资源的联动机制，吸纳社会力量参与基层服务，是有效完善基层志愿服务制度，大力开展邻里互助服务和互动交流活动，更好满足群众需求的重要反馈。合肥市包河区常青街道地处合肥老城区和滨湖新区的过渡地带，属包河区高铁片区，自 2006 年大拆违以来，常青街道一直是市、区大建设的主战场，多年大拆大建让辖区空间结构大幅改变，复杂化的社会发展趋势使得现有的街区治理模式受到严峻的挑战，城乡接合部的人员构成使得区域特点日益凸显。常青街道存在社区治理主体责权不清，政府与社会边界模糊，社区服务行政化特点明显，传统的社区治理模式无法及时回应、高效满足，社会组织稀少，社区的公共资源难以整合，居民构成复杂多样，人际关系疏离等问题。在这样的治理背景下，常青街道力图打破"旧思想"，改变街道的主导模式，积极探索以社区为平台、社区社会组织为载体、社会工作人才为支撑、社会资本为保障、社区自治为导向的"五社联动"机制，将治理职能逐步下沉到各社区，推进社区服务供给侧结构性改革，立足于居民需求，统一管理社区社会组织，积极策划服务项目，挖掘和培育积极、热心的社区居民。力求从群众关心的细微处入手，通过项目化的管理方式，认领微创投项目，打好"微"字牌，依托项目实施让服务的供给更精准、更受欢迎，将基层治理细化成社区"微治理"，以此撬动街区基层治理创新发展，推进社区治理多元化参与，让社会组织和社区居民逐渐成为社区治理的重要力量。

为了更好地整合社区社会组织，落实微创投项目，2019 年 1 月常青街道办事处联合安徽乐邦慈善基金会发起成立"青草公益"专项基金，双方配比资金 4 万元，通过申报包河区第四届社区公益创投项目获得资金 40 万元，"青草公益"专项基金合计 44 万元，同时建立青草专项基金管理委员会。2021 年，为完善社区治理体制，进一步推进社区治理理论创新、实践创新，积极搭建社会服务平台，引进专业社工力量，通过微公益项目的设计、实施、督评，提升社区社会组织参与社区治理的能力，满足社区多样化、个性化需求，促进常青街道社会服务体系的健全完善，推动"青草公益"项目实现大跨步发展，力争"微治理"在常青街道遍地开花。

一 实践做法

（一）创新治理模式，夯实社区治理新阵地

社区是基层治理的基础平台，已成为各种政策的落实点、各种利益的交叉点、各种矛盾的聚集点、各类组织的落脚点，因此是创新基层治理的重要突破口。为此，常青街道改变政府主导的模式，将治理职能逐步下沉到各社区，同步推行建立了"五社联动"基层社会治理模式，积极搭建街道"中心+站点"的社会服务平台，倾力打造"一个中心八个站点"，引入专业社工的力量，运用社会工作理念和专业服务方法，充分调动社区社会组织、社区居民以及其他社会力量参与社区建设的主动性、积极性和创造性，制定了服务项目化、对象分段化、居民主导化的项目服务体系。常青街道通过平台升级，补齐社区治理建设短板，整合辖区社会资源，聚焦具体社区问题，采取"微创投""微治理"的形式，整编辖区内社区社会组织队伍，面向居民开展项目化的社区服务和活动，逐步推进社区服务管理的基层社会治理目标。

（二）聚力组织培育，打造社区治理助推器

社区社会组织作为基层治理的重要主体，是居民参与社区治理和社区建设的有效渠道，不仅具有本土自主化优势，还能够充分增强和调动居民参与

社区活动的活力和积极性，具备很强的群众组织动员能力，在社区基层治理工作中发挥着不可替代的作用。常青街道积极搭建社区社会组织孵化培育平台，不断健全社区社会组织发展机制，通过免费注册、直接登记、取消筹备审批等措施，为全街志愿组织的成立、转变提供标准化指导，为志愿组织的成立和成长提供渠道和平台；通过推动成立多元化组织，以群众"趣缘"为导向，积极培育发展各类社会组织，优先支持培育社区服务性、公益性、互动性社会组织；激发社区社会组织的潜力，引导延伸组织加入微社区服务，为社区治理储备群众力量；为组织团队从发起成团到登记备案提供渠道支持，为社区社会组织的发展提供全方位、可持续的督导技术支持，不断完善社区社会组织的培育孵化机制。

（三）构建自治载体，助力公益项目持续扩容

常青街道立足群众，关心实事，充分发挥社区治理人才的优势，以微公益创投为契机和手段，以"微事务"嵌入居民生活。通过梳理各社区治理目标及实施方案，以社区"两委"治理项目为抓手，采取"上下互动"的形式，将治理缺口细化成一个个微项目，引导辖区内社区社会组织申报微公益创投项目，助力微公益创投项目持续扩容。通过微公益项目的设计、实施、督评，为辖区社区社会组织开展公益服务提供专业技术指导和专项基金扶持，保障了社区公益项目扎实落地，推进社区治理和服务创新，促进社区服务项目化、体系化、品牌化建设，实现社区服务项目化，不断增强社区治理的精准化、规范化，促进多元主体参与社区治理。通过搭建微公益创投基层治理社区社会服务平台，匠心打造"一十百千万"工程，以一个街道社会服务中心为抓手，十个社区社会服务平台为着力点，培育百名居民骨干，开展千场活动，动员万名志愿者参与，带动群众从身边事做起，行动于微处。

（四）强化项目管理，持续增添治理动力

加强微公益创投项目管理是促进项目常态化、持续性实施，保障服务品质和项目优化的必要手段，主要包括两大方面。一是创新"四维管理"项

目运作机制，主要是从资料、服务、制度、质量四个维度加强项目的日常跟进与管理，不断构建科学化的项目管理机制，通过采用"四个一"管理模式（即每月一次督导、每月一次项目走访例会、每月一次活动现场指导、每月一次资料整理协助），不断增强项目管理的规范化、完整化，保障服务优质开展，加强项目制度的建立与完善，推动项目规范化运营与优化。二是以社区微公益创投项目为媒介，挖掘、对比、筛选辖区有特色的亮点项目，内外结合予以宣传，逐层推进，形成宣传的立体化格局，坚持以居民需求为导向，不断建立健全品牌项目培育机制，创新品牌培育方法，搭建基层服务平台，激发社区社会组织活力，结合社区特色开展相关服务，总结经验，加大项目宣传力度，帮助组织凝练品牌，提升项目知名度。

（五）汇力聚智赋能，探索治理新起点

为提升社区治理的能力和服务水平，为微创投项目"充电赋能"，常青街道于 2019 年正式成立街道社区治理学院，通过引入第三方专业技术支持，制定符合常青街道实际需求的社区治理课程体系，不定期开展各种类型的课程培训，为街区工作人员、社工团队、社区社会组织骨干三大群体，提供专题培训、督导、团队建设、政策咨询等方面服务。始终坚持以"理论研究、人才培养、实践指导"为重要切入点，将"提质、增能、赋能"落实到治理学院的日常工作中，培训主题与基层治理需求相结合，精确瞄准基层治理的痛点、难点问题。同时，通过引入第三方评估机构，采用三维的评估管理方式，对微公益创投项目的立项、中期、末期阶段进行评估，保障微公益创投项目顺利实施。

二 成效及启示

（一）重改革强机制，创新治理体系建设

社区治理是多元主体的有机衔接，微创投是实现居民需求与服务供给精

准衔接的重要枢纽，常青街道不断探索适合常青基层治理建设创新发展的治理模式，多措并举不断夯实基层治理服务基础，尝试开辟、建立、探索适合常青街道微项目实施的运营管理机制，包括街道与专项基金管理委员会建立的协同管理机制，引入专业评估机构建立的项目评估机制以及依据街道、社区实际情况建立的财务管理规范和资金拨付报销机制等。与此同时，常青街道不断创新治理结构建设，构建社区治理联盟，不断实现服务"供"与"需"的精准对接，促进社区治理由单打独斗到多元协同，服务参与由"街道独唱"变为"社区合唱"，推动基层治理朝多元化、多样化参与发展。

（二）重建设强组织，持续增添治理动力

社区社会组织作为社区治理的重要主题，在基层治理中起着十分重要的作用，立足常青街道，社区社会组织以满足居民需求为目标，聚焦具体社区问题的解决，以微公益创投项目为载体，面向社区居民开展项目化的社区服务和活动。社区能人从社会服务、社区治理的浪潮中站出来，社区参与机制不断建立，社区治理体系不断完善，各类社区社会组织参与社区服务的活力和创造力不断被激发出来。据数据统计，2014 年以来，常青街道已备案共计 255 个社区社会组织，在社会工作者的指导下，推动社区社会组织从"自娱自乐型"向"互助参与型"转变，通过开展各类特色服务，引导其自主参与到项目申报中来，成为转型资源类组织的中流砥柱。在紧抓社区社会组织团队建设的同时，常青街道通过公益资源池的建立，不断拓宽社会多元力量参与社区治理的桥梁和渠道，通过项目认领、合作共建、爱心义卖、线上筹资等方式，以党建共建为引领，以微项目为抓手，以资源整合为方向，汇聚各方力量，进一步健全驻地企业、辖区单位、居民团体服务等共建共治共享的标准化机制体系建设。

（三）重平台强基础，公益项目持续扩容

常青街道通过梳理制定年度治理目标，聚焦具体社区问题的解决，以微公益创投项目为载体，以活动和服务为抓手，不断延伸拓宽项目申报服务领

域，涉及"长者服务、儿童服务、志愿服务、社区融合、孵化培育、社区协商"六大类，各承接主体社区积极联系动员辖区热心居民、群团组织，为社区社会组织提供人力、物力、场地等多方面支持，引导居民自我服务、自我管理，不断营造良好的社区氛围，推动构建邻里共同体。2018年以来，通过项目化的运作，项目持续扩容，累计运营公益创投项目70个，其中2021年度第三届微公益创投成功立项34个，项目覆盖辖区内8个社区，新增志愿者149人，志愿服务时长共计19630.5小时，社区公益服务活动开展共计1103场，服务量达到20012人次，较好地满足了居民多元化的需求，让儿童有玩伴、老人有陪伴，扩大了各类服务人群的朋友圈，营造了睦邻友好、互帮互助的社区氛围。

（四）重品质强品牌，公益能量持续增彩

微创投项目在服务的同时也在不断梳理优化完善，常青街道通过引入专业社工服务力量，参与到社区治理过程中，通过运用社会工作理念和专业服务方法，充分发挥"指导员""调查员""教练员"作用，深入贯彻"五维八化"执行理念，从需求、地域、人群、周期、理念五个维度，做好活动现场指导、组织督导、资料整理协助、能力建设培训、月度走访例会等日常管理工作，通过日常指导保障项目优质发展，促进公共服务项目化、志愿队伍组织化、参与主体多元化、项目管理规范化、社区服务阵地化，保障服务开展专业化、公益项目品牌化、项目效益社会化。服务中不断完善项目品牌，扩大项目服务宣传，充分利用各类媒体宣传平台资源，项目累计宣传321次，微创投项目在辖区的知名度以及社会的影响力不断提升。项目积极做好推优、评先申报工作，2020~2021年度，"青草公益"常青街道协同治理基金项目荣获包河区"优秀社区公益项目"称号，"微爱流动家""六零系八零""助巢服务"等项目积极参与包河区新时代文明志愿服务项目大赛、包河区学雷锋优秀志愿服务典型评选等，并荣获系列荣誉，项目影响力显著提升，居民幸福指数极大提升，为基层治理增光添彩。

三 未来展望

（一）深化体制改革，提升治理效能

加强社会建设必须加快形成"政社分开、权责明确、依法自治"的现代社会组织体制。为此常青街道将继续以微项目为载体，以治理学院为平台，积极地探索创新社区治理模式，不断提高社区治理水平，持续致力于将"微创投"打造成公益型社区社会组织的孵化基地、政社合作供需对接联动的服务平台、公益项目与品牌凝练的集散基地、公益组织和治理人才的集聚中心、治理理念和公益文化的输出高地。

（二）多元主体参与，激发协同合力

社区社会组织的培育、发展、壮大，离不开政府的支持和有力作为。为此常青街道将积极推行社区社会组织规范化建设和政府购买社会组织服务制度，鼓励支持社区引入专业社会服务力量，激发社会组织自主治理的内生动力，打造多层次、多样化的以枢纽型、支持型、联合型社会组织为主体的公益共同体，有效实现社区从直接管理到间接管理，再到社会组织自我管理的转变。

（三）街区双向联动，打造品牌项目

强化上下联动服务机制，加强"两级平台"和"站点平台"之间的交流融合，增强社工中心的引领和支持作用，促进"两级平台"的协作融合，不断提升项目服务质量和水平，充分发挥统筹指导、组织协调、资源整合和督促检查的作用，同时结合各社区实际和年度服务目标定位，加强项目品牌凝练建设，为各社区量身打造"一居一品一特色"的服务项目。

文化微治理

——村规民约助力乡村治理的寿县实践

寿县面积 2948 平方千米，耕地面积 184 万亩，人口近 140 万人，全县辖 25 个乡镇 267 个村。为切实做好省级乡村治理试点示范性创建工作，县委农村工作领导小组办公室、县农业农村局、县委宣传部、县民政局、县司法局、县乡村振兴局联合下发了《关于印发〈寿县创建省级乡村治理试点示范县工作方案〉的通知》（寿农组办〔2021〕19 号）。寿县以"坚持党的领导、坚持农民为主、坚持三治融合、坚持多方协同、坚持突出重点"为原则，以"三治融合"为试点主要内容，积极探索"三治融合"乡村治理民主协商制度建设，进一步增强基层民主管理与自治活力，提升基层社会治理水平。寿县以村规民约"大体检"和开展优秀村规民约宣传活动为切入点，深化村民自治，村民参与乡村治理的热情不断提高，下面以迎河镇余楼村村规民约助力乡村治理典型案例为例进行经验分析。

一 治理背景

迎河镇余楼村共有 34 个村民小组，1099 户，4872 人，耕地面积 9357.54 亩。村党总支下设 2 个党支部，党员 122 人，村"两委"成员 7 人。2019 年村集体经济收入共 13.7 万元，农民人均收入达 1.1 万元。余楼村村风文明，村容整洁，民风淳朴，村内水利设施健全，道路通达，村级活动场所、便民连锁商店、医疗卫生所全覆盖。全村以农业为主，是典型的农业村，以种植业、养殖业为支柱产业，主要农作物有水稻、小麦。迎河镇余楼村以村规民约为深化移风易俗、推进乡村振兴的重要举措，全面开展村规民约"大体检"工作，村规民约得到进一步修订完善，有效助力乡村治理。2020 年，寿县迎河镇余楼村入选全省优秀村规民约、居民公约村。

二　主要做法

（一）依法依规，修订完善村规民约

为进一步深化基层民主法治建设，推进基层社会治理现代化，促进村（居）民自我管理、自我服务、自我教育、自我监督，切实发挥村规民约在村民自治中的作用，余楼村及时对村规民约进行修订，组成村规民约"大体检"工作小组，制定了操作程序，明确了时间节点，召开了动员会，在发放征求意见表征求村民意见的基础上，依法依规起草了村规民约，主要包括创建文明新村、创建法治新农村、创建平安新农村、创建和谐新农村、建设美丽新农村、违约处理六个方面。村民代表会议对村规民约草案进行了审议讨论，发布公告再次征求村民意见，并经镇司法所审核后，通过了村规民约。

（二）制定细则，确保村规民约有效执行

为确保村规民约得到有效实施，余楼村还制定了《余楼村村规民约实施细则》，进一步明确了对于违反村规民约相关行为的处罚措施。同时，明确要求村"两委"干部起到表率作用，严格要求自己，按照村规民约的要求去做，不搞特殊；党员、村民代表带头宣传和执行，坚持有约必依，一视同仁；村民之间要互相监督，依靠全体村民的力量落实村规民约。

三　典型案例分析

（一）村规民约促党建

完善乡村治理，实现乡村治理自治、法治、德治三位一体，离不开基层

党组织的战斗堡垒作用。以前余楼村是有名的软弱涣散村，村党支部组织党员集中学习、组织活动是老大难问题，部分党员长期不参加组织活动，致使组织活动不能正常开展，党员党性意识慢慢淡薄了，有的甚至忘记了自己的共产党员身份。村规民约把热爱中国共产党、热爱社会主义、热爱国家、热爱集体、听党话跟党走写了进来，规范了党员、群众日常行为，形成了"自我教育、自我管理、自我监督、自我约束"的良好氛围，党员的党性意识增强了，争先创优，为人民服务的意识也增强了。现在村党组织"三会一课"制度都能得到有效落实，组织活动开展有序。

2020年新冠肺炎疫情防控期间，共产党员始终冲在防疫工作前沿，奋战在抗击疫情前线，做勇于担当的逆行者和甘于奉献的服务者。李郢组党员李培贤在疫情防控工作中表现突出，镇党委授予其"优秀共产党员"称号并在"七一"大会上给予表彰，奖金200元。"奖励先进、惩戒后进"，门西组党员林某辉安全意识不强，在工作中造成了重大交通事故，村党支部对其做出了开除党籍处理，并拆除了悬挂在其家门口的"共产党员户"标牌。

（二）村规民约推进美丽乡村环境治理工作开展

卫生环境治理及生态环境保护，是美丽乡村建设的要求，也是实现乡村社会可持续发展的有效途径。在推进美丽乡村环境治理工作中，余楼村采取明察暗访的方式，定期或不定期对村民小组进行督查，对发现的问题进行拍照，并把照片在公示栏中曝光。

破楼组农户张某友把生活垃圾丢弃在水渠内，违反了村规民约，村干部当场给予批评教育，并在村广播中通报批评。对违反村规民约行为的惩处，起到了以点带面的辐射效应，让大家自觉改变生活陋习，遵守村规民约，推动各项工作开展，村庄的脏乱差问题得到了彻底解决。

（三）村规民约推动移风易俗

通过村规民约制约村民，使村民在潜移默化中形成了健康、文明、有序的生活习惯，这是农村社会稳定的基石，是乡村治理的前提。余楼村村规民约对大力整治滥办酒席、借机敛财等不正之风，切实减轻群众负担，推动社会风气持续好转，促进社会主义精神文明建设有了明确规定，村委会采取广播宣传、发放张贴倡议书、张贴标语等形式广泛宣传，使群众养成自我教育、自我管理、自我监督的良好习惯。

村规民约修订以来，按规定程序审批办酒席三次，成功劝阻放弃或制止违规办理酒席六次，如村红白理事会成功劝阻了王郢组陈某根家违规办酒席，要求其当众作检讨，并利用村广播进行了通报，从而推动了全村民风的持续好转。

（四）村规民约助力保障老人、妇女权益

余楼村将我国传统价值规范、伦理道德、为人处世的标准贯穿村规民约，倡导团结和睦、爱国爱村爱家的观念，提高全村的凝聚力，激发村民的荣誉感和自豪感，并逐渐形成优良的价值观，从而提升乡村治理水平。

如余楼村小庄组妇女时某兰报案称自己被丈夫李某生殴打致伤，镇派出所干警及村委会成员迅速到其家中进行调查调解，现场看到时某兰躺在地上哭嚎，经询问了解到夫妻两人因老人赡养费问题发生口角，时某兰辱骂公婆，后升级为肢体冲突。李某生失去理智下手过重致其受伤。派出所及村委会成员当即责令李某生租车将时某兰送往医院治疗，经医生诊断时某兰受轻微伤。村调解委员会走访了解到，时某兰不尽孝道，以各种理由不支付赡养费，造成夫妻矛盾不断升级，且李某生有暴力倾向。村调解委员会针对问题进行了调解：首先召集了老人的子女组织带领他们学习村规民约，对村规民约中遵循婚姻自由、男女平等、尊老爱幼、反对家庭暴力、赡养老人等内容进行了详细讲解并教育他们遵守村规民约，继承中华民族传统家庭美德，收到了很好的效果。经协商老人与子女签订了赡养协议书，当即时某兰向老人支付2000元赡养费，李某生写下了不再实施家庭暴力保证书。

（五）村规民约助力化解矛盾纠纷

随着经济的快速发展，农村新出现了一些矛盾，这些矛盾调解难度较

大，呈现出多元化、复杂化的趋势。这些矛盾，既有鸡毛蒜皮的小事，也有宅基地纠纷之类的烦琐事，多年累积下来，往往说不清、道不明，成为乡村治理的"绊脚石"，而村规民约的制定，让村级矛盾调处有了抓手。

余楼村小郢组陈某普、陈某玉叔伯兄弟俩因下水道问题，吵闹不断，矛盾持续升级。陈某普家下水道原为一道明沟，生活污水时常满溢流入陈某玉家门前，造成陈某玉及其家庭成员出行不便，陈某玉一家人十分不满。2020年2月20日，以陈某玉5岁孙女玩耍时不慎跌入下水沟为起因，加上心里有气，陈某玉妻子许某芳借机破口大骂陈某普家，陈某普听到骂声后，没有经过考虑就从家里拿起菜刀，准备到陈某玉家做一个了断，村委会知情后立即上门进行调解，不能让他俩家矛盾恶化，调解人员以村规民约为切入点，向双方阐明团结友爱、互谅互让、互帮互助是传统美德，结合身边邻里间和睦相处的有益事例化解双方的情绪。经调解把陈某普家下水道改明沟为暗沟，由陈某普出资购买所需建材，陈某玉出工修建，双方不再就此事纠缠。

四　经验启示

村规民约以其乡土化的特性持续助推着现代化的乡村治理体系构建，在乡村社会稳定、乡村经济发展和乡村资源保护等方面发挥着重要的作用。寿县通过全面开展村规民约"大体检"和宣传优秀村规民约活动，让村规民约成为村民的行为准则，村容村貌得到了明显改善，村级管理更加规范化、制度化。

一系列事实表明，村规民约如同一把"软尺"，只有符合村情民意的实际，才能"规"得准、"约"得实、入到"户"、见到"行"。通过以村规民约为轴，深化村民自治，规范村级管理、村级服务职能，建立起一整套村民自我管理、自我教育、自我约束的行为规范，从而提升基层服务群众能力。因此，以修订完善村规民约为契机，完善乡村治理结构，理顺乡村治理主体关系，提升乡村治理品质，有助于推进乡村治理体系和治理能力现代化，夯实乡村振兴基础。

紧抓细、小、实

——合肥市包河区望湖社区微治理的奥秘

望湖社区成立于 2011 年 9 月，辖 6 个精美居民小区，总面积 1.3 平方千米，现服务人口 21642 人，驻区单位有安徽建工技师学院、合肥市第四十八中学望湖校区、安徽省政府机关幼儿园望湖分园、合肥市望湖小学、合肥金太阳能源科技股份有限公司等。社区党委下设 5 个网格党支部、1 个非公企业和社会组织党支部。

近年来，社区全面贯彻落实合肥市委"1+8"系列文件精神，大力实施包河区委"红色领航 和美小区"建设工作，社区党委围绕"党建、治理、服务"三大主责，以望湖街道"邻聚力"工程为总揽，发挥党建引领作用，探索"细、小、实"工作法。以同檐望湖项目为抓手，打造社区和美、网格和美、楼栋和美、家庭和美、"头雁"和美的"五美"幸福社区。社区先后获得首批全国社会工作标准化建设示范社区、全国最美志愿服务社区、全国综合减灾示范社区、全国地震安全示范社区、省优秀社区党建网站、省文明委感动江淮志愿服务优秀案例（"八小时之外"党员先锋站项目）等 60 余项区级以上荣誉。

一 实践做法

（一）工作推进注重"细"

1. 优化组织设置

社区积极推进"千万工程"，按照"社区建立党委—网格建立党支部—单元建立党小组—党员家庭确定中心户和示范户"的组织架构，实现"组织进楼、服务进家、协商共治"，广泛发动党群亮身份、当先锋、树形象，积极履行组织员、宣传员、信息员、联络员、监督员"五大员"职责，落实每周定期开展楼栋巡查一次、每月定期开展关爱走访一次等"六个一"任务。望湖社区共成立183个楼栋党小组，培育165名党员骨干、773名居民骨干，组建了"幸福护卫队""爱绿护洁队"等党群志愿者队伍。

2.强化制度保障

社区建立完善党员积分管理、志愿者管理、社情民意处置、议事协商、矛盾调解、服务项目六大工作机制，由"坐等群众上门"转变为"主动入户进门"，由"被动处理问题"转变为"主动发现问题"。近年来，望湖社区配套制定涵盖网格巡查、民情速递等10大项16小项的积分管理办法，作为评先荐优的重要依据；表彰在和美小区建设和疫情防控中涌现的优秀党员徐新胜、宋仁祥等60人，优秀楼栋长王彤、陈志强等80人，优秀志愿者田清松、赵家云等30人，优秀公益创投项目"幸福邻里"自治、"救在身边"应急救护等14个项目。

3.细化议事协商

社区建立由党员代表、居民代表、政协委员、物业公司、业委会、社区律师、社会贤达等组成的社区群贤议事会，由网格党支部、小区业委会、物业、楼栋长、居民代表组成的小区共治委员会，由楼栋长、居民代表组成的楼栋邻里沟通会，形成三级议事协商机制。通过楼栋邻里沟通会化解高空抛物、楼道杂物堆积等矛盾；通过小区共治委员会协商处理楼栋亮化、小区架空层品质提升、垃圾分类投放站等问题；通过社区群贤议事会协商解决居民安全出行网格线、广场舞噪声扰民等影响居民生活的大事、小事、烦心事，构建了"小事在楼栋解决、大事在网格解决、难事在社区解决"的议事协商体系。

（二）为民服务聚集"小"

1.在小事上用心

老人吃饭难，家政保洁难找，缝补、配钥匙没地方……这一桩桩小事成了居民生活的大难题。近年来，社区迁建居民食堂，新建滨湖春天小区和紫桂苑小区居家养老助餐点，升级改造社区党群服务中心，新建同檐望湖·滨湖春天党群服务站、同檐望湖·山水苑党群服务站，扩建"阅趣馆""球趣馆""舞趣馆""织趣馆""科普馆"等为民服务场地，设计打造孝老、书香、睦邻、家风等10个特色主题楼栋，着力整合社会资源，深度挖掘社区资源，发动小区党群力量，用心解决居民生活中的小事、琐事，为居民生活提供了方便。

2. 在小节上用情

社区各网格以居民需求为导向，精心策划"乐夕阳"敬老、"红日"便民、"朝阳"护学、"四月哺育"婴幼儿关怀等14个党群服务项目，开展常态化为民服务，形成"党建+社区治理""党建+便民服务""党建+楼栋打造"等一系列睦邻服务项目。举办"快乐生日会 楼栋大联欢"萌宝生日会活动、少儿科普系列活动、"满满冬至情 浓浓饺子香"邻里一家亲活动、"品味书屋 共享阅读"亲子阅读活动等。社区通过系列邻里活动，进一步引导党群参与到助老护幼、楼栋关怀、邻里互助等志愿活动中来，让"陌邻"变成了"睦邻"。

3. 在小处用力

噪声扰民、空调滴水、乱搭乱建等不注意生活小节行为频频引发纠纷，社区专门成立了和事佬理事会，邀请小区内的老党员、居民代表、楼栋党小组长参与调解、上门化解，用真情感化邻里。社区以群众满意为标准，把党组织和服务延伸到小区、楼栋和家庭。常态化开展党的声音传播到家、新婚喜事庆贺到家、新春佳节恭贺到家、天灾人祸温暖到家、家庭纠纷调解到家、生活困难慰问到家、大病住院看望到家、健康卫生关爱到家"八个到家"暖心服务百余次，惠及群众百余人，让暖心的服务落地生根、开花结果。

（三）治理成效突出"实"

1. 积极践行"我为群众办实事"

社区通过党群家访、民情恳谈等方式收集群众需求40余项，形成需求清单，网格党支部根据需求情况形成领办清单，通过梳理业委会、物业、职能部门等的情况形成任务清单。社区通过"三单制"先后解决社区便民理发室开办、滨湖春天小区破损道路翻新、福桂苑小区非机动车室外充电桩设置和电梯轿厢地板更换、紫桂苑小区健身场地地垫更换等 100 多件民生微实事。

2. 积极开展"我在基层办实事"

社区积极对接共建资源，邀请省交通运输厅、省工商联、省高院等 32 家共建单位与社区党委签订"我在基层办实事"共建协议项目，双方单位结合居民需求清单，解决群众的操心事、烦心事、揪心事。共建单位认领了望湖嘉苑小区一号车库地下二层机械车位启用检修、休闲座椅安装等多项民生微实事项目，开展"点亮微心愿 共建暖人心"主题活动，为辖区 100 多个家庭点亮微心愿。

3. 积极落实"我在楼栋办实事"

社区党委号召发动社区党员、楼栋长"点对点"帮扶所在楼栋的老党员、高龄空巢老人、残疾人等特殊人群。充分利用"善治望湖"望湖街道第二届社区微公益创投，申报 14 个为民服务项目，组建"心连心"敬老志愿服务队、中青应急志愿服务队等 14 支志愿服务队伍，开展进楼入户关怀服务，受益人群达 2.4 万人次。

二 主要成效

一是完善了治理体系。社区探索建立完善基层党建、治理和服务机制，切实提升基层党建工作水平，优化社区治理机制，提高社区服务效能，创新社区治理模式，由"被动处理问题"转变为"主动发现问题"，织起了一张横向到边、纵向到底、密而不漏的社区治理基础网。

二是发挥了"头雁"作用。社区广大党员充分发挥先锋模范作用，积极参与到"红色领航 和美小区"建设中，通过开展"邻里情、邻里帮、邻里和、邻里乐"志愿服务活动，促进邻里之间相识、相知、相熟和相助，增强居民的归属感、认同感和荣誉感。

三是落实了民生实事。社区围绕群众关注的热点、难点问题，通过"我为群众办实事""我在基层办实事""我在楼栋办实事"三项实践活动，成功解决非机动车停车区域不足、小区危墙、小区监控老旧等一系列群众的急难愁盼问题，大大增强了居民幸福感与获得感。

"抓住关键小事、解决身边难事、做好为民实事"，是望湖社区服务群众的一贯理念和宗旨。社区通过"细、小、实"工作法，形成了社区服务的大格局，探索出了党建引领基层治理的新模式。"以百姓心为心"，让一件件小事有温度、一项项举措有热度，让人民群众有得、有感，也让基层治理能力激发、迸发。

党建引领入微处　共治善治一片红

——合肥市包河区航运南村社区"红色物业联盟"的运作实践

　　党的十九大，党的十九届五中、六中全会对治理体系和治理能力现代化，特别是基层治理提出了一系列新思路、新要求，合肥市委出台《关于加强新时代城市基层党建完善基层治理工作的意见》，对新时代城市基层党建发展提出了新要求，合肥市包河区包公街道航运南村社区坚持党建引领，以问题为导向，创新工作思路，努力破解治理难题，打造"红色物业联盟"项目，以"联盟"的形式，发挥统筹、协调、联动、监督作用，链接多元共治主体，凝聚力量，有效化解了物业管理矛盾和纠纷，提升了居民幸福感和满意度。

一　治理背景

　　航运南村社区，是包河区众多的老城区社区之一，社区办公服务面积650平方米，拥有居民楼99栋，大大小小的居民生活小区19个，总户数4077户，常住人口9056人。和其他老城区社区一样，航运南村社区呈现出"两多""一低""一少"的特点，"两多"即老旧小区多（2000年以前的小区有11个）、老年人口多（60岁以上老年人口约1260人）；"一低"即靠近南淝河，是包公街道最低洼的地带；"一少"即辖区大单位少，仅拥有中国联通合肥分公司、合肥市地方海事局两家大的企事业单位。因此，社区面临发展空间局限、人员分布密集、物业管理矛盾突出等问题，如何创新机制体制、破解区域治理难题，成为摆在社区党组织面前的时代课题。

航运南村社区通过"红色物业联盟"的打造，发挥社区党委领导核心作用，健全完善由社区党委、功能型党支部、业委会、物业、企业构成的组织体系架构，形成管理机制"一张网"、治理资源"一盘棋"、统筹协调"一张皮"，让最接近群众的人去化解最琐碎的事情，以群众关心的"小点位""微提升"撬动城市文明的"大转变""大幸福"，提升社区治理能力，不断提高物业管理服务水平，提升居民幸福感和满意度。

二　实践做法

（一）以"红色动能"赋能基层治理

"红色物业"关键在党建引领。坚持党建引领基层治理，以合肥市委"1+8"系列文件和包河区委实施"红色领航 和美小区"建设有关要求为引导，充分发挥社区党组织领导核心作用，聚集党组织、党员、党群服务站等的红色动能，积极将党建优势转化为服务优势，赋能基层治理。强化红色引领，成立由物业公司党员、业委会党员、网格员等多元力量组成的"红色物业联盟"党支部，为物业注入红色力量；打造红色阵地，建设"心驿"党群服务站，下设民情驿站、"红色物业联盟"工作站、协商议事厅等功能室，作为"红色物业联盟"主阵地，开展居民群众意见收集、议事协商等工作；激活"红色细胞"，动员党员参与和美小区建设，推动"红色细胞"活跃在小区一线、服务在群众身边，把服务"触角"延伸到基层"神经末梢"。

（二）以"分类管理"强化精准施策

针对各小区现状和存在的问题，实行分类管理。一是对商业物业小区、代管小区、自管小区实行分类管理。对商业物业小区，制定有效完善的监管和考核机制，侧重监管和考核；对代管小区，进一步明确服务项目，完善服务协议，在提供基本物业服务的同时，注重引导和协助解决管理中面临的难点；对自管小区，充分发挥自管小组的作用，注重引导党员先锋和居民骨干参与，做好指导和监管，确保自管小组对小区有效管理。二是对居民反映的意见和诉求进行分类管理。建立"社区党委—红色物业联盟党支部/网格党支部—小区（楼栋）党小组—党员中心户/楼栋长"四级问题收集体系，对收集的问题，按照物业管理类、行政执法类、矛盾纠纷类、助残帮困类等类别进行梳理，分类管理，通过民主协商，有效整合共治力量，明确责任，进行"派单"处理，做好指导、督促和反馈。

（三）以"统筹联动"整合共治力量

"红色物业联盟"，重在"联动"。建立"红色物业联盟"，各物业公司、业委会、居民自治组织和各小区（楼栋）党小组作为"红色物业联盟"成员单位。吸收物业公司、业委会、自管小组等治理主体，在社区党委统一领导下，在"红色物业联盟"党支部的统筹、协调下，以联席会议为主要载体，形成管理机制"一张网"、治理资源"一盘棋"、统筹协调"一张皮"，破解老旧小区物业管理服务水平差、人员力量弱、统筹协调难的问题，将辖区各小区物业公司、网格党支部、小区（楼栋）党小组等整合为综合为民服务平台。同时，积极探索"党工+义工+社工"三工互动和"社区服务平台+社区自治组织+社工+社会组织+社会资源"五社联动工作模式，真正将资源、力量、智慧"联动"起来，努力促进共治共享社区治理格局的形成。

（四）以"闭环管理"提升服务效能

以居民需求为导向，依托四级居民需求收集体系，围绕构建五步闭环民需服务体系，按照"意见收集—民主协商—问题处置—结案反馈—总结提升"的闭环管理模式，形成需求收集汇总、服务到底的畅通机制，实现居民需求从"点单""接单"到"派单"的"一条龙"服务，做到群众问题件件有落实、事事有回音。

（五）以"协商议事"致力矛盾化解

航运南村社区通过打造"有事好商量"平台、推进住宅小区"三位一体"

议事协调机制、开展协商类微公益创投项目等多种方式，最大限度发挥"协商"在社区治理中的作用。坚持党建引领，采取"党委领导、政府负责、政协支持、多方协同、群众参与"模式，打造政协委员工作室、社区协商议事厅、线上协商议事厅的"有事好商量"平台，激活基层协商民主"神经末梢"。按照"商前调研—开展协商—报送成果—转化落实—评估质效"的议事流程，构建程序合理、环节完整的协商民主体系，发挥政协委员政治协商、民主监督、参政议政作用和优势特长，围绕"协商于民、协商为民"原则，以"协商"促"共治"，激发社区治理新活力；推进住宅小区"三位一体"议事协调机制，有效化解物业管理问题；申报"惠航"协商议事等微公益创投项目，利用社会资源、社会力量、社会资金，助力社区矛盾化解。

三　取得的成效

（一）实现了新时代城市党建工作与基层治理联动共融、互促共进

"红色物业联盟"使城市基层党建工作与基层治理体系构建实现了有机融合。"红色物业联盟"注重发挥党组织作用和发动党员参与，有效推动党建促治理、党建惠民生，让基层党建不再只是党组织和党员的"自娱自乐"，而是延伸拓展至基层治理的各领域、各角落，真正在新时代城市治理体系构建中发挥统领作用，推动基层治理的力量再整合、结构再优化、服务再提升，有效破解了党建与治理的"两张皮"问题。城市党建工作与城市治理工作实现了联动共生、相互促进、良性循环、共同发展。

（二）破解了一批基层治理难题

依托"红色物业联盟"，构建起了社区党组织、业委会、物业与群众沟通的有效渠道，同时推动了社区、物业、业委会、党员先锋、居民骨干等力量参与治理，调动了基层群众参与小区治理的主人翁意识。在多方力量的共同参与下，一些小区长期存在的垃圾乱堆乱放、房屋乱搭乱建、电瓶车私拉

电线、小区停车难等顽疾得到有效解决。同时，诸如小区电表出户、地陷等一些涉及居民群体多、群众反映强烈、解决难度大的问题得到彻底解决。"红色物业联盟"覆盖的老旧小区居住环境也得到明显改善。

（三）唤醒了"沉睡"的居民自治力量

在"红色物业联盟"项目的推动下，居民广泛参与各类物业管理，助推矛盾解决，"红色物业联盟"在老旧小区改造、违章建筑拆除、街巷改造、小区物业管理等各个方面，都注重征求居民的意见和建议，调动了居民参与治理的主动性和积极性，居民的自治意识得到提升。同时，"红色物业联盟"设置"民情驿站"，设立居民需求登记簿，专用于居民意见和诉求收集，由社区党工和党员志愿者驻点接待和登记来访居民，进一步打通居民诉求渠道，上下联系，反映社情民意，居民参与自治热情高涨。在"红色物业联盟"的牵头组织下，在居民广泛参与下，航运南村社区通过成立自管小区实现居民自治的方式，有效解决了辖区荣昌园无物业愿意进驻，小区环境脏乱差、乱停车等问题。

（四）开展了有温度的拆违工作

荣昌园小区是典型的老旧小区，由于历史原因，违法建筑遍布，群众对此意见很大。为贯彻落实《合肥市包河区违法建设治理专项行动实施方案》，2021年10月25日，荣昌园小区拆违工作正式开始。"红色物业联盟"的成员以扬鞭奋蹄之势开展拆违前期动员工作，通过广泛收集违法建设居民的意见和建议，把拆违中出现的诸多问题摆出来，让大家坐在一起心平气和地来讨论，以这种更加合理、有效、有温度的方式促进拆违工作的开展。1楼及公共区域的违法建筑已全部拆除，楼顶的违法建筑拆除工作也如火如荼地开展着，推进辖区环境综合整治，还社区居民一个干净整洁、美丽和谐的家园。

（五）营造了良好的社区治理氛围

"红色物业联盟"每月召开联席会，每周召开民情交流会，对各小区业主提出的实际民生问题迅速转交办结，推动形成"多家物业、集思广益"的良好氛围，确保群众关注的难题有回音、有落实；"红色物业联盟"拉近了业主和物业公司的距离，物业公司开展工作越来越主动，物业费收缴率提高，形成了良性循环的服务关系；"红色物业联盟"真正做到了组织融合、队伍融合、机制融合、服务融合、活动融合。以党员为骨干，一大批"红色生力军"活跃在最基层、最前沿，由过去"敲不开门"的被动局面转变为"进得了门、入得了户、说得上话"，营造了良好的社区治理氛围。

四　未来展望

（一）抓好支部作用发挥，发挥党组织在"红色物业联盟"中的政治引领作用

2020年，"红色物业联盟"党支部成立，涵盖网格员、物业公司、业委会、民警、律师等多元力量，但党支部作用发挥不明显，多元共治力量没有形成合力。2022年，社区将进一步发挥"红色物业联盟"党支部在统筹、协调、联动、监督等方面的作用，凸显政治引领作用，由党支部抓好各小区党小组建设工作，广泛动员党员参与和美小区建设，负责牵头解决重点物业管理矛盾。

（二）抓好制度落实，推动项目常态化运行

"红色物业联盟"各项制度已经建立，但制度落实有待进一步推进。2022年，社区将抓好"红色物业联盟"各项制度落实，让"红色物业联盟"项目常态化运行，以联席会议制度联动共治力量，以议事协商制度化解矛盾，以服务监督制度促进物业服务能力和水平不断提升。

（三）抓好闭环管理，有效满足居民多元需求

社区将进一步探索"意见收集—民主协商—问题处置—结案反馈—总

结提升"的五步闭环工作模式，以居民需求为导向，处理和解决居民诉求，化解物业管理矛盾。通过民情驿站登记、网格民情走访、信息化手段收集、社会组织采集等多方渠道，广泛收集民情民意；对收集的居民诉求，按照物业管理类、行政执法类、矛盾纠纷类、助残帮困类等类别进行梳理，分类管理，通过民主协商，有效整合多元共治力量，明确责任单位、责任人，进行"派单"处理。通过五步闭环工作模式，形成需求收集汇总、服务到底的畅通机制，实现居民需求从"点单""接单"到"派单"的"一条龙"服务，做到群众问题件件有落实、事事有回音，让群众工作有温度。

"三位一体"同向发力
提升城市基层微治理能力

——合肥市包河区沁心湖社区的实践探索

成立于 2009 年 7 月的望湖街道沁心湖社区坐落于合肥市包河区望湖城内，东临望湖东路，西依庐州大道，南抵 312 国道，北至望湖北路，社区辖区面积约 1 平方千米，有 7 个居民住宅小区，总户数 4306 户，约 12000 人，实际入住率为 88% 左右，下辖 4 家物业公司，有 5 个小区成立了业委会。辖区居住人群大多为省直机关在职人员和退休人员，对社区治理水平要求较高。社区人口密度大，基础配套设施已不能满足居住人群的需求，导致居民与物业、居民与业委会之间沟通不畅，矛盾较多。社区搭建"三位一体"协商共治平台，推动社区、业委会、物业同向发力，齐头并进，实现组织进楼、服务进家、协商共治，有效解决居民的烦心事。

一 实践做法

（一）党组织全面覆盖

一是坚持党建引领。将组织体系建设的"触角"延伸到小区、覆盖到楼栋，以小区为单位，组建"网格党支部"，由社区"两委"成员任支部书记，吸收业委会和物业党员担任支部班子成员，通过加强基层支部在网格内的政治引领、组织引领、工作引领、服务引领，最大限度激发党组织在小区治理和基层协商中的主导作用，延伸党的工作"手臂"，形成了上连街道社区、下连业委会和党员的组织体系，实现了党组织向小区、楼栋、家庭的全方位覆盖。

二是打造服务载体。在月桂苑网格物业服务中心试点设立"大共治"网格办公室，制定了专门的管理方案，按照"1+2+N"模式（即1名网格长、2名专职网格信息处置员、N支自治力量）配齐网格人员，制定了相关制度。围绕安全隐患、突发事件、市容环卫、园林绿化、环境保护、无证照经营、纠纷调解、社会保障、居住区事务、治安防控、公共设施等十一大类管理服务事项，主动发现问题、解决问题。

三是聚焦问题化解。网格党支部牵头组织成立和美小区共治委员会，由网格支部书记、网格员、物业公司及业委会负责人、楼栋长和居民代表组成，负责小区日常治理工作。建立小区党员、网格员、楼栋长、物业管理员和居民志愿者五支队伍，落实日常管理。建立六项工作机制，从党员积分定星管理、社情民意处置、志愿者管理、议事协商、矛盾调解和党群服务方面着手，完善小区治理体系，形成科学、合理、高效的治理模式。

四是建立议事机制。建立"三位一体"议事协商制度，每月召开"半月谈"网格议事协商会，吸纳业委会、物业、社区居民的意见、建议，引领广大业主积极参与小区综合治理。2021年以来，在社区党组织领导下，通过"三位一体"议事协商机制，调解居民各类矛盾纠纷，对小区停车难、电动车充电、健身场地维修等问题进行讨论解决，及时有效地化解了业主与物业公司之间的纠纷，真正做到"小事不出网格、大事不出社区"。

（二）规范业委会建设

一是加强组织引领。疫情期间，月桂苑业委会成员在网格党支部的号召下，主动参与小区门岗值班，服从组织安排，测量体温，登记信息，风雨无阻。业委会委员陈文科担任月桂苑网格党支部兼职副书记，在为小区业主服务方面时刻发挥党员表率作用。

二是规范收益管理。建立公共收益使用及工作经费收支公示制度，按年度在园区宣传栏进行公示，接受居民监督。业委分会按照"各苑单设核算科目、分会按程序决策、总会财务监管、主任一支笔审批"的原则设置业委分会小额办公费。

三是规范决策程序。制定业主委员会委员工作守则、会议制度、财务管理制度、办公设备和办公用品管理制度、档案管理制度等。参与决策园区大小事务，积极参与望湖城房屋漏水、冬季供暖、园区车位改造等工作。

四是规范报告制度。业主委员会主动加入望湖街道党建联席会，通过认领"和美小区"建设服务项目，常态化开展服务项目。关于园区的决议都会形成会议纪要抄报给社区，业委会成员每月列席社区网格党支部召开的议事协商会议，对党小组长、单元长提出的小区建设意见、建议进行总结反馈。更好地推进"组织进楼、服务进家"，不断提升居民的幸福感、获得感、安全感。

（三）推动物业优化服务

一是做好企业党建。合肥宜尔室家物业管理有限公司 2010 年 11 月成立宜尔室家党支部，公司副总经理宁春梅任党支部书记，共有党员 5 人。宜尔室家党支部按时组织"三会一课"，开展"学习强国"APP 每日学习，建立"宜尔室家党支部"微信群，实时传达上级党委的各项文件精神，并贯彻执行。在工作上，宜尔室家党支部作为公司的党员先锋队，率先垂范，奋战在扫雪清路、扑灭火灾、疫情防控、防汛抗洪等工作的第一线。

二是做好特色服务。在党组织的引导下，宜尔室家物业公司助力打造志愿服务广场，创新设立志愿服务岗亭，不断拓展志愿者服务内容。物业客服中心设立学雷锋志愿站及文明创建宣导台，为业主们免费提供便民小推车、门岗雨伞、暂存快递货架、婚庆红毯等。每年中秋或重阳携礼品慰问孤寡、空巢老人，为特殊人群上门维修时免人工费、材料费，开展主旋律电影放映、消防安全常识入户宣讲等活动。

三是做好示范创建。宜尔室家物业积极发挥党员职工先锋模范作用，持续推动有针对性、目标明确的专项品质建设。同时，物业公司也注重做好项目工作图文存档及梳理，定期向《物业日记》等业刊投稿，不断规范物业服务行为，提升服务对象满意度。

二　主要成效

一是增强了小区治理凝聚力。沁心湖社区通过党建引领、齐抓共管，整合多方力量，有效提升了社区抓党建、抓服务、抓治理的能力和水平；真正发挥"三位一体"议事协调机制的作用，沁心湖社区共召开"三位一体"议事协商会 97 次，协同解决了车位改造、噪声扰民、小区冬天不供暖等 45 个群众关切的问题，切实将矛盾化解在家门口、服务提供在家门口、力量凝聚在家门口。

二是增强了小区治理护航力。在社区党委的领导下，按照共建共治共享的服务理念，加强对非公企业党建指导工作、对业委会的规范化建设工作，将优秀的非公企业党支部凝聚到社区党组织的旗帜下，与辖区物业公司形成联动，开展形式多样的便民、利民、为民活动；在社区党组织的领导下，业委会成员积极参与园区大小事务决策，主动参与望湖城房屋漏水、冬季供暖、园区车位改造等 30 余项事务，真正做到为小区治理全力护航。

三是增强了小区治理原动力。通过开展形式多样的服务和活动，让居民既感受到物业的优质服务，又感受到组织的温暖关怀，让培育成效内化于心、外化于行；立足小区，结合实际，开展党的声音传播到家、新婚喜事庆贺到家、新春佳节恭贺到家、天灾人祸温暖到家、家庭纠纷调解到家、生活困难慰问到家、有病住院看望到家、健康卫生关爱到家等"八个到家"暖心服务 112 次，持续打造一个有温度的社区。

三　未来展望

2021 年以来，沁心湖社区深化党建引领，以人民为中心，以群众满意为标准，以"红色领航 和美小区"建设为抓手，优化工作机制，理顺党组织领导下的多元主体关系，打通党组织联系、服务群众的"最后一米"，助力城市基层治理跑出"加速度"。下一步，沁心湖社区将持续推进"三类典型"培育工作，压实责任。在住宅小区"三位一体"议事协商机制有效运作方面，加强党建宣传；在业委会规范化建设方面，约谈业委会负责人，协调推动业委会和居委会设立公共收益共管账户；在打造物业优质服务典型方面，发挥党建指导员的作用，积极推动建立小区功能性党组织。

回迁治理"益起来" 公益互助皆顺心

——合肥市包河区顺园社区实施"顺心公益"计划

合肥市包河区烟墩街道顺园社区地处滨湖新区烟墩街道的西南角，占地面积 3.9 平方千米，包括滨湖顺园、都会 1907、时光印象、公元天下等小区和单位。滨湖顺园小区于 2017 年 12 月回迁安置，拥有住宅房屋 9900 套，人口近 3 万人，是安徽省最大的回迁小区。都会 1907、时光印象、公元天下、正荣府等商品房小区陆续交房，已入住人口约 4000 人。

滨湖顺园小区体量大，人员密集，社区治理工作任务重，社区党支部党员人数少，居民党员年轻人少，开展党建活动时老党员参与较多。新交付的商品房小区，居民入住率低，业主与开发商以及物业矛盾不断，开展党建工作和孵化社区社会组织难度大。同时，激活社区社会组织力量存在难度，顺园社区回迁居民文化程度、生活习惯、个人素质等差异明显，居民素质、环保意识以及社区归属感缺乏，弱势群体问题突出，居民精神生活匮乏。因此社区社会组织还未形成，在发挥社区社会组织新生力量作用的同时，群体效用不明显。

一 实践做法

近年来，合肥市包河区坚持以习近平新时代中国特色社会主义思想和党的十九大精神为指导，按照城市基层党建工作的部署要求，聚力推进"红色领航 和美小区"建设，实现组织进楼、服务进家，打通了党组织联系、服务群众的"最后一米"，为"安徽中心、和美包河"建设打下了坚实的基层基础。

顺园社区深入学习贯彻党的十九届四中全会精神，提高城市治理现代化水平。统筹规划生活、娱乐、教育、环保等方面，发挥好政府、社会、居民等各方作用，推出"顺心公益"计划，包括"关爱益心""邻里益学""顺手益行""和美益帮"四个模块。有效贯彻"党建引领、政社合作"的指导理念，增强了居民参与社区建设的荣誉感和自信心。

顺园社区以社区治理创新为契机，从生活服务、社区教育、公益活动、社区社会组织作用激活等方面打造"顺心公益"品牌，统筹协调社区治理资源，推动社区、社会组织、辖区单位共建共治共享，发挥民主协商、法治保障等多种优势，形成党建引领下的品质社区治理新格局。

（一）根植于社区居民生活需求，推出"关爱益心"

"关爱益心"通过链接辖区爱心商家资源和爱心人士，对辖区困难家庭开展精准帮扶，定期在社区开展便民爱心服务，同时吸引居民志愿者参与，成为居民参与社区建设的新模式。邻里关爱是"关爱益心"最早和持续开展的活动，对孤寡老人开展了 60 多次心理疏导，为困难老人提供了 100 余次关爱慰问，同时针对青少年开展心理咨询，为残障家庭提供上门便民服务多次，实现居民幸福感、生活品质的显著提升。

（二）聚焦于社区居民的文化艺术需求，开展"邻里益学"

顺园社区教育以"开放、普惠、共享、优质"为理念，以促进居民学习和发展为目标，推出"邻里益学"。顺园社区通过开展丰富的社区课程，满足各类居民学习需求，提升居民各方面能力，老年学校借助书法、剪纸、舞蹈、戏曲等课程满足老年人文化需求，全年服务 2000 余人，在提升生活幸福指数的同时，开展文艺会演以及大型节庆演出，惠及社区居民近千人。青少年学习以艺术、主持人、少儿科学及益智类等方面课程为主，全年服务约 1000 人次。同时"邻里益学"为社区妇女提供舞蹈、瑜伽、健身操、美食等公益提升课程，全年服务约 300 人次。"邻里益学"在着力于满足居民需求的同时，注重学以致用，同时提供展示平台，鼓励广大居民参与到品质文化社区建设中来。

（三）致力于学以致用，以"顺手益行"为载体开展社区公益活动

其中"顺心公益一小时"是"顺手益行"的典型活动，通过开展多样化便民服务，壮大社区志愿团队，增强居民对社区的认同感和责任感。"公益一小时"定期开展老年人视力检测，眼科、耳科和口腔义诊，家电维修，磨刀磨剪，入户为特殊家庭提供便民服务和慰问关怀等活动，"顺心公益一小时"获评包河区志愿服务品牌项目。同时，在"顺手益行"下还开展了环保社区、平安社区、书香社区、儿童友好社区等特色品质社区活动。"顺手益行"广泛吸引党员志愿者，动员多方力量参与，将品质理念融入社区的各个环节，引领居民品质生活。

（四）以激活社区社会组织作用为目标，形成特色"和美益帮"

通过社区公益活动、社区教育以及专业社工团队孵化，培育符合社区特色的社会组织，并不断扩大团队基础，形成规范化、可持续的社会组织管理体系。已形成居民协商议事类组织 5 个、社区志愿团队 3 个、社区文体组织 4 个、妇女生活类组织 1 个、亲子活动团队 2 个。在专业社工引导下，自主承接公益微创投项目，开展各类符合社区需求的公益活动，激活社会组织作用，共建品质和美小区。

二　成效及启示

顺园社区以党建为引领，以睦邻中心为阵地，以"顺心公益"为推介点，以社区为主题，研究群众工作新方法，探索服务居民新路径，把党务工作、志愿服务延伸到社区每个角落，满足了居民在文化、体育、精神等方面的需求。同时，顺园社区在实际工作中注重可持续性，注重挖掘居民与社区社会组织在社区治理中的主观能动性和参与责任感，让每个人都成为社区治理的主体，助推多元共治社区，实现品质社区升级，全面推进"红色领航和美小区"建设。

三　未来展望

以党建引领为根本，建立、完善党组织领导的自治、法治、德治相结合的城市基层治理体系，在村改居工作中，形成一定的治理思路，并以制度化和规范化的形式，形成可复制的经验，让治理模式可学习、易操作、能推广。推动形成共建共治共享的基层社区治理新格局。

下一步，工作中要加强社区社会工作者队伍建设，培养和留住高素质人才。在环境方面培养居民环保意识，为居民营造舒适方便的社区居住空间，激活社区社会组织作用，为居民提供丰富的文体生活。开展便民利民服务，利用社区社会组织深入群众的优势，摸排困难人群，开展精准帮扶活动。同时，激活社区社会组织作用，坚持党建引领，强化组织保障，坚持重心下移，强化责任担当，发动社区社会组织，建立社区社会组织孵化基地，打造社区治理学院，培养基层治理人才队伍，提升基层治理实务能力，着力解决基层治理难点问题，推动基层社会治理创新。社区引入从事社区治理、社区教育的专业社会组织负责建设运营工作，与省内高等院校、社区学校等教育主体合作，通过购买服务方式，开展项目化运营，提升社区治理、社区教育的成效。

"四个前移"微创新　移出治理新天地

——合肥市包河区万慈社区推出"四个前移"工作法

包河区万年埠街道万慈社区于 2018 年 3 月成立，坐落于合肥美丽的滨湖新区南部，面积约 2.2 平方千米。辖区有揽湖苑、亲湖苑等高档商品房住宅小区，合肥师范附小万慈小学、滨湖晨星幼儿园、融创茂、融创乐园等单位，已建成居民住宅 6519 户，入住人口约 11300 人。

一　治理背景

作为包河区"年轻"的街道，万慈社区内有不少新建商品房，这些小区虽然房屋设施新，但是配套不足，缺乏居民活动场地，楼栋居民之间熟悉度较低，楼栋邻里之间行为习惯、地方文化差距较大。因此，万慈社区通过开展前期摸排调研、入户拜访、摆台宣传等多种形式发掘楼栋居民需求，建立揽湖苑线上、线下互动平台，通过开展楼栋服务活动、挖掘楼栋居民骨干、培育楼栋自治组织等方式促进楼栋自治发展，工作中注重链接社会资源进入楼栋，成功搭建涉及社区公共事务、居民生活需要、资源供给需求的多方共享平台，在项目期内结合社区重点工作开展楼栋服务活动并扩大包河区公益创投项目影响力，打造和美楼栋，营造和谐的邻里氛围。

二　实践做法

社区是城市治理的最基层组织，也是发挥居民自治作用的最基层舞台，社区自治管理集居住环境、就业医疗、安全保障、文化活动、为老为小、素质提升于一体，是实现"推进国家治理体系和治理能力现代化"这一总目标的最基础领域。楼栋作为这一领域中最贴近居民生活的试验田，是邻里之间的"最后一米"。万年埠街道和美邻里楼栋自治项目以万慈社区揽湖苑C区"一米阳光"党群服务站为载体，项目包含资源共享平台搭建、服务活动开展、团队规范化建设、楼栋自治组织培育四大块工作内容，大力实施包河区"红色领航 和美小区"建设。

（一）阵地前移，打通服务居民"最后一米"

为了满足群众间互动的需求，社区党组织牵头，联合物业公司，通过走访辖区党员群众、居民业主，广泛征集意见、建议，最终经过召开座谈会协商讨论后，万年埠街道选定揽湖苑C区21号楼架空层为试点，以党员驿站、志愿帮扶、健身娱乐、文化阅读和协商议事为基础功能，打造小区"一米阳光"党群服务站。党群服务站由社区和物业共同出资，进行改造建设，最终将交由小区党员群众和居民骨干自我管理、自我服务，实现阵地前移，打通服务居民"最后一米"。

（二）组织前移，推动党的工作进楼入户

有了阵地还需建立组织。揽湖苑C区共有6栋居民楼925户住宅，入住486户，常住人口约1400人，居民党员62人。社区通过上门走访登记，深入基层党员、群众，为每个党员家庭送上红色家书，邀请有时间、有精力的党员，担任自己居住楼栋党小组组长或组员，引导党员到楼栋报道。社区党建在社区建设中十分重要，它能通过改进工作形式和增强服务能力，迅速推进和完善社区的治理。做好社区党建工作，对推进社区治理和城市建设有着重大意义，因此万慈社区也非常重视对社区党员的引导。截至2021年11月已有19名热心党员、39名热心居民加入和美小区建设的队伍中。下一步，万慈社区还将成立楼栋居民小组和"两长四员"队伍，逐步完善小区内部组织队伍体系，实现组织前移，推动党的工作进楼入户。

（三）服务前移，打造"一米阳光"工作室

有了阵地，有了组织，下一步就应该以服务带动组织、充实阵地，吸引居民群众走出家门、走到一起。党群服务站启用后，万慈社区党组织引进专业社工组织——实创公益发展中心，积极培育各类公益组织，承接社区公益创投项目，参加红色公益微创投，领办服务项目，做好党群服务站的日常工作，积极组织开展各类活动，如亲子活动、运动健身、手工制作、全民阅读等，通过丰富多彩的活动，引导小区居民参与进来，努力把小区里的"陌生人"变成"熟人"。

同时，小区党支部积极动员有思想、有能力、有公益心的企业单位、社会组织和热心人士共同参与小区建设。通过协调各方资源，社区打造了"一米阳光"工作室，先后成立了具有法律咨询、矛盾调解专长的"老何工作室"，提供健康指导、中医养生服务的"中医义诊"，以及宣传治安防范、心理健康咨询的"葛姐阳光驿站"。各具特色的工作室轮流坐班，真正做到把服务送到群众家门口。

（四）治理前移，通过协商议事解决问题

万年埠街道万慈社区打造"一米阳光"党群服务站，旨在通过搭建平台，提供组织保障，引导居民群众围绕公共安全、公共卫生、公共环境、公共服务开展协商议事，化解基层矛盾，解决群众困难，满足居民需求，从而提高小区自治能力。揽湖苑C区功能型党支部成立后，积极牵头协调物业公司和相关部门，先后协商处理了小区垃圾分类投放点建设、不文明养宠物问题、园区路灯广告灯问题及多起房屋漏水邻里纠纷问题。通过化解一个个矛盾，党组织不仅赢得了居民的信任，也使自己进入小区的路越走越宽，逐步营造出"有事就找党组织"的浓厚氛围。

三 成效及启示

一是夯实了治理平台。万慈社区通过多种方式发掘楼栋居民需求，建立揽湖苑线上、线下互动平台；通过开展楼栋服务活动、挖掘楼栋居民骨干、培育

楼栋自治组织等方式促进楼栋自治发展；通过链接社会资源进入楼栋，成功搭建了涉及社区公共事务、居民生活需要、资源供给需求的多方共享平台。

二是打通了服务群众的"最后一米"。万年埠街道和美邻里楼栋自治项目服务于揽湖苑 C 区，项目主要包括资源共享平台搭建、服务活动开展、团队规范化建设、楼栋自治组织培育四大块工作内容。万慈社区通过积极打造小区党群服务站、建立完善小区内部组织队伍体系、引进专业社会工作者、组织培育各类公益组织、解决群众困难等途径推进包河区"红色领航 和美小区"建设，不仅促进邻里互动、互助、互学，拉近楼栋邻里关系，更充分发挥小区党支部和楼栋党小组的政治引领作用，营造"有事就找党组织"的楼栋氛围，通过"四个前移"工作法打通服务群众的"最后一米"。

三是创新了治理路径。万年埠街道实施包河区"红色领航 和美小区"建设，依托"一米阳光"党群服务站阵地基础，推动居民参与楼栋自治建设，通过阵地前移、组织前移、服务前移、治理前移的"四个前移"工作思路，打通服务群众的"最后一米"，营造"有事就找党组织"的和美小区氛围。项目注重阵地平台搭建、居民骨干人才发掘、居民自治机制建设，引导居民增强议事协商意识，将党群服务站打造成群众家门口的党组织阵地，实现党建引领新格局，让"一米阳光"真正照射到居民家中，实现社区居民对社区治理全程知晓、全程参与，多管齐下探索推进居民自治的可行性路径，寻求社区治理创新思路，让居民从被治理、被服务转变为自我治理、自我服务。

四 未来展望

（一）挖掘楼栋居民骨干

居民骨干在社区工作的开展中有着举足轻重的作用，一方面承担着居民与社会工作者间的桥梁作用，通过发挥居民骨干的作用，可实现社会工作者与居民之间有效良好的沟通；另一方面居民骨干也是社区实现居民自治最为关键的一环，是实现社区居民自治的必要条件，通过发挥居民骨干模范带头作用，可在居民中形成一条充满正能量的有效宣导渠道。因此万慈社区非常重视对居民骨干的挖掘，社会工作者深入社区在具体的工作中发现社区骨干，并对他们定期开展培训工作。楼栋居民骨干在安全巡查、志愿服务、邻里关爱等楼栋治理的各个环节中，可发挥出积极有效的带动作用。

（二）培育楼栋自治组织

居民是楼栋治理中的关键主体，楼栋居民的参与程度决定着楼栋自治水平。万慈社区已经成功培育楼栋自治组织 3 个，分别为"一米阳光"志愿服务队、"一米阳光"志愿巡逻队、"阳光妈妈"手工坊，社区引导各组织成员积极参与社区事务，使得他们在社区文化、环境、安全等方面充分发表意见，并付诸行动，以此来促进社区公共事务的顺利开展，其中"一米阳光"志愿服务队和"一米阳光"志愿巡逻队在疫情期间开展的志愿巡逻、防疫值守等活动为疫情防控工作做出了积极贡献。

（三）加强团队能力建设

志愿服务是促进社区和谐发展的"助燃剂"，社区如果能够充分挖掘和利用好社区志愿力量，会有利于社区文化、环境等各项事业的发展。因此万慈社区十分重视对志愿者队伍的扩充完善和发展培育。万慈社区在项目期内为团队开展了 5 次能力建设课程。如对志愿者队伍的培训，通过设定阶段目标、分类管理和制度建设对志愿者队伍进行日常能力及应急能力的培养。

（四）促进楼栋见面会协商议事

为聆听社区居民心声，切实解决群众困难，收集群众对社区建设的意见和建议，增进楼栋居民之间的感情，把解决居民的实际困难作为推进社区建设的出发点和落脚点，让居民小事不出楼栋，万慈社区开展楼栋见面会 5 次、协商议事会 7 次。万慈社区通过楼栋见面会、亲情敲门见面会等形式建立楼栋管理小组，搭建楼栋互助小组，引导居民有事就找党组织、有事一起商量着来，将楼栋打造成"凝民心、聚民智、成民事"的红色阵地。

社区治理"红五角" 共筑和美新篇章

——合肥市包河区宁国新村社区微治理案例

合肥市包河区宁国新村社区坚持以社区治理为抓手，立足实际，落实基层工作，深化社区治理品牌建设，构建"红色领航 和美小区"，按照"调、商、帮、连、聚"五项工作法，推进实施"红五角"项目化服务，加强睦邻中心建设。

一 治理背景

宁国新村社区坐落在合肥市的东南面，位于风景秀丽、闻名遐迩的包河公园南侧。宁国新村社区东起宣城路，西邻宁国路，南至一环路，北依芜湖路，占地面积 1.1 平方千米，人口 1.1 万人，辖区有驻地单位 8 家、住宅（物业）小区 23 个、自管小区 1 个、农贸市场 1 个。驻地单位有安徽省审计厅、安徽省地质实验研究所、安徽省煤炭科学院、齐云山庄等。

社区治理主要存在下列问题。

一是老城区基础设施薄弱。宁国新村社区共有 24 个老旧小区，物业力量薄弱，且多个小区无物业。同时，老年人口多，社区问题集中表现为邻里纠纷多、物业矛盾尖锐、基础设施薄弱。

二是居民参与意识不强。社区是居民共同的家园，社区的有效治理必须依靠居民积极参与。但现实情况是居民对于社区举办的活动参与度不高，参与社区活动的内容也大多集中在文娱活动、治安巡逻、志愿者活动等方面，而且频次偏低、年龄偏大，人群相对固定，被动参与多、主动参与少，身体性参与多、思想性参与少，"在场"式参与多、意见性参与少。

三是社区自治功能还有待增强。第一，社区治理角色尚未厘清。基层政府与社区组织之间的权责边界不清晰，社区居民委员会行政负担过重，社区社会组织服务能力偏弱。第二，社区治理多元参与需要加强，政府部门在公共服务领域包办过多，居民自治活动的内容和载体相对单一，社会力量、市场主体参与社区建设缺乏长效机制。第三，社区治理资源分配不均，社区地处老城区，硬件资源相对不足，部分公共服务设施老化，亟须更新换代，便民服务需要加强。

二　实践做法

社区围绕"环境优美、治安良好、生活便利、人际关系和谐"的现代化社区建设目标，坚持党建引领，创新实施"红五角"项目化服务，探索"红色聚能、协同善治"的社区治理体系。

（一）事事好商量，和事角来调

为充分发挥基层党组织在维护社会稳定中的领导核心作用，宁国新村社区党委设置和事角，立足于解决小区居民矛盾，提供心理咨询、法律援助，力求尽快化解纠纷，避免了居民邻里矛盾的升级，促进了邻里和谐。

（二）社区是我家，议事角来商

为了广泛地听取居民及共建单位对于社区治理的意见和建议，宁国新村社区党委设置议事角，以党委为核心，以驻地单位、物业、居民为依托，四方聚力协商解决社区事务，保障居民的知情权、参与权、建议权和监督权，切实维护社区居民的合法权益，完善社区议事协商治理机制。

（三）困难不用慌，暖心角来帮

为解决社区民生问题，做到全方位帮扶困难群众，宁国新村社区党委设置暖心角，不断收集民生需求，结合社区低保、残联、再就业等救助类工作，积极开展微公益服务项目创新，不断整合辖区资源，给予社区困难群众更大的帮助，让社区居民获得更多的幸福感。

（四）党群心连心，同心角来连

宁国新村社区逐步构建起社区工作人才多层复合的梯次结构，切实发挥基层党组织领导核心作用，以居民需求为导向，逐步将社区居民转化为义工，壮大社区志愿队伍，组织居民义工组建治安巡逻队，提高社区治理能力，为居民提供精细化、个性化、多样化服务。

（五）老少乐融融，康乐角来聚

为了给居民提供丰富的志愿服务，让社区生活更有质感，宁国新村社区党委设置康乐角，立足社区"五社联动"（社区服务平台、社工、社会组织、社会资源、社区自治组织）建设，注重老人健康关怀及妇女儿童之家的建设。

三 成效及启示

宁国新村社区党委通过打造"红五角"这一抓手，调解社区治理中存在的矛盾，集结物业、热心居民、骨干党员等多方力量参与到社区治理工作中来，激发了社区治理的活力。在社区治理中摸索的"调、商、帮、连、聚"五项工作法，能很好地运用到后续社区治理工作中。

一是用好"调"字诀，建设化解居民矛盾的"和事角"。紧紧抓住居民的揪心事、烦心事，解决困扰居民十多年的前进巷出行难问题，社区党委协调市交警三大队、街道城市管理部，邀请协商小组代表，召开意见征集会，共同研究缓解小巷车流压力的方案，确定将前进巷改为单行道，并画出70个停车位，街面秩序得到显著改善，居民出行更加便捷，纷纷为社区点赞。2020年，社区党委把"和事角"与"四员一律"进网格相结合，整合法律专业力量，为居民的投诉、求助或巡查发现的居民矛盾事务提供法律援助，解决矛盾纠纷，实现"小事不出楼栋、大事不出社区"，全年调处邻里纠纷、家庭矛盾等共计120余件。

二是做好中间"商",建设解决居民身边事的"议事角"。通过社区党委牵头,召开意见征集会、议事协商会,协调居民、驻地单位、物业、政府部门等多方力量,共同协商解决方案。同时进行居委会和居民代表"双向监督",保障问题有效解决。集装箱宿舍将进行老旧小区改造,社区及时召开征求意见会,采纳居民关于将自行车棚改建为停车位和健身场地的意见,将其融入改造方案。同时成功解决锦桂花园1号楼房屋维修问题,社区党委通过组织居民自愿报名和现场抽签方式确定30名居民代表,并选拔15名党员骨干、楼栋长,组成议事协商小组,在社区党委协同下,成功申请房屋维修资金5万余元,修缮漏水房顶。

三是当好"帮"帮团,建设扶弱济困的"暖心角"。依托街道"人在暖途"困难家庭救助项目、热心单位帮扶慰问、认领微心愿、专业社工帮扶等,最大限度解决困难群众的生活问题。此外,社区专门建立困难群众帮扶"绿色通道",形成闭环式快速帮扶。2021年12月住在养老院的80多岁的张奶奶,因政策变化,需要转院到区里认定的有资质的养老院,社区工作人员主动"一站式"帮扶,全部完成申请相关环节,帮助张奶奶顺利转院,得到老人及其亲属的热情赞扬。"老百姓的事儿就是社区党委的事儿",这是社区党组织服务居民一以贯之的理念。

四是画好"连"心线,建设促进区域共建的"同心角"。坚持区域共建,主动走访驻地单位党组织,积极开展社区文化活动,得到了省审计厅等驻地单位的支持与帮助。"疫情就是警情",在2020年疫情防控最为严峻的时刻,省审计厅主动驰援,组建200余人次的志愿服务队,每日中午接力小区值守,让社区工作人员吃口饭、缓口气。在得知社区防疫物资紧张的情况后,组织购买了5000个口罩送到社区,为缓解疫情防控压力做出积极贡献。社区党史学习教育活动得到省审计厅领导的大力支持,成功举办了建党百年党建知识竞赛活动,吸引10个辖区驻地单位党组织参加。在省审计厅的助力下,通过开展20多场共建活动,宁国新村社区逐步形成了以社区党委为核心的"社情共商、资源共享、活动共办、发展共创"的工作格局,区域化党建水平不断提升。

五是打造"聚"心环,建设服务居民的"康乐角"。坚持"旧建筑、新空间”的工作思路，将宣城路 95 号 820 平方米的街属租赁资产划拨社区，打造社区党群服务中心，推动公共服务平台、社区治理平台、社会服务平台、志愿服务平台的一体化，同时将宁国新村小区内原 300 平方米的社区办公场所改建为"心驿·悦宁"党群服务站。服务站建成以来，开展了 120 多场活动，将党员、群众会聚在一起，促进邻里交流和亲子互动，悦宁书画协会、悦宁曲艺社等 8 支群团组织、志愿者队逐渐发展壮大。

四　未来展望

（一）提高政治站位

一是突出以人为本理念，推进社区治理平台转型升级，把人民群众的需求作为社区治理工作的出发点，做到居民心声有人倾听、怨气有人化解、矛盾有人调解。二是着力构建党委领导、民主协商、居民参与、法治保障的社会治理体系。

（二）继续推动社区微治理创新

宁国新村社区将继续围绕"红五角"项目化服务模式，开展更多形式的社区活动，调动居民参与的积极性。

（三）提升社区干部治理能力

宁国新村社区将立足于社区工作者的专业化、职业化，不断壮大社区工作者队伍，大力提升社区工作者的综合素质和服务能力。一是推行网格化管理，每 300 户左右划分为一个网格，每个网格配备 1~2 名网格员，作为"全科医生"负责收集社区民意、调解矛盾纠纷。二是促进社区工作者职业化和专业化，鼓励社区工作者参加社会工作者职业水平考试，不断提高社区工作者的能力素质，更好地胜任新时期社区工作。

"五事工作法" 自事始至事终

——亳州市谯城区站前社区探索实施"五事工作法"

亳州市谯城区薛阁街道站前社区成立于 2007 年，辖区面积 3 平方千米，辖 2 个自然村，36 个物业小区，常住人口 11416 户 28540 余人，社区有办公场所 1500 平方米，工作人员 28 名，社区党员 195 人。2018 年 7 月成立社区党委，下设 3 个党支部，社区"两委"有 14 人，其中党组织成员 9 人，社区委员 9 人，交叉任职 4 人，平均年龄 40 岁。近年来，站前社区先后获得市级"先进党组织""地震安全示范社区""五星基层党组织""五星远教站点"等荣誉称号。"五事工作法"在安徽先锋网、安徽手机报上刊登。

"五事工作法"是亳州市谯城区薛阁街道站前社区探索实施的党建引领社区治理的创新工作法，即"党员问事、群众说事、集中议事、及时办事、定期评事"。"五事工作法"以服务基层、服务群众、改善民生为主要内容，围绕解决基层、党员、群众和企业反映的热点、难点问题，从小处着手，从实处抓起，以小见大，提升社区治理服务的针对性、主动性、实效性。

一　治理背景

随着我国城镇化进入较快发展区间的中后期，经济深刻转型、社会深刻变革、利益诉求多元，各领域党组织结构、人员结构、社会结构发生了深刻变化，很多新经济组织融入城市社区，农村居民搬迁进入城市社区，形成了一定区域内农村、社区、非公经济组织和社会组织交错"杂居"的状态，由此衍生出一系列新情况、新问题，对城市基层社会治理提出了新的挑战。随着各类社会人群大量涌入社区，机关事业单位的社会管理功能和服务职能逐步转向社区，而社区服务资源短缺，服务能力相对不足，"小马拉大车、想管却管不了"的问题日益突出。

"五事工作法"通过建立"党员问事、群众说事、集中议事、及时办事、定期评事"机制，拉近了党员、群众和社区党组织之间的距离。推动城市社区服务从"传统服务模式"向"新型服务模式"转变，体现了新时代共产党员的忠诚担当、职责使命和价值追求，是一套顺应新时代城市社区需求、符合基层工作实际、代表社区居民利益的可操作、可推广、普适性高的工作方法。

二　主要做法

一是党员问事，掌握社区实时动态。社区党员要经常走访群众，了解家常事、烦心事、急难事、困惑事，掌握社情民意。社区依托党建网格，组建党建网格员队伍，并建立走访联系制度，每名网格员每月走访网格内居民2次以上，入户开展问事活动，发放"网格员联系服务卡"，填写走访记录，收集社情民意。通过广泛地"问事"走访，真正将社区居民的"声音"收集起来。

二是群众说事，畅通居民反映渠道。群众可以随时随地找党组织沟通，对于突发事件、特殊事项随说随办。第一，在社区活动场所设立说事窗口，实行社区"两委"干部错时上班制度，在正常工作时间外，每天安排1~2名干部值班，确保群众说事有人听；第二，建立民情微信群，畅通网上说事平台，让群众有说事的地方，便于群众随时随地找党组织反映问题。

三是集中议事，健全社区议事机制。群众反映的重大问题和难点问题，由社区党支部、党小组及党代表集中研究处理。以社区党组织为主导，汇总梳理收集到的意见、建议，据此确立"议题"，于每月10日召开由社区"两委"干部、党员代表和居民代表等参加的"议事会"进行决议，并通过公开栏公示决议意见、各自责任和完成时限等，主动接受群众监督。

四是及时办事，建立限时办结制度。对群众提出的问题能够解决的现场解决，一时不能解决的向群众说明情况并作出承诺。制定问题清单，实行限时办结和全程督办制度。对于一般性事务，社区安排专人在一个工作日内办结；对于需要集体研究、一时不能办结的事项，"议事会"牵头成立督事组，每周一次督促检查，跟踪问效。对没有按时完成或者及时回复的，实行"红牌警告"，督促工作人员切实做好群众工作，妥善解决群众反映的突出问题。

五是定期评事，强化评定结果运用。在社区集中学习日，党支部向代表通报"问事""说事""议事""办事"情况并对办理结果进行评议和测评，确保群众满意。坚持"一季一小评、半年一大评、全年一总评"，每季度对事项办理情况进行综合评定打分，评定结果与社区党员、干部评先评优挂钩。对群众满意率未达80%的工作或个人，责成限期整改；结合党员评星定级工作，将工作开展有效、群众满意度高的党员，优先推荐为"五星级党员"参评对象，极大激发了党员和干部的工作热情。

三 取得的成效

"五事工作法"来自社区一线，扎根基层实践，具有鲜明的时代性、实践性，受社区居民认可、党员拥护。自"五事工作法"实施以来，谯城区充分发挥党员作用，把工作开展到社区每户家庭中，把真诚服务送到百姓身边，把党的温暖带到群众心坎上，以严谨、细致、务实的作风，推动社区服务工作的全面转变，工作谋划在群众之前、落实在群众心间，取得了良好效果。

一是凝心聚力，服务水平更高。社区工作千头万绪，党组织作用发挥是否有效，关键靠党员，主体是群众。谯城区各社区通过构建包括组织"社区党组织会议""社区党建联席会议""社区居民协商议事会议"等在内的社区大党建格局，打破条块分离的传统格局，逐步实现党的组织覆盖由传统领域向新兴领域延伸、由单位向区域延伸、由党的基层组织向其他组织延伸，把社区党员凝聚到党组织周围、纳入党组织服务和管理的体系之中。实现党员作用发挥更加有效，民主议事制度更加健全，干部干事热情明显提高，社区服务更加贴合实际，服务渠道更加畅通。

二是激发参与，服务成效更好。城市社区治理，最大的难点在于如何调动居民参与社区治理的积极性。社区既要善于"盘活"现有资源——社区党员干部，又要善于"激活"基础资源——社区居民。"五事工作法"强化了社区党员在社区事务中的主体地位，使广大党员能够直接参与到社区重要事务的讨论决策中去，提高了社区干部的民主意识。同时建立完善的反馈"说事"渠道，用真诚平等的服务，吸引社区居民群众参与，让居民愿意"说事"，有渠道"说事"，广泛参与到居务的决策和执行中去，此举拆除了"隔心墙"，架起了党群、干群的"连心桥"。

三是强化考核，服务质量更优。通过全员承诺做事和动态考核评事，社区干部民主意识不断增强，工作作风逐步改进，为民服务的意识不断增强。居民有问题，可以在会议上讨论；有疑惑，可以在公开承诺栏解惑；有矛盾，可以在干群恳谈会上协商解决；有漏洞，可以在听证会上弥补。居民民主权利得到了有力保障，社区更加和谐。

唱响服务主旋律　创新党建"六促进"

——淮南市田家庵区中兴社区的实践探索

中兴社区党群服务中心位于淮南市田家庵区洞山街道西部,东邻淮南矿业集团,北至四局六公司,西接广场南路,南迎舜耕山脉。地域面积约1.6平方千米,辖区内有市人社局、市直机关幼儿园、淮师附小洞山校区、洞山宾馆、市供销社、市直机关房管所、中建四局六公司物业公司、矿业集团信息公司、矿业集团东华实业、矿业集团宾馆10家企事业单位,以及4个较大的生活小区,常住户2721户,人口6670人。党总支下设5个支部委员会,有464名党员。

社区党组织以党建工作为引领,带领全体工作人员,积极整合、优化各方资源,集中配置工作力量,为更好地服务社区居民和辖区单位,围绕民政工作、劳动保障、社会救助、文明创建、群众文化活动等多项工作,为社区居民提供相关服务,取得了一定的成绩。荣获全国社区侨务工作示范单位,全国、全省综合减灾示范社区,省级侨务宣传角,省、市文明社区,安徽省理论宣讲示范基地,市廉政文化建设示范点,市先进城管志愿者服务队,市卫生社区,市争创省级文明城区优秀社区,淮南市科普示范社区,全市"五好"离退休干部党支部,市十佳学雷锋活动示范点,基层综治维稳信访工作站市级示范,市优秀志愿服务社区等称号。

一　实践做法

推进服务型、学习型党组织建设。推行网格化服务,让居民省心;落实阳光居务,让居民放心;开展志愿服务,让居民舒心;丰富文化生活,让居民开心；加强社会治安综合治理，让居民安心。不断健全党员服务群众长效机制。中兴社区将按照"巩固、完善、提高"的总体要求，在落实和完善上下功夫，进一步深化、细化、具体化工作措施，以"六个促进"（即以拓展学习促党建、以协商议事促融合、以志愿服务促文明、以文化活动促和谐、以社工组织促外延、以信息手段促互通）全面推进社区建设和社会管理体系化建设，围绕服务党员、服务居民努力打造创新项目，积极创建特色品牌。在党建宣传工作方面，洞山街道中兴社区作为安徽省理论宣传基地，建立并组织中兴职工理论宣讲团进行社区内每周一次的基层巡回宣讲活动，由老革命、老党员等"五老"志愿者为党员群众讲党史、上党课，提高了社区党员群众的思想觉悟和政治意识，同时激发了党员群众与时俱进、奋发进取、爱岗敬业的热情。

二　成效及启示

（一）以拓展学习促党建

社区的发展变化很快，新情况、新问题层出不穷，老百姓的文化水平、民主意识、法制观念不断提高。要做好基层工作，就需要加强学习，形成学习型服务主体，只有这样才能当好老百姓的带头人。在坚持和完善"三会一课"制度、民主生活会制度的基础上，中兴社区又尝试建立了带头学习、创新学习、互助学习、实践学习等学习方法，逐步克服"本领恐慌"。一是坚持率先学习理论知识，提升思想觉悟。社区"两委"每月集中学习 2 次，社区党总支书记、主任带头学习党建工作基础知识、居务工作基本方法，各部门工作人员结合自身工作实际学习计生、民政、综治、人力资源和社会保障等方面政策及工作方法，让所有工作人员全面了解党和政府的各项政策，更好地为居民提供服务。二是创新学习载体，拓宽学习领域。中兴社区党总支紧紧围绕党的大局开展工作，充分发挥正确的导向作用。筹备成立了安徽省理论宣讲基地、淮南市社会学科知识普及基地，社区党委书记任组长、党委副书记任副组长，推选以理论水平高、威望高的"五老"人员和驻地单位在职党员为成员的理论宣讲基地建设领导小组。开展涉及身边好人、社会主义核心价值观、革命传统、大国战略、政策分析等方面的形式多样、内容丰富的宣讲活动。借助电视、网络、远程教育等，集中收看两会盛况，并组织座谈会，讨论观后感。借助社区网站平台，公布党组织的学习计划、学习安排、学习精神和学习要求，多方位填充学习真空。三是互学、助学常态化，提高工作能力。社区结合党史学习教育的深入，结合社区老干部多的实际，通过组织动员，全面拉开了社区老干部带头垂范促进学、"两委"以身作则引领学、居委会经验分享交流学、社工服务案例完善学的学习帷幕。通过相互学习、相互交流、相互分享学习心得，达到了提升班子工作理念的效果。四是邀请工作阅历丰富、专业知识精通的专业人员开展公文写作培训、法律知识培训，进行十九届六中全会报告、社会事务工作等专题学习，带动团队树立专业、科学的社区工作理念，不断为创新社会管理工作补充能量。

（二）以协商议事促融合

以社区党组织为核心，统筹协调各方力量，实现辖区资源共建共享，热点、难点问题共商共办，共同推进社区建设，服务辖区党员、群众。中兴社区与淮南市人大机关挂牌成立了联合党委，发挥人大机关人才、智力等方面优势，通过联合党委这个平台，更多地为社区开展好各项工作提供帮助和服务。

在共建载体方面，中兴社区成立了由社区党组织牵头，辖区内党组织单位、共建单位负责人及社区各支部书记参加的社区党建联席会议。以"大事共议、实事共办、要事共决、急事共商"为原则，形成"党员教育联抓、思想工作联做、公益事业联办、社区治安联防、贫困对象联帮、文明社区联建"的"六联"党建工作机制，整合资源，发挥优势，讨论决定社区重大事项，抓好社区内的社会性、群众性、公益性工作。加强协调服务，科学设计和举办各类载体活动，形成社区和驻地单位事业的合力发展，维护辖区稳定，提高社区居民和驻地单位的社区归属感和幸福指数，提升社区美誉度、知名度、满意度。

（三）以志愿服务促文明

为了更好地服务居民，积极响应市、区文明创建的号召，进一步弘扬"服务在社区、幸福在社区"的社区志愿服务精神，社区党总支积极发挥社区社会组织联合会作用，在社区成立志愿者协会，开展一系列的志愿者活动，充分宣传志愿理念，建立健全志愿服务体系，与社区工作相结合，使志愿活动常态化、特色化，志愿服务精细化。

中兴社区志愿者队伍根据服务项目内容，将志愿者细分为党员、城管、文化、平安、巾帼、医务、大学生志愿者七大类，根据其自身特色和专业特长，从事不同区域、不同方面的志愿服务活动。党员志愿者服务队由社区党员和在职党员组成。在社区党总支的号召和引领下，广大党员发挥先锋模范带头作用，积极参与到志愿服务当中，为居民解决各类难题。尤其对困难户、独居老人、残疾人等特殊群体进行排查，并经常上门了解情况，发现困难，及时给予帮助。城管志愿者服务队由社区居民和驻地单位组建，协助城管、社区做好文明劝导工作，并积极参与"牛皮癣"、垃圾、杂物的清理工作，为美化市容环境做出了积极贡献。文化志愿者服务队伍由社区文艺骨干组成，平时在社区指导各支文体队伍的日常教学。在各大节日或主题宣传期间便组织各类慰问演出、赠送春联等活动，积极宣传志愿者风尚，号召更多的热心居民参与其中。平安志愿者服务队由"五老"人员和热心社区事务的居民组成。每天轮流在小区内进行巡查，将发现的不安全因素或存在的各种隐患及时传达给社区和当事人，如遇重大安全事件第一时间与派出所及社区联系，方便公安机关和社区对治安情况进行了解，极大地消除了安全隐患，降低了事故、案件的发生率。同时注意收集民情民意，将居民的问题及时转达给社区，协助居民解决问题。遇到矛盾纠纷，及时进行劝解，将矛盾化解在萌芽状态，有力维护了小区的文明、安全、稳定。巾帼志愿者服务队由妇女骨干组成。她们来自不同职业、不同岗位，但都有着奉献爱心的志愿。医务志愿服务队在社区内开展医疗保健知识讲座、健康咨询服务、心理咨询等志愿服务。社区与安徽理工大学、淮南师范学院建立志愿者见习基地，不定期开展清理杂物、文艺演出、修理电器、医疗服务、培训服务、慰问帮扶、科普宣传、义务教学等活动。

（四）以文化活动促和谐

文化建设是社区建设的灵魂。社会的和谐，凝聚于文化的和谐之中。社区文化在提高居民生活质量、促进社会进步、维护社会稳定等方面都发挥着不可替代的作用。社区现有舞蹈室、多媒体活动室、电子阅览室等活动场所。每间活动室都有专人负责管理。社区文化宣传骨干队伍素质普遍提高。吸纳社区里的党员、干部，爱好文艺的居民、志愿者，成立了舞蹈队、腰鼓队、合唱队、广场舞队、瑜伽队、太极队、黄梅戏团。社区发挥了社会主义精神文明主阵地作用。在不同的时期，开展不同主题、多种形式的社区文化宣传活动，以多样文化适应居民的多样需求，把居民群众拢聚在社区。如"三八"节举办寻找最美家庭文艺会演，"七一"举办庆"七一"书画展，重阳节开展爱老敬老文艺演出和广场舞比赛。配合各职能部门开展法治宣传、计生宣传、应急宣传、健康宣传等活动，受到各方好评。

（五）以社工组织促外延

城市社区服务体系建设尚处于进一步探索阶段，社区公共服务的合作治理机制还不健全，社会力量参与动力不足。基于民生服务需求、社区治理要求，中兴社区党总支开展了以社区为平台、以社会组织为载体、以专业社会工作为支撑的"三社联动"机制建设，就是在党和政府领导下，推动三者协同协作、渗透融合、一体发展，从而丰富社区治理资源，激发社会组织活力，提升社会工作能力，实现社区服务的专业化、社会化和市场化。同时，结合社区人口老龄化的实际，以养老服务为突破口，侧重于老年人、残疾人及儿童三类群体的服务保障。针对困难老人、残疾人，社区社会组织联合会组建为老服务队、为残服务队，通过走访了解、集中座谈、问卷调查等形式，开展既符合居民需求，又能够操作的帮扶活动，让弱势群体感受到党和政府的温暖。邀请律师走进社区，通过预约方式开展法律咨询服务。

（六）以信息化手段促互通

中兴社区将信息化手段应用到党建工作中，运用"互联网+"、大数据等信息技术，推动社区党建实现"三化"标准（即党员教育培训智能化、党员管理服务规范化、党员考核激励科学化），推进智慧党建全覆盖。社区注册了居民服务 QQ 群、在职党员 QQ 群、微信群，与居民进行线上互动，提供政策咨询服务。通过阳光居务平台，将社区所有工作的办事流程及所需材料公示在互联网上。通过万村网页、先锋在线、社区信息网及时发布、更新社区的各项活动情况。尝试注册开通微信公众号，定期发布活动信息、通知公告，回答居民提出的各类问题。

三 未来展望

一是突出政治建设，强化思想理论武装。抓好党总支、各支部班子的学习，自觉用习近平新时代中国特色社会主义思想武装头脑。加强意识形态阵地管理，牢牢掌握意识形态工作领导权。用好社科普及基地，持续推进老战士红色事迹展示。

二是加强组织建设，增强凝聚力、战斗力。研究促进离退休党支部开展组织活动的方案、做法，不断提高离退休支部的凝聚力。做实、做细党建网格化责任体系，充分发挥党小组和党员楼栋长的作用，形成"党徽处处发光芒"的风尚。

三是带着理性和热情传播党的创新理论，旗帜鲜明地把党和政府的声音传播好，把社会进步的主流展示好，把人民群众的心声反映好。

促志愿创新互助养老
广链接共助"桑榆有乐"

——合肥市蜀山区竹荫里社区的养老互助创新

合肥市蜀山区三里庵街道竹荫里社区属于典型的老旧小区，人口老龄化情况严重。据统计，辖区内有低保对象 274 人、大病救助家庭 260 户、残疾人家庭 150 户、失独家庭 47 户。针对这些困难群体，社区通过各项救助政策，补短板、托底线，为他们送去最低生活保障。然而在社工和工作人员走访过程中发现，社区还存在一批政策外的困难家庭，即困难边缘群体。这些群体因年龄增长，社会交往减少，独居在家中。一方面，个人安全得不到完全保障，由于行动不便，一部分老人用餐不便，基本的生活保障有待优化解决。另一方面，部分老人或因身体状况或因性格，长期生活在较为封闭的环境，极易产生孤独感和失落感，甚至导致抑郁，同时人际交往能力、沟通能力和社会适应力也逐渐下降，出现了各类身心问题，生活品质急剧下降。

一 实践做法

社区内人口老龄化情况严重，贫困群体多样化，单一的社会救助政策无法从源头上解决困难群体生活中面临的各种困难，只能暂时解决困难群体的贫困状况。所以构建多层次综合社会救助格局，形成"精准、高效、温暖、智慧"的"物质+服务"复合型救助模式是很有必要的。同时还要孵化培育社会救助社区社会组织及志愿者服务队，打造以老帮老、以老养老、提升老年人生活质量、符合人口老龄化特色的互助养老模式。在养老资源不足，家庭养老功能弱化的情况下，孵化培育低龄健康老人队伍服务辖区高龄、特困老人，形成服务者和受助者双受益的互助养老策略，达到和谐互助的社区氛围。

（一）建立"桑榆有乐"社区互助养老帮扶队伍

社区引导和组织辖区内的空巢老人、孤寡老人，按照兴趣爱好、生活习惯、身体状况等，自愿组成 6 人的互助养老"小家庭"，由社区选定一名身体健康状况良好、有责任心的老年人担任"小家庭"的"大家长"。并制定一套完整的制度规范和奖惩机制，同时为志愿者、帮扶队伍提供专业技能培训，加强志愿者团队能力建设，定期开展督导培训、专业服务能力提升培训等。社区为这些互助养老"小家庭"建立"关爱台账"。将这些老年人的年龄、身体健康状况、紧急联系人等基本情况登记造册，定期安排在职党员、居民骨干、志愿者等到这些互助养老"小家庭"进行服务。

（二）坚持党建引领，开展"七彩"互助服务活动

竹荫里社区党委始终坚持推进党建领航小区治理"五好"建设，深入推动基层党建与小区基层治理的深度融合，以竹荫里社区"七彩服务帮万家"党建品牌为引领，开展"红色党建引领、橙色志愿服务、黄色重点帮扶、绿色心理关怀、青色少儿发展、蓝色健康生活、紫色文体娱乐"七彩互助服务活动，为服务对象提供政策引导、心理疏导、资源链接、能力提升、生活帮扶、社会融入等服务。同时依托"桑榆有乐"互助养老帮扶队伍开展一对一结对帮扶高龄老人活动，每月进行入户探访，并且关注帮扶对象日常生活状况，做好服务记录。

红色党建引领。以党建为引领，激发基层党组织参与社会救助的活力，全面提升综合体助力社会救助的综合实力，积极推动慈善事业和全国文明社区建设。

橙色志愿服务。宣传"扶危济困、奉献友爱"的志愿服务精神，组建包含党员、居民代表、专业社工等社会力量在内的"救急难"志愿服务队、"七彩服务·桑榆有乐"志愿服务队，立足困难群众需求，开展急难救助、

志愿帮扶。

黄色重点帮扶。面向社区低保户，孤寡、失独家庭，特困供养家庭，以及低收入家庭等重点救助对象，开展"黄灯户"管理，联动社会救助力量，开展常态化关怀活动，实现"补短板、托底线"精准救助。

绿色心理关怀。引入专业心理咨询机构入驻综合体，开设心理辅导室和心理咨询热线，铺就心理咨询绿色通道，为救助家庭提供精神慰藉与心理疏导。

青色少儿发展。积极嫁接社会资源，关注社会救助家庭的青少年儿童发展成长，联动医疗、教育、文化等资源，采取点、面结合的方式，开展集体慰问和一对一帮扶。

蓝色健康生活。面向社会救助家庭量身打造专属医疗服务，动员辖区优质公共医疗卫生资源，结合家庭医生签约，为救助对象提供安全、方便、连续的基本医疗服务和基本公共卫生服务。

紫色文体娱乐。加强对社会救助对象精神文化生活的人文关怀，以文体活动促进困难群体融入社会，增强生活自信，引导社会救助家庭走出"小家"进"大家"。

二　成效及启示

（一）党建领航基层治理的社会救助服务体系逐步建立

通过社区驻点社工的不断努力，已建立了以社工、社区居民骨干、爱心志愿者为主要力量，以完善"主动发现"、社会力量广泛参与为主要内容的社会救助基层治理服务体系。有效链接"蜀山慈善服务综合体"的24家社会爱心企业参与七彩互助服务，服务覆盖面更加广泛，涉及失独老人、低保群体及低保边缘群体、青少年、辖区居民等。

（二）社区基层治理人才队伍不断充实，群众满意度显著提升

在社区社会工作站的支持指导下，成立一支30人的"桑榆有乐"社区

互助养老帮扶队伍，每月进行入户走访、需求调研并提供互助式养老服务，综合服务人数达到 300 人次。为特定服务对象提供服务，为低龄健康老人提供展示自我的平台，为高龄老年人提供精神慰藉、志愿服务，满足了辖区老年人对健康、精神文化的需求，提升了辖区社区居民的归属感、认同感和幸福感，获得居民的一致好评。

（三）社会爱老助老氛围更为浓厚，结果反馈机制进一步完善

竹荫里社区通过案例、媒体、宣传栏传播，完善结果反馈机制，使服务更主动，结果反馈更透明，群众知晓率进一步提升。截至 2021 年 12 月，共有媒体报道 27 篇，其中国家级媒体中国商报网 1 篇、《中国社会报》1 篇，省级媒体《安徽日报》11 篇、安徽新闻网 4 篇、《江淮晨报》4 篇、《合肥晚报》1 篇、合肥在线 1 篇、安徽网 1 篇，市级媒体《市场星报》2 篇、今日蜀山 1 篇。在拓宽社区基层治理宣传渠道、扩大社区治理知晓度的基础上，也营造了社区良好的爱老助老氛围，提高了社会效益。

三　未来展望

（一）在工作主体上，更加注重发挥社区居民主体作用

发挥社区居民主体作用是居民政治地位和"主人翁"精神的直接体现。引导居民群众树立"当家做主"的意识，调动居民的积极性，让居民骨干参与到社区基层治理实践中，在工作中充分听取、广泛采纳居民意见和建议，使其在参与中不断提升公共意识，从消极的观望者转化为积极的参与者，只有这样才能不断地构建并维持多元共治体系。

（二）链接广泛资源，为社区居民提供多元优质的社区服务

采用政府购买服务的方式，有组织地发动社会力量，充分利用以老年人为主的各类人力资源的闲置时间，低成本地相互帮助、提供服务，并由政府

推动，以社区社会救助服务站为平台，链接"蜀山慈善服务综合体"的优质资源，动员全社会力量以资金、组织、服务等形式参与社区养老服务和社区救助体系建设。

（三）创新工作方法，形成符合基层实际的工作和发展模式

竹荫里社区运用了专业的社区社会工作方法，完成了社工团队与"桑榆有乐"团队两大资源的整合，推动了居民骨干和邻居力量的参与，并通过认知和思维能力的培养、行为和技巧能力的培养、情感和价值观的培养，对其进行能力建设，最终建立了社区互助式养老网络和社区治理体系，形成一个"我为他人父母服务、他人为我父母服务"的养老新局面。有些好的工作经验和模式经过不断实践和总结，经过时间检验，便可以在当地复制推广，再经过对进一步实践经验的总结和提炼，便可以上升至制度规范层面。如此反复探索、实践，必将不断为推进国家治理体系和治理能力现代化这一伟大实践注入新的动能。

"好邻里工作法"为基层社区治理装上"智能机"

——合肥市蜀山经济技术开发区"你好，邻里"微公益创投项目

合肥市蜀山经济技术开发区成立于 2006 年，2021 年获批国家级经济开发区，辖区总规划面积 11.6 平方千米，成为安徽省"十三五"以来第一个成功扩区的开发区。开发区东区下辖 4 个社区、1 个村，共有 24 个小区。辖区总人口 10 余万人，驻区企业 10000 多家，现有党组织 105 个，党员 2082 名。合肥市蜀山经济技术开发区集企业、商业街区、高档商品房小区、拆迁安置房、公租房于一体。随着城市化不断推进，基层社区治理也面临着许多新的挑战。一是群众的诉求多样化、复杂化。在开发区建设与发展的过程中，涌入了大量的外来人口，居民构成主体多样化，既有高学历、高收入人群，也有外来务工人员、拆迁安置和两劳释放人员。群众服务需求呈多样化增长趋势，各种利益关系日趋复杂，物业矛盾、就业矛盾、拆迁遗留矛盾相互叠加。二是基层社区治理任务繁重。随着社会治理重心下移，开发区及社区承接了大量的行政管理和社会治理任务，社区疲于应付各类行政事务，服务群众有心无力，很多治理工作和服务都跟不上。三是基层组织功能弱化。开发区企业较多，流动人口较多，各种问题和矛盾的累积给基层干部的治理能力带来了极大的考验。为发挥党员及基层民众作用，为基层治理增加动能，合肥市蜀山经济技术开发区积极探索实践"好邻里"治理模式，为基层社区治理装上了"智能一体机"。

一　实践做法

党的十九大报告指出，"要加强社区治理体系建设，推动社会治理重心向基层下移，发挥社会组织作用，实现政府治理和社会调节、居民自治良性互动"，[①] 打造共建共治共享的社会治理格局。深入贯彻落实习近平新时代中国特色社会主义思想，以《中共中央　国务院关于加强和完善城乡社区治理的意见》（中发〔2017〕13号）、《城乡社区服务体系建设规划（2016—2020年）》（民发〔2016〕191号）、《中共安徽省委关于加强城市基层党建工作的意见》、《中共安徽省委、安徽省人民政府关于加强和完善城乡社区治理的实施意见》，以及《中共合肥市委关于加强新时代城市基层党建完善基层治理工作的意见》等"1+8"系列文件精神为指导，深化党建引领基层治理工作，不断促进城乡社区治理体系和治理能力现代化，努力把城乡社区建设成为和谐有序、绿色文明、创新包容、共建共享的幸福家园。

为建立健全蜀山经济技术开发区居民自治体系，提升居民参与意识，满足群众需求，充分调动自治组织、社区社会组织、社区居民及其他社会力量参与社区建设的主动性、积极性和创造性，形成多元主体共同参与的社会治理格局。2020年12月，蜀山经济技术开发区通过引入实创公益发展中心启动"你好，邻里"微公益创投活动，经过评审后公益项目落地，并开始正式运行，共有36个微公益创投项目被辖区居民认领，涵盖困难人群服务、志愿服务、便民服务、小区和楼栋治理服务、居民互益服务等领域，并在基层治理工作中发挥着积极的作用，各项目负责人都成了各个小区的"好邻里"。

（一）从整合到激活，"好邻里网格党群服务站"成邻里矛盾"破壁机"

王敏是山湖苑社区的副书记，同时是香槟小镇小区的网格长，她日常除

[①] 《十九大以来重要文献选编》（上），中央文献出版社，2021，第35页。

了在社区处理一些居民事务以外，更多的时间都需要在网格和网格服务站内同社工及党员、居民骨干开展居民问题收集、上报、反馈等一系列工作。香槟小镇"好邻里网格党群服务站"是合肥市蜀山经济技术开发区首批网格化改造后打造的网格服务站试点，是眉山经济技术开发区通过整合辖区公共空间和功能室打造的党群为民服务空间，不仅将网格服务、居民服务、社区服务合而为一，还将各类资源力量整合到网格，将上级部门要求与居民群众需求及特殊人群诉求有效衔接，从而实现各项职能任务"一网打尽"。

除香槟小镇外，蜀山经济技术开发区辖区内各小区实现网格服务站全覆盖。计划通过网格化党建服务，将辖区党员和各类党组织串作一个个点和一条条线，下足"绣花针"功夫，织成社区联系群众的一张张"红网"，通过引导党员志愿者在网格和服务站内开展服务活动，化解居民矛盾，鼓励其全天候活跃在网格中，做到哪里有群众，哪里就有党组织工作。网格员就像一个个"红格格"在网格内不断当好国家政策"宣传员"、服务群众"知心人"，将矛盾化解在小区。2021年香槟小镇网格共化解矛盾和满足居民需求68个，而"好邻里网格党群服务站"也成了居民邻里矛盾的"破壁机"。

（二）从参与到融入，"好邻里工作室"成小区民情的"收集器"

"我只参加过活动但是从来没有做过，我也想申请微公益创投可以吗？我们团队想利用空闲的时间去帮助更多的邻居。"这是首届"你好，邻里"微公益创投说明会上胡焕云阿姨的提问。现在的她已经成为有两次微公益创投项目服务经验的"胡老师"，也是卓然社区悠然居小区党群服务站"好邻里工作室"的负责人，不仅担负起为居民服务的责任，也和团队成员一起承担着居民服务场馆"掌门人"的角色，负责场馆维护、居民活动开展、社情民意收集、问题调解等工作，在辖区网格员和社工的指导下逐步探索居民团队的自我监督、自我管理和自我服务工作。

蜀麓苑社区的杜金兰阿姨是蜀麓苑小区的党支部书记，同时是首届"你好，邻里"微公益创投项目的负责人，她是小区里的"百事通"，对小区内谁家有什么喜事、哪家人遇到了困难需要帮助，都掌握得"门清"，小区党群服务中心二楼的"好邻里工作室"是杜金兰阿姨同团队开会和办公的地方，他们不仅在小区内不断开展邻里守望、便民服务、安全巡逻、小区场馆打造、口袋花园改造等服务，同时注意发掘更多的居民骨干参与到志愿服务团队中去，从第一期申报服务项目的10人志愿服务团队，到第二期的30余人志愿服务团队，队伍仍在不断壮大，同时培养出新的年轻团队负责人王志凤。让党的声音"一声到底"，让党建引领下的居民服务工作"一呼百应"。

（三）从学生到老师，"邻里学堂"成居民参与治理"蓄电机"

"我连项目书都写不好，没想到我也能成为老师，我能做的也就是教邻居朋友们打柔力球，健健身。"当万泽社区的徐德兰阿姨得知自己即将成为"邻里学堂"老师的时候激动地说道。她作为第二期申请"你好，邻里"微公益创投项目的负责人，希望通过自己的努力让更多的老年人走出家门锻炼身体，提升老年生活质量。

在"你好，邻里"微公益创投项目之始，蜀山经济技术开发区就通过社区治理学院，为各社区社会组织和微公益创投项目负责人"集体充电"，从项目开展、财务管理、活动留痕、志愿者管理方面不断提升各项目负责人的服务能力，充分挖掘居民的专长和技能，提升居民自我服务和为民服务的能力和意识。2021年蜀山经济技术开发区发起"邻里学堂"，以项目制的形式吸纳更多在手工、生活、美食、健身等方面有专长的居民，通过将其吸纳为"邻里学堂"老师，为辖区更多居民提供服务，一方面发掘和储备本地居民骨干人才，另一方面提升居民的邻里互助意识，培养辖区居民的"一专多能"。"邻里学堂"共吸纳各类居民老师30余人，今后将通过项目的形式支持居民在辖区开展自助和互助服务。

（四）从认识到认同，"你好，邻里"成小区居民"暖风机"

"看着那些流浪猫狗被主人抛弃，在小区流浪，我既心疼，又担心，一方面心疼这些可怜的生命，另一方面又担心这些流浪动物会伤到小区里的居民朋友。我做流浪动物救助很多年了，每个月都要在流浪动物服务上面花掉两三千，但是我觉得这件事情很有意义，这次刚好看到'你好，邻里'微公益创投项目在申报，我想它们应该也是我们的'邻里'吧。"这是蜀麓苑社区谷桂枝阿姨在做项目优化辅导时跟社工说的话。作为第二期"你好，邻里"微公益创投项目的申报人，她在流浪动物的问题上准备从防和治两个层面着手，一方面提升居民文明、科学养宠的习惯，避免更多流浪动物出现，另一方面及时救助流浪动物，推动更多的人参与领养。她希望能够通过自己的行为引领更多的人参与并支持这项工作。

类似谷桂枝阿姨这样的热心居民，一年来，在蜀山经济技术开发区涌现了近100人，像山湖苑社区香槟小镇的闫玉兰阿姨、蜀麓苑社区中海原山的俞泽凤阿姨、卓然社区悠然居小区的张本珍阿姨，她们都在深入探究和发掘身边小区和居民的问题及需求，同时提出自己的解决方案，最终通过她们的实践，共同提升了邻里的生活幸福感。

"你好，邻里"微公益创投项目的开展，将好邻里的印象刻在了每个网格员和小区支部书记的心中，他们通过宣传、推荐，鼓励更多的居民从活动积极分子向热心居民和居民志愿者、居民骨干转变。从埋怨到勇于提出问题、愿意参与解决问题，在一步步参与治理实践的同时，增强了居民对社区的认同度与好感。"你好，邻里"微公益创投项目开展以来，通过两届微公益创投项目评审，36个微公益创投项目先后得到落地实施。他们从几个人参与到带动几百个人共同参与，在网格和小区内发挥着积极作用，从关注小区环境到关注小区的困难人群，搭建了一个个居民"连心网"，他们或是邻里关系的"润滑剂"，或是化解矛盾的"减压阀"。这些居民志愿者和负责人，俨然成了邻里间的"暖风机"。

二　成效及启示

为探索出一套独具特色的党建引领下的社区治理新方法，打造具有蜀山经济技术开发区特色、体现蜀山经济技术开发区智慧的城乡社区治理和服务体系，蜀山经济技术开发区在提升社区服务能力的过程中，大胆创新，加快转型发展步伐，积极探索社区治理新模式，尝试新方法。

"你好，邻里"微公益创投重点在于挖掘社区骨干参与并带领居民开展熟人社区营造活动，微公益创投活动在开展前就已进行过深入调研，通过收集社区问题梳理出环境治理、安全自治、邻里互助、为老服务、为少服务、协商议事、楼栋自治、文化体育、教育服务等领域的项目内容，准备吸引多方面力量的参与，进而推动多层次的发展。微公益创投活动主要以整合多方资源参与社区治理、培养社会公益服务价值观、培育发展社区社会组织、打造社区生活共同体为目标，有效增强社会力量参与社区治理的能力，通过多种举措，打破陌生人生活模式，构建出入相友、守望相助、与邻为善、以邻为伴的"熟人社区"。

三　未来展望

通过配备蜀山经济技术开发区社会服务中心（站）社工，完善社区社会组织育管机制，建立社会组织参与社区治理平台，从而推动社区社会组织工作有阵地、服务有人才、创新有载体。依托蜀山经济技术开发区社会服务中心，开设社区治理学院课程，逐步提升社区社会组织的专业服务能力。通过蜀山经济技术开发区微公益创投，落实社区治理创新服务工作，引导社会力量参与社区治理，创新服务方式，实现多元参与社会协同治理，不断完善基层服务。

未来，合肥市蜀山经济技术开发区将继续夯实党建引领下的"好邻里"治理体系建设，从基层治理队伍培育、服务阵地打造、政社商居协同、特色点面打造上下足"绣花针功夫"。在党建引领基层小区治理服务中，用行动丈量初心。

推行"345工作法"
打造楼宇党建新高地

——铜陵市铜官区人民社区党建典型案例

铜官区人民社区位于铜陵市主城区，辖区内的财富广场是铜官区企业最集中的聚居区之一。现代商务楼宇是经济、人才的活跃之地，随着楼宇经济发展中各种新情况、新矛盾、新问题不断涌现，发挥社区基层党组织战斗堡垒作用，发挥党员先锋模范作用，全心全意服务群众，主动维护辖区稳定显得十分重要。在党建工作日益突出的情况下，人民社区亟须探索出一条新形势、新任务下推动社区楼宇党建工作的新路子。为此，铜官区人民社区通过探索，形成楼宇党建"345工作法"，不断提升楼宇党建工作水平。

一　实践做法

2018年8月，人民社区依托财富广场楼宇集群，成立财富广场楼宇党委，推行"345工作法"，创新"社区+楼宇"共治模式，加强服务平台建设，丰富活动载体，优化组织服务，以楼宇党建助推楼宇经济新发展。通过建立三大运行机制、搭建四大服务平台、丰富五大活动载体等方式全方位、多层次、立体化逐步提升楼宇党组织的综合服务力、组织凝聚力和社会影响力。

（一）建立三大运行机制

一是党建联席会议机制。定期召开楼宇党委联席会议，共同谋划企业党建和经济发展工作大计，解决党建和经济发展中遇到的问题，加强与政府职能部门、上级党组织等的联系沟通,整合辖区党建资源,形成楼宇党建工作合力。二是楼宇党员管理服务机制。楼宇党委依托各支部加强党员日常管理,定期开展各种活动,培育发展党员。同时,设置楼宇党群服务中心,让楼宇内的党员有了自己的"家",党员们不仅能在楼宇里参加组织生活、教育培训、座谈交流等活动,还能够观看红色电影、参加志愿服务活动等。2020年,楼宇党委举办"信联杯"羽毛球体育项目比赛,得到楼宇企业党员职工的积极参与,深受党员职工的欢迎。三是投入保障机制。社区党工委加大对楼宇党建工作的投入,每年安排一定的经费用于党群服务中心阵地建设和各项活动开展。同时,鼓励各企业结合实际进行自我建设、自我发展、自我完善,确保楼宇党建在人、财、物方面保障到位。

(二)搭建四大服务平台

一是党员教育管理平台。落实企业党组织"三会一课"制度,定期开展政治理论学习和党纪党规测试,丰富企业党组织党内生活和文化建设。二是网络交流学习平台。以楼宇党委为核心,建立楼宇企业党组织负责人微信群、QQ群等,加强网上交流学习。三是服务楼宇经济平台。楼宇党委在财富广场设置"楼宇经济工作站",组织楼宇商务联合会、楼宇工会联合会、楼宇企业法律服务团和楼宇法治超市等,为楼宇内的企业和员工提供纳税政策咨询、投资指南、政策咨询、法律服务和就业咨询、维护权益等项目服务,拓展他们事业发展的空间。四是资源互通共享平台。楼宇党委与企业党支部签订共驻共建协议,共同研究党建工作,互通信息,及时发现问题、解决问题,做到信息共通、阵地联用、活动合办,实现互惠双赢。

(三)丰富五大活动载体

一是优质服务站点进楼宇。人民社区把党的建设、社会保障、计划生育、民生工程、综合治理等各职能窗口引入楼宇企业,从企业党员职工的利益诉求出发,规范服务操作、简化服务流程、提高服务质量,实现一站式人性化服务。二是设置党员先锋岗。在楼宇企业重点岗位设置党员先锋岗,注重发挥党员先锋模范作用，在岗位上比奉献，吸引年轻技术骨干积极向党组织靠拢。三是组建党员突击队。成立楼宇党员志愿者队伍，经常性开展志愿服务活动，特别是在铲冰除雪、文明创建等急难险重任务中发挥突击队作用。四是开辟党员责任区。为做好文明创建工作，在楼宇广场公共区域划分责任区，由各支部包干管理，在楼道内部划分党员责任田，由党员包干管理。五是开展主题党日活动。楼宇党委发挥企业党组织作用，每月开展丰富多彩的主题党日活动，为企业党员学习党的方针政策提供了活动载体。

二 成效及启示

一是党员学习管理全覆盖。充分发挥楼宇党委作用，积极协调辖区职能部门把优质、高效的服务送上"楼"，让楼宇企业在推进党建工作的同时尝到甜头、得到实惠，真正激发企业内生动力。同时，结合开展党组织标准化建设、党组织星级评定，狠抓软弱涣散党组织整顿提升。严格落实"三会一课"制度，不断巩固非公企业党建基础，有效防止了"即建即散、活动瘫痪"的问题。加大对楼宇非公企业党建的扶持力度，每年从区管党费中列支一定经费，帮助非公企业建设阵地、开展活动、强化宣传。集中挖掘延展财富广场楼宇企业集聚、资源集中、产业集约等优势，推行主题实践活动联办、企业优秀人才联育、企业文化活动联创、党员教育培训联管的"四联模式"，全力打造组建方式灵活、阵地资源共享、活动形式联动、抓建载体融合、保障渠道多样的非公企业党建集群。

二是促进党建经营一体化。开展党建工作的关键是要接地气，重心下移，能够贴近企业一线，现场发现并解决问题。促进企业党建工作与上级党组织部署协调一致，重点解决经营中的一些热点、难点问题，解决关系职工群众切身利益的问题。同时能够及时掌握企业职工思想动态，可以定期排查不稳定、不安全因素，营造合力维稳、和谐发展的氛围。创建党建工作品牌，促进党建工作和经营工作的深度融合、同频共振。企业之间可以相互交流，开展以"大家畅谈、走访调研服务"为内容的活动，利用单位办公区、仓储区、生活区等场所，借助电子屏、文化墙、宣传栏等载体，构建宣传格局。楼宇党委立足企业实际，开展丰富的职工文化活动，不断推进职工民主管理、劳动竞赛、文化建设、共青团等方面工作向纵深开展。

三 未来展望

注重体现党员的主体作用，广泛集中党员的智慧，保证党的领导始终坚强有力。

一是用好活动阵地。结合楼宇企业实际，建立党员之家活动室、党员书屋、党建橱窗等活动阵地，让党员参与党内活动，既为党员学习提供良好平台，又有利于营造良好的党建氛围，提高党组织的向心力和凝聚力。还可以建设系统的短信网络平台和党建网络平台，为党员教育提供更快捷的渠道。

二是拓展教育方式。在开展专题党课、党员自学的基础上，尝试一些创新做法。第一，开展党员教育月活动，将每年的7月定为党员教育月，在党员教育月中，进行系统的教育活动安排，使党员在每年的7月集中接受系统的教育，提高党性意识；第二，组织最基层的党员外出学习，目的地主要选择爱国主义教育基地，同时全程录像，让一线党员谈感受、谈体会；第三，采取领导领学、专家讲学、网络联学、情景模拟学等方法，增强学习的感染力；第四，开设一些素质拓展训练项目和课程，开阔党员的视野，增强党员的团队意识；第五，广泛启用远程教育，促进党员各方面知识的学习和提高，使其接受最新最前沿的知识，始终体现先进性。

三是创新文化活动。在党内活动的同时适时开展文化活动，吸纳非党员职工共同参与，进一步丰富党员及非党员职工的业余生活，促进党的各项组织生活更有朝气、更有活力。在党内开展文化活动时要做到智力元素多一些，格调高雅一些，文化活动宜小型多样，融入企业文化内容，活动模式要有利于增强企业党员之间的团结。

第六篇　调研报告

村民遇事不用慌　知心邻长在身旁

——亳州市探索建立"邻长制"　开启基层社会治理新模式

　　亳州市位于安徽省西北部,辖涡阳、蒙城、利辛和谯城三县一区，共88个乡镇（街道）1348个村（社区），人口663万人，党员19.7万人，基层党组织9691个。主城区谯城区常住人口超过160万人，主城区之外，自然村数量多、分布广，较大规模村人口近万人，中等规模村人口平均也有5000人左右。村（社区）尤其是城市社区的邻里关系以前普遍存在"只闻关门声，不知是何人"现象，村（社区）干部人少事多压力大，提供的服务难以满足群众的需求，暴露出基层治理"末梢困境"，基层治理"最后一米"呈现"三难"。

　　农村最基层的组织是村民小组，城市最基层的组织是社区居民小组，但在新的时代背景下，这种组织结构面临新的挑战。以村民小组为例，一个村民组长服务管理的对象少则几十户，多则百余户，甚至在一些人口多的村，基层干部与群众的配备比例小于 1∶1000。一名基层干部服务 1000 多名群众，这样粗放的服务方式使得千家万户的困难、需求很难反映到决策层，各项改革的政策、举措也很难直达群众，基层工作人少事多，基层工作人员每天处在被动管理、疲于奔命的状态中。

近年来，随着"银发潮"的来临，独居老人激增且需求呈现多元化，群众的服务诉求和政府提供的服务难匹配。例如，有一些老人儿女不在身边，想下楼买油买盐，却因为腿脚不利索而不方便下楼，社区干部不能事无巨细地掌握所有群众的需求。还有一些小区里或村口道路的电灯泡坏了影响照明，但长期无人问津，安装一只 5 块钱的电灯泡还需要打市长热线投诉。

在城市社区中，遭遇突发事件，层层传导，效率层层降低，社会有效动员不足，信息与政策不能及时、全面、精准地传达到位，基层诉求得不到快速反馈与妥善处理。特别是新冠肺炎疫情暴发初期，个别社区无法迅速将所辖的商务楼宇、街巷、宾馆、学校、养老院、企业等主体"拧成一股绳"，政策传导不顺畅，难以开展应急行动。

一　实践做法

为补齐城乡基层治理短板，2020 年 7 月以来，亳州市在谯城区先行试点的基础上全面推行"邻长制"，按照全域、全员、全覆盖的思路，在全市构建起"乡镇（街道）—村（社区）—片—组—邻"纵贯到底的组织体系，建立起"社会细胞"广泛参与的基层治理体系，营造惠及全体居民的惠邻、睦邻、安邻、优邻生活乐业环境。全市共划分为 9222 个片 26812 个组 107555 个邻。

（一）全覆盖，重构基层组织体系

一是科学划片。按照现有村（社区）分布情况和村（社区）干部分工情况，将每个村（社区）划分为若干片，将辖区内的居民小区、商务楼宇、街巷、商店、宾馆、饭店、机关、学校、医院、养老院、企业等的各要素、人员全部纳入，实现人口、空间"两个全覆盖"。二是依法分组。在农村，现有每个村民小组不变，原村民小组长继续担任组长；在城市社区，根据《城市居民委员会组织法》，对居民小组进行重新规范，划分村（居）民小组26812个，其中村民小组21059个、居民小组5753个，每组设一名组长。三是合理设邻。在片、组的基础上进行延伸，按照"村（居）民代表按每5~15户推选一人"的要求，在每个村（居）民小组内以邻近居住的5~15户村（居）民为单位，设立一邻。全市划分107555个邻，其中农村77675个邻、城市29880个邻。在此基础上，每个邻均建立了"邻长+邻居"微信群，并以片、组、邻为单元，分层建立统一于村（社区）一级的微信群，并开发了"邻长信息平台"，运用大数据，依托微信公众号、手机短信、邻长工作微信群等平台，打造为民服务的"指尖阵地"，做到线上线下、全域全员全覆盖。

（二）明职责，精心选配"三长"

一是严格选拔。按照"有群众基础、有热情、有时间、有耐心、有能力"的标准，采取群众推荐、个人自荐、组织任命等方式，在本邻内的村（居）民代表、在职（退休）机关和企事业单位人员、村（社区）志愿者、热心公益村（居）民中选配邻长。片长由村（社区）"两委"干部和村其他工作人员（其他社区专职工作者）等人担任。明确"三长"职责，主要是围绕传达、宣传党的方针政策，收集、交办、整改、反馈问题和服务居民群众，并分别为片长、组长、邻长制定了6条、5条和4条工作职责。二是提升工作本领。本着告诉大家干什么、教会大家怎么干、帮助大家干成功的原则，注重加强对邻长队伍的培训培养。通过召开邻长见面会，分层、分级开展业务培训，将邻长职责印在工作证背面，滚动播放邻长微动漫宣传片等形式，广泛宣传邻长的工作要求、工作流程、工作方法等，提升邻长服务能力。三是动态调整处理。以县（区）为单位，每年年底前核定邻长数量，报市协调小组办公室备案。以乡镇（街道）为单位，对邻长工作开展情况进行满意度测评，对履职不到位和有违法、违纪行为的，及时进行调整和处理。

（三）高效率，及时发现并迅速解决问题

"邻长制"在把党和国家方针政策用群众听得懂的语言送到千家万户的同时，还建立健全了问题"发现、反映、交办、解决、反馈"工作机制，即当群众遇到困难和问题时，"三长"接收事件反馈并及时认领处理，对一时不能办结或超出能力范围的，需要及时提交镇（街）相关职能部门办理，形成了村（居）民线上"吹哨"、镇（街）相关职能部门线下"报到"的生动局面，打通了为民服务的"最后一米"。与此同时，开发"1+3+1+1"体系邻长制平台，即1个数据中心、3个业务平台、1个移动端APP和1个微信公众平台，"1个数据中心"是人口信息数据库、房屋数据库、人房关系数据库、全市地理图层数据库等四大数据库组成的数据中心；"3个业务平台"是基础信息采集平台、数据可视化展示平台和事件处理平台；"1个移动端APP"是信息采集移动端APP。通过平台精准掌握社区基层人员情况，推动人员线上、线下联动管理，打造纵向贯通社区党总支书记（管理一个社区）、片长（管理多个小区）、组长（管理多个楼栋）、邻长（管理多户）的立体化管理体系。"1个微信公众平台"实现全市"三长"信息绑定，帮助"三长"收发处理群众反馈的问题，开通积分商城兑换、排行榜等功能，提高"三长"工作积极性，将通知公告以微信消息的形式精准推送给全市"三长"，并在后台查阅"三长"阅读及回复情况。

二　成效及启示

作为基层党组织往群众中延伸的"触角"，"邻长制"构建科学、严密、顺畅、高效的组织体系，为打造共建共治共享的社会治理格局提供了坚强的组织保障。通过"邻长制"探索实践，主要取得以下工作成效和启示。

（一）织密网络，打通为民服务"最后一公里"

"邻长制"按照空间和人员全覆盖的思路，织密了基层组织体系，增加

了 10 余万名"宣传员、观察员、调解员、服务员"，使基层党组织领导下的基层治理"触角"延伸到社会的"神经末梢"。通过创建社区治理微单元，搭建不同层次的社区治理平台，聚合新的治理资源，使社区内部事务在小单元内部得到处理，充分发挥社区治理的"触底效应"。在发生地震、疫情、洪涝等重大自然灾害和突发事件时，及时通知并动员村（居）民落实上级部门的紧急措施，以及临时需要协助村（社区）完成的其他事项。如亳州市蒙城县岳坊镇结合镇村中心工作，搭建政策宣传线上平台，全镇 12个村的 108 名片长、341 名组长、813 名邻长通过走村入户，亮明身份说明来意，面对面组建"片、组、邻"微信群，搭建起政策宣传线上平台。岳坊镇通过线上平台，将农村宅基地建房、环境保护、"两违整治"和农合农保参保等的最新政策推送至微信群，政策信息直达千家万户。"三长"将城乡居民医保等工作转发到微信群中，做到线上、线下宣传到位。积极发挥"三长"队伍作用，变村干部"坐在大厅等服务"为组织"三长""串邻入户去服务"，为使用智能手机有困难的老人提供代办服务，让群众真切感受到便民服务魅力。

（二）提质增效，促进精细化服务落地落实

通过建立"邻长信息平台"和片、组、邻微信群，传达上级政策、收集群众意见、互通邻里信息，使群众反映的问题能够第一时间上传、第一时间得到响应，在邻长、组长、片长层面能及时化解的及时化解，把许多小纠纷、小矛盾及时化解在萌芽状态，既降低了社会治理成本，又促进了社会和谐稳定；不能化解的逐级上传，倒逼政府机关第一时间办理、第一时间反馈结果，使服务群众的工作做得更加精细、落实更加有效。从疫情防控到疫苗接种宣传、从环境治理到庄稼代收、从照看病人到代买代卖、从宣传政策到农合收缴，处处都留下邻长美丽的身影。比如，有群众通过"邻长信息平台"反映："想知道在哪里可以接种新冠疫苗，以及有什么注意事项"，邻长得知情况后，第一时间拿着宣传单、登记表前往群众家中，讲解疫苗接种的注意事项，询问群众的身体状况，并告知新冠疫苗为免费接种及附近接种

点的地址，有效提升解决问题的速度和精细度。

（三）凝聚人心，增强人民群众归属感安全感幸福感

随着城市化进程的快速推进，城市人际关系陌生化问题日益突出，在一定程度上存在左邻右舍、楼上楼下"只闻关门声，不知是何人"的现象。通过"邻长制"探索实践，拉近了邻里之间的感情，"近邻守望"的氛围浓厚了，"鸡犬之声相闻，老死不相往来"的人际关系正在逐步扭转。如亳州市涡阳县楚店镇党委结合"我为群众办实事"实践活动，利用中秋佳节，组织"三长"与群众见面活动，"三长"开展"敲门"行动，主动到孤寡老人和留守儿童家中进行走访慰问，进一步增进了"三长"与群众的感情，让群众在节日里感受到了党和政府的浓浓暖意。全市 10 万名邻长依据工作开展情况有序进退、动态调整，他们及时报告邻内存在的安全隐患和不稳定因素、非法宗教活动及违法犯罪活动，提升了人民群众的归属感、安全感、幸福感。

（四）搭建平台，让农村青年实现自我价值拥有获得感

很多农村青年想为社会做点贡献、施展才能，但缺少机会和平台。"邻长制"为他们实现自我价值提供了广阔舞台，受到农村青年广泛欢迎，不少青年自愿报名、踊跃参加。在服务左邻右舍、参加社会治理的过程中，一批有奉献精神、组织协调能力强、善于化解矛盾纠纷的邻长脱颖而出。每年开展 1 次"最美邻长评选活动"，激励创先争优，将表现突出的青年纳入村（社区）后备干部库，优先发展为党员，优先选配村（社区）"两委"成员。"邻长制"的推行，为组织在基层一线发现、识别、培养人才开辟了新的渠道，并将源源不断地为基层社会治理输送人才。

（五）持之以恒，培育良性成长社会生态新动能

"邻长制"正成为社会生态向着良性发展的新动能。一方面，邻里关系在邻长协调下越来越和谐，大量的矛盾纠纷被邻长就地化解；另一方面，干

群关系越来越和谐，"村民遇事不用慌，知心邻长在身旁"的赞誉已经在街头巷尾流传。一是有人"提事"，群众一旦发现路灯不亮、垃圾乱放等身边事，就会马上通过微信群上报；二是有人"管事"，群众提出的问题，邻长需在4个小时内作出回应，不能解决的需及时上报；三是有人"断事"，一批群众急难愁盼的事，得以分门别类交给相关职能部门办理；四是有人"追事"，网络系统自动显示群众反映的问题是否在规定时间内答复，如未做到，逐层追责，一追到底。一个横向上人人爱管"闲事"，纵向上层层负责到底的良性社会生态正在生成，彻底激活了基层社会治理的"神经末梢"。

（六）强化保障，开辟低成本改革新路径

毋庸置疑，改革需要支付成本，亳州市实施"邻长制"，虽然一下新增了10余万人的基层治理人员，却没有增加财政负担，这是此次改革的突出亮点。一是实行政策激励。出台邻长免费游览亳州市区景点、免费乘坐市内公交车辆、"信易贷—邻长贷"等优惠政策。以县区为单位，专门为邻长统一印制工作证件，让热心人有名分，让履职有动力。如亳州高新区还推行了邻长积分制，积分可用来兑换米、面、油等生活用品。二是遵循市场规律。谁派活谁来发误工补贴，如邻长调解邻里矛盾纠纷的误工补贴费用，均由相关专项经费支出。三是动员社会捐助。许多企业想利用这一平台扩大知名度和美誉度，纷纷前来捐款捐物。如当地电信运营商给予通信流量优惠、商场超市提供优惠券、理发店推出打折卡等，以此奖励工作突出的邻长。

三 未来展望

基于现实需要，"邻长制"应运而生。面对未来挑战，"邻长制"需要更完善、更稳固、更信息化。一是激励保障制度需要更加完善，探索政策激励、物质激励、精神激励等多种激励方式并行，让"邻长制"基层组织体系改革更可持续。二是围绕居民需求和经济社会发展需要，进一步完善好"邻长制"的沟通、服务、治理功能，发挥好上情下达、下情上传作用，把

党的声音传递到千家万户，把群众的愿望和需求反馈到党组织，探索具有实践价值的亳州基层治理经验模式。

"邻长制"既是培育良性社会生态的关键，又是基层社会治理的中枢，扮演着联系顺畅的"摆渡车"、互动沟通的"交流器"、利益博弈的"减震阀"、矛盾化解的"融合剂"的角色。亳州市通过推行邻长制，有效破解了长期以来基层治理难入微、难匹配、难动员的"末梢困境"，有效补齐了城乡基层治理的短板与弱项，把党的领导优势转化为基层治理优势，巩固了党在基层的执政基础。亳州市这一经验做法和实际成效，是加强基层社会治理的创新实践，是走好新时代群众路线的成功典范，具有典型示范意义和借鉴推广价值。

多网合一 服务联动

——怀宁县以网格化推进农村社区治理现代化

怀宁山水钟灵，历史悠久，自东晋义熙年间（405～418）建县以来，至今已有1600多年历史，民风淳朴，俊彦代出。县域面积1276平方千米，辖20个乡镇243个村（社区），素有"首府首县""独秀故里""戏曲之乡""长诗圣地"之称。怀宁是东汉古诗《孔雀东南飞》的故事发生地、黄梅戏的发源地、京剧前身徽剧的发祥地；历代名人辈出，清代有被康有为誉为"千年一人"的书法大师邓石如，近现代有"一代完人"、著名教育家王星拱，当代有"两弹元勋"邓稼先、著名诗人海子，等等。

一 治理背景

公共安全事关人民安居乐业、社会安定有序、国家长治久安。近年来，怀宁县农村社区在经济社会快速发展的同时，也面临着自治机制不够健全、服务居民不够精细、社区参与渠道不够畅通、社会协同作用发挥不够充分等问题。一张网格守望一方安全，深入拓展农村社区网格化服务管理，无疑是改变这一现状的有效途径和重要抓手。为主动适应农村改革新形势和顺应农村居民新期待，实现农村社区"政府治理、社会调节、居民自治"良性互动，2017年12月，怀宁县成功申报首批全国农村社区治理实验区，实验主题为"健全农村社区网格化服务管理，推动农村社会治理重心下移"。面对机遇和挑战，怀宁县坚持党建引领，注重联动融合，按照"点面结合、整县推进"的方式，以网格为基础、以信息为支撑、以联动为纽带，不断推动社会治理重心下移，打通服务群众"最后一公里"。

二　实践做法

（一）强化协同，凝聚合力

紧扣《怀宁县创建全国农村社区治理实验区实施方案》，以服务管理方式扁平化为"主攻点"，积极探索农村社区治理的有效途径，全面整合资源，促进职能转变。在积极构筑"党委领导、政府主导、民政牵头、部门配合、社会参与"的社区治理体系基础上，全面整合民政、人社、司法、治安、科技、教育、卫健、文化体育、农林水利、通信、综治调解、信访维稳等管理职能和服务资源，分别建立起了党群服务中心、为民服务工作站、社区居委会、综治中心"四位一体"的服务中心，实现"一站式办公、一体化服务"，政府职能由管理型逐步向服务型转变，各单位密切配合、通力合作，建立起横向到边、纵向到底的县、镇（乡）、村三级联动的工作格局，释放出良好的治理效能。

（二）加大投入，保障资金

严格落实农村基层组织运转经费，对3000人以下的村安排工作经费5万元、3000~5000人的村安排工作经费7万元、5000人以上的村安排工作经费9万元。2018年以来，拨付本级财政资金共计4307万元。深度结合美丽乡村建设资金、人居环境整治资金、精准扶贫资金等各类资金开展农村社区治理工作，2018年以来累计投入11亿元，建立健全政府投入、社区自筹、单位帮扶、社会捐赠等多渠道资金筹集机制，为加快社区网格化治理提供了坚实的财政要素保障。

（三）一核引领，多元共治

1."一网覆盖"，构建高效网格管理体系

一是按照"亲缘相近、地缘相连、规模适当、管理方便"的原则，将全县 243 个村（社区）划分成 1160 个网格，打牢体系基础，做到全覆盖、无死角，确保最大限度发挥网格作用，实现"人在格中走、事在格中办"。二是坚持党建统领、整体布局。按照"党建全覆盖"的原则，优化网格党组织建设，全面推行"将党支部、党小组建在网格上"。全县共设置网格党小组 973 个，以定格、定人、定责的方式，对各级网格党组织、党员实行全方位、全过程、全覆盖动态管理，实现网格化管理与基层党组织良性互动。在全体网格队伍中，倾力打造"亮身份、亮承诺、亮成效"的"三亮"品牌。尤其是在新冠肺炎疫情防控工作中，全县 6436 名网格员和机关在职党员筑起了联防联控、群防群控的"铜墙铁壁"，将组织优势转化为疫情防控的"硬核"战斗力。三是建立健全信息化网格服务机制，结合怀宁县智慧城市建设项目，加强统筹指挥，推进"综治中心+网格化+信息化"实体标准化建设，极大提升了网格化管理服务水平，提升了群众安全感、满意度。

2. "一网服务"，夯实社会治理基础

畅通民情民意收集渠道，通过农村社区服务和大数据信息服务平台、微信群等技术手段，将网格内社情民意、矛盾纠纷等内容录入信息系统，做到信息共享、互联互通、动态更新。自信息服务平台运行以来，试点村处理办结事件 415 件，办结率达 99%，群众满意率在 95% 以上。按照"一岗多责、一专多能"要求，明确网格员主要承担采集基础信息、协调处理事务、排查化解矛盾纠纷、收集社情民意、宣传政策法规和服务社区居民六项工作职责，结合新时代文明实践活动，定期开展志愿活动和便民服务活动，主动上门为群众办实事、解难题，织密为民服务网，不断强化基层社会治理和服务能力。

3. "一网化解"，提高群防群治水平

将网格化管理与平安建设相结合，大力推广"雪亮+平安乡村"建设模式，全县共 243 个村，每个村平均布局 30 个监控点，采取"以租代建、以奖代补"模式，补齐公共安全视频监控盲点、空白点，织密社会治安视频防控网。依托"政法干警进网格"活动，330 名政法干警利用"周三有约"和下班后、周末等休息时间下沉网格，严格落实"五个一""五必访"要求，做到走访前与网格长、"两长"联合分析研判网格情况，走访中主动亮明身份与群众心贴心沟通交流，当好群众"传声筒"、网格"监督员"、政策"宣传员"。广泛开展各类矛盾纠纷隐患大排查、大梳理、大化解活动，进一步织密了治安防控网，社会治安防控体系更加稳固，群众安全感和幸福感进一步提升。

4. "一网共振"，构建共建共治共享格局

聚焦"全国乡村振兴示范区，长三角知名的新材料及加工、装备制造产业聚集区，皖西南交通中心，安庆城市副中心"的"两区两中心"发展定位，推进市域社会治理体系现代化，围绕实施乡村振兴战略开展工作，号召广大群众共建共治共享。大力推行"网格+微治理"人居环境整治模式，村"两委"包组、网格员包户，切实解决环境治理中的难点问题，促进环境卫生整治工作常态化。建成省、市、县各级美丽乡村中心村156个，创建美丽乡村示范村14个、重点示范村13个。创建文明县城期间，通过划分网格创建责任区，全县党员干部深入网格"双报到"，广泛开展政策宣讲、垃圾清理、文明劝导等各类志愿服务8000余次，有效助推了文明创建工作，为乡村振兴等各项工作的实施打牢基础。

5. "一网善治"，深化网格治理功能

一是打造"自治"网格。健全居民议事会及监督委员会、社区联席会等协商机制，修订完善自治章程、村规民约或居民公约，发展各类志愿组织185个，鼓励其参与社区治理。全县243个村（社区）自治体系进一步完善，工作协商委员会全面建立，自治延伸与分层、分类、分行协商在实践中不断推进，2018年以来，成功创建3个省级城乡社区协商示范单位。二是打造"法治"网格。以创建"民主法治示范村"为依托，结合乡村振兴、扫黑除恶、疫情防控等重点工作，深入开展宪法及与社区群众生产生活密切相关的法律法规宣传，形成人人学法、人人懂法、人人守法的社会法治氛围。三是打造"德治"网格。以推广"文明实践站"、修订"村民公约"为引擎，不断增强社区治理的感召力。广泛开展"好婆婆""好媳妇""优秀志愿者"等的评选表彰活动，常态化发布"善行义举榜"，并探索建立

"道德银行"，实行积分制激励。在农村社会形成崇德向善的良好氛围，极大地聚集了社会正能量，筑牢德治根基。

三 取得的成效

通过农村社区网格化治理，怀宁县以"格"为基础、以"网"为依托，通过抓管理、抓党建、抓服务，最大限度激活网格各项功能，实现了网格服务群众精细化、解决问题高效率，治理效果由"低质量治标式"向"高质量发展型"转变，探索出一条基层治理新模式，取得了良好的改革效果。

一是社会治安秩序更加良好。2021年以来，已受理违建、环境整治、矛盾纠纷等问题事件3508件，调解成功3497件，调解成功率达99.7%，居民满意率达96.1%，进一步织密了治安防控网，社会治安防控体系更加稳固，群众安全感和幸福感进一步提升。

二是城乡社区居民自治能力进一步提升。特别是平山镇大洼社区司山村民组"自己的事自己办、大家的事商量办"、李墩村民组"新事新办、大事简办、小事免办"的"自治、自理、自建、自享"的民主管理模式成为亮点。

三是营商环境进一步改善。2021年1~8月，固定资产投资同比增长24.41%，高新技术产业增加值同比增长34.3%，战略性新兴产业产值同比增长37.1%。

四是各有关部门分别给予肯定。民政部《乡镇论坛》杂志开辟专版，宣传推介乡村善治的怀宁样板；"乡镇论坛"微信公众号宣传推介怀宁县"多网合一 服务联动"网格化治理实践和实验区实验成果；前进社区"小网格 大民生"被推送至"学习强国"平台；大洼社区"三化"模式和"道德银行"经验做法分别被《中国社会报》和人民网刊登；等等。查湾村、大洼社区、复兴村先后获"全国乡村治理示范村"称号，社区治理成效明显。

四　经验启示

（一）基层党组织是社区网格化治理的领导核心

在乡村治理中，基层党组织既是乡村社会的统合核心，也是农村社区治理的领导力量，发挥着组织统领和方向引领等重要作用。怀宁县社区网格化治理实践的最大亮点在于突出政治功能，凸显党建引领，推动基层党组织下沉，将党小组嵌在社区网格中，夯实基层党组织领导的深厚根基，增加基层党组织引领的横向幅度和纵向力度，真正把党建网格与社会治理融合在一起，实现了党组织与基层群众无缝对接，使基层治理方式由"上边千条线、下边一根针"向"上边千条线、下边一张网"转变，构建了以基层党组织为核心的农村社区网格化治理的组织体系。

（二）多主体参与是社区网格化治理的关键所在

社区治理是在基层党组织领导下的多主体参与的协同共治。在充分发挥基层党组织领导核心作用基础上，从"党建+社会"的社区治理维度，构建多元主体参与社区治理新格局，从而建立"人人有责、人人尽责、人人享有"的社区网格治理共同体。怀宁县在农村社区网格化治理实践中，按照"因地制宜、分类指导、简化程序"的原则，重点培育和发展乡贤参事类、平安巡防类、乡风文明类、志愿服务类和矛盾调解类等农村社区民间社会组织，发挥各类社会组织、人民团体和社区居民在农村社区网格化治理中的行动者作用，将基层党组织、政府部门、社会组织、社区居民等嵌入社区网格治理，汇聚农村社区网格化治理的强劲动力。

（三）民主协商是社区网格化治理的有效载体

民主协商是农村社区公共事务处理的基本方式，也是农村社区自治的议事机制，起着调整社区利益关系、增进社区成员共识、化解社区社会矛盾和促进社区集体行动等作用。怀宁县在农村社区网格化治理实践中，建立起"民事民议、民事民办、民事民管"的多层次民主协商格局，广泛开展民主协商活动，鼓励"村民说事、百姓议事"，形成农村社区治理共建共治共享新格局。

（四）大数据支撑是社区网格化治理的必要手段

大数据驱动的智慧治理能够极大提升社会治理主体的决策能力、组织能力和服务能力。怀宁县在农村社区治理实践中，充分发挥信息化平台的支撑作用，强化了农村社区数据信息资源的共建共享和互联互通，提高了工作效率，增强了农村社区网格化治理的联动和协同能力，有助于实现基层治理的规范化、智能化和精细化。

五　未来展望

《中共中央　国务院关于加强基层治理体系和治理能力现代化建设的意见》指出："力争用 5 年左右时间，建立起党组织统一领导、政府依法履责、各类组织积极协同、群众广泛参与，自治、法治、德治相结合的基层治理体系，健全常态化管理和应急管理动态衔接的基层治理机制，构建网格化管理、精细化服务、信息化支撑、开放共享的基层管理服务平台。"[①] 围绕这个目标，将从以下几个方面去探索和努力。

（一）解放思想，创新理念，促进社会治理逻辑向起点回归

持续深化以人民为中心的基层治理理念，充分发扬民主，顺应民心，平等参与，树立主体多元、协作治理的观念，在邻里协商、政府协调的过程中把矛盾化解在基层。搭建互动平台，改变政府唱独角戏的状况，促进政府部

---

① 参见中国政府网，http：//www.gov.cn/zhengce/2021-07/11/content_5624201.htm？ivk_sa=1024320u。

门和社区自治力量的有效衔接。

（二）因类施策，拓宽渠道，促进各种社会资金向社区流动

综合运用各种财政、税收优惠政策，增强投资社区管理与服务的吸引力，建立健全相关政策法规，为社区财政经费筹集和合理使用提供法律保障。充分利用社区自身优势，规范社区募捐机制，广泛吸纳社会闲散资金，不断增强社区自我积累和资金募集能力。

（三）加大宣传，扩大影响，促进社区治理品牌向样板趋近

已经形成平山镇大洼社区"自己的事自己办、大家的事商量办"、高河镇查湾村"推进文旅融合，促进社区治理与乡村振兴同频共振"等品牌项目和治理案例。下一步将积极发挥媒体、电视、微信等平台作用，及时总结、精心提炼、广泛宣传，积极推介社区治理建设成果，为农村社区治理创新工作提供可复制、可推广的怀宁样本。

勇当探路者　深耕实验田

——合肥市包河区用"3515"推进社区治理与品质服务

包河区位于合肥主城东南，居八百里巢湖之滨，区域面积340平方千米（含巢湖水域面积70平方千米），辖9个街道、2个镇、2个街道级大社区和1个省级经济开发区，人口约122万人。作为全省政治、经济、文化中心，综合实力连续多年稳居全省首位，投资潜力跻身全国前10，是名副其实的安徽"第一城区"。为促进经济社会协调发展，需要在新发展阶段做好社区治理文章，更好满足人民群众对美好生活的向往，同时促进经济更高质量、更可持续发展。

包河区地处区域政治、经济、文化中心，交通及科教文卫资源富集，创新创业活力无限，环境宜居宜业，但也面临着社区服务场所不足、供给能效有限、居民参与社区治理与服务的需求释放不足等现实难题。为破解社区治理难题，包河区着眼服务设施覆盖身边化、服务内容品质化、服务供给主体多元化，大力建设社区服务综合设施，培育发展社区社会组织，培育引进专业社工人才，持续实施社区公益创投，为推进基层治理体系和治理能力现代化奠定了良好基础。

2019年3月，包河区被民政部批复为"全国社区治理和服务创新实验区"。包河区把实验区创建工作作为改革创新的重大机遇、解决民生问题的重点抓手、推动高质量发展的重要路径，聚焦构建社区"15分钟服务圈"的实验主题，从供需两侧出发，先行建设"两级中心"社区服务平台，率先实施"红色领航 和美小区"党建引领社区治理专项行动，构建"3515"实验区创建体系，"3"即建设楼栋平台、社区平台、街道平台"三级平台"，营造楼栋层面的个体化熟人互助圈、社区层面的组织化群体活动圈、街道层面的规模化公共服务和生活服务圈"三个圈层";"5"即完善规划、建设、管理、服务、参与"五大运作机制";"15"即重构社区"15分钟服务圈"。

一　实践做法

包河区围绕实验主题,抓重点,攻难点,勇当"探路者",深耕"实验田",先行建设"两级中心"社区服务平台,率先实施"红色领航 和美小区"党建引领社区治理专项行动,建成了"三级平台"载体,营造了"三个圈层",探索完善了"五大机制",重构了社区"15分钟服务圈"。

(一)建立"三级平台"

以"红色领航 和美小区"和"两级中心"建设为抓手,按照高效便捷、集约合理、可持续发展的基本原则,从楼栋、社区、街道三个层面有序打造功能错位、布局科学、适应发展的社区治理与服务"三级平台",为社区"15分钟服务圈"提供运行基础和发展支撑。

一是打造楼栋平台。包河区始终坚持以高质量党建引领基层治理和服务创新,在社区治理创新中厚植红色基因。出台《关于深化党建引领基层治理实施红色领航和美小区建设的意见》,大力推进党的组织和党的工作进楼入户,培育楼栋自治委员会、红白理事会、协商议事会等自治组织;培训小区党组织成员、居民骨干、物业企业和业委会成员等共治骨干;构建协商共治小区治理矛盾化解机制;涵养"睦邻"小区文化,初步形成了"小区党支部—楼栋党小组—党员中心户"小区党建格局。已成立小区党支部789个,楼栋党小组1583个,有党员中心户3018个,形成了党建引领和居民自治相结合的楼栋平台。

二是打造社区平台。按照步行5~10分钟可达标准,建设"睦邻中心",并将其打造为组织开展群体活动的社区平台。统筹考虑"老年友好型社区""儿童友好型社区"建设标准,明确每个"睦邻中心"占地30亩左右,服务人口 1 万~2 万人，服务范围 1~2 平方千米，服务半径 500 米左右，形成"睦邻中心"规划建设标准；按照就近便民的原则，配置与居民日常生活息息相关的公共服务场所、协商议事场所、文体活动场所、便民服务场所、绿地、游园等便民利民服务设施。

三是打造街道平台。按照"步行 15 分钟可达"标准，建设"社区中心"，打造规模化配置公共服务资源的街道平台。明确每个"社区中心"占地 85 亩左右，建筑面积 2.2 万~2.7 万平方米，服务人口 5 万~10 万人，服务范围 6~7 平方千米，服务半径 1500 米左右，形成"社区中心"规划建设标准；与"睦邻中心"错位互补，集中布置初中、小学、文化体育活动设施、辖区公共安全保障设施等公共服务设施；前瞻性布局社会组织孵化园、街道级社区治理学院等趋势引领的服务设施；围绕"社区中心"布局发展社区商业，迭代布置要素汇集的社区商业版图。

（二）营造"三个圈层"

依托"三级平台"，统筹兼顾居民个体、社区群体和社区经济发展需要，营造个体化熟人互助圈、组织化群体活动圈与规模化公共服务和生活服务圈。

一是依托楼栋平台，营造个体化熟人互助圈。通过开展"红色领航 和美小区"建设，既延伸了党建工作"触角"、强化了基层党组织凝聚力、发挥了党员带头示范作用，又细化了基层治理的颗粒度，调动了居民自我管理、自我服务的积极性，实现了由"陌邻"向"睦邻"的转变，具有共同情感联结、共同文化凝聚的个体化熟人互助圈逐渐形成。包河区滨湖世纪社区和滨湖明珠社区被党中央授予"全国先进基层党组织"荣誉称号，基层党建的"包河经验"在全省示范推广。

二是依托社区平台，营造组织化群体活动圈。通过"睦邻中心"建设，提升居民的社区认同感、归属感、责任感和荣誉感；把"睦邻中心"作为推进"三社联动""五社联动"的重要场域，通过开展社区公益创投、微公益创投，实施社区社会组织激活工程等，引导社会力量和居民参与公共服务、开展协商议事、举办睦邻活动等，营造组织化群体活动圈。

三是依托街道平台，营造规模化公共服务和生活服务圈。通过建设"社区中心"，立足社区治理创新发展需要，为楼栋平台、社区平台服务模式创新提供资源链接、内容引导、主体孵化、制度供给、人才保障等，对接居民对教育、文化、体育、公共安全等资源集中度高、服务规模化特征显著的公共服务的需求，把"社区中心"打造为基层社会治理与经济融合发展的街道地缘中心，营造规模化公共服务和生活服务圈。

（三）创新"五大机制"

包河区始终坚持机制创新是最根本的创新，围绕"三级平台"的打造和"三个圈层"的营造，全流程创新完善规划机制、建设机制、管理机制、服务机制、参与机制。

一是建立完善规划机制。落实"15分钟服务圈"规划理念，坚持规划先行，成立由区主要领导牵头的跨部门"两级中心"规划建设组，民政、财政、规划、住建、教体、卫健、残联等部门全程参与规划建设，建设单位承担实施，居民群众反馈参与，出台《关于推行城市规划建设与社区治理服务一体化的实施意见》，编制《包河区国土空间分区规划》，均衡住宅小区、服务设施建设，为社区治理提供布局合理的空间载体。

二是建立完善建设机制。采用存量有机更新和规划实施并举的方式建设"两级中心"。在老城区主要采用存量有机更新方式，通过整合共享、挖潜改造等途径建设"两级中心"；在新规划区域以区政府为推进主体，采用政府建设单位配建、区属国有企业代建等多种建设模式，按照"适用、经济、绿色、美观"的建筑原则，一体规划、分步实施、分类推进、多方共建。对已建成并投入使用的养老服务中心、社区卫生服务中心、室内外活动场所、绿地广场等公益性服务项目，政府给予一次性装修补贴；对社区食堂等半公益性项目，由国有企业出资支持。

三是建立完善管理机制。出台《包河区关于深化街道体制改革的实施意见（试行）》，推动街道将工作重心转移到加强基层党建和公共服务、公共管理、公共安全上来。出台《关于加强社区"两级中心"建设管理服务工作的实施方案（试行）》，由属地街镇统筹辖区"两级中心"服务管理，厘清管理主体权责；"两级中心"商业部分由区属国有企业统一运营管理，社区基本公共服务部分由属地街镇（大社区）服务管理；探索政府零资金投入运营模式，即政府为第三方免费提供场地，委托并监管第三方提供公益性、半公益性或市场化项目；充分发挥居委会主导作用，通过居民协商管理、委托社会组织管理等方式，引导社会组织和社区居民参与"两级中心"设施管理与维护。

四是建立完善服务机制。坚持需求导向，"一址一策"配置"两级中心"服务内容。推行社区服务供给侧结构性改革，转变过去由政府单一主体包办服务的模式，基本公共服务由属地街道和相关政府职能部门负责，便民利民商业服务由市场主体负责，专业社会服务由第三方专业社会组织负责，居民自我管理服务由社区社会组织或居民骨干负责。

五是建立完善参与机制。依托街道平台、社区平台、楼栋平台差异化配置社区社会组织孵化基地、社区治理学院、协商议事厅等，实现平台赋能居民参与；发挥数字赋能作用，建设包河区"大共治"信息平台，统一流转、处置群众诉求，开发"共治包河"微信小程序，实现居民网上报事、议事、办事，构建起居民有参与能力、有参与机会、有成果反馈的良性循环参与机制。

二　主要成效

"治国有常，而利民为本。"包河区坚持"以人民为中心"的发展思想，聚焦平台治理、圈层营造、机制创新，推动社区由居住共同体向治理共同体、价值共同体跃迁。

一是提升了基层治理和服务的针对性、有效性和精细化水平。通过建立楼栋平台、社区平台、街道平台，重构社区"15分钟服务圈"，把城市规划和空间治理的重心向基层下移，把更多资源下沉到基层，有效解决了城市规划建设与社区治理需求脱节、社区公共空间不足、社会组织参与社区服务的程度和自主性不够等问题，更高效地为居民提供精准化、精细化服务。

二是提升了基层治理和服务的整体性与公平性。通过城乡一体化推进"两级中心"建设，统筹解决老城区生活圈、新城区生活圈、新规划区生活圈、农村区域生活圈规划建设问题，补齐了不同区域治理平台短板。同时，从全生命周期的角度，把社区服务从针对老、弱、病、残、幼等特定群体延伸至老、中、青、少、幼等各类群体，让各类人群各得其所，扩大了服务的覆盖面。

三是提升了基层治理和服务的系统性与综合效能。在规划建设上，综合考虑社区综合服务设施规划与经济社会发展总体规划、土地利用规划、城市总体规划、环境保护规划等有效衔接，实行"五规合一"，科学推进"两级中心"建设，避免了政府部门各自为政、重复投资、重复建设、重复供给。在运营管理上，通过公益服务、半公益服务、便民利民商业服务多元供给，实现设施建设、功能实现、服务管理协调并进，提升社区治理与服务综合效能。

四是提升了基层治理和服务的居民参与意愿与参与能力。充分发挥社会组织孵化园、社区治理学院作用，实施"安家"计划，培育孵化本土社工机构14个，吸纳专职社工人才242人，建成街道社区社会工作服务站97个；实施"海星"计划，对城乡社区工作者开展专业社会工作知识培训，取得专业社会工作职业资格者有977人（其中社会工作师314人）；实施"培力"计划，举办参与式协商能力培训等专题培训90余期，培育社区工作者、社区志愿者、居民骨干和社区社会组织人员8000多人次，促使其养成协商意识、掌握协商方法、提高协商能力；实施"梧桐"计划，重点培育枢纽型社会组织47个，登记或备案社区社会组织1289个，建成社区社会组织联合会85个；实施"家园"计划，持续开展社区公益创投、微公益创投，实施社区协同治理项目1041个，有力推进了社会力量有序参与社区治理和服务。

五是提升了基层治理和服务的居民满意度与获得感、幸福感。围绕居民的操心事、烦心事和揪心事，充分发挥社区党组织的引领作用、居委会的主导作用和居民的主体作用，以"一站式""参与式"服务理念，打造多层次服务平台，实现公共服务设施覆盖身边化、服务内容品质化、供给主体多元化，群众的获得感、幸福感和安全感明显提升。2019年，包河区荣获"中国最具幸福感城市"单项奖。

三 未来展望

包河区实验区建设虽然取得阶段性成效，但与基层治理体系和治理能力现代化的目标要求相比仍有差距，与人民群众对美好生活的期待相比仍有差距，需要直面挑战、破难前行，奋力实现"三大转变"。

一是在社区治理上需要由传统治理模式向数字治理模式转变。社区"15分钟服务圈"本质上是面向每一个居民个体营造社区生活圈。在科技革命深刻影响人民生活的时代背景下，社区"15分钟服务圈"治理之效的实现，需要以大数据、人工智能等为代表的新技术的支撑，不断提高资源配置、服务供给、多元参与的效率与效益。新技术对社区"15分钟服务圈"建设的支撑作用有待加强，数字化对居民参与的赋能作用刚刚起步，需要为社区提供智能化治理工具，为居民提供便捷化参与渠道。

二是在服务提供上需要由供给侧主导向供需双侧协同发力转变。随着经济发展水平达到新的高度和人民生活水平不断提升，居民对社区服务的内容、效率、质量甚至获取成本、体验等都不断提出更高要求。包河区楼栋平台、社区平台、街道平台的建设，以及社区服务的谋划布局，更偏重于自上而下的体系构建，自下而上的公众参与和需求表达尚显不足，制约了社区服务精准化、精细化水平，因此，需要针对居民多样化需求，完善"需求摸排—定制清单—组织实施—反馈评价"的闭环式服务流程，引导促进供给侧与需求侧有效衔接，实现供给侧和需求侧有效匹配。

三是在居民参与上需要由非均衡参与向均衡参与转变。社区治理需要以居民的参与为内核。在居民参与社区治理的实践中，居民参与呈现出发展不均衡状态，主要表现为城郊接合部参与不足，居民多为被动地参与其中，缺乏积极性和主动性，而且往往以老年人参与为主，缺乏青年群体参与。需要优化参与方式、降低参与成本，以组织化动员的方式带动和影响更多社区居民主动参与，不断提高参与质量。

产社相宜　城乡融合

——合肥市庐阳区探索城乡社区治理一体化发展模式

自 2017 年 12 月被民政部确认为全国首批农村社区治理实验区以来，庐阳区按照《中共中央 国务院关于加强和完善城乡社区治理的意见》《民政部关于开展全国农村社区治理实验区建设的通知》要求，以"创新、协调、绿色、开放、共享"为发展理念，深入实施乡村振兴战略，从农村基层党建、都市型现代农业发展、城乡社区融合治理、生态资源保护等方面探索突破，不断推进以"产社相宜"为庐阳特色的城乡社区治理一体化发展模式。

一　基本情况

庐阳区位于合肥市中北部，面积 139 平方千米，常住人口 69 万人，辖 1 个乡、1 个镇、9 个街道和 1 个省级经济开发区，是全省经济、文化、金融中心。近年来，长三角一体化发展、共建"一带一路"、长江经济带发展、中部崛起四大国家战略在庐阳交汇叠加，大科学装置集中区、合肥国际陆港、淮河路国家级步行街、G60 科创走廊四大平台与庐阳牵手相约，为庐阳发展注入强劲动能，GDP 跨过千亿大关，庐阳区连续三年入选全国综合实力百强区，蝉联全国和谐社区建设示范区，获评全国社会工作服务综合示范地区、全国村务公开民主管理示范区、全国休闲农业与乡村旅游示范区，"艺术崔岗"入选中宣部宣传思想文化工作案例，是安徽省唯一一个入选的。

2018 年庐阳区全面启动全国农村社区治理实验区建设工作，实验范围覆盖辖区 20 个农村社区、14 个村，覆盖率 100%。通过搭建三级治理服务平台，健全"区—乡镇—村"农村社区治理"三级联动"机制，汇聚各类治理服务人才、组织、项目、资源，为不断提高服务农村社区居民水平筑牢基础保障。有关工作成果及经验先后在《乡镇论坛》《社区》《安徽省基层社会治理创新发展报告》等刊发。实验区项目实施以来，庐阳区获评全国绿色发展百强区、国家生态文明清洁小流域建设示范工程，三十岗乡东瞿村获评全国乡村治理示范村，三十岗乡退役军人服务站创成全国首批示范站；庐阳区获评全省农村生活垃圾分类和资源化利用示范区、安徽省森林城镇，三十岗乡东瞿村获评全省第三批城乡社区协商示范点，大杨镇水库村村规民约、五里拐社区居规民约分别获评全省优秀村规民约和居民公约，三十岗乡崔岗村、东瞿村入选首批安徽省特色旅游名村，齐获"第五届安徽省文明村镇"称号，崔岗村、东瞿村、三十岗村、汪堰村、柴冲村获评安徽省美丽乡村示范村，大杨镇十张村、三十岗乡崔岗村获评全省民主法治示范村。

二　主要做法

（一）形成常态化工作机制

一是建立协同联动机制。由庐阳区社区建设工作领导小组统筹协调，区民政局牵头，实验区项目各责任单位协同推进，将有关政策、资金、工作落实到位，推进以"产社相宜"为庐阳特色的城乡社区治理一体化发展。各成员单位 2018 年至 2020 年投入农村片区涉农资金约 5.7 亿元，2021 年预算金额为 1.07 亿元，有力保障了实验区建设。各级党组织持续发挥战斗堡垒作用和桥梁纽带作用，聚力构建区域化党建新格局，出台《关于建立党建联席会议制度的实施意见》，建立"区—乡镇—村"三级党建联席会议制度，吸纳辖区单位党组织负责人、社区民警、业委会、物业公司党员负责人参与农村社区治理。

二是建立人才保障机制。成立庐阳区社区治理学院智库，吸纳来自高校、媒体、社会组织等领域的 16 名专家加入。通过一系列能力提升计划和资源链接服务，对社区工作者、专业社会组织、社区社会组织、社区居民骨干、项目社工等开展培训。制定实施《庐阳区注册社会工作督导方案》，30名经验丰富的社工，进入见习督导服务序列，为农村社区治理提供智力和人才保障。与华中师范大学科研团队合作，定期赴庐阳区三十岗乡、大杨镇，深入农村社区、村进行实地走访，通过列席村民议事会、与村民代表座谈、驻村指导等方式，对实验区项目推进进行有针对性的指导、调研、问题梳理、总结提炼和成果推广，并根据民政部中期评估问题反馈指导庐阳区进一步完善工作举措。

三是建立社区协商机制。全区20个农村社区和14个村均设立"一居多会"，围绕农村社区人民调解、公共卫生、治安保卫、环境物业等主题，常态化开展多种形式的社区协商活动。在具体实践中，采取"居民议事厅""网格议事会""民情恳谈会"等方式，由社工机构运用专业社会工作方法引导农村社区居民、驻区单位进行参与式协商，推动其依法有序参与农村社区治理。居民骨干通过对各种议事协商案例的实践学习，人员从零散到集中，每个农村社区均形成1~2支议事团队，并逐步优化、成形、规范、专业、完善，通过协商解决了农村垃圾清扫、车辆规范停放、低保民主评议等农村社区居民群众日常生活中的问题。如大杨镇吴郢社区试点建立社区居委会、业委会、物业公司"三位一体"的住宅小区议事协调机制；三十岗乡东瞿村通过党员户挂牌、党员"十户轮值"管理模式带动村民维护人居环境，得到群众的广泛认可，并在其他村居逐步推广。

四是建立项目驱动机制。为引导城市社会组织面向农村社区创新治理服务项目，激发农村社区居民自我服务能力，庐阳区每年以"微创投、微治理"项目化形式实施3个由专业社会组织主导的"家园计划"和8个由农村社区社会组织及社区居民主导的"近邻计划"，项目类型主要为亲子活动、为老服务、邻里互助等。其中"近邻计划"的项目创意来自社区社会组织和居民群众，项目经评审后将获得3000~4000元不等的"微创投"资金，并在专业社会组织的支持下推进实施，通过项目实践，共孵化培育农村社区社会组织60余个。除社区治理服务项目外，庐阳区各类乡村振兴示范项目、农业农村产业发展项目、环境治理项目等同步推进，以项目为龙头带动了产业和消费升级，促进城乡共生，打造了"都市中见田园、田园中见都市"的乡村振兴样板。

（二）搭建三级治理服务平台

一是搭建三级治理服务中心。"区—乡镇—村"三级治理服务中心加强协作配合，立足各自服务定位，联动发挥农村社区治理理论研究、标准制定、主体培育、资源链接、项目发掘、服务供给等多项作用，推进农村社区社会组织、居民骨干等多元主体参与社区治理服务，为实验区建设提供阵地保障。实验区项目实施以来，庐阳区制定了城乡社区治理工作规划，统一了基础服务标准，区级治理服务中心开展农村社区治理培训 4 次、各级治理服务中心开展专业专场培训 30 余次、全区社会组织参与农村社区治理研讨会 4 次。引入 5 家专业社会组织在农村社区"益家生活馆"开展社区社会组织培育工作，培育出志愿服务、文娱体育、女性能力提升等方面社区社会组织 60 余个，实施农村社区微公益创投，打造了"国学印象""四民工作法""老邻街坊"等 7 个农村社区治理服务品牌，为农村社区居民提供"365"全天候服务。全区农村社区、村专职社会工作人才 100 余人，30 余家企事业单位与社工机构合作参与到农村社区治理服务中。

二是加强三级党群服务中心建设。庐阳区区级党群服务中心于 2020 年底建成并投入使用，三十岗乡、大杨镇及所有农村社区的党群服务中心均按合肥市党群服务中心体系化建设标准完善提升，实现城乡基本公共服务均等化发展。各级党群服务中心均实施"一窗口受理、一平台共享、一站式服务"，落实首问负责、轮值代办、周六续办等机制，服务群众能力有效增强。三十岗乡党群服务中心"阳光信访"成效显著，获评合肥市人民满意窗口单位。此外，各级党群服务中心也为"一线为民驻点""四联四定""党史学习教育"等各类党群活动教育的开展提供了服务场所，促进乡镇、村居、驻区单位党组织共建共享，提升了党组织和党员干部组织、宣传、凝聚、服务群众的能力和水平。截至 2021 年底，乡镇及农村社区党群服务中心累计接待群众 4000 余人次，解决问题 600 余件。

三是拓展村级服务平台功能。在村级治理服务中心开展基本公共服务、社会组织专业服务、村（居）民自治服务的基础上，为进一步提升末端治理服务平台服务群众能力，实验区各成员单位根据各自职能，整合农村片区地块现有的附属空间、闲置用房等公共区域，配备生活所需的公共服务活动空间。所有农村社区均设立或完善了农村电商服务网点、益农信息社、退役军人服务站、文体活动站、卫生服务站、残疾人工作站、社区助餐点等社区服务场所或活动阵地，并引入专业领域组织、企业、人才提供相应服务，让农村社区居民享受到更好更优质的社区综合性服务，形成了安全、友好、舒适的社区生活平台。

（三）坚持"四态合一"融合发展

一是保护乡村生态，改善人居环境。庐阳区推进生态湿地建设，退耕还林1万余亩，种植水源涵养林2000余亩，建成5.5千米外环高速生态长廊、9.8千米滁河干渠观光带，形成以两大水库为中心的北部"绿扇"。开展水源地保护，整体搬迁董铺水库和大房郢水库周边34个水源地村庄，整改297处污染源，关闭7家重污染工业企业，取缔、关停87户一、二级保护区内小作坊、小工厂等，完成161个整治项目和38处河道排口截流工程施工改造。整治农村人居环境，建设3处垃圾分类收集亭，垃圾清扫保洁、收运处理率及无害化处理率达100%。建设中心村配套污水管道20千米，建成生活污水处理设施3个，出水标准达到一级A类标准。配建4座国家A级标准旅游厕所，完成495户改厕任务。清理农业生产废弃物270吨，拆除乱搭乱建211户、无功能建筑物面积1070平方米。实施农村道路畅通工程，累计建设乡村道路36条，里程达41.25千米，投资2亿元进行房屋改造和绿化提升。

二是塑造乡村形态，打造最美科研圣地。2017年，占地约2252.7亩的大科学装置集中区作为合肥综合性国家科学中心建设核心板块落户庐阳区三十岗乡。近年来，庐阳区紧紧围绕大科学装置集中区建设重大机遇，结合董铺水库、生态绿地等乡村自然空间形态，集聚技术、资金、人才等创新要素，扎实推进中国最美科研圣地建设，使得科研圣地与农田林地相得益彰，科学研究与田园风光加速融合，推动科技、生态、文旅互动融合发展，打造生态美景与科技科研共舞的"大花园"。大科学装置集中区首个主干路网——G206连接线一期工程（原三国城路）全线贯通，合肥综合性国家科学中心获批后首个大科学装置——聚变堆主机关键系统综合研究设施园区竣工交付。

三是升级乡村文态，催生"崔岗现象"。三十岗乡崔岗村将乡村原生态、原风貌和当代艺术相融合，改造、租赁农户闲置房屋，让闲置农房成为艺术工作室、乡村民宿、客栈等艺术家艺术创作和经营的场所，建成全国首个乡村当代艺术馆（崔岗当代艺术馆）和全省首个音乐主题小镇（王大郢音乐小镇），诞生了引领城市近郊农村转型升级的"崔岗现象"。"艺术崔岗"53位艺术家和当地村民共生共融，营造出慢生活、轻文艺、品乡愁的乡村生活气息。崔岗良好的生态环境和恬静的乡村生活，为艺术家带来了创作灵感，艺术家租用闲置农房，为当地农民增添了收入，丰富了其精神文化生活。为维持这种"双赢"局面，庐阳区充分尊重群众和艺术家的主体地位和主动精神，建立议事协调会议制度，建立政府、村民、艺术家三方沟通平台，创设崔岗艺术家准入机制，出台相关规范和奖补政策，从而形成了政府、集体经济组织、农户和艺术家"四赢"局面。

四是丰富乡村业态，发展"赏花经济"。庐阳区全面退出传统农业，融合旅游、文化、生态、休闲四大元素，大力发展高端化、高附加值的都市生态休闲农业。打造崔岗艺术小镇、岗上桃蹊乡村振兴示范区两大片区，推介三国文化游览、滁河干渠观光、农耕生态体验等旅游活动，形成以农耕体验、采摘游购、文化艺术为主题的研学游精品线路，建成涵盖"吃、住、行、游、购、娱"全产业链的乡村旅游综合体。举办国际乡村马拉松、桃花节、采摘节、音乐节、三国文化灯光节、中日韩三国围棋赛等赛事和文化活动，向全国推广了庐阳文旅品牌。一年一度的桃花节是庐阳以"花"为媒，向八方来客发出的最美"邀请函"，"赏花经济"被央视《新闻联播》报道，为乡亲们铺下了致富之路。自2019年起，庐阳区策划"我在桃蹊有块地"项目，引爆了"抢地热"，每年最低 300 元即可体验质朴纯真"田园梦"，收获自耕自种的无公害农产品，首批 100 块共享农田推出半天即被抢租一空。三十岗乡游客量突破 1000 万人次，直接带动经济消费突破 2 亿元，旅游综合收入实现 8 亿元。

三　取得的成效

（一）农村社区党组织能力提升

庐阳区在推进实验区建设过程中，注重以提升农村社区党组织能力来凝聚社区治理主体力量，加强和创新农村社区党建工作。通过农村社区党组织能力提升行动，农村基层党组织设置得到进一步优化，党建网格进一步做实，服务群众能力进一步提升。借助"互联网+党建"，常态化开展党务轮训、书记沙龙、党史学习等各类党群活动。践行"一线为民"工作理念，发挥党员先锋示范作用，实现驻点保障规范化、联系群众常态化。

（二）农村社区治理成效显著

庐阳区以实验区建设为契机，有效调动、高效组织当地农民、社会组织、社会资本等各类主体在不同层面参与农村社区治理。以三级治理服务中心和三级党群服务中心为依托，打造文体、卫生、养老、综治等各类服务阵地，引入各领域专业人才以项目化形式开展为民服务，培育了一批社区营造、环境维护、邻里互助、矛盾化解等领域的志愿服务队伍或社区社会组织。"一居多会"的建立、村规民约和居民公约的实施、社区协商的广泛开展，促使凡涉及村居公共利益的重大决策事项均组织群众进行参与式协商解决，农村居民群众自我服务、自我管理的意识和能力逐步提升。

（三）都市型现代农业持续发展

庐阳区坚持"产社相宜"的原则，将农村产业发展和社区治理整体推进，结合区域经济发展特色，大力推进一、三产业深度融合，实现"一产三产化"，扩大桃蹊田园综合体和崔岗艺术村两大片区主力业态群规模，串联三国遗址公园、王大郢音乐小镇等景点，美丽乡村深度游精品线路日趋成熟。通过实施农村土地整治，新增耕地面积2984亩；三十岗乡共流转土地42361亩，土地流转率为100%。发放120余家农林企业奖补资金5000余万元，带动农林企业各类投资逾5亿元。培育壮大龙头企业，引进农林企业72家，发展蔬菜瓜果规模化基地，推进"三品一标"高质量发展。三十岗西瓜、红心猕猴桃、红心火龙果、黄金蟠桃等有机绿色农产品品牌影响力持续增强，三十岗西瓜获评2020年全国及全省名特优新农产品。

（四）农村集体经济不断壮大

庐阳区以资产盘活型、乡村旅游型集体经济经营模式，壮大农村经济，增加农民收入。开展农村集体资产清产核资工作，全区乡级资产总计232万元，乡级集体土地717.72亩；村级资产总计9.9亿元，村级集体土地3.69万亩；组级资产总计794万元，组级集体土地3.55万亩。制定《庐阳区村级集体经济发展专项规划（2019—2022）》，以有序改造、发包租赁、入股联营等方式，盘活闲置或低效使用的集体资产，所得收益充实村级集体经济。2018年至2021年，三十岗乡崔岗村年平均集体经营性收入约60万元，汪堰村约30万元，其余7个村约20万元，三十岗乡9个村全部注册股份经济合作社。

四 未来展望

一是完善党建引领社区治理机制。继续增强农村社区党组织领导力和组织力，密切与辖区单位党组织的联系，搭建街道社区党组织与辖区单位党组织的红色桥梁，发掘单位及农村社区党员骨干，将党员骨干培养为社区治理服务骨干，带动更多农村社区居民参与治理服务。

二是加强农村社区主体素质建设。通过治理资金投入、项目扶持，吸引专业机构和社会资金向农村社区倾斜，继续孵化农村社区社会组织，常态化实施小微创投项目，增强农村社区居民自我服务意识和能力。

三是推动乡村振兴再上新台阶。坚持构筑产业生态和自然生态并举，推进中国最美科研圣地建设，启动森林质量精准提升工程和水库片区高品质山河绿化工程，完善交通路网、农村社区生活配套等基础设施，推进美丽乡村建设。

创新社会救助　提升自治能力

——舒城县创新社会救助实现治理精细化

近年来，舒城县以保障困难群众基本生活为着力点，创新社会救助体制机制，以提高群众的幸福指数为切入点，开展留守儿童、老人关爱服务，通过具体实践，创新社会治理，维护最广大人民群众的根本利益，最大限度增加社会和谐因素，增强社会发展动力，提高基层自治能力，确保人民安居乐业，社会安定有序。

一　治理背景

舒城县地处安徽中部、大别山东麓，紧邻合肥，辖 22 个乡镇（开发区）394 个村，面积 2100 平方千米，人口 100 万人，集山区（52% 的面积是山区）、库区（龙河口水库）、老区（大别山革命老区）、贫困地区（国定贫困县）、巢湖生态屏障及合肥饮用水源保护区于一体，经济基础较薄弱，主导产业较少，贫困发生率较高。对困难群众的救助主要依托低保、特困供养、临时救助等形式开展，救助资金主要来自政府，并且低保、特困供养审批严格、流程较多，需要个人申请、民主评议、村乡审核、县级审批，临时救助一般在年底落实，这些救助的针对性和时效性不够强，群众一旦遭遇大病、灾、祸等急难情形，生活迅即陷入困境，困境群众得不到及时有效救助，是社会不稳定因素的重要方面，是基层社会治理的痛点和难点。基层社会迫切需要通过新的治理理念、新的组织方式、新的治理流程、新的技术手段等来实现基层社会治理的变革，降低治理成本，实现治理的精细化，更好满足人民群众需求。

二 做法及成效

2018 年 8 月，民政部办公厅下发《关于开展社会救助综合改革试点的通知》（民办函〔2018〕111 号），舒城县被确定为试点单位（全国共 35 个，安徽只有这一个），社会救助综合改革进入快车道。舒城县按照试点工作要求，紧紧围绕改革任务，以"持续完善社会救助体系、增强兜底保障能力"为目标，以"救急难"、社会救助"物质+服务"试点、低保审批权下放、村级中心组长队伍建设四项举措为抓手，创新体制机制，社会救助综合改革试点工作取得良好成效。

（一）社会救助综合改革基本举措

一是强化组织领导。县委、县政府高度重视，在各级的共同努力下，全县构建起多个层级、横向到边、纵向到底的试点工作网络。2019 年 3 月，舒城县会同省民政厅抽调的市、县社会救助业务骨干 10 余人，制定了试点工作方案，并报民政部社会救助司备案。成立了由县委主要负责同志牵头的社会救助综合改革试点领导小组，统筹推进全县的社会救助综合改革，督促指导各地各单位开展救助工作。

二是完善试点方案。县委、县政府高度重视，将此项工作纳入县委深化改革总体布局，研究并出台了《舒城县社会救助综合改革试点总体方案》，以及《舒城县城乡低保审批权限委托下放工作实施方案（试点）》《舒城县城乡居民最低生活保障工作实施细则（试点）》《舒城县特困人员供养制度实施细则》《舒城县"救急难"工作实施细则》《舒城县拓展个性化救助服务实施方案》《舒城县委组织部、舒城县民政局关于开展村级中心组长队伍建设工作的实施意见》等六个细化方案。本着先行先试、稳妥推进的原则，在部分乡镇先行开展低保、特困人员审批权下放，中心组长队伍建设，社会救助"物质+服务"，"救急难"等各项改革试点，2019 年 10 月在全县全面推广。

（二）社会救助综合改革进展及成效

2020 年 6 月，全市社会救助改革现场会在舒城召开。舒城社会救助改革做法作为"舒城经验"在全市推广。低保审批权下放做法被省民政厅在全省推广。

1. 探索"自主救助+制度救助"模式，创新"救急难"工作

针对遭遇大病、灾、祸等急难情形，生活陷入困境而暂无其他救助的家庭和个人先行给予应急性、过渡性的自主救助，充分体现互帮互助的集体共担意识和群体互助温暖。同时，再根据困难情形给予不同的政策救助，量身定制兜底保障措施，并利用信息化手段建立完善困难群众数据库，设立识别和预警指标，从源头上织密兜牢保障网。此项工作于 2017 年 10 月在河棚镇黄河村开展试点，2018 年 3 月在全县全面推开。在推进过程中，重点解决好资金筹集和救助时效两个问题。一是优化资金构成。将村级互助社建设作为重点，规范互助社资金的筹集运行机制，同时，不断加大资金投入，按照县财政配套资金 1 万元、村集体资金不多于 1 万元、社会捐款不少于 1 万元、注册资金不少于 3 万元的标准多渠道筹集资金。全县已成立互助社 398个，筹集社会资金 965 万元，形成了"主动发现、社会参与、综合施策"的救助合力。二是提高救助效率。进一步优化"救急难"工作流程，充分赋予村级自主权。在村民组长主动发现或困难群众反映需要救助的情况后，村互助社立即启动救急程序，村级即可给予 1000 元救助，救急资金在 2 天内到位；数额较大时，及时通过手机 APP 进行网上申请，乡镇、县可分别给予 2000 元临时救助，救急资金分别在 3 天、5 天之内到位。如需要跨部门解决的，县救助服务管理中心及时与相关部门进行转介。自"救急难"业务开展以来，全县共救助 1.3 万余人次，救急资金共 1400 余万元。

2. 探索"个性化救助+制度救助"模式，推行社会救助"物质+服务"试点

为满足农村贫困老年人居家养老需求，2018 年 11 月在汤池镇探索开展社会救助"物质+服务"试点工作，为 60 周岁以上低收入老年人提供居家养老服务。2019 年试点拓展到百神庙镇、桃溪镇，2020 年 11 月扩大到杭埠

镇、干汉河镇、棠树乡。进一步将服务人群扩大至特困供养人员、孤儿、烈属、老年烈士子女、贫困户、低保户中的失能人员等六类人群，并针对不同需求设置救助内容和救助方式，丰富救助内涵，由传统的现金、物资救助向生活照料、心理抚慰、能力提升和社会融入相结合的综合救助转变。试点工作开展以来，累计为 3645 位低收入老人开展居家养老服务超 25000 次，社会反响良好。试点中，突出三个重点。一是坚持市场化运作。将过去每人每月 60 元现金补贴，改为通过政府购买服务方式，为特定人群提供保洁、理发、清洗衣物等个性化服务。二是搭建信息化平台。指导服务机构成立专业服务团队，搭建"互联网+智慧服务"平台，通过总枢纽、呼叫总台和智慧外勤系统，对贫困老人数据进行录入、审核、跟踪，实时监管服务人员，接收服务反馈。三是强化多角度监管。县、乡两级定期开展回访，全面掌握服务工作动态，监督居家养老服务；村级协助对服务质量进行跟踪和监督；服务机构开展内部监督，规范服务行为，提升服务质量。

3. 探索"权责结合+制度救助"模式，下放低保审批权限

为有效提高社会救助时效性和精准度，实现审批和监督管事职能分离，扎实推进低保审批权限下放工作。一是优化审批流程。按照应保尽保、应退尽退、动态调整、公平公开的原则，逐步将低保、特困供养审批权限下放至乡镇，使"谁调查、谁审核、谁审批、谁负责"责任制真正落到实处。对重灾、重病等急需救助的对象，按照先受理后评议的程序，做到"便民、利民、惠民"。二是完善信息管理。全面应用并不断完善最低生活保障信息管理系统，实现低保网上受理、审核、审批，并及时、准确地更新数据和维护系统运行。三是加大监管力度。按照每年新增人员抽查不低于 30%，原低保户、特困户抽查不少于 5% 的比例抽查，并纳入绩效考核。对于有疑问的投诉举报或是其他需要重点调查的城乡低保、低收入申请，全部入户调查，确保审批公平公正。

4. 探索"社会治理+制度建设"模式，激活村民组长工作活力

村民组是农村工作的基础，是连接村党组织、村民委员会与村民群众的桥梁和纽带，是农村各项工作中不可缺少的重要力量。村民组长队伍是

农村基层干部队伍的重要组成部分，建立一支素质优良、作用明显的村民组长队伍，对于推动农村经济社会发展，维护社会稳定，促进社会和谐，实施乡村振兴战略具有重要意义。一是优化调整中心组范围。根据现有人口、自然村、历史传统、水系等因素，将全县 8062 个村民小组整合为 5520 个中心组。二是选优配强中心组长。制定《关于开展村级中心组长队伍工作的实施意见》，按照"奉公守法、身体健康、熟悉民情、办事公道、热心公益、常年在家"的要求，按照规定的选举办法选配中心组长，同时由其兼任所在中心组社会救助信息员。三是适当提升报酬待遇。探索实行"误工补贴+绩效奖励"机制，将原来每人每年 200 元提升到 1200 元，县、乡镇、村按 5∶3∶2 比例承担，每年财政安排专项资金 360 万元。通过提高待遇，激活村级中心组长在基层治理中的作用，积极发挥在宣传政策、帮助困难群众申请救助、关注"三留守"人员信息等方面的作用。

"救急难"工作充分激发了基层干部服务群众的原动力，"审批权限下放"是落实"放管服"改革的有效途径，"居家养老服务"充分发挥了社会组织作用，是对社会救助工作的有效补充，"中心组长队伍建设"是社会治理工作中发现问题、服务群众的"最后 100 米"。救助体系的建立使困难群众得以被及时救助，社会更加和谐稳定。

（三）社会救助综合改革提质升级

2021 年舒城县的救助方式再次提档升级，由以物质为主的 1.0 版到以现金（打卡）发放为主的 2.0 版，到"现金+物质+服务"（居家养老）的 3.0 版，再到正在探索开展的"现金+物质+服务+精神慰藉"的 4.0 版社会救助模式，即开展村级"一老一小"关爱服务中心建设，其主要目标是"让老人不孤独，让儿童不寂寞"，通过关心关爱留守老人、儿童，让外出务工人员安心就业，促进社会和谐稳定。

舒城县总人数的近 1/5 是 60 周岁以上老年人，人口老龄化程度较高。而父母外出务工的留守儿童，也亟须得到关爱。为此，围绕农村空巢老人和留守儿童这"一老一小"特殊群体，舒城县民政局积极探索试点"一老一小"关爱服务模式，提高群众幸福指数。

2021年初，舒城县规划在棠树乡云雾村、干汊河镇韩湾村、河棚镇黄河村建设"一老一小"关爱服务中心。由乡镇建设，县里以奖代补给予部分管理活动经费，其余（主要是用餐的成本费）由村集体筹集、志愿者捐赠和参加活动的群众承担。6月25日，安徽省舒城县首家村级"一老一小"关爱服务中心在棠树乡云雾村揭牌并投入使用，设有食堂、休息室、棋牌室、电子阅览室、书画室、健康康复室、文体活动室、影音室、舞蹈音乐室等，为周边5个村的老人、儿童提供日间照料、助餐、健康指导、文化娱乐、心理慰藉等服务。云雾村"一老一小"关爱服务中心就是由棠树乡利用闲置的云雾小学改建而成，乡政府出资聘请人员管理，提供社会化专业服务，让农村老人和留守儿童活动有场所、交流有场地、生活有关爱。

有了场地后，如何组织好对"一老一小"的关爱服务？怎样建立长期有效的关爱服务机制？什么样的服务更受老人和儿童欢迎？舒城县在实践中积极探索并给出了自己的答案。首先是情况摸底，由中心所在乡、村组织人员对服务中心覆盖范围内的老年人、留守儿童、特殊群体等人员进行入户核查，将信息录入服务中心管理系统。其次，根据老人、儿童身体状况及家庭照护能力，划分为重点关注、一般关注和关注三类，安排服务中心工作人员、社会组织和邻里群众分类开展不同频次的走访，提供适宜的关爱服务。

服务中心的功能则根据农村老人和儿童实际需求设定。老年人可以健身、娱乐和休息，儿童可以读书、上网、看电影等。为更好地发挥服务中心的平台作用，乡、村负责制定重点活动清单，比如按服务对象分，周一至周五主要是为老年人开展活动，双休日为留守儿童开展活动；按地理位置分，计划好每天分别为哪些村的群众提供服务；按专题活动分，"三八"妇女节开展留守妇女活动，"六一"儿童节则是留守儿童的乐园，"九九"重阳节重点为老人提供服务；等等。同时，各村也根据本村实际，积极发动群众组织开展自娱自乐活动，如成立了广场舞队伍、乐队、棋牌协会等组织。县直单位、志愿者等也积极开展专题关爱服务活动，引导更多主体参与进来。

三　经验启示

为确保社会救助综合改革顺利实施，舒城县强化了五项保障措施。一是强化制度设计。县委、县政府注重顶层设计，强化高位推动。在全面落实上级政策要求基础上，联系实际、积极探索，研究并制定"1+5"实施方案指导试点工作，并将社会救助综合改革列入年度重点工作，成立工作领导组，做到年初有目标责任，中间有督查调度，年终有目标考评。二是强化救助网络。建立县、乡、村、组四级困难群众救助服务网络，县设立社会救助服务管理中心，乡镇设立社会救助服务站，村建立互助社。为保障救助改革落实到最基层，将全县8062个村民小组整合成5520个中心组，选优配强中心组长，实行"误工补贴+绩效奖励"，发挥村民组长在协助做好社会保障兜底扶贫和救助工作中的重要作用。三是强化机制联动。充分利用政府机制（政策救助）、市场机制（购买服务）和社会机制（村互助社）的积极作用，形成政府、市场、社会共同参与机制，引入社会力量，丰富社会救助的现有形式，扬长避短、互相补充、形成合力，在信息共享、项目衔接、资源共享、服务供给等方面，取得实际成效，形成良好的协同救助格局，为社会救助整体精准性奠定主体基础和治理基础。四是强化信息精准。重视对信息设施、信息工具的利用，在利用互联网大数据的基础上，积极开发各类识别指标、预警指标，以及各类辅助判断标准，积极利用信息工具提高信息核对、动态管理等方面的治理能力。最大限度地利用信息工具降低道德风险发生的可能性，规范社会救助各方行为。五是强化救助内涵。推动社会救助内涵型、质量型发展，提升各救助项目的救助水平、优化救助内容，兼顾维持生存、提升能力、促进发展的功能需要。

村级"一老一小"的关爱服务中心投入使用，使群众有了休闲娱乐的场所，感受到了社会的关注和关爱，更有归属感。通过服务中心开展的活动，干群互动多了、邻里交流多了，不仅构建了乡村和谐文明新风尚，更能让党的声音和国家政策及时传递到群众中去，基层干部也能够更及时地了解群众的心声和所需所盼。

四　未来展望

社会救助是社会治理的重要方面，下一步将进一步完善信息共享机制，建立困难群众数据库，利用综治网格化平台、低保信息系统等，实现数据交换、共享，及时分析、提示各类家庭可能出现的困难，探索预警和主动施救的可能。同时建立容错纠错机制，激励基层干部担当作为。进一步完善社会救助制度，强化社会救助资源统筹，优化社会救助流程，加强社会救助能力建设，破解制约社会救助发展的难题，有效发挥社会救助在全面建成小康社会中的兜底保障作用，不断提升困难群众的获得感、幸福感、安全感。进一步提高关爱服务中心数量质量，做好全县村级"一老一小"关爱服务中心规划，整合乡村振兴、养老服务等方面资金，在全县建设 80 个左右村级"一老一小"关爱服务中心。使县、乡、村三级养老（爱小）中心发挥更加强大的作用，让全县留守老人不孤独、儿童不寂寞。

基层社会治理上承国家的治理理念，下接地方治理实践，对社会治理具有全方位的意义。我们要通过互动和调和，整合起各社会阶层、各社会群体都能接受的社会整体利益，最终形成各方都必须遵守的社会契约，使基层社会治理顺应时代变化，基础更加稳固，人民安居乐业，社会安定有序。

党建引领凝心　多元共治聚力

——铜陵市义安区以党建带动全国农村社区治理实验区创建

　　铜陵市义安区地处长江中下游南岸，辖区内多丘陵与洲圩区，户籍总人口 31 万人，面积 845 平方千米，下辖 6 个镇、2 个乡、1 个街道办事处，共99 个行政村、16 个社区，拥有 1 个国家级农业科技园区（铜陵国家农业科技园区）和 1 个省级开发区（义安经济开发区），处于城镇化过程中。如何走好乡村振兴和城乡融合发展之路，成为摆在义安区经济发展与实现农业农村现代化面前的必答题。解题的关键是加强农村社区治理。

　　近年来，义安区坚持以党建为引领，以创新为驱动，深扣"完善党建引领农村社区共建共治共享治理体系"实验主题，在农村社区和谐人居环境打造、服务体系建设、基础设施与服务完善等方面积极开展实践，创新实践特色党建品牌，打造多元共治平台，聚合产业发展，提升了多元主体参与农村社区治理的能力，孕育出了具有义安特色的农村社区共治体系，为全国农村社区治理创新工作贡献出义安智慧与方案。先后荣获"全国农村社区建设实验全覆盖示范单位""全国首批农村幸福社区建设示范单位"等称号，成功入选首批"全国农村社区治理实验区"。

一　实践做法

（一）高位推进，强化责任落实

　　成立以区委、区政府主要负责同志任组长，分管负责同志任副组长，有关单位主要负责人为成员的义安区创建全国农村社区治理实验区工作领导小组；先后召开动员会、领导小组会和现场推进会，安排部署全国农村社区治理实验区创建工作，强力推进创建。将创建工作列入区委、区政府年度工作主要目标，将实验区创建作为"一把手"工程，实行"一把手"负责制，将压力层层传递。建立区领导联系点制度，强化督查督导。创建工作开展以来，区级层面共开展督查督导等活动 20 余次。

（二）完善设施，强化阵地建设

自 2010 年开始，义安区结合美丽乡村建设，持续加大农村社区基础设施建设的投入，截至 2021 年 12 月，全区农村社区建设累计投入资金 10.5 亿元，其中社区服务中心建设资金 5865 万元。美丽乡村建设用于农村社区配套设施资金 5.06 亿元，打造了 82 个精品农村社区、17 个示范型农村社区。已建成省级中心村 80 个、市级中心村 12 个、特色自然村 21 个、综合示范带 15 条。五次蝉联"全省美丽乡村建设先进县"，入选全国美丽乡村建设标准化试点，创建全国美丽宜居村庄示范村庄总数达 3 个，西联镇犁桥村和胥坝乡群心村美丽乡村建设项目获"中国人居环境范例奖"。

（三）顶层设计，强化实验创新

制定出台全国农村社区治理实验区建设实施方案等"1+8"计划和方案，科学指导创建工作。印发了《义安区创建全国农村社区治理实验区实施方案》，制定了《义安区创建全国农村社区治理实验区 2019—2020 年具体工作计划》，6 个区直部门形成了 8 项实验创新实施方案，9 个乡镇办上报了实验区创建工作实施方案，22 个示范村形成了实验区示范创建工作计划。各乡镇、区直单位和示范村对目标任务同步细化分解，制定了实施"路线图"和"时间表"，形成"纵向联动、横向互动、整体推进"的良好工作格局。

（四）扩大外宣，强化成果推介

利用报纸、简报、电视、微信等媒体，及时向上推介、向外宣传义安区在农村社区治理实验创新中的好经验、好做法。2019 年 7 月在《乡镇论坛》杂志开辟了"义安区农村社区治理实验区创建工作"专版，刊登了区委书记专访，以及宣传推介群心、犁桥、金塔农村社区治理成果经验的文章；8 月，《中国社区报》的《党建+筑牢乡村治理根基》一文特别报道了义安区金塔村、光辉村、群心村 3 个创新实践案例；11 月《安徽日报》系列报道"基层治理新观察"，首篇文章《村有理事会，协商好办事》介绍了义安区胥坝乡重新村村民议事协商创新经验。两篇报道均推送到"学习强国"平台。2021 年 8 月 17 日，《中国社区报》再次特别报道了义安区，题为《试点变示范、特色变模式——安徽省铜陵市义安区创新共建共治共享的农村社区治理之路》。委托民政部中润社会影视制作中心，拍摄了《义安区全国农村社区治理实验区纪实专题片》。与华中师范大学专家团队合作，编撰《义安实验：以党建引领推动共建共治共享的善治之路》一书，从创新引领、组织共建、协商共治、资源共享四个维度，对义安区三年来的实验区创建工作及亮点经验进行系统、全面的展现、总结和推广。

二　成效及启示

（一）突出党建引领，共建筑体系

义安区不断强化党建标准化建设在农村社区治理中的重要作用，采用主体责任和工作内容相适应的原则，推动党建工作走实走深，助力农村社区治理朝着高标准高质量的方向发展。

1.对标达标促规范

自村级组织活动场所标准化建设工作开展以来，辖区内所有村部面积均已达 300 平方米，其他标准化建设如外观标识、村部标牌、上墙制度、"三务"公开栏、党建文化墙"五统一"等均按要求建成使用，村风村貌大为改善。充分发挥基层党组织战斗堡垒作用和党员先锋模范作用，为民办实事解难题，赢得广大村民的一致好评。

2.选准"头雁"强引领

义安区积极推行村党组织书记和村委会主任"一人兼"，据统计，村"两委"正职已调整近 1/3，"一人兼"比例达 55%。同时，为深入实施村党组织带头人"523"工程，乡镇党委书记、村党组织书记利用村民农闲时间，进村入户开展"书记夜话"党建活动，截至 2021 年，全区累计深入658 个村组 3200 户农户，收集民情信息 5000 余条，化解矛盾纠纷 120 余起，实现了"小事不出村、大事不出镇、矛盾不上交"，新时代"枫桥样板"已经在义安区形成。

3.村企联建谋共赢

为推进村企联建，实现可持续发展，义安区创新实施"1 企+N 村"新型联合党委发展模式，通过协商自愿的方式，将辖区内拥有较大规模的农业、工业、服务业等类型的企业与其生产经营关联性较强的 10 个农村社区结对，并在此基础上成立了 4 个联合党委，初步实现了"党员共管、服务共促、资源共享、文化共创"的发展格局，为共赢发展指明了方向，筑牢了根基。

（二）打造多方平台，共治聚合力

健全农村社区治理体系是实施乡村振兴战略的内在要求，义安区通过搭建共治平台，汇聚共治合力，不断完善和健全农村社区治理体系，为促进农业高质高效、乡村宜居宜业、农民富裕富足提供了有力支撑。

1.打造"三治融合"善治平台

实现乡村善治，首先要推进基层自治、法治、德治"三治融合"。义安区率先将自治、法治和德治融入基层治理全过程，通过"7+X""六议"社区协商议事方式，对问题需求清单、资源供给清单、项目实施清单进行梳理，并根据反映问题的轻重缓急情况建立分级处理机制，确保为民办实事"不漏一人、不落一事"。与此同时，为搭建起"联片联保、十户联防"，构建"专群结合、警民联防"的农村治安防控网络，各村通过法治宣传、综治中心标准化建设、"小天网"和"雪亮"工程、居民网格微信群的开展和建立，不仅推动了农村治安防控体系建设，更提升了基层"智理"新水平。此外，义安区还积极探索实施文明实践"66366"工作法（打造六大服务平台、围绕六个核心主题、组建三级志愿体系、丰富六项活动形式、创新六单工作路径），通过细化任务、明确责任的方式，不断提升文明实践的效果，全面发力进行德治文明实践创新。积极推进三级养老中心建设，已建成三级中心54个。成立老年人日间照料志愿服务队，建设老年人配餐服务中心等，将孝老爱亲真正融入生活的点点滴滴，细化到衣食住行，成为村民身边的正能量与风向标。

2. 打造"互联网+"服务平台

义安区积极推动乡村振兴与互联网发展的深度融合，在全区99个农村社区创新实施"1138"工程，推行"党建管理、民政社保、农业生产、法律服务、计划生育"等5个大项共计25个小项业务的"一站式"便捷服务，让农村居民足不出村即可享受到领取证照与等办件结果的高效政务服务。同时，为切实保障群众对村集体各项事务的知情权、参与权、监督权，义安区采用"互联网+监督"的方式在辖区内农村社区实施智慧村务公开项目，建设以村务公开为核心的"五务公开监督平台"，有效解决了基层权力运行事务不公开、监管不到位的历史问题，确保了基层权力在阳光下运行。

3. 打造"协商共治"多元平台

为健全农村社区议事协商机制，搭建议事平台，调动多方力量参与社区共治，义安区因地制宜，建立了村企联治理事会、乡贤议事会等多方共治平台，充分利用村民协商议事堂、村民纠纷调解室、妇女之家等场所，积极开展民情恳谈面对面等活动，通过政府引导、社区协商、公益创投、组织培育、三社联动等措施，重点提升农村社区协商议事能力，积极实施社会组织公益创投项目，强化农村经济组织培育，提升了多元主体参与农村社区治理的能力。2018年，义安区被省社区建设领导小组和省民政厅评为"安徽省首批社区协商示范区"；胥坝乡重新村以自然村为单元的村民协商议事，被民政部确认为"村级议事协商创新实验试点单位"。

（三）聚力产业发展，共享惠民生

生态宜居，是乡村振兴的内在要求。义安区风景秀丽，物产富饶，各村凭借地理条件，通过"筑巢引凤"的方式，招引社会优势资源进驻，促进了村民就业和产业化升级发展，增加了村集体经济收入，一条以"绿色发展为理念，人与自然相和谐"的康庄大道正在义安区各村铺就。

1. 产业带动，富民增收

以产业带动村集体经济发展与村民富裕，是义安区实现乡村振兴的主抓手。天门镇金塔村通过引进安徽梦思康中药材生态产业园项目，盘活村集体和村民闲置资产，吸纳村庄剩余劳动力，实现就近、就地就业，现已建成集药膳美食、民宿养生、药景观光、药品销售、旅游休闲于一体的金塔康养小镇；钟鸣镇水村村通过引入铜陵梧桐树农业发展公司，带动全村发展致富，先后建成无公害蔬菜基地 1000 亩、凤丹基地 800 亩、果树基地 250 亩、花卉基地 100 亩、人工梧桐湖 120 亩等综合性园艺基地，着力打造铜陵地区最大的国家级农业综合开发示范园区。据统计，自 2018 年项目投产运营以来，共接待游客 100 余万人次，实现营收 1600 余万元。

2. 聚合乡贤，激活动力

乡贤是实现乡村振兴的一支不可或缺的力量，也是义安区全面实施乡村振兴战略的重要力量来源。老洲乡光辉村积极联络在外创业成功人士回乡创业，发挥蔬菜产业优势，探索"党建+合作社+现代农业"模式，通过"远程教育+互联网"双网并行，推进农业信息化服务、电子商务和农业物联网技术运用，做大做强蔬菜产业，助推农民增收致富。

3. 三产融合，发展旅游

三产融合是乡村振兴的主要抓手，对推动产业的升级，提高农业附加值，具有重要作用。义安区立足生态优势，不断推进三产融合发展，实现了"农业增效、农村增色、农民增收"的既定目标。建成于西联镇犁桥村的"犁桥水镇"项目，是在该村原有发达水系与田园风光的基础上，移建明、清时期古建筑群落修建而成的，此举不仅实现了建筑美与自然美的交相呼应，更成就了犁桥"梦里水乡"的美名。自项目运营以来，游人如织，客旅不断，成为皖南旅游新热点，并于 2017 年入选国家旅游局《全国优选旅游项目名录》，随着与旅游相配套的三产服务业逐步兴起，犁桥水镇也将成为义安区实现三产融合的试点样板。

三 未来展望

（一）归纳总结，加强实验区经验复制推广

义安区已分层分类建立了以"党建引领"为核心的多元参与社区治理责任评价指标，提炼出了服务型农村基层党组织"三三制"工作法、村级事务民主决策"6+4"工作法、村级小微权力"1+3"管理模式、"书记夜话"等特色党建品牌和运行机制，形成了可复制、可推广的创建经验。为巩固实验成果，下一步将充分发挥电视、报纸、微博、微信等平台作用，加大实验区创新机制、典型案例宣传力度，向全国推广实验区成熟的社区治理工作机制，为全国农村社区治理创新工作做出义安贡献。

（二）提质增效，推动党建引领区域化

义安区在实验区创建过程中，始终把党建作为农村社区治理创新的重中之重，以标准化党建为抓手，巩固农村社区治理根基，采取主体责任和工作内容相结合的模式，因地制宜，将基层党建工作标准与农村社区治理实践相融合，规范党的阵地建设、组织设置、党内活动等，打造具有义安特色的农村基层党建标准化体系，不仅提升了基层党组织的生机活力和领导能力，而且保证了党建引领下农村社区治理各项工作有序开展。接下来，义安区要继续以区域化党建为抓手，统筹党建、信息和人才资源，积极探索"村党组织+企业党组织""村党组织+生产合作组织""党组织+企业+合作社"等联合党建创新模式，着力提升农村基层党组织的服务能力和水平。

（三）持续创新，为实验区发展增添活力

一是为解决区域发展不平衡、社区治理服务跟不上等问题，根据社区人文历史、资源禀赋等特点和实际需求状况，建立统筹协调、多元参与、共建共治共享机制，促进村级社区治理均衡化发展。二是针对实验区主题提炼不突出、特色不鲜明等问题，继续深挖实验区主题立意，并与全国其他地区同类型实验区进行比较思考，在做到技术标准相同的基础上，寻求自身突出特色和亮点。三是持续深化改革，扩大试点范围，以点带面，逐步由农村社区扩展到城市社区，力争在义安全域形成党建引领共建共治共享治理体系的浓厚氛围，以创新促发展，以发展续活力。

全域产业+全域治理

——激活乡村振兴的岳西主簿实践[*]

实施乡村振兴战略，是党的十九大作出的重大决策部署。2020 年中央农村工作会议也明确要求，脱贫攻坚取得胜利后，要全面推进乡村振兴，这是"三农"工作重心的历史性转移。^① 十九届五中全会提出要"完善社会治理体系，健全党组织领导的自治、法治、德治相结合的城乡基层治理体系，完善基层民主协商制度"，"推动社会治理重心向基层下移，向基层放权赋能"。^② 十九届五中全会进一步提出要"加强数字社会、数字政府建设，提升公共服务、社会治理等数字化智能化水平"。^③ 为了全面贯彻党的十九届五中全会精神，全面推进乡村治理体系和治理能力建设，岳西县主簿镇作为 2020 年省级乡村治理试点乡镇，将大歇村作为试点村，将余畈村和南田村作为创建村，积极开展乡村治理试点工作，通过推进农、文、旅产业深度融合，真抓落实八项服务清单，打造"全域产业+全域治理"的"双全模式"，并通过党建引领和数智赋能加速自治、法治、德治、智治的"四治融合"。全域统筹推进乡村治理试点工作，县、镇、村、组四级上下联动，多种组织同步互动，多元主体同频共振，促使乡村治理活力被持续激活，乡村社会安定和谐，乡村治理效能显著提升，形成多元化、全方位、宽领域、协作型的互联互动新体制机制，使主簿镇乡村治理更加接地

---

* 本报告作者：王中华，安徽大学社会与政治学院副教授；丁京，安徽大学社会与政治学院 2020 级博士研究生。

① 徐林：《认真学习贯彻习近平总书记在中央农村工作会议上的重要讲话精神》，《南方日报》2021 年 1 月 6 日。

② 《十九大以来重要文献选编》（中），中央文献出版社，2021，第 811、812 页。

③ 《十九大以来重要文献选编》（中），中央文献出版社，2021，第 796 页。

气、更加显特色、更加见实效。

一 案例背景

习近平总书记在庆祝中国共产党成立 100 周年大会上的讲话中指出，中国解决了绝对贫困问题以后，在实现全面建成社会主义现代化强国的第二个百年奋斗目标新的征程上，要 "着力解决发展不平衡不充分问题和人民群众急难愁盼问题"。① 当前我国城乡经济社会发展不平衡不充分，其中最为突出的是乡村发展相对滞后，尤其是大别山革命老区在产业振兴和乡村治理方面面临的困难更大。

主簿镇隶属于安徽省安庆市岳西县，位于大别山区，总面积 99 平方千米，辖 6 个行政村 117 个村民组。主簿镇地势南高北低，气候温凉、湿润，雨量充沛，常常云遮雾绕，是种植猕猴桃、茶叶、中药材、高山蔬菜（茭白）的理想之地，被誉为 "大别山高山茭白发源地" "安徽省猕猴桃第一镇"。然而，主簿镇由于地处大别山腹地，受自然地理条件制约，在产业发展和乡村治理上主要存在以下问题。第一，产业结构不尽合理。主簿镇产业以特色农产品种植为主，旅游服务业开发水平不高，区域整体工业化水平较低，农村产业化程度不高，产业层级较低，农产品附加值不高，当地农民单纯依靠农业就地实现大幅增收困难。第二，交通基础设施依然滞后。主簿镇受到崇山峻岭地形地貌限制和滑坡等地质灾害易发影响，内联外通立体化路网结构尚未全面形成，以公路交通为主，铁路路网尚未建立，交通运输水平较低，特色农产品外运物流成本较高。第三，乡村治理思维较为落后。主簿镇部分干部缺乏乡村振兴整体性思维和联动式发展理念，在急功近利的政绩观主导下存在着 "重产业发展、轻乡村治理" 的错误认识，导致乡村治理资源投入不足，治理成效相对有限。第四，乡村振兴人才较为短缺。主簿镇整体经济社会发展水平不高，人才外流化、农村空心化、家庭空巢化、人口

---

① 习近平：《在庆祝中国共产党成立 100 周年大会上的讲话》，人民出版社，2021，第 12 页。

老龄化、干部走读化较为严重，导致当地青年人才资源非常匮乏。

二 主要做法

岳西县主簿镇根据产业发展和乡村治理试点任务要求，创新公共服务供给方式，委托安徽大学专家做好制度设计和总体指导，着眼于谋实抓细可实战，从"吃准政策要求、拟定调研提纲、掌握乡村实情、制定试点方案、编制指导手册、做好评估督促、促进成果落实"等方面入手，通过专题辅导、现场探讨、经验介绍、问题答疑、共同探索等形式为主簿镇产业发展和乡村治理提供具体的实践指导，并对实践经验进行理论概括、总结提升和宣传推广，从而推进岳西县主簿镇产业发展和乡村治理试点工作顺利开展。

（一）全域统筹乡村产业与乡村治理

1.整体推进八项服务工作，加强乡村治理体系建设

《乡村振兴战略规划（2018—2022年）》指出："乡村振兴，治理有效是基础。实施乡村振兴战略，加强农村基层基础工作，健全乡村治理体系，确保广大农民安居乐业、农村社会安定有序，有利于打造共建共治共享的现代社会治理格局，推进国家治理体系和治理能力现代化。"① 岳西县主簿镇乡村治理试点工作注重全局谋划统筹，通盘考虑推进，明确实行清单化管理，重点围绕党建引领、"四议两公开"、村务监督、社区协商、网格化管理、信息平台建设、社区服务组织发展、移风易俗等八项服务清单体系深入推进。岳西县主簿镇乡村治理八项服务清单内容丰富，全面反映了十九届四中全会和五中全会关于社会治理的重要论断，推动县、镇、村、组四级联动，促进党组织、自治组织、社会组织、志愿服务组织协同治理，实现民主选举、民主决策、民主管理、民主协商、民主监督"五个民主"协调发展，体现自治、法治、德治、智治"四治融合"，构建网格化管理、精细化服

---

① 《乡村振兴战略规划（2018—2022年）》，人民出版社，2018，第5页。

务、信息化支撑、多元化共治、开放化共享的基层管理服务综合平台，从而加强了乡村治理体系建设。

2.科学统筹镇内产业要素，推进农、文、旅产业深度融合

"乡村振兴，产业兴旺是重点。"① 岳西县主簿镇抢抓乡村振兴战略实施、全域美丽乡村建设、全域乡村旅游创建等政策机遇，外引内联加大项目资金争取力度，科学统筹镇内产业要素，盘活利用现有山水资源、产业资源、文化资源和红色资源，深入推进以农、文、旅产业深度融合为核心的全域产业发展模式。岳西县主簿镇坚持规划引领产业发展，科学编制《主簿镇休闲农业与乡村旅游发展规划》，加快休闲度假、体验观光产品开发，全面提升主簿镇乡村旅游内涵品质，充分利用现有茶园、猕猴桃园、茭白田、家庭农场等特色资源，积极打造乡村旅游示范点；积极整合项目资金，加大旅游招商引资力度，建成代号502爱国主义国防教育基地，升级改造南田会议旧址展览馆，建设乡村旅游标识标牌、停车场、观景台等公共基础设施，充分利用红色文化资源大力发展红色旅游；主簿镇以茭白为主题和主角，举办茭白现场采摘品尝、茭白养生保健知识科普、茭白秸秆工艺品展览等茭白文化旅游节系列活动，着力将主簿镇茭白文化旅游节打造成乡村旅游标志性节庆活动。主簿镇举行乡村旅游主题口号征集、乡村旅游摄影大赛、大歇湾峡谷特色漂流，以及采摘猕猴桃、游美丽乡村、吃杀猪饭、品特色美食等系列活动，推进主簿镇乡村旅游再升温、再获益，促进了农家乐等服务业发展，为农业、文化业与旅游业融合发展提供了示范和引领。

3.产业振兴促进有效治理，"双全模式"实现良性互促

岳西县主簿镇准确把握乡村振兴科学内涵，坚持乡村全面振兴，狠抓产业振兴，力促乡村治理，注重协同性、关联性，整体部署，协调推进，先后获评全国"一村一品"示范村镇、国家级生态镇，创建多个美丽乡村建设示范点，成为省级乡村治理试点镇。主簿镇全域产业振兴促进了有效治理，有效治理促进了全域产业发展，"双全模式"实现了两者良性互促。岳西县

---

① 《乡村振兴战略规划（2018—2022年）》，人民出版社，2018，第4页。

主簿镇以茭白、茶叶、猕猴桃、中药材初加工等支柱产业和文化旅游产业为基础，大力发展乡村观光游、避暑度假游、亲子互动游、参禅拜佛游、赏花摄影游、原生态体验游、茶果蔬采摘游、户外拓展运动游、休闲康养游等产品和项目，大力延伸产业链条，促进产业转型升级，全域带动现代农业产业、现代旅游服务业、互联网电商产业融合发展，全面促进生产、生态、观光、休闲、体验、营销、消费全业态融合创新，实现全民化参与、全民化服务、全民化受益，促进村级集体经济稳步壮大，农村居民收入稳步提升，为乡村治理奠定坚实的经济基础。岳西县大力创新"党建+产业发展+乡村治理"联动体制机制，搭建"党支部+公司+基地+农户"村企共建平台，通过党建引领产业发展，区域统筹组织资源和人力资源，协同多元主体参与乡村治理，带动公共服务品质提升；通过推进乡村治理八项服务项目，全面提升全域治理能力，不断改善农村人居环境，不断提升乡村文明建设水平，打造生态宜居、平安乐居美丽乡村，为推进农、文、旅产业深度融合厚植社会基础和营造良好环境。

（二）区域整合乡村组织协同治理

1. 整合建立"纵向联动、横向协同、齐向发力"工作体制

2020 年中央"一号文件"指出，健全乡村治理工作体系，要坚持县乡村联动，强调县级是"一线指挥部"，乡镇是为农服务中心，行政村是基本治理单元，要扎实开展自治、法治、德治相结合的乡村治理体系建设试点示范，推广乡村治理创新性典型案例经验。[①] 岳西县立足整体治理，建立全县"一盘棋"思想，突破条块分割局限，整合区域内各项人员和资源，建立"纵向联动、横向协同、齐向发力"的乡村治理试点工作体系。全县建立分管县领导牵头负责，县民政局主导，政法委、农村农业局、财政局、司法局、数据资源局等县直相关部门协同，镇、村、组负责具体落实的体制机

---

① 《中共中央 国务院关于抓好"三农"领域重点工作确保如期实现全面小康的意见》，人民出版社，2020，第16页。

制。民政部门作为业务指导部门负责项目统筹和监督落实，协同其他相关职能部门积极参与，推动镇、村、组把乡村治理试点工作与基层党建、乡村振兴、脱贫攻坚等中心工作有机结合和一体化推进，盘活现有人员、资金、平台等分散资源，实现优化整合，推动形成共建共治共享的乡村治理新格局。主簿镇人民政府建立镇长负总责体制，明确分管副镇长专门负责对接专家团队，同时抽调民政办、综合服务站等工作人员参与，保障试点任务逐项落实和务见成效。试点村大歇村在村级党组织的领导下，建立书记负责制，积极推进实施试点工作。创建村余畈村和南田村密切跟进，参与观摩试点村相关活动，结合本村实际奋力推进创建工作。各村民小组和自然村片区依托党小组和划片网格，在党小组长、村民小组长、网格长的带动下具体落实各项试点和创建工作。县、镇、村分别建立由主要领导、分管领导、工作人员和专家团队共同加入的乡村试点工作微信群，在线及时研究、交流、推进、督促、总结试点工作。县、镇、村抽调民政系统工作人员和村文书等专门人员负责策划、组织、协调、实施、宣传、归档、服务等工作，提炼总结"主簿版"乡村治理创新性典型案例经验。

2.党组织带动自治组织、社会组织、志愿组织协同治理

《乡村振兴战略规划（2018—2022年）》指出："加强农村基层党组织对乡村振兴的全面领导。以农村基层党组织建设为主线，突出政治功能，提升组织力，把农村基层党组织建成宣传党的主张、贯彻党的决定、领导基层治理、团结动员群众、推动改革发展的坚强战斗堡垒。"[1] 岳西县全面推行区域化大党建模式，构建以基层党组织为核心，带动自治组织、社会组织、志愿组织等各类组织协同发力的"四组联动联建"组织体系。

岳西县主簿镇注重发挥基层党组织在乡村治理中的领导作用。主簿镇通过镇建党委、行政村建党（总支）支部、自然村片区建党（支部）小组，实行网格化管理，同时实行镇向村派驻党建指导员制度，建立党建指导员工作责任清单，实现党的组织和工作从有形覆盖到有效覆盖，从而发挥"红

---

[1] 《乡村振兴战略规划（2018—2022年）》，人民出版社，2018，第67页。

色领航、振兴先锋、治理标杆"作用。主簿镇强化村级党组织建设，着力抓村"书记"带头人作用，选优配强村级领导班子，大歇村党支部打造成为市级"基层党组织标准化建设示范党支部"、县级"五个好基层党支部"，2021年"七一"前夕大歇村书记被评为"全国优秀党务工作者"。主簿镇以党员网格化开展党内活动，建立党员形象岗和无职党员岗，实行党员年度承诺制，引导群众自觉参与脱贫攻坚、美丽乡村建设、乡村治理、防汛防火、文明创建、移风易俗等中心工作，带领群众发展产业和增收致富，发挥宣传政策、开展活动、服务群众、发现问题、解决矛盾纠纷等方面的作用，把党员先锋模范作用融入"网格化管理"工作体系之中，把党的工作开展到每个网格之中，实现党组织能力有效提升。

3. 坚持党建引领智治，强化智治驱动能力

岳西县主簿镇积极贯彻《数字乡村发展战略纲要》政策精神，通过数智化治理能力的整体规划，注重应用网络化、信息化和数字化治理手段，推动大数据、人工智能等现代科技与乡村治理的深度融合。岳西县主簿镇在上级党委、政府和基层党组织的领导下，积极开发利用各种信息化治理平台，不断提升科技支撑下的数智治理能力。一是推动市级"互联网＋政务服务"平台下乡进村。主簿镇及南田村作为市级"互联网＋政务服务"平台试点单位，通过在镇（村）为民服务大厅（中心）引入政务服务自助终端平台，对接人社、民政、住建、公安、司法、电信、电力、供水等部门数据，建立24小时"不打烊"网上政务服务超市，努力打造数据驱动、跨界融合、共创分享的智能化治理新模式，实现群众自主办理、快速办理、全天候办理。二是加强"互联网＋"时代社会治安综合治理信息化建设。主簿镇积极利用市级社会治安综合治理信息系统，依托党小组长、村民小组长与网格员，通过"社管通"移动终端实现各类信息采集录入，及时掌握网格内人、房、事、物、情、组织等方面信息，建立以基层矛盾快速反应和及时调处为核心的综合管理和公共服务并重的科学高效的综治信息管理平台。三是依托县级"小微权力"监督平台加强村务监督。主簿镇依托县纪委监委建立的"小微权力"监督平台，对低保评定、经费开支、产业

奖补等"小微权力"实行清单化管理和网上监督，实现对村级"微腐败"的源头治理和智慧治理。

三 主要成效与存在的问题

（一）主要成效

1. 村级集体经济发展迅速，基础设施得到进一步改善

岳西县主簿镇因地制宜，积极探索，利用资源优势，用好资金资产，多措并举，使村级集体经济发展跑出"加速度"。截至 2021 年底，大歇村村民农商行人均存款已超过 3 万元，村级集体经济纯收入超过 100 万元。此外，大歇村美好乡村建设过程中，新建了文化广场、健身广场、农家书屋等公益设施，修建了 10 千米长的"户户通"道路，改建了 2 个景观沟渠，清除了乱搭乱建 14 处，柴堆杂草 87 处，厕所、猪圈 7 处，社区内和主干道废弃垃圾 48 处，不断改善农村人居环境，不断提升乡村文明建设水平，打造生态宜居、平安乐居美丽乡村，为推进农、文、旅产业深度融合营造了良好环境。

2. 农村社区协商治理得到加强，自治水平进一步提升

近年来，岳西县主簿镇通过建立社区协商制度拓宽了广大群众依法行使民主权利、充分表达意愿和诉求的途径，提升了居民参事议事能力。结合村情制定了《主簿镇农村社区协商实施方案》，积极稳妥推进社区协商建设。同时，在完善村民自治相关制度的基础上，积极适应农村新形势，开展以村民小组和自然村为单元的村民自治试点工作，逐渐形成协商主体广泛、内容丰富、形式多样、程序科学、制度健全、成效显著的社区协商新局面。

3. 注重运用智慧治理手段，乡村治理效能显著增强

注重应用网络化、信息化和数字化治理手段，推动"互联网＋政务服务"平台下乡进村，建立"智慧主簿"数字服务平台，加强"互联网＋"时代社会治安综合治理信息化建设，通过数智赋能架起数字鸿沟的服务桥

梁，促进了自治、法治、德治、智治有机融合，构建了网格化管理、精细化服务、信息化支撑、多元化共治、开放化共享的基层管理服务"线上+线下"平台，乡村治理活力持续被激发，村域社会安定和谐，乡村治理效能显著增强。

4.经济社会事业协同发展，村庄综合实力明显提升

主簿镇坚持乡村全面振兴，狠抓产业振兴，力促乡村治理，注重协同性、关联性，整体部署，协调推进，先后荣获"安徽省美丽乡村""安徽省特色旅游名村""安徽省森林村庄""安庆市生态村""岳西县五个好基层党支部""岳西县法治建设示范村""岳西县乡村旅游示范点""岳西县文明村""全国一村一品示范村镇""国家级生态乡镇"等称号。2020年12月3日至5日，安徽省委书记一行人住村走访，与村民同吃同住三天，并对主簿镇大歇村建设山水相融、兴业富民、乡风文明、平安和谐的美好乡村所取得的成就给予了高度评价。

（二）存在的问题

1.基层党建的嵌入深度不够，带动产业发展不足

主簿镇大力推进了基层党组织全覆盖，确保对基层各项工作的有效引领和示范带动。但从现状看，尚处于结构功能延展阶段，嵌入深度还不够。主要表现在没有将基层党组织的服务功能真正融入乡村治理内在的结构和服务需要中。主簿镇有着丰富的旅游资源，也有着良好的特色农业基础，村级党组织对于如何深度服务这些主导产业、推进产业发展，缺少探索、经验总结和成果凝练。主簿镇在打造特色基层党建方面有着显著优势，拥有红色文化、佛教文化、旅游资源、农业产业等，这些都能够成为基层服务型党组织建设的结合点，但是从现状看，打造特色基层服务型党组织的意识不浓、举措不明确、资源较分散，尚停留于标准化建设阶段。村级党组织服务功能的提升，必须充分发挥普通党员的积极性和先进示范作用，必须健全和创新党员服务的平台和载体，必须有效整合各方面的党员力量和资源，但是从现状看，党员力量的发动不够、整合不足，也缺乏

服务平台和载体的创新性探索。

2.群众整体文化素质还有待提高，陈规陋习短期内根除困难

岳西县地处山区，交通不便，教育相对落后，特别是随着广大青壮年劳动力外出，留守老人和留守妇女较多，他们的整体文化素质不高。由于岳西县属于全省土葬地区，几千年流传下来的葬俗影响深远，过去白事请道士做法事超度的习俗比较常见，大操大办，厚养薄葬意识比较薄弱。随着人民收入水平的提高，出现喜事大操大办、礼钱水涨船高、好面子讲排场等现象。在推行健康、文明、科学生活方式，引导村民抵制封建迷信、杜绝婚丧嫁娶铺张浪费时，仍然面临着传统世俗和舆论的压力，因此在当地推行移风易俗仍然不能被广大群众理解、接受和自觉遵行。虽然各村都建立了"一约四会"，但是缺少明确具体的量化打分细则或者执行不到位，导致"星级文明户""五好文明家庭""最美家庭""道德模范""身边好人""好婆婆""好媳妇""好邻居"评选活动程序不够规范，群众参与不够广泛，客观公正性也有待进一步提升。村规民约、"美德银行"、志愿服务配套的积分管理及兑换活动，没有真正得到贯彻落实，量化打分没有真正实现，虽然"红榜发布"活动可以正常进行，但是"黑榜发布"碍于人情和压力难以正常进行，奖惩机制落到实处仍然任重道远。此外，由于各村集体经济收入有限，物质奖励措施和力度有限，对村民的正面引导作用有限。

3.信息平台以传统模式为主，智能化整体水平不高

主簿镇村民信息平台主要还是政府推动的安庆市"互联网+政务服务"平台、安庆市社会治安综合治理信息化平台、全国扶贫开发信息系统门户、安徽省脱贫攻坚大数据管理平台。这些平台数据的功能主要是纵向的，即服务于"上级政府政策发布—下级执行信息反馈"，村干部在其中更多的是被动落实，村干部和村民之间的横向互动功能非常有限，村干部和村民协同治村的自主性不足。同时，具有横向互动功能的村民微信群，政策发布较多、干群协商议事较少，提升治村能力的作用有待加强。此外，受传统工作习惯的影响，村干部主动收集信息的积极性不足，通常只有在上级需要相关信息时，才会去收集；对于收集到的信息更多的是"记在自己大脑里"，很少记

录在电脑里留存；记录在电脑里的信息、数据碎片化严重，不成体系，难以实现智能的大数据分析和共存、共享、共用。

四 未来展望

（一）打造村级党组织服务品牌，有效拓展党组织服务功能

下一步，主簿镇要围绕"党建+旅游""党建+产业"，深入探索如何更好地提升村级党组织的领导力、组织力和整合力，进一步调动各方面党员力量和资源，将村级党组织的服务功能拓展到旅游产业发展一线，延伸到茭白、茶叶、中药材等特色农业生产一线，融入村民生活一线，深度参与村庄各方面治理，打造和凝练村级服务型党组织建设的"主簿品牌"。此外，要丰富村级党组织建设服务的平台和载体，有效调动和整合各方面的力量和资源。根据村庄治理需要，围绕村庄主导产业发展和广大农民群众的现实需求，联合村庄内外的党员，邀请相关专家、致富能手参与，整合资源，构建联合服务党小组、项目制党支部等服务平台和载体，开展党员活动日（服务周）活动，服务农村产业发展、农民生产生活需要和村庄公益事业发展。

（二）加大文明乡风培育力度，提升村民文化素养

要结合好社会主义核心价值观的时代要求，全面推行移风易俗，破除乡村陋习，培育文明乡风、良好家风、淳朴民风，让时代新风吹遍广袤乡村，村民文明素养得以内化于心、外践于行。不断完善公共文化服务体系，积极发挥新时代文明实践中心作用，开展各种文化活动和培训，不断丰富村民精神文化生活，以文化人。此外，村规民约等行为规范的有效实施和移风易俗的推行不仅需要发挥舆论和道德的作用，还需要利用乡村中各类载体进行引导，如张贴标语和宣传画，大力宣扬各类道德规范；积极壮大集体经济，适当加大物质奖励力度，让有德者有"得"，在荣誉、实物等方面进行激励。建立村级不良信用记录机制，对失德者进行合情合理的规劝和记录，对屡教

不改者则在符合法律法规的前提下采取停止享受集体福利、不优先享受评先评优奖励、列入"黑榜"等惩戒措施，使之成为有刚性约束力的机制，从而督促违反者尽快改正，自觉成为移风易俗的践行者。同时，积极培育志愿服务组织、壮大志愿服务队伍，积极开展志愿服务养老等活动，分担村民组织治理压力，成为推动乡村治理的重要力量。

（三）整合现有资源，积极搭建具有自主性和互动性的信息平台

一是充分利用现有的电子政务公共平台和部门业务应用系统，整合政府部门公共服务资源，实现村庄公共服务信息化的协同发展、集约发展，方便居民办事、提高服务运行效能。二是积极搭建和拓展微信群、QQ 群、腾讯会议等具有横向互动性的信息交流平台，尝试引入"腾讯为村"系统，在网上实现"快速的信息共享、规范的议事协商、高效的干群互动、聚合的未来展望"，从而精准地为民提供公共服务，有效地提升协同治村能力。此外，要转变思想观念，牢固树立治理数字化和智能化的信息自觉。一是要转变信息收集观念，从为完成上级任务而被动收集信息转变到为高效治村和高质服务而主动收集信息。二是要转变信息存储观念，一方面从习惯于存储在"人脑"转变为有规划、成体系地存储在"电脑"，另一方面从仅存储在上级政府要求的"官方系统"转变为既存储在"官方系统"又在村内系统备份。三是要转变信息应用观念，一方面从收集信息是为便于上级决策参考转变为收集信息既为上级决策服务又为激活村庄内力服务，另一方面从"兵来将挡，水来土掩"的机械化应用转变为具有前瞻性的智能化应用。

总之，岳西县主簿镇在基层党组织领导下，通过乡村治理试点积极探索，打造农、文、旅产业深度融合新亮点，铸就"全域产业+全域治理"相互促进的"双全模式"，为乡村善治和产业发展注入新内涵、增添新活力。2020~2021 年主簿镇"双全模式"亮点纷呈，乡村治理成效斐然，其中2020 年南田村的村规民约被安徽省委组织部、安徽省民政厅等 7 部门评为全省"百篇优秀村规民约"，2021 年余畈村的"四会协商"工作法被安徽省民政厅评为全省"十佳优秀社区工作法"，2021 年大歇村被农业农村部、

民政部等 6 部门评为"第二批全国乡村治理示范村"。主簿镇"双全模式"推动了乡村治理制度框架和政策体系进一步完善，现代乡村治理体系更加健全，乡村治理能力更为精准全面，形成了可推广、可复制的乡村治理新经验，为全省乃至全国提供了可参照学习的乡村治理新样板。

政协协商嵌入社区治理的实践探索

——以芜湖市鸠江区万春社区为例*

我国社区治理进行了近 40 年积极的实践探索，取得了良好的效果，积累了不少宝贵的经验，但是，与城乡居民不断变化、增长的需求相比，仍然存在不少问题。首先，社区治理仍然采取政府主导型模式，社会组织、居民等主体发挥作用有限。其次，居民发挥主体作用不充分，社区居民参与治理积极性不够高。另外，现阶段社会团体等民间组织的作用尚未得到充分发挥，社会的自主性及自我组织能力不够强，共建共治和谐社会的合力不强，实现多元协商的治理体系尚需要时间。基于此，为了更好地适应社会转型，解决现阶段面临的街居治理体系不够完善、社区治理模式不够深入等问题，政协协商嵌入社区成为社区治理的一种新路径，政协下沉至社区层面，为社区治理提供了一种新的思路。将政协协商嵌入社区公共事务，与社区多元治理主体经由协商和讨论达成共识，共同治理社区。

一　基本情况

芜湖市鸠江区清水街道万春社区成立于 2012 年，是由 8 个村拆迁整合而成的大型安置小区，辖区总面积 35 万平方米，入住居民近 1.7 万人。社区"两委"有 7 人，社区工作者有 12 人。社区党委下设 6 个党支部，12 个党小组，正式党员有 285 人。

万春社区的基础设施和公共服务设施也非常完善，其中有篮球场、羽毛球场、老年人活动中心、社区休闲广场等娱乐休闲场所；超市、饭店、药

---

*　本报告作者：张凯迪，安徽大学社会与政治学院 2020 级研究生。

房、理发店、菜市场等便民利民场所；万春幼儿园、育文学校、卫生服务站、社区康复室等企事业单位。

万春社区是市政协"请你来政协，有事好商量"工作室试点单位，以"党建引领、多元协商"为核心，探索出一套"社区协商"工作模式，社区专门成立了政协委员工作室，还搭建起社区议事厅、党员会客厅、社区议事广场、楼门议事点等社区协商平台，居民们可随时对社区事务提出意见、建议，共同协商社区治理事项。

万春社区是典型的回迁安置小区，居民大都是回迁的农民。针对人口多、社会关系复杂、社区管理难度大的现状，万春社区领导班子积极探索，不断创新治理模式，打破传统固化的社区治理模式，引入政协嵌入基层治理的理念，改变原有的单一治理主体，使基层政协嵌入社区治理层面，创新设计并不断完善政协民主制度与程序，社区治理机制在基层协商民主方面取得了显著的成效。芜湖市十分重视社区协商的发展，市、区、街道等各级政府大力支持万春社区协商工作的开展，为万春社区的社区治理与基层政协相结合提供了坚实的保障。万春社区的协商实践表明，基层政协与社区治理相结合具有一定的现实意义，能够解决一些社区治理难题。

二　政协协商嵌入社区治理的实践

（一）开放的政协协商平台

政协委员在基层社区履职的内容决定形式，但内容也需借助一定的形式。政协工作要想下沉到社区层面，克服组织架构"漂浮""缺脚"现象，就必须借助相应的载体平台，让政协更加"接地气"，更加深入社区层面。万春社区为此设立了政协委员工作室和政协委员联络组。

第一，社区成立政协委员工作室。政协委员工作室是指县级政协在乡镇、街道、社区、农村、企业园区及社会组织建立政协联络委员、委员联络群众的工作平台。政协委员是人民政协的组成人员，是社会各界知名度大、影响力强、关注度高的代表性人士；同时，政协委员往往是本职工作业绩突出的优秀人士，但也存在由于时间紧张、业务繁忙而无法有效了解居民情况的问题。成立政协委员工作室可以利用政协委员来自不同行业、代表不同界别的特点，建立通民情、解民意的长效机制和常设窗口，可以实现政协委员长期、实时、充分地联系群众，协助政府解决民生问题、化解基层社会矛盾、服务民生、开展基层协商。

第二，社区在街道层面设立政协委员联络组。万春社区把216名政协委员分到13个政协委员联络组，保证鸠江区的每个镇、街道都有一个联络组。每一个组就是一个界别，并保证每一个界别都有一个协商平台，每个协商平台确定一个联络员，联络员可以是兼职的也可以是专职的，联络员的联系方式向全社会公开，居民想要提出意见或有什么想法都可以随时和联络员沟通交流。

（二）科学有效的政协协商制度

第一，为进一步转变工作作风，保障委员履职尽责，认真开展好"请你来政协，有事好商量"平台活动，助力基层社区和谐发展，政协组织制定了《关于实施"请你来政协，有事好商量"的方案》。规定协商活动每个月至少开展1次，每次活动时间不少于半天，具体的活动时间由政协委员联络组结合实际确定。每次参与协商活动的委员为2~3人，要求每名委员每年参加协商活动（参与的活动类型根据委员专业范围来确定）不少于2次。

第二，政协委员工作室要想长期可持续运转，自身建设必须有据可行，所以应根据自身职责和特点形成工作制度。政协委员工作室制度主要内容包括以下八个方面。一是定期接待群众来访，收集、登记、整理社情民意；二是不定期召开群众代表座谈会，听取意见和建议；三是将平时走访和重点走访相结合，对群众反映强烈和普遍关心的重点、难点和热点问题进行深入调查研究；四是以提案、信息、调研报告等形式向政府及有关部门提出意见和建议；五是协调和督促有关部门落实解决群众反映的问题；六是及时向当事人反馈办理结果；七是必要时组织有关部门和人民群众就问题开展协商；八是工作开展情况年终以书面形式向政协汇报。

第三，为了让协商更有效，万春社区政协委员工作室制定"五个到位"工作方法。一是制度到位。政协参与社区协商的制度固化，按照制度办事。二是人员到位。每个联络组都要配备联络员，联络员可以是专职的也可以是兼职的，联络员公开联系方式并保证 24 小时开机，随时和居民进行沟通。三是场所到位。协商要有一个相对固定的平台，在与居民交流协商时场所可以不固定，但汇总居民想法、确定议题的时候要有固定场所。四是培训到位。政协委员联络组成员要有工作积极性，发挥自身作用，为政协工作做出贡献，并且具有一定的沟通技巧和协商能力。五是更正协调机制到位。议题协商的结果需要参与协商的政协委员进行更正，政协委员不仅是议题提出者，也是议题协商过程的参与者，由政协委员做议题更正有利于更好地确定居民诉求是否得到满足，巩固议题成果。

（三）准确的政协协商定位

政协委员工作室作为政协委员的履职平台，是为了反映社情民意、居民参政议政而设的，不是职能部门，不是信访部门，更不是政协的下属组织，要把握好政协协商的度。万春社区书记解释说："要抓住'商量'这个词，政协是促进社区和谐发展，准确反映民意，调解社区、街道矛盾的一个平台，不能把政协变成信访接待。"

因此，万春社区政协在协商中主要扮演三种角色。第一，民意的汇集者。反映社情民意是政协的重要职能，万春社区政协围绕广大人民群众普遍关心的民生问题、普遍反映的矛盾以及对制度政策的误解等方面履行职责，坚持以民意为基础来开展政协协商。另外，由于政协机构的特殊性，政协民意来源的渠道多且全面，政协组织具备更充分的民意基础。第二，参与协商者。在开展社区协商座谈会前，万春社区政协组织在搜集完民意后要根据社区现实情况确定会议协商的议题，然后会议就此议题展开讨论与协商，各委员发挥自身的主动性和创造性，提出可行的意见，提高协商效率和科学性。第三，议题结果的更正者。万春社区政协从收集民意到形成协商结果都在发挥作用，因此在形成协商结果时必须由政协组织来更正，这样才能形成议题提出者和参与者都满意的协商局面，这也有利于后续协商成果的实施和开展。

万春社区政协组织在政策的指导下，在各部门的支持下，通过政协委员工作室等服务社区群众的履职平台，坚定调和者和协商者的角色定位，明确界定政协职责，不越权，不包办，为协商做好服务。

（四）透明的政协协商活动流程

社区协商活动流程，即政协在社区协商议事过程中的工作流程。万春社区根据自身的发展要求，为了更好地了解社区情况，满足社区居民需求，把政协参与社区协商活动工作流程分为三个阶段。

第一个阶段，在活动开展前，围绕"为谁协商"展开工作，主要了解广大居民普遍关心的问题、普遍反映的矛盾以及对制度政策的误解。首先，各政协委员联络组在活动开展前对收集到的符合条件的协商事项进行核实登记，了解协商事项基本情况，并根据预约事项确定参与活动的委员。万春社区作为一个回迁社区，人口众多，社区人员背景复杂，老年人居多，大部分居民虽然生活在社区但仍然保留着乡村的生活方式和行为习惯，社区不免发生矛盾冲突。因此联络员要在社区众多烦琐的事情中，判断事情的重要性和紧迫性，最为重要的、最为紧急的事情应该先通过社区协商解决，通过调查了解居民的真实需求，确定政协应该协商什么事情。其次，在协商活动开展前3天，由联络员将协商事项的基本情况告知政协委员，让其做好协商准备，并通知涉及此议题的群众或企事业单位代表。

第二个阶段，在活动开展期间，围绕"谁来协商"展开工作，遵循规范的协商程序，充分发挥政协在协商活动中的作用。首先，政协委员在活动现场组织群众或企事业单位代表面对面地协商预约事项，根据情况进行口头答复、解释或者提出初步协商意见。联络员负责做好协商记录，并对现场无法答复的问题或社情民意进行登记、整理、汇总。由各政协委员联络组组长签字并及时商请区相关职能部门办理，在5个工作日内答复协商群众或企事业单位代表。其次，对于一些较为复杂、牵涉多个部门的问题，区政协相关专委会，根据情况组织相关单位采取实地走访、情况调研、专家论证、网络协商、会议协商等形式，进一步核准事实情况和相关政策法规，深入分析，衡情酌理，由相关职能部门在 10 个工作日内答复协商群众或企事业单位代表。另外，政协委员联络组要制定问题申请交接清单，区政协相关专委会协助政协委员联络组，对申请交接清单办复情况予以跟踪，促进协商事项落实。

第三个阶段，在活动开展后，围绕"如何让协商更加有效"展开工作，巩固协商成果，建立协商成果办理机制，探索协商成果评估、考核机制。首先，各政协委员联络组联络员要对预约群众或企事业单位代表进行回访，了解活动开展实效，并将情况反馈给参加活动的委员。其次，各政协委员联络组每季度召开一次例会，总结该季度平台活动开展情况，研究解决活动开展过程中存在的问题和不足，并将会议情况以书面形式报区政协党组。

三 政协协商嵌入社区治理的成效

（一）完善协商制度，推动政协协商制度嵌入

社区、乡镇、街道是基层人民群众生产生活的中心，是各种利益关系的交汇点。万春社区是回迁小区，居民文化水平、生活习惯有较大差异，会积聚各类社会矛盾。政协组织通过设立政协委员工作室和政协委员联络组等协商民主平台，深入基层社区、深入群众，了解民意、汇集民智，确定哪些议题是老百姓最关心的、哪些矛盾是最需要解决的、哪些政策是最需要普及的。另外，万春社区政协组织不断总结社区协商民主的经验，根据社区环境创新协商制度，不断完善协商制度体系的内容，建立科学有效的协商制度。建立"了解民意预约议题—调查核实筛选议题—参与协商更正成果—跟踪反馈落实成果—考核评价固化制度"的完整闭环工作流程体系，建立完善的协商机制，充分了解居民诉求，做好协商活动的基础工作，提高协商效

率，提高居民的信任度，为建设和谐友好型社区而不断努力。

自 2019 年 4 月万春社区成为芜湖市政协"请你来政协，有事好商量"工作室试点单位，成立政协委员工作室以来，政协组织为促进社区发展制定了一系列协商方案，并取代传统的单边交流方式形成了多边对话程序，即一边坐的是政协委员，一边坐的是街道相关干部，一边坐的是社区党员干部，一边坐的是居民代表或企事业单位代表。四方协商主体不定时开展协商座谈会、社区交流会，并邀请专家代表一同开展制度创新座谈会，听取专家意见，理论结合实际，增强制度的规范性和系统性。政协委员广泛收集居民关心的事项、需要解决的问题和关于社区事务的意见建议，比如下水道堵塞、停车位改造、老年椅老化、区域垃圾处理、居民与周边商铺的利益冲突、车辆占道、非机动车充电桩、楼道堆积物、广场舞扰民、独居高龄老人照料、小区基础设施损坏等问题。政协组织协助社区"两委"依托社区协商制度、政协协商方案，切实有效地解决了社区的一些难点、热点问题，2020 年形成协商典型案例 10 个，全年累计投入资金 50 余万元。政协制度与社区协商制度相结合，政协组织深入社区内部，进行跟踪调研，或座谈交流，或查看工作，或研讨问题，较全面地把握了万春社区的协商治理过程，实现了制度和结构上的有效嵌入。

（二）社区居民转变传统观念，促进政协协商认知嵌入

受中国传统观念的影响，居民对社区事务的参与意识、对政治权利的诉求和维护意识较弱，缺乏公共精神。另外，由于万春社区是回迁社区，居民文化水平参差不齐，对社区协商民主知之甚少，对政协组织参与社区治理更是不知晓。针对这种情况，一方面，万春社区从营造协商氛围这条路径入手，充分利用现有的社区资源，在社区的主要道路、活动场所、办公地点等地方，张贴协商标语，让更多居民了解什么是协商、如何协商、协商的意义等，把协商概念普及给居民；政协组织通过下基层，和居民面对面地交流，了解居民所求所想，提高居民参与社区治理的积极性。另一方面，政协组织通过为居民做实事，创新社区协商制度，促进社区和谐发展，在社区治理实

践中获得居民和社区干部的认可。

比如在解决"社区公租房管理"这个问题上，政协委员工作室召开协商会议，邀请了作为居民代表的张仁根。万春社区有 10 栋公租房，其中 8 栋与安置房混在一起，张仁根说："现在公租房转租现象很严重，人口流动性很大。"流动人口作息和普通居民完全不一样，让邻居们苦不堪言，也为小区安全增添了隐患。为此政协委员工作室召开会议，邀请居民代表张仁根和另外一位居民、3 名区政协委员、街道相关部门人员及社区干部共 10 余人一同参与协商会议，一方面向张仁根解释市、区两级政府的相关政策，一方面共同商讨解决办法。会议结束后，张仁根感觉"十分畅快"，说："能让我把心里话说出来，还是蛮好的！"再如，在商讨社区内老旧房屋的安全问题时，政协委员工作室也是邀请多方代表参加协商会议，会后不久相关部门就来实地调研，确认情况后拨付 30 万元维修资金。

在了解了民意后，政协委员积极在社区内邀请多方代表召开协商座谈会、交流会，制定科学有效的协商制度，切实解决了居民的问题，提升居民的认同度和幸福感。使得协商主体逐步接受并自觉认同政协在社区治理中制定的制度、规范、价值观念，政协协商在社区治理中发挥的作用不再被人们忽视。

（三）居民主动参与社区治理，力推政协协商行动嵌入

居民愿意主动参与社区治理，主动配合协商人员的协商工作，以实际行动来表明参与意愿。政协组织在做协商工作的时候不仅得到了政府的支持，也获得了居民的配合，政府做事、居民配合是万春社区政协协商取得成效的关键。

以万春社区的"老旧社区改造"项目为例，这个项目前前后后投入资金 300 多万元，主要是针对社区里一些老旧的基础设施，涉及路灯、下水道、停车位、标牌标识、景观带等方面。但是，在对 22 号楼的自行车停车位改造过程中，出现了一个"钉子户"。2 单元 1 楼一户居民因停车位占用了自家养花位置而不同意改造，这严重影响了改造项目的进度。政协委员会

成员汪维冬去居民家中了解情况后，决定先对事件进行"冷处理"。汪维冬说："我们不能吵嘴打架呀，要发动周围的居民一起做工作。"于是，政协委员工作室发动社区群众的力量，和该住户打情感牌。几天后，在汪维冬和邻里们的不懈劝说下，该住户同意搬移花坛，自行车停车位顺利改造。

政协组织参与社区治理不再是单向的，社区居民愿意配合政协组织的协商工作，并付出实际行动，参与到政协协商过程中，政协协商从行动上不断嵌入社区治理中。

四　经验启示

政协工作向基层社区延伸，政协协商嵌入社区治理是为了适应新时代社会发展的要求，是打破固化的社区治理模式、创新社区治理模式的举措，也是推进政协事业发展的创新之举。万春社区通过设立开放的协商平台、建立科学有效的协商制度、制定透明的协商流程、进行准确的组织定位等一系列措施，使得政协组织的工作逐步向社区层面下沉。将政协协商的实践嵌入党和政府的实际工作中，嵌入社区协商制度中，嵌入社区居民的生活中，通过多元社会主体的对话、沟通、商议等，在化解社区矛盾，解决居民的各种利益诉求，平衡各种利益关系，推进社区经济、政治、文化、环境的建设等方面都取得了积极的成效。

（一）加强协商的制度化、规范化、程序化建设

完善的协商制度系统可以保障政协组织的协商民主概念规范有效地嵌入社区治理体系之中，避免在嵌入社区治理过程中出现随意化和形式化现象。要确保政协组织嵌入的可行性，还需要加强制度建设，补充、完善实施细则和具体操作程序。如把协商要求纳入党委议事规则、政府工作规则、社区治理工作中，并把协商过程和协商成果的采纳情况及时反馈给市政协及党委组织，严格按规定的内容和程序开展协商民主活动，实现政协协商与党委、政府、社区工作和程序的有效衔接，规范细化协商内容，构建制度化协商运行

格局。建立完备的协商参与者筛选机制，明确"与谁协商"；完善协商议题确立机制，明确"协商什么"；健全协商会议议事流程，明确"怎么协商"；完善协商成果落实和反馈机制，明确"如何让协商更有效"；建立协商信息公开制度，及时向社会公布协商的有关情况；建立健全对协商意见办理和协商结果反馈的保障机制，以一定形式向政协组织反馈采纳落实情况。

（二）提高协商民主的能力

提高协商民主的能力不仅包括提高政协组织的协商能力，也包括提高政府和群众的协商能力。首先，提高政协组织的能力。政协组织的能力包括政协委员的具体协商能力，政协组织的牵头协调能力、综合统筹能力。为此，需要进一步调整和优化协商组织界别设置，增强界别的代表性、包容性，更加充分了解和反映社会各界的愿望和诉求；完善政协委员推选制度，增强政协干部队伍的生机和活力；健全委员联络机制，完善委员联络制度，加强委员的学习培训和服务管理，提高委员履职的整体水平。其次，提高政府的沟通能力和执行能力。政府掌握政策执行的主动权，对于有能力解决的问题，要与群众沟通并积极回应。最后，群众则需要不断提升基层协商能力。不论政府还是人民群众，都需要在实践中掌握沟通技巧，提高协商能力，这是政协委员做好基层协商工作的保证。

（三）拓展政协委员履职载体和平台

基层政协想要嵌入社区治理，必须借助相应的载体平台。万春社区政协通过设立政协委员工作室和政协委员联络组下沉政协工作，但随着社会经济的发展，单纯的线下平台难以满足实际需求。要充分利用信息技术手段，推动政协履职从"网下"到"网上"转变。要注重将网络作为协商的平台，利用政府、社区的各种网络资源，宣传社区公共事务，并开辟专门的协商空间，由政协委员工作室中的政协委员主导，将民众关心的公共治理事务有计划地进行网络讨论，开拓网络平台，扩展基层政协履职的广度和深度，更大范围地吸引相关主体参与。另外，树立"无调研，不协商"的理念，政协委员要改变传统的履职观念，推动政协履职从"大楼"向"田野"转变，在最真实的社会生活状态中征求民众意见、开展协商议政，大力推进社区议政会、村民恳谈会、民情征集、乡村访谈等。

（四）坚持全面嵌入、持续嵌入、制度嵌入共同推进

首先，全面嵌入是发展这种新型社区治理模式的关键。加强人民政协与党委、街道、社区、群众以及企业组织的联系，拓展联系的载体和渠道，使得政协组织的嵌入作用不只停留在政治层面，也在其他层面发挥作用。其次，持续性嵌入是发展这种新型社区治理模式的难点。持续才能深入，深入才能有效。万春社区政协组织在社区治理中的参政、监督工作已持续了一年半，在持续嵌入中，万春社区政协组织对社区管理创新的思考越发成熟，但也因为时间的限制，万春社区政协组织还是要不断创新，不断探索实践，让这种社区治理模式可以发展得更长久、更科学。最后，制度嵌入是发展这种新型社区治理模式的前提。政协组织能否真正融入社区治理中发挥作用，关键就在于社区治理架构是否为政协组织提供了开展嵌入活动的空间和结构。万春社区成立政协委员工作室以后，一直在积极创新协商制度，推动社区协商民主不断发展，但万春社区作为试点单位经验尚不够丰富，很多制度还不够完善，对嵌入程度的把握也在摸索阶段，还是存在制度形式化、书面化、成果无法落实的现象。总而言之，政协协商的嵌入只有全面、持续、制度化，才能取得实效。

基层政府数字治理的建构逻辑与运作机理

——以望江县赛口镇为例*

国家治理体系和治理能力现代化是十八届三中全会以来党中央持续推进的重要战略任务，党的十九届五中全会将"国家治理效能得到新提升"作为"十四五"时期我国经济社会发展的重要目标。因此，新时代实现国家治理体系和治理能力现代化是建设社会主义强国的客观要求。随着互联网、大数据和人工智能等技术的发展，利用信息技术消弭现行制度间存在的障碍与冲突，建立"用数据对话、用数据决策、用数据服务、用数据创新"的政府治理模式成为当前提升国家治理能力的题中之义。党的十八大以来，中央多次出台文件强调推行"互联网+"与数字政府建设的重要性，该顶层设计理念推动了技术在基层治理中的广泛运用，已有的数字治理成果也在一定程度上证明了通过技术性手段提升社会治理效能的可靠性与必要性。学者们不仅从理论层面论证了大数据时代下，通过技术赋能提升国家治理能力是大势所趋，还从实操层面剖析了技术赋能背后的运作机理，并不断探索基层政府治理场域下技术赋能的可行性路径。[1]

在大数据时代，基层数字化转型是国家治理体系与治理能力现代化在基

---

* 本报告作者：胡文静、叶梦娜、王雨薇，均系安徽大学社会与政治学院 2019 级本科生。

① 沈费伟：《乡村技术赋能：实现乡村有效治理的策略选择》，《南京农业大学学报》（社会科学版）2020 年第 2 期；沈费伟、叶温馨：《政府赋能与数据约束：基层政府数字治理的实践逻辑与路径建构——基于"龙游通"数字治理的案例考察》，《河南社会科学》2021 年第 4 期；张帆：《信息技术赋能基层治理的路径与限度》，《兰州学刊》2021 年第 10 期；曹海军、侯甜甜：《区块链技术如何赋能政府数字化转型：一个新的理论分析框架》，《理论探讨》2021 年第 6 期。

层治理领域的扩展。已有研究通过"技术赋能"融合大数据应用与基层治理，初步研究了现代基层治理体系，但对于技术如何多维度、多方向嵌入基层公共治理的静态体系、动态过程尚未进行充分的探讨。

本报告将以望江县赛口镇治理的实践为例，探讨基层政府数字化转型过程中如何实现技术赋能，以及技术应用在推进组织升级和促进制度变革中的能动作用。望江县赛口镇位于安徽省安庆市，素有"安庆的西花园"之称，赛口派出所积极响应国家数字乡村建设号召，立足于综合信息平台推动农村警务机制微改革、微创新。本报告将围绕赛口派出所打造的"综治警务中心"，探索基层数字治理背景下，技术嵌入制度推动组织系统升级、实现组织制度创新的具体路径，试图从实践中提炼可推广的经验。

一　文献综述与分析框架

（一）文献综述

自我国提出乡村振兴战略以来，农村地区的集体经济组织与新型产业层出不穷。① 在农村地区经济快速发展的同时，原有基层治理体系的局限性逐渐凸显，② 在社会公共服务的配置与供给上，出现城乡差异明显等弊病，③ 已有的数字政府建设也存在着治理结构不合理、基础设施不完善、治理主体素质低等诸多不足。④ 因此，推进基层政府治理模式、流程和理念的持续变

① 王景新、支晓娟：《中国乡村振兴及其地域空间重构——特色小镇与美丽乡村同建振兴乡村的案例、经验及未来》，《南京农业大学学报》（社会科学版）2018年第2期。
② 龚睿：《政党嵌入与主体塑造——乡村振兴视阈下农村基层治理的生成逻辑》，《河南社会科学》2020年第10期。
③ 沈忻昕：《城镇化进程中城乡基本公共服务政策存在的问题》，《农业经济》2020年第6期。
④ 沈费伟、叶温馨：《基层政府数字治理的运作逻辑、现实困境与优化策略——基于"农事通""社区通""龙游通"数字治理平台的考察》，《管理学刊》2020年第6期；张文静：《"互联网+基层治理"：以数字化手段推进整体性治理》，《领导科学》2020年第10期；郭明：《互联网下乡：国家政权对乡土社会的"数字整合"》，《电子政务》2020年第12期；冯献、李瑾、崔凯：《乡村治理数字化：现状、需求与对策研究》，《电子政务》2020年第6期。

革是我国广大农村地区实现现代化发展的题中之义。针对基层数字政府建设，有大量学者开展了研究，本报告根据其动力机制，将其划分为技术驱动论、组织驱动论和技术与制度交互论三种。

1. 技术驱动论

支持技术驱动论的学者认为技术在政府职能转变中起着链接作用，如孟天广认为数字技术的快速发展为政府的数字化转型提供了强大推力，重构了政府、市场和社会的关系，技术的发展推动政府职能的优化和治理理念的革新。[①] 也有学者认为，技术对制度具有直接作用，如张茂元指出，数字技术具有强大的制度形塑能力，数字技术的特性提高了技术红利普惠性，奠定了制度变革的社会基础。[②] 除了对制度形成的作用之外，还有学者指出技术对制度执行的管控作用，如谈婕和高翔认为，数字技术能够形成对地方行政机构的权力约束，并且高层级政府在运用数字技术推进政府建设时能够带来更有利的纵向控制。[③] 不仅如此，还有学者强调法治化在技术提升机关事务管理水平过程中的重要性。[④]

2. 组织驱动论

在组织驱动论中，学者们将制度、部门利益和官僚自主性纳入分析，[⑤]指出单纯依靠技术的渗透不足以推进政府治理模式的转变，更主要在于组织的改进与配合。如李鹏等人认为在我国的技术—制度网络结构中，技术调试作用并不能直接影响整个网络的结构性调试过程，组织调试在网络治理中发挥着关键作用。[⑥] 欧阳航和杨立华聚焦数字政府建设过程中的组织机制，构

① 孟天广：《政府数字化转型的要素、机制与路径——兼论"技术赋能"与"技术赋权"的双向驱动》，《治理研究》2021 年第 1 期。

② 张茂元：《数字技术形塑制度的机制与路径》，《湖南师范大学社会科学学报》2020 年第 6 期。

③ 谈婕、高翔：《数字限权：信息技术在纵向政府间治理中的作用机制研究——基于浙江省企业投资项目审批改革的研究》，《治理研究》2020 年第 6 期。

④ 余少祥：《关于机关事务管理体制改革的若干思考》，《中国行政管理》2019 年第 3 期。

⑤ 邓理、王中原：《嵌入式协同："互联网+政务服务"改革中的跨部门协同及其困境》，《公共管理学报》2020 年第 4 期。

⑥ 李鹏、王欢明、马永驰：《"互联网+政务服务"技术——制度网络及治理启示》，《中国行政管理》2019 年第 3 期。

建并分析了技术执行的网络框架，探索出实现整体性政府建设的机制。① 也有学者从互联网治理机制的角度出发，论述了中国内在的制度创新与突破是中国互联网治理模式得以成功运行的关键，② 肯定了制度在塑造治理模式中的作用。

3. 技术与制度交互论

在技术与制度交互论中，学者们认为制度与技术是一种耦合关系。如张廷君和李鹏认为制度与技术之间双向调试是建立现代化数字政府的实现路径。③ 胡重明认为权力结构与技术核心的互动关系会带来组织和治理模式的变革。④ 沈费伟从技术治理的制度层面展开研究，分析了技术嵌入和制度吸纳的内涵与动力，认为技术治理需要注重技术与制度的动态平衡。⑤ 总体而言，学者们普遍认可数字政府建设需要在技术与制度的互相支持下才能实现，其中，技术只是推动力，关键在于组织与制度的变革。

在基层数字政府建设这一主题下，现有文献介绍了各地数字政府建设过程中存在的问题及不足，探讨了数字化时代背景下基层政府建设和转型过程。从研究现状和趋势来看，学者们开展了大量关于技术运用与制度更新关系的研究，宏观层面的分析较为丰富。但是在微观层面，已有研究对技术如何渗入并形塑基层政府治理方式的探讨较少，难以清晰展现政府治理模式转型和治理理念革新路径的潜在逻辑。从研究内容上看，虽然学者们从各个视角开展了对基层数字政府建设的研究，但是因为各个视角彼此独立，所得出的结论缺乏系统性、全面性。从理论层面上看，学者们侧重于对信息技术融入基层政府建设的案例的罗列，对数字政府建设模式的学理性概括和逻辑提

① 欧阳航、杨立华：《数字政府建设如何促进整体性政府实现？——基于网络式互构框架的分析》，《电子政务》2021 年第 11 期。
② 方兴东：《中国互联网治理模式的演进与创新——兼论"九龙治水"模式作为互联网治理制度的重要意义》，《人民论坛·学术前沿》2016 年第 6 期。
③ 张廷君、李鹏：《技术赋能还是制度重塑：机关事务治理模式的创新路径分析——以福州"数字乌山"为例》，《中国行政管理》2021 年第 8 期。
④ 胡重明：《社会治理中的技术、权力与组织变迁——以浙江为例》，《求实》2020 年第 1 期。
⑤ 沈费伟：《技术嵌入与制度吸纳：提高政府技术治理绩效的运作逻辑》，《自然辩证法通讯》2021 年第 2 期。

炼不够重视。本报告旨在从技术驱动视角理解基层政府的数字化转型，聚焦基层政府治理模式的演变过程，借助实地考察的方法，探究技术的应用与基层政府治理模式之间的内在联系，阐述其制度更新的过程机制，从而对已有研究进行补充，为基层政府治理优化和技术的推进提供理论与现实支撑。

（二）分析框架

传统政府治理模式在治理效率与治理成本上存在缺陷，难以满足现代社会对政府治理的要求。[①] 大数据驱动下的治理是中国社会治理创新的重要方向。[②] 一方面，数字技术的快速发展与普及推广为数字政府建设提供了强大的推动力；另一方面，政府数字化转型具有重塑治理结构、优化政府职能、革新治理理念的功能。[③] 若我们将政府理解为某一组织，该功能得以实现的内在逻辑是，技术嵌入组织后，使得组织结构发生变革，进而对组织的行为产生一定的影响，促进其组织实现整体优化。国外有学者提出了关于组织设计的目标和实践需要与技术提供的优势保持平衡的看法，再次证明了研究"组织何以实现变革"这一议题的必要性与重要性。为充分描述组织结构变革的过程及动力机制，本报告构建了技术嵌入—组织创新—制度革新的理论分析框架（见图1）。

在该框架下，数字政府建设与服务型政府建设相辅相成。随着数字政府建设的稳步推进，各类信息技术手段被应用于社会治理的全过程，包括政府组织的日常办公、信息收集与发布、公共管理等事务。该变化使得组织为适应数字治理而不断调试自身结构，包括组织内部纵向、横向资源的整合，组织外部跨部门、跨地域、跨系统的协作。新型组织结构建立在一定程度的信息共通、数据共享的基础上，组织内部人事安排更具专业性与实用性，考核标准不再拘泥于传统的管制型，物力资源配置更加高效。在此过程中，组织

---

① 尹寒、张德鹏：《论大数据背景下的政府治理模式转变》，《湖北社会科学》2020年第12期。
② 康争光：《大数据驱动下的社会治理创新研究》，《江苏科技信息》2014年第18期。
③ 孟天广：《政府数字化转型的要素、机制与路径——兼论"技术赋能"与"技术赋权"的双向驱动》，《治理研究》2021年第1期。

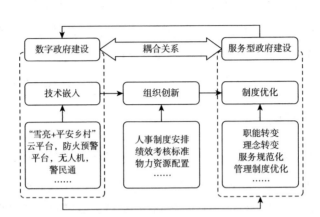

图 1　分析框架

制度的优化是技术嵌入组织后倒逼组织做出结构性调整的必然结果，具体体现在职能转变、理念转变等方面。本报告试图利用该框架说明以下两个问题：第一，技术在促进组织结构变迁中发挥着重要作用；第二，组织与制度为适应数字化变革进行的渐进性调试的过程，同时是服务型政府建设逐渐完善的过程，并且服务型政府建设又会进一步推动数字政府建设，两者呈现出互融互通的耦合关系。

二　赛口镇公安系统改革概况及政策目标

赛口派出所辖区总面积 68.7 平方千米，常住人口 41000 人，有民警 6 人、辅警 8 人。近年在党委、政府的支持下先后投入 80 余万元，围绕"平安建设"建立了"一室两队三中心"乡村警务新机制（见图 2）。

赛口派出所警务模式以电子信息指挥系统为核心，辖区内所有警情均反馈至派出所综合信息指挥平台，指挥室由 1 名民警和 3 名辅警组成，利用综合信息指挥平台履行指挥调度、视频巡查、信息研判和业务监督职能。在此基础上实行警情分治，由 2 名民警和 2 名辅警组成执法办案队处理各类刑事、治安案件及紧急事件，3 名民警与 3 名辅警组成社区警务队，承担警区

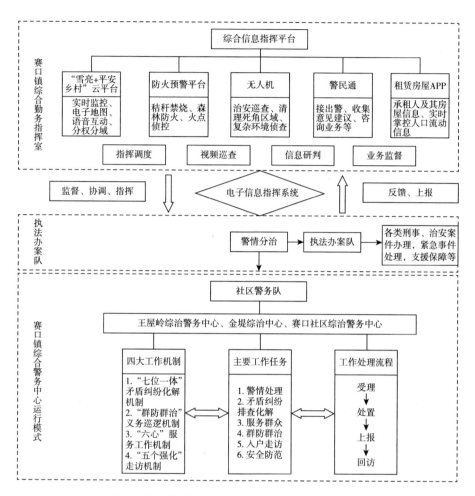

图2　赛口镇"一室两队三中心"乡村警务新机制

内除刑事、治安案件及紧急事件以外的其他警情的处理工作以及社区走访等基础工作。赛口镇公安在探索派出所警务创新治理模式、夯实基层社会治理的基础上发挥了重要作用。

该镇的政策目标主要有以下三点。第一，建设智慧乡镇。2019年5月，中共中央办公厅、国务院办公厅印发《数字乡村发展战略纲要》，数字乡村建设成为乡村发展的重点任务。2021年9月，国家七部委组织编制《数字乡村建设指南 1.0》，该指南针对基层政府开展数字治理做了详细规划，一方面做好智慧党建和"互联网+政务服务"工作，另一方面搭建村务管理网络平台，利用信息技术进行综合治理。赛口派出所致力于打造智慧型警务工作模式，协助党委建设数字政府，着力打造"智慧赛口"。第二，建设服务型政府，提升服务水平。赛口镇公安系统是赛口镇政府的重要组成部分，建设服务型公安是建设服务型政府的客观要求。赛口派出所以"为人民服务"为宗旨，不断创新服务群众方式，致力于搭建民警与群众沟通的桥梁，不断提升服务水平，打造"服务型"赛口派出所。第三，依法履职，提升执法办案能力。赛口派出所不断提升依法履职能力和执法公信力，将维持社会的长治久安视为其始终如一的目标，将不断提升人民的幸福感、获得感作为其核心要义。

三 赛口镇基层数字治理中的技术嵌入

赛口镇公安系统是赛口镇建设智慧乡镇的重要平台，综合勤务指挥室是赛口派出所数字化办案和为民服务的重要办公地点，主要承接四大工作任务——指挥调度、视频巡查、信息研判、业务监督。赛口派出所通过对"雪亮+平安乡村"云平台、防火预警平台和"警民通"等数字平台进行优化整合，利用科学技术手段协助自身打造"科技型"警务中枢，健全治安防控体系建设，不断提升为民服务水平。

（一）"雪亮+平安乡村"云平台建设

"雪亮+平安乡村"云平台建设最重要的功能是实时监控，尤其是对各巡查路口、学校等重点区域实施重点监控。在过去公安推行的"天网+雪亮+平安乡村"大工程的基础上，赛口派出所对各村、重点路口、出租房屋、重点人群居住地等区域补充了小型探头。全镇共安装 400 多个探头，已初步建立起全覆盖监控网络。以三个"重点"为目标，实现对重点时段、重点区域、重点人员的有效监控，进一步强化了对辖区的动态掌控。

视频监控可以实时记录各监控地点状况，若发生紧急事件，监控的应用有利于警方办案、取证，确认事件中各方责任，降低物证的收集难度，增强物证的可信度，节约办案时间。赛口镇综合勤务指挥室下的王屋岭综治警务中心管辖区域内2021年10月25日14时25分发生一起车祸，被路口的监控摄像头完整地记录了全过程，监控视频显示，直行的货车在经过路口时并未减速，与缓慢右转的轿车发生碰撞（案件办理工作记录）。覆盖率达90%的云监控平台，对于提升居民安全感与生活满意度具有重要作用。

各监控地点在云平台中的电子地图上显示为蓝色摄像头图标，民警可根据不同线路调取监控信息，在云平台上点开赛口镇的地图，直接点击地图上的监控图标，便可纵览全镇监控点。轨迹追踪是电子地图的亮点，既可协助警方办案，又可服务群众，帮助群众找回丢失物品或寻人，如某民警说："前两天，雷池有一个老奶奶，患有阿尔茨海默病，失联了三天，然后他们家的人撒网式地到处去问、去找，然后到我们所来了，我们所通过这个平台，查询各个路口监控，寻找老人的行踪轨迹，判断老人目前可能出现在什么地方，最后找到了老人。"（访谈记录：SK20211106）

云平台具有安全布防功能。在各安全点位，如水面监控点，进行人形侦测布防，当有人进入布防区，警方工作手机会收到短信和微信的告警信息，视频巡查员会确认相关信息。如果不是治安类或紧急案件，巡查员会通知所属辖区范围内的治保主任或社区主任，告知主任相关情况；如果是需要警方处理的事件，例如自杀等，巡查员会调度警力立马赶到现场处置。

监控摄像有语音互动的功能。民警在视频巡查时，发现紧急情况可以及时与探头下的人进行对话。如有违法犯罪情况，可以发出警报，对企图违法犯罪的人进行一定程度的制止。在事件发生之前，对意图犯罪人员有一定的威慑作用。

（二）防火预警平台

防火预警平台主要应用于秸秆禁烧、森林防火等工作中。赛口派出所在全镇9个高点位设置了360度高清摄像头，这9个高点位基本覆盖全镇。这

9个摄像头通过热成像原理工作，一旦有大面积的火苗，便会自动发送信息到警方的移动设备中。综合勤务指挥室可第一时间收到信息，立即调度警力，通知辖区相关负责人，及时采取相应措施，排除火情危险。

（三）无人机的巡查

无人机具有现场部署快、隐蔽性强、可靠性高等优势。通过无人机，可以巡查未设置摄像头、环境复杂、警力无法进入的安全死角区域，快速完成从空中对地面的治安巡查任务。赛口派出所的无人机主要应用于禁毒工作，无人机巡查居民庭院中是否种有罂粟花，某民警详细叙述道："无人机在禁毒产毒这一块，就罂粟花用得比较多，通过无人机探测村里面哪户人家（种了），因为好多人家种这个罂粟花是因为它很漂亮（并不知道这是毒品），直接种在院子里，我们直接通过这个扫，就可以完全扫到。"（访谈记录：SK20211106）

（四）"警民通"的组建与运用

"警民通"顾名思义是加强警方与群众的沟通，真正落实"群众有困难找警察"口号。2020年7月，赛口派出所各警区包村民辅警以村民组为单位，组建"警民通"微信群，保证每家每户至少有1人进群，在"警民通"微信群内的村民需熟练使用智能手机。针对留守儿童或留守老人等不会使用智能手机人群，民警表示："留守老人没有智能机，也确实不会用，他们的儿子或者女儿、媳妇就通过警民通跟我们公安机关在群里反映。我们就立马派出一个工作人员到他们家去。比如说老人身体不便想办身份证办不了，那么我们就会上门给他们办身份证，就是送服务到群众身边，要么就是把他们接到我们派出所来拍身份证。我们现在就是这样，送服务到群众身边。"（访谈记录：SK20211106）截至2021年11月赛口派出所共成立"警民通"微信群72个，入群人数达7000余人。

警方直接通过"警民通"接出警，接收群众在微信群内的报警、求助等信息。该方式有利于减少群众拨打110转接警情流转时间，帮助警方快速处理"警民通"事务。群众还可直接在"警民通"工作群内对公安工作提出意见和建议。综合勤务指挥室将"警民通"作为信息宣传平台，定期在各"警民通"群内发布反诈宣传材料、消防宣传材料等，预防各类诈骗案件的发生。群众还可在"警民通"群内咨询户籍、身份证办理以及其他公安业务工作，民警在"警民通"内直接答复群众业务咨询，让群众在办理业务前准备好相关材料，方便群众一次性办理成功业务，避免群众多次前往派出所，浪费时间精力。群众在办理户口本、身份证后，可通过"警民通"群请民警将身份证、户口本送上门。

（五）租赁房屋 APP 的开发与运用

望江县赛口中学作为安庆市市级示范普通高级中学，学校周围环境对学生健康成长具有重要作用。赛口中学周边陪读父母较多，据公安机关统计，赛口中学周边出租房屋 122 户，承租人 1200 余人。系统管理出租屋较难、房屋安全隐患多、人口流动性较大。鉴于上述因素，赛口派出所决定研发租赁房屋 APP，2021 年 8 月底已正式投入使用，未来还会根据相关需求进行更新和完善。

赛口中学附近的房屋租客必须注册租赁房屋 APP，并且定期更新人员变动信息，做到"人来登记、人走注销"。租户在登记信息时，需要拿自己的身份证，现场拍照，再由本人传至"警民通"群中，派出所系统中会核对身份证和人的照片是否一致，且通过后台数据比对筛查其是否有犯罪前科。如果是有犯罪前科的租户，警方会对该人员进行相关登记，并经常去其租住地巡视，预防其再次犯罪。

派出所与房东、承租人签订《出租房屋治安管理责任书》，明确出租人、承租人、公安机关的责任与义务，并载明处罚依据，强化公安机关对出租房屋的管控。赛口派出所根据出租房管理条例，定期对出租房进行抽查，以保证相关信息的准确性，若检查核验信息有误，如出租方未及时更新租户信息，那么派出所将对其采取警告或罚款等惩治措施。此外，出租房必须在门口安装监控，直接连接至综合勤务指挥室内的云平台，公安机关被出租方授予查阅监控权限，以便派出所对其进行实时监控，保障其安全。

四 赛口镇基层数字治理中的组织创新

技术的不断革新对组织的工作效率与工作能力提出了更高的要求。需要指出的是，技术对于组织的影响并非技术决定了组织的更新，而仅仅是引发了组织的更新。[①] 在技术力量的推动下，赛口镇公安系统不断调整人事制度安排、绩效考核标准和物力资源配置，以巩固技术改革效用，推动组织数字化转型。

（一）物力资源配置

"雪亮+平安乡村"云平台的建设需要信号基站、电子设备、监控摄像头等完备的硬件设施建设。赛口镇的信号基站建设使得信号网络能够实现全镇覆盖，云平台的建设使得辖区内动态状况能够被全面掌控。综合勤务指挥室内的电子设备是赛口派出所智慧服务建设的基础，全镇400多个监控摄像头设置在各重点路口、重点人群附近，硬件设备配给充足。未来赛口派出所计划在资金充足的情况下增设摄像头，将更多地点纳入监控巡视范围。除了监控摄像头定点巡视之外，赛口派出所还安排了无人机不定时、不定点巡视监控摄像头尚未覆盖的地方以及警力无法进入的死角。镇内的系统、设备的更新则通过与相关通信服务公司签约的形式来实现，以确保未来服务的可持续性与稳定性。

（二）人事制度安排

信息技术的运用有利于提升政府的沟通能力，加强组织间的信息整合能

[①] S. R. Barley, "Technology As an Occasion for Structuring: Evidence from Observations of CT Scanners and the Social Order of Radiology Departments", *Administrative Science Quarterly*, Vol. 31, No. 1 (1986): 78-108.

力。① 赛口派出所在"雪亮+平安乡村"云平台等综合数字平台的基础上，建立了赛口镇综合勤务指挥室。综合勤务指挥室主要由 1 名民警和 3 名辅警组成，实行两班倒制度，负责对所内各类任务的指挥调度，同时承担视频巡查、信息研判、业务监督等任务。

为了推行智慧警务模式，赛口派出所在综合勤务指挥室下设执法办案队和社区警务队。执法办案队由 2 名民警、2 名辅警组成，接受综合勤务指挥室的指挥调度，处理各类刑事案件、治安案件以及紧急事件。社区警务队由 3 名民警与 3 名辅警组成，分散至王屋岭综治警务中心、金堤综治中心、赛口社区综治警务中心三个中心，另外各中心由各村治保主任轮值。社区警务队主要是负责处理本警区内的各类警情，确保第一时间到场，承担本警区内除刑事、治安案件及紧急事件以外的其他警情的处理工作以及社区走访、安全检查、服务群众等基础工作任务。各村治保主任对于本村的地形和人际关系网络较为熟悉，因此既可以协助警方处理各村纠纷类案件，又可以在警方出警时迅速将民警带至事发地，有效地提升了公安系统处理事务的效率与水平。

随着技术赋能平台化治理，派出所民警的人事制度安排由"两班倒"工作模式向细致化、专业化方向转变。民警责任更加细化，服务能力逐渐增强。

（三）绩效考核标准

违法犯罪打击率是过去公安机关的重要考核标准之一，该考核标准是基于公安机关对于已发生的犯罪事实进行责任追究、对于违法犯罪人员进行事后惩戒的工作绩效评估。而现代公安机关以预防犯罪率为主要绩效考核标准。"现在对于派出所的考核标准已经由打击犯罪率变为预防犯罪率。比如电信诈骗案件的考核标准，不是派出所抓到了多少罪犯，而是预防了多少电

---

① J. R. Gil-Garcia, "Towards a Smart State? Inter-agency Collaboration, Information Integration, and Beyond", *Innovation & the Public Sector*, Vol. 3, No. 4 (2012): 269-280.

信诈骗案件，电信诈骗案件发生越多，扣分也就越多。"（访谈记录：SK20211106）

赛口镇派出所成立综合勤务指挥室，将科学技术运用于日常工作。及时通过视频监控巡查蓄谋犯罪人员或身临危险人员，争取在犯罪事实和意外发生之前及时采取行动，力所能及地从根源上预防犯罪的发生。

（四）四大工作机制

赛口镇综合勤务指挥室下的综治警务中心有四大工作机制——"七位一体"矛盾纠纷化解机制、"六心"服务工作机制、"群防群治"义务巡逻机制、"五个强化"走访机制。

围绕社区民警、司法员、村书记（主任）、治保主任、镇对口业务部门责任人、群众代表、公益律师调解机构七方，建立"七位一体"矛盾纠纷化解机制。面对居民纠纷问题，首先需要社区民警和治保主任出面调解纠纷，调解未能达到预期效果时，则需要根据不同纠纷的性质，由其余五方中的对口负责人员进行持续性的介入调解。"六心"服务工作机制体现在，赛口派出所要求民警辅警做到"六心"，即接待群众热心、办理业务细心、解答问题耐心、实施管理公心、接受意见虚心、办事群众放心。"群防群治"义务巡逻机制，主要表现为由公安民警辅警、村"两委"干部、村民小组长、江淮义警以及治安积极分子组成的义务巡逻队伍，定期组织巡逻，由治保主任带着民警在辖区内巡逻，让人民群众参与到治理过程中。"五个强化"走访机制的实践性在于，由治保主任带着社区民警深入村庄，围绕"基层社区、重点对象、重点问题、基础防控、社情民意"等方面强化走访。详细记录被走访群众家庭情况、意见建议和需要解决的实际困难，建立"民忧档案"，力所能及地为群众办好事、办实事。

（五）密保程序

数字技术的运用使得群众信息的收集更为快捷、便利，数据信息的保存也具备长效性与准确性。因此落实信息安全的保护措施，对于降低居民的信息泄露风险、提升居民安全感尤为重要。云平台上的用户信息受到赛口派出所严密管控，各个村的治保主任只能调度本村的信息，无法调度其他村的信息，各部门信息权限等级划分明显。

五　赛口镇基层数字治理的成效、问题及启示

（一）主要成效

以综合数字平台为突破口，赛口派出所综治警务中心改革不是将技术简单嵌入其中，而是将技术与制度相融合，在降低成本的同时促进治理精准化和高效化，实现了派出所从过去的"管理"向"服务"转型，建构农村警务创新治理模式。

1.职能转变

随着数字信息技术应用于社会治理的辐射面不断扩大，基层治理模式发生显著变革，由此带来的职能转变成为技术赋能成效的一大亮点。在数字技术的影响下，赛口派出所成功取得由"打击违法犯罪"向"预防违法犯罪"转变的突破性成就，实现了由"以制暴职能为主"向"以服务职能为主"的转变。

赛口派出所搭建的数字云平台，为实现预防违法犯罪的职能转变提供了技术性支持。如视频监控、无人机、热成像摄像头等可以使综合勤务指挥室内的视频巡查员及时收到消息，调度民警迅速到达现场，处理紧急事件。云平台中各项功能的综合运用可以有效协助民警办理案件，提高派出所出警效率，预防违法犯罪行为和悲剧发生。如某民警举例："某日，赛口中学女高中生与家人发生矛盾，给家人发了轻生的短信，但是家人并未及时看到。在家人未发现、未报警前，综合勤务指挥室值班的视频巡查员收到 WY 村鱼塘路口监控发出的预警微信消息后，通过视频监控看到有一名年轻女子在鱼塘边徘徊。指挥室立即通知值班民警赶往现场将女子带回。被带到派出所后，该女子一言不发，派出所内工作人员通过大数据人

像比对，在系统中确认了该女子为赛口高中学生。最终，民警将女子送回赛口高中，并与其家人取得联系。"（访谈记录：SK20211106）此事件中运用了视频监控、人形布控、人脸比对等技术，成功地预防了一起轻生案件，拯救了一个家庭。

由上可知，技术赋能为组织职能转变提供了前提条件与物质基础。技术的融入使得以公安部门为代表的政府组织，在治理职能的实现中，完成了从传统的"事后补救型"向"事前预防型"过渡。

2. 理念转变

国外有学者强调理念在公共行政中的重要性，[①] 强化数字治理理念能够在基层治理现代化中发挥引领与助推的关键作用。在数字技术的影响下，赛口派出所的工作理念由原本的被动型服务转变为主动型服务。在技术未能融入治理之前，派出所只能解决主动报案或主动上访的案件，整个工作流程具有被动性。而技术融入之后，派出所通过对数字技术的合理运用，能够做到主动贴近群众，在群众遇到困难时，更加及时地帮助群众。

无论是"六心"服务工作机制，还是"警民通"联系群众，都是将人民群众放在工作的中心。接近人民群众，了解人民群众真正的需求，必要时可以送服务上门。某民警说："服务群众表现在哪些地方？有好多，就是我们这里有哪些残疾老人，还有哪些残疾老人没有身份证，家庭比较困难，无法到我们所里来办理正常业务。如最简单的办理身份证业务，治保主任知道哪一家的老头不能走，他就主动跟社区民警讲，社区民警就带着我们的辅警，主动上门去把这个事情解决掉。还有，比如说资助穷困学生、拉社会赞助这一块，做得基本上都是有效的。反正从整体来看，我们觉得这个运行模式应该是很好的，主要是接近群众。"（访谈记录：SK20211106）

3. 服务规范化

数字政府的建设通过推进系统整合、数据共享、业务协同，构造了规范

---

① J. L. Perry, "Is Public Administration Vanishing?", *Public Administration Review*, Vol. 76, No. 2 (2016)：211-212.

化的整体型政府。① 赛口镇全面推进公安政务服务"一警多能、一窗通办"工程，整合、优化现有警务资源，将原来的"单一化"服务向"多元化"服务升级，为百姓提供标准化、规范化服务。

赛口镇公安在县局的支持下率先参与农村道路交通管理工作，发挥农村派出所道路交通管理优势，几个月来共处置各类交通事故 60 余起，及时救助伤员 20 余人，保障了道路交通安全和人民群众生命财产安全。赛口镇历时一个半月在全县率先建成首个"一站式综合服务大厅"，秉持"只进一扇门、最多跑一次"服务目标，建立"一窗受理、集成服务、一次办结"的服务模式，极大满足百姓现实需求。

在信息技术的发展与创新的辐射带动下，基层政府服务逐渐朝着规范化、整合化方向发展。赛口镇的"一警多能、一窗通办"服务模式，在简化工作流程，推动公安服务规范化建设方面所取得的成就，是对上述理论成果的现实性回应。

4. 管理制度优化

国外有研究阐明了技术变革在一定程度上能够推进制度的变革。② 赛口镇公安系统以综合数字平台为突破口，利用技术驱动管理制度革新，不断增强自身治理效能。

赛口派出所探索建立"一室两队三中心"农村地区警务新机制，由综合勤务指挥室主要承担指挥调度、视频巡查、信息研判、业务监督职责，联动社区警务队和执法办案队，社区警务队下设三个综治警务中心，综治警务中心建立的四大工作机制提高了公安预警和快速反应能力。某民警说："我们是从 2000 年 9 月开始做的，我们从那次之后，就一直在公安跑了，然后从去年 9 月到现在，盗窃案明显减少了。"（访谈记录：SK20211106）数据显示，综治警务中心成立以来，各类违法犯罪案件比 2020 年下降 28.8%，

---

① L. J. Campbell, "How Institutions Evolve: The Political Economy of Skills in Germany, Britain, the United States, and Japan", *A Journal of Reviews*, Vol. 34, No. 5 (2005): 502-503.

② 欧阳航、杨立华：《数字政府建设如何促进整体性政府实现？——基于网络式互构框架的分析》，《电子政务》2021 年第 11 期。

有效提升了警情预防处置的精准性和时效性。

在技术的支持下，与现实不符的制度得以优化。数字技术的介入，不仅能够最大化挖掘各部门的潜在能力与业务职责，还能够建立与其相匹配的管理制度，按时按需地调度人员、分配资源，优化数字政府建设的制度安排。

5.治理成本降低

技术手段的运用能够使治理的边际成本大幅降低。[①] 赛口镇公安系统以数字信息技术为依托，有效节约了时间成本与人力成本。

在管理区域内流动人口时，赛口派出所通过开发租房登记系统，辅之以重点排查，精准快速地掌握了该辖区内流动人口的流向与流量。该做法与以往相比，大大降低了治理的时间成本。某民警说："像出租房我们必须要对那个重点人口进行管制……以前的老办法就是我们每家每户去采，很麻烦。所以我们现在直接弄那个微信小程序，房东全部注册，我们节省了大量的时间。"（访谈记录：SK20211106）在处理辖区内警务时，赛口派出所通过合理利用数字化信息平台，发挥综合勤务指挥室"定点定人"的统一调度作用，有效降低了治理前端与中端在人力成本上的投入。某民警说："因为我们好多公安不是本地人，你报警什么地方他都不知道，但是这个有效地加快了出警速度。一个是地理优势，他在那个辖区，他在王屋岭那边出警，他在那边上班的话，他出警首先是路程问题解决了，另外一个，治保主任对于路线清楚，他知道那个地方就直接去了。"（访谈记录：SK20211106）由此可见，数字技术手段的应用是实现基层有效治理、降低治理成本的有力抓手，也是推进基层治理体系和治理能力现代化的重要方式。

（二）存在的问题

1.数据流通受阻，"信息孤岛"现象仍然存在

该问题主要体现在两个方面，第一，各政府部门独立开发系统，系统

---

① 彭勃：《技术治理的限度及其转型：治理现代化的视角》，《社会科学》2020 年第 5 期。

与系统之间数据互通受阻，造成数据信息分散。在调研关于当地流动人口的数据登记情况时，某民警说"外出务工人员是乡村振兴扶贫系统负责，专门开发了一个模块叫就业系统，负责登记……流入人口主要是公安租赁房屋 APP 这一块统计，就是我们不同部门都有各自的系统。"（访谈记录：SK20211106）第二，不同地域间的数据尚未能实现互通，且受行政等级影响较大。在谈到数据整合时，赛口党委副书记指出："我们之前查车辆信息、房屋信息，市外的就查不到，只能查到市内的。"（访谈记录：SK20211106）

2. 信息平台精准调配资源的能力有限，组织本身的问题难以依靠单纯的技术渗透来解决

在赛口镇调研时，笔者发现即便综合勤务指挥室这个信息平台能够起到分析研判的作用，但难以解决根本问题，部门与部门之间的责任划分较为模糊。此外，笔者通过赛口派出所所长了解到，各部门解决问题的能力还受到民众认可度的影响，他说："有时候丈量土地，公安丈量不了。像那个宅基地纠纷，还是要自然资源部门去丈量，只不过是我们去沟通。老百姓信服一点，就是说他同意了你这种调节方式，但还是自然资源部门出的方案。"（访谈记录：SK20211106）

（三）经验启示

坚持党委、政府对政法工作的领导。赛口镇党委、政府高度支持赛口派出所的工作，前后投入 80 万元资金建设赛口派出所的综合勤务指挥室，为赛口派出所的各项技术设备提供资金支持；在资源调度上配合赛口派出所"智慧警务"建设的需要，整合基层资源，促成基层治保主任与社区民警合署工作。赛口派出所始终坚持党建引领，在党委、政府的领导下，积极服务人民群众，为赛口镇基层服务工作添砖加瓦。

以为人民服务为宗旨。赛口派出所一切为了人民，利用先进的科学技术，将工作目标由打击犯罪转变为预防犯罪，维护社会治安和稳定；全心全意为人民服务，不怕事务烦琐、任务繁重，一切行动只为更好服务群众。

技术嵌入基层政府建设。赛口派出所利用视频监控、云平台、大数据等数字技术，建设综合勤务指挥室和综治警务中心，使科学技术嵌入基层政府建设，充分发挥科学技术在基层政府建设中的作用，提高赛口派出所的接警率和出警率，提升赛口派出所服务群众的水平。数字技术在赛口派出所警务水平提升方面发挥着不可替代的作用。

构建新型矛盾协调机制。在司法、基层调解力量基础上，增加警务力量，协调群众纠纷等，让群众相信司法、相信民警，充分发挥警务力量的作用，杜绝民事案件转刑事案件，维护社会和谐稳定。

实现警力前移。赛口派出所综合勤务指挥室下设社区警务队，社区警务下沉至乡村，提升接警速度、出警效率。综治警务中心的民警、辅警、治保主任贴近群众的生活，了解群众的需求，在面对村民的问题时可以更好地做好群众工作，提高群众满意度、幸福感，从而提升社会的治安水平，维护乡村社会的长治久安。

积极学习先进经验。赛口派出所积极学习上海"枫桥经验"，走在望江县的最前沿。赛口派出所的运作模式是在上海经验的基础上一步一步摸索来的，借鉴城市经验，建设数字乡镇。此外，赛口派出所还不断向雷池等周边乡镇学习乡镇数字建设的经验，积极探索赛口镇数字乡镇建设模式，在学习中发展，在探索中进步。赛口镇警务人员也不断提升自身的能力，以适应数字乡村建设工作需要。

降低农村群众文化素质在数字政府建设中的消极影响。在讨论乡镇、农村"技术赋能"问题时，人民素质问题始终是逃不开的话题。城乡数字鸿沟在许多学者看来是不可逾越的，农民科学文化素质很难跟上科技发展的速度，但赛口派出所的实践路径，降低了对农民的科学文化素质要求，需要人们使用互联网程序的仅有"警民通"，并且一家只需有一人会使用即可。赛口派出所强调民警、辅警自身的科学文化素质，要求民警、辅警会使用电子设备服务群众。

六 建议和展望

（一）政策建议

1. 推进数据融合，实现数据赋能

"大数据+政务服务"的服务理念在服务型政府的建设中扮演着重要的角色。在传统的政务服务中，公共信息数据孤岛化阻碍了政务服务能力的提升，大数据时代对加速政府职能转变提出了更紧迫的要求。各级政府部门要在习近平新时代中国特色社会主义思想指引下，突破部门壁垒，实行数据集约化建设。这要求政府在充分保障数据安全的前提下，推进信息共享，整合碎片化数据，加强大数据融合利用。具体来说，就是通过政府搭建信息平台，以现代信息技术为依托，重建政务信息化管理体系，调整数据的运作程序和管理服务，形成"用数据对话、用数据决策、用数据服务、用数据创新"的现代化治理模式。在此过程中，数据的整合与收集并非最终目的，重点在于对数据进行合理利用，使其成为协助政府进行社会管理、提供优质社会服务的有力抓手，实现以结果为导向，以价值为目标的数据赋能。

2. 充分利用信息技术，促进部门间互联互动

政府应探索建立横向联通市、县、乡、镇、村的统一政务外网体系，以"一个平台，多部门互动"为导向，打造数字政府，构建以核心平台为基础的"一网统管"的工作体系，提升政府治理能力和服务水平。该做法的基础是数据共享，支撑是信息化平台，核心是业务协同。政府需大力突破上述三个方面，有效避免不同部门不同要求、不同人员不同说法、不同时间不同标准等管理标准不清晰的问题，让政府管理更标准化、规范化。并且，政府应当不断摸索建立集综合指挥与高效处置于一体的调度中枢和指挥平台，逐步实现上下协同联动，增强动态感知、联动指挥、辅助决策等支撑能力，开展政务外网升级改造，推动大数据中心建设应用，推动业务部门信息化建设，推进数字政府基础设施和公共平台建设。

3.畅通政府监督渠道，提升政府工作效率

政府监督渠道包括政府外监督渠道和政府内监督渠道。政府外监督即群众的监督，公开透明是法治政府的基本特征。在数字化时代，政府应当充分利用各类信息平台，做到政务有效公开，该有效指的是政府需突破在政务公开中存在的难题，加大政务公开的力度、深度与广度。除此之外，政府还要做到积极使用各类"指尖"渠道收集民意，接受民众的合理意见与创新型建议，推进政府治理现代化，提高监督效能。政府内监督即政府内部人员的自主监督。一要实行工作留痕，让政府的工作落到实处，利用各类技术平台督促干部真抓实干，这既能有效监控工作流程与进度，又是责任追究的基本来源，在提高政府办事效率方面具有重要作用。二要强化地方政府的监督能力建设，适当调整职能组织体系，增加技术设备，建立合理的机制，加强政府的层级监督和专门监督，健全责任监管与责任追究体制。

（二）未来展望

赛口镇公安系统进行数字化改革时主要面临数据流通受阻导致的"信息孤岛"问题和依赖信息平台高效配置有限资源、驱动组织整体性更新的能力有限问题。未来赛口镇公安系统深入推进改革将从技术整合和制度优化两个视角出发，一方面建立大数据中心，实现数据共享，打破不同部门数据系统间的信息壁垒，正如某民警说："下一步我们想的是把所有的数据整合起来，建一个大数据中心，包括出租房数据和医院看病数据，其他的包括民政这一块，实现一键查询，主要针对我们镇里面的。"（访谈记录：SK20211106）另一方面激活技术驱动组织革新的内生动力，立足于赛口镇治理现实需求，从服务人员、服务方式、服务流程和考核标准等方面优化公安系统内部管理制度，提高基层治理能力。

近年来，赛口镇利用综合数字平台将公安系统与技术治理实践相融合，极大地推动了基层政府的数字治理转型。赛口镇以原有的公安系统为载体，搭建"雪亮+平安乡村"云平台、防火预警平台等数字平台，将现代技术嵌入组织，在此基础上公安系统为适应新技术的运用并进一步巩固改革成效，

主要从人事制度安排、绩效考核标准和物力资源配置方面进行革新，公安系统实现从"管理"到"治理"的转型，形成了乡村警务数字治理模式。赛口镇公安系统的数字化转型及其技术驱动制度革新路径为未来基层治理现代化发展提供了可参考的样板和实践经验。

数字乡村背景下智慧社区的发展路径探究*

——以沫河口镇为例

一　创新社区治理的背景

随着信息技术和互联网的发展，人们获取信息的方式发生转变，人们对信息资源的使用与传播增加了，信息化、数字化技术逐步改变了人们的生活空间和交往方式。但是城乡之间的信息差距仍在扩大，城乡间的数字鸿沟问题成为城镇化发展与社会发展的现实问题。为了缩小城乡数字化差距、促进城乡间的协调发展，2019 年中共中央办公厅、国务院办公厅印发了《数字乡村发展战略纲要》①，提出数字乡村战略，并指出数字乡村是伴随网络化、信息化和数字化在农业农村经济社会发展中的应用，以及农民现代信息技能的提高，而内生的农业农村现代化发展和转型进程，既是乡村振兴的战略方向，也是建设数字中国的重要内容。《中国数字乡村发展报告（2020 年）》指出，数字乡村整体带动和提升了农业农村现代化发展，为乡村经济社会发展提供了强大动力。因此，数字乡村的实施助推了农村、农业和农民的发展，改变了乡土社会固有的结构和形态，形塑出“数字化村庄”。

在数字乡村的背景下，农村智慧建设的进程不断推进。智慧社区、智慧农业等新的理念引导乡村发展。党的十九届五中全会明确提出，要强化农业科技和装备支撑，建设智慧农业，为助推数字经济与农业农村经济融合发展

* 本报告作者：黄婷婷，安徽大学社会与政治学院2020级硕士研究生。

① 见 http：//www.gov.cn/zhengce/2019-05/16/content_5392269.htm。

指明了方向。加快推进农村数字经济产业化、信息化建设，不仅要提高农产品科技含量和附加值，[①] 也要处理好人与自然、政府与市场、创新与应用的关系。[②] 智慧社区的概念源于智慧城市，住房和城乡建设部发布了《智慧社区建设指南（试行）》，指导各地开展智慧社区建设，探索建设的新路径，城市智慧社区的建设优势明显，智慧社区在农村地区开始推行，试图用城市智慧社区的建设思路引导农村地区发展。

在顶层设计与政策的指引下，农村社区基础设施建设和智能设备的发展客观上促进了农村数字化和网格化管理，但是乡村社会的空心与流动、数字使用技术的欠缺等因素使农村智慧社区的发展受到阻碍，不利于智慧社区的长远发展。数字技术和网络传媒为农村的发展注入新的力量，探究数字乡村在农村智慧社区的作用，让数字乡村助力智慧社区的发展，有一定的现实意义与借鉴意义。

二 当前社区建设存在的问题和困难

在数字乡村背景下，开展农村智慧社区建设是我国社区建设和管理的主流趋势，但因经济发展水平和地区的差异性，仍然存在建设发展不平衡、碎片化沟通、信息使用水平低和居民参与程度低等问题，它们是社区建设中必须加以重视和解决的问题。

（一）"空心村"现象

随着农村经济的不断发展和进步，农村整体面貌发生翻天覆地的变化。在社会转型期，城镇化的速度加快，人民生活水平提高，人们开始追求高质量生活和教育。在社会发展的过程中，就业方式向多样化发展，农村青壮年开始向城市流动，许多老人成为空巢老人，农村青壮年逐渐减少，农村整体

---

① 王媛、郁钊：《数字乡村战略视野下我国农产品对外贸易能力提升研究》，《农业经济》2020 年第 9 期。
② 彭超：《数字乡村战略推进的逻辑》，《人民论坛》2019 年第 33 期。

流动人口逐渐增多，乡村出现"空心村"现象。"空心村"现象的出现对农村的生产生活和社会发展造成影响，沬河口镇的"空心村"问题严重，引起政府和人民的持续关注。

（二）建设发展不平衡

沬河口镇因经济发展和社区建设的滞后性，发展较晚，这就使得其智慧社区建设的速度和效率远低于其他社区。从2013年开始，农村社区分阶段推行社区建设，无论是政府还是社区，都在积极引领集体经济的发展，试图带动乡村经济。但是由于起步比较晚，而且政策的推行和具体实施情况有一定的差异性，现在此镇的智慧化信息水平需要继续提高，继续为人民谋福利。数字乡村战略为社区的发展提供战略和政策引导，但是集体经济和地方经济的发展容易影响社区的智能化水平。除了发展速度缓慢，也出现智慧化发展方向的倾斜。

为此，该镇L领导表示："目前社区的智慧化建设涉及网格化管理、政务公开等方面，其他方面的智慧建设还在筹备中。有关智慧农业建设、智慧物流建设需要进一步推动。"由此可见，农村智慧社区建设的发展速度和效率较低，并且智慧化的发展方向向政府行政和管理倾斜，对信息技术的关注度不够，发展态势总体呈现不平衡状态。

（三）碎片化沟通问题

智慧社区要搭建的是一个以信息流为主题的管理、治理服务平台。借助大数据和网络平台，信息交流和共享程度更高，但因人口流动和数字运用技术的欠缺，信息沟通平台成为"空壳子"，并且随着平台的空运转，影响财政的收入。

该镇Z书记表示："为了进一步倾听民意，政府和社区建设智能沟通渠道。但青壮年的流动性较大，镇上的留守老人居多，他们对智能产品使用较少，再加上在外务工的青壮年平时很忙，对社区的信息推送关注较少，久而久之，信息交流不顺畅。"在社会发展态势下，留守老人相关问题一直广受社会各阶层关注和讨论，由于该群体的特殊性，出现各种数字化产品的使用问题，导致该群体与主流发展状态脱轨。此外，年轻人的流动拉大了空间距离，与平台的黏性更低。老年群体使用技术的局限性和流动群体反馈的延时性，使得信息平台管理者与居民之间无法相互获得完整而全面的信息，相互接收的信息破碎而分散。

此外，在笔者的调研过程中，农村居民使用手机的主要目的是打电话和娱乐，其中娱乐占据了大部分人的时间，关注点与平台的推送未能一致，从而进一步导致信息的流通和分散。

（四）公众的参与程度低

智慧社区的建设理念是借助大数据和云计算等创建新的交流沟通平台，打破传统社区居民的交流格局，试图通过建立新的方式提高居民对社区建设的关注度。居民 H 谈道："社区的一些事务，我平常关注得少，很多事情和我关系不大，自然兴致方面就会欠缺。况且，自己家里的事都忙不过来，并没有太多的心思去关注别人的事。"从居民 H 的态度可以看出，人们更倾向于与自己有关系的事务，且对社区事务的认识存在固化现象，参与程度需要进一步提高。

除此之外，居民 W 表示："以前社区有事情都是书记或者负责人在社区里通知，现在改到线上，很多居民无法适应，有时候我想得到消息还得去问别人。他们使用手机更顺畅，像我们社区有些人，对手机的很多功能分不清楚，更别说去公众号、小程序、网站之类的地方，怎么进入都不会。"

居民不仅需要适应数字化时代，其积极性更需进一步提高。居民对公共事务的关注度不高，并且缺乏大数据思维，相关知识匮乏，这些都会影响智慧社区的建设和推行。

三 实践做法

为深入贯彻落实省委办公厅、省政府办公厅《关于进一步加强农村社区建设的意见》（厅〔2013〕6号）要求，以及市发改委关于落实国民经济和社会发展目标的要求，该镇于2013年积极推动农村社区建设试点工作，积极推进智慧社区建设，发挥数字化效应，推动社区的智慧化建设，该镇主要从加强组织领导、积极推进试点工作、充分发挥政策支持作用方面，不断促进社区的发展与进步。

（一）加强组织领导

镇党委、政府高度重视社区建设工作。一是专门成立了以镇党委副书记、镇长为组长的工作领导小组，负责指导农村社区建设工作。二是镇党委在听取了政府规划报告后，研究确定了下一步工作措施。三是进一步落实村级责任单位和责任人，及时、准确公布相关信息，确保沫河口镇农村建设工作顺利开展。各镇和村是农村智慧社区建设的主体，该镇在思想上高度重视，在行动上迅速实施。以民政部门为牵头部门，通过早谋划、早协调，迅速启动农村社区建设。财政部门依据进度拨付农村智慧社区建设资金。其他相关部门大力支持、积极配合，不推诿、不扯皮，按照职责分工，敢于担当、合力推进。

（二）积极推进试点工作

认真学习贯彻省委办公厅、省政府办公厅《关于进一步加强农村社区建设的意见》，落实淮上区《关于创建全省农村社区建设示范（试点）区工作的实施意见》（淮办发〔2013〕26号），要求各镇制定工作方案，并成立相应的领导机构，明确镇党委书记是农村社区建设的第一责任人，镇党委副书记是农村社区建设的直接责任人。从组织上保障农村社区建设的顺利开展，将农村社区建设试点工作纳入年度工作要点和目标考核内容。在社区建设的基础上，积极推进数字化建设、开发电子设备，为农村社区发展注入数字资本，激发社区发展活力。蚌埠市淮上区沫河口镇党委积极探索乡村治理新模式，充分发挥"一组一会"作用，搭建智慧平台，细化工作机制，着力解决民生突出问题，提升人民群众的获得感、幸福感。

（三）充分发挥政策支持作用

科学布局，引导资本投入多元化。将农村社区建设纳入全区美好乡村建设总体布局，形成农村社区建设与美好乡村紧密结合、同步推进、互为补充、协调发展的工作格局。建立以政府投入为主，积极吸纳社会资本投入的社区建设机制，鼓励企事业单位和愿做善事好事的群众捐款捐物支持智慧社区建设。

加强培训，推动公共服务信息化。该镇注重对基层干部及基层工作人员的培训指导工作，每年至少开展一次大规模、集中性的基层培训，要求大家树立岗位意识、责任意识，切实做好本职工作。同时在该镇推进"互联网+政务服务"工作，构建区、镇街、村居三级联动的基本公共服务网络，通过网上办理各类为民服务事项及政府购买类服务，让群众少跑腿。

勇于创新，鼓励基层公益事业发展与人才选拔相结合。该镇认真学习市局文件精神，积极培育发展社区社会组织及志愿者服务团队，确保每个农村社区至少有一个志愿者服务团队，以其为桥梁，吸引农村社区居民及社会爱心人士共同促进基层公益事业蓬勃发展。该社区注重基层人才选拔，拓宽基层人员晋升渠道，积极探索人才选拔新路径，从优秀村干部中考试录用乡镇事业单位人员，进一步提升基层工作人员工作热情，为该镇的智慧社区建设提供人才支撑。

厘清权责，使各类清单明晰化。该镇民政部门主动作为，依法确定乡镇政府与村民委员会的权责边界，牵头制定村级公共服务事项清单及小微权力清单，通过推动村务公开事项和民主管理，有效提升基层治理能力和创新能力。

四 成效和经验启示

乡村社会的空心与流动、数字使用技术的欠缺等使该镇智慧社区的发展受到阻碍，不利于智慧社区的长远发展。数字乡村战略推动农村智慧建设进程，智慧社区、智慧农业等新的理念逐渐显现优势，城市智慧社区建设为农村社区建设提供指引和实务经验。智慧社区理念在农村地区逐渐推进，具有现实意义和理论意义。从一定程度上来讲，推进农村智慧社区的建设，对于完善基础设施、丰富社区居民的日常生活、改变管理设施和方法等有积极意义。自社区建设相关工作开展以来，该镇在社区建设试点工作中不断发力，各项工作取得明显成效。

（一）农村社区建设完成情况

一是该镇开展农村社区建设的乡村占比达到 100%；二是村级标准化农村社区服务中心占比达到 100%；三是推行网格化管理的乡镇占比达到 100%；四是该镇"互联网+政务服务"平台覆盖率达到 100%，提供信息服务的农村社区占比达到 100%。

（二）智慧社区建设完成情况

沫河口镇产业以农业为主，在智慧社区建设方面，主要表现在积极建设智慧农业、智慧物流，以及创新人居环境的方式上。在智慧农业建设上，进一步完善农业信息平台，为该镇的居民提供病虫害防治、农作物监测、耕作时间提醒、相关农业信息推送等，包括土地增减挂钩、民生实事项目、北淝河万亩莲藕基地等的相关情况，运用智能手段方便农民的工作和日常生活。

在智慧物流的建设方面，进一步促进了数字技术在物流运输中的使用。发挥数字技术对信息检测、产品研发、模式创新的深度渗透和核心支撑作用。以数据集中和共享为途径，加快发展数字物流，推进技术融合、业务融合、数据融合等，推动数字经济和实体经济深度融合，方便人们的日常生活。

在创新人居环境的治理方式上，运用网络媒介对乡村人居环境整治、乡村治理积分制实施方案等信息进行公示。积分制是该镇创新社区治理的成果，也是运用数字技术推进居民参与的成果。所谓积分制是在党组织的领导下，通过民主程序，将居民的良好行为习惯转化为数量化指标，对农民日常行为进行评价形成积分，将积分在互联网上进行公示，让人们直观感受到行为习惯的重要性，增强责任意识。同时，积分与指定的商场挂钩，给予村民相应的物质奖励。积分制的出现进一步促进了信息公开和数据的运转与使用，进一步规范了人们的日常行为。

五　可行性路径探索

智慧社区创新了社区治理模式，同时创新了社区居民参与方式，适应了数字化社会的变迁与发展。数字乡村战略是建设数字中国的重要内容，也是建设农村智慧社区的重要推动力。以大数据技术打造线上虚拟社区突破了传统社区治理的空间局限，拓展了当下社区治理的历史空间，以数字化、网络化、信息化、可视化为特征的智慧社区建设业已成为中国社会治理的新方向。

整体性治理就是以公民需求为治理导向，以信息技术为治理手段，以协调、整合、责任为治理机制，对治理层级、功能、公私部门关系及信息系统等碎片化问题进行有机协调与整合，不断从分散走向集中、从部分走向整体、从破碎走向整合，为居民提供无缝隙且非分离的整体型服务的政府治理图式。针对沫河口镇智慧社区建设的现状和成效，其可以从以下四个方面来进一步完善。

（一）发挥地方文化作用，因地制宜

数字时代的治理是以官僚制为基础的，官僚仍然是数字时代治理的一个组织载体。社区建设在此镇起步较晚，且发展呈现不平衡状态，在社区建设从上到下的推进过程中，需要与社区的实际发展情况相结合，一方面要制度化推进，另一方面也要考虑社区现实情况和状态。

镇领导 Z 强调："顶层设计应该与具体情况相结合，我们社区发展速度不快，在建设社区的相关政策中，应根据当地的实际情况做出适当调整，使政策与实际契合，才能推进得更顺利。"

该镇致力于智慧化建设，发展智慧政务和智慧农业，已经建设了对应的平台，数字化平台已经覆盖农业生产，还未涉及农产品加工。该镇的工业园和物流运输业较发达，该社区还在打造智慧物流小镇，除了要加大对农产品的加工力度，促进农产品的对外销售，也要依托电商平台和网络数字化的支持与传播，促进地方特产的销售。镇领导 Z 表示："我们社区很多的产品都富有乡土情怀，应该加以宣扬，让更多的人了解其背后的内涵。"在销售过程中，应融入地方文化特色，发挥文化效应，吸引消费者，从而达到一定的宣传作用。在此基础上，推进数字化的治理与行业的新发展，增强信息敏感度。

（二）发挥大数据的整合作用

整体治理理论以整体主义为理论基础，以网络信息技术为平台，对不同的信息与网络技术进行整合，推动了政府行政业务与流程的透明化，提高了政府整体运作效率，使政府扮演一种整体性服务供给者的角色。但是网络信息技术平台的兼容性也是需要加以解决的问题。

某社区工作人员 W 说："数据不兼容一直都是个问题，基层工作人员除了要做好自己的事情，还有很多不一样的检查，但是很多数据我们只能找相关部门提供，而且数据平台不一样，在具体统计的过程中也有很多问题存在。"

对信息技术的投资力度决定了数字经济发展的原动力，也影响着信息技术颠覆性革新的实际效果，因此加大对信息技术的投资力度，不仅要继续巩固智慧农业、智慧物流小镇及综合事务管理平台等方面的数字化建设，更应该扩大数字化建设范围并且更新数字技术的机制。数字化时代治理的核心在于强调服务的重新整合，整体的、协同的决策方式，以及电子行政运作的广泛数字化。把有关人民生活的各个平台数据互相链接、相互嵌入，做到系统而全面地嵌入式发展，把各个数据平台内容进行整合，减少数据孤岛的情况。针对监控摄像非兼容性、平台数据非兼容性和微积分兑换的局限性，应妥善处理社会矛盾，了解数据背后对应的问题，及时防范和化解。除了加大对信息技术的投资，也要完善相对应的嵌入路径，促进技术的整合。

（三）发挥社会工作的协调效应

整体性治理借助信息技术的优势，通过建立一个跨组织的、将整个社会治理机构联合起来的治理结构，构建一种政府与市场和社会通力合作、运转协调的治理网络。社会工作在其中扮演着重要角色。

在新媒体时代，各种信息的不完整性、片面性充斥着人们的生活，通过碎片化的信息，人们很难对社区事务进行全面而深入的了解，但是把这些碎片化的信息整合在一起时，信息的价值就会凸显出来。社会工作作为嵌入性的力量，依托具体项目帮助服务对象提高信息整合能力，使其获得对社区事务的全面了解。主要提高流动群体和留守群体的智能化使用水平，帮助留守老人登录或者应用社区公共事务平台，畅通信息传播的渠道。此外，发挥社会工作的协调效应，促进社区居民对社区事务的认同，从而积极关注社区相关事务的发展。

要推动对专业人才的引进和培养工作。在社区事务由上到下的推进过程中，不仅要健全技术机制，更要引进社区专业人才和专业力量，提高基层人员的整体素质，提升基层服务能力和服务水平，从而积极且有方向地投入智慧社区建设中去。要发挥社会工作的专业优势，帮助社区居民将"点"状的碎片化信息串成"线"状或者"面"状的信息，整合同质化的信息，实时更新，以便社区居民对社区事务的了解能更全面。

（四）激发居民的社区责任感

培养社区居民的社区责任感，就要激发社区居民的参与意愿，从社区居民的需求出发，把社区事务和相关利益结合起来，增强社区居民参与意愿。

首先，要培养社区骨干，发挥骨干的带头作用。社区骨干具有突出的能力和作用，在社区有较高的社会地位和声望，常常是社区的政治组织者、经济引领者和文化引领者。在社区推行具体政策和加强社区建设时，社区骨干或者社区领袖可以促进群众与社区领导者沟通，反映民意，同时促进社区更好地发展。

其次，培养电商人才，发挥电商的经济带动作用。依托社区管理和政策的推进，尊重居民意愿，培养地方社会组织，运用社会组织的自发性，鼓励社会组织为社区农产品的生产和销售出力，让社会组织融入地方文化特色，提升社区居民的专注力和集体荣誉感，从而为社区发展做出自己的贡献，同时，在大数据时代，培育网络电商主播，宣传地方农产品特色，拓宽农产品销售渠道，带动经济增长，激发社区居民的参与活力。

六　思考与展望

通过对农村社区建设发展状况的研究，发现智慧社区建设有一定的积极意义和现实意义。本报告依托数字乡村战略，对智慧社区的建设进行阐释，包括该镇的创新社区治理的背景、当前社区建设存在的问题和困难、实践做法、成效和经验启示及可行性路径探索，并运用整体性治理理论的思路对智慧社区的建设提出相关的意见。总体来说笔者得出以下几个结论。

第一，数字乡村战略与智慧社区建设相互作用、相互促进，共同推动社区创新发展，为社区的硬件设施建设和数字化设备的更新提供基础，同时顶层设计为智慧社区的建设提供新的方向。因此，这对智慧社区建设来说是一把"双刃剑"，既存在一定的机遇，也有必须直面的困境，诸如建设不平衡、"空心村"问题、沟通碎片化以及参与动力问题，是我们必须注意且解决的问题。

第二，农村智慧社区建设还停留在初期阶段，并未形成新的体系。在推进建设的过程中，更多地依赖农村建设，这就造成了智慧社区建设的断层问题，必须借助数字乡村战略，为智慧社区建设提供内在发展动力和外在资金支持与政策支持，促进智慧社区建设的转型与发展，提高人们的生活质量。

第三，无论城市社区治理还是农村社区治理，很多学者都认为社会工作应该参与到社区建设中来，在智慧社区的建设过程中，社会工作力量更多地停留在理论层面，在付诸实践方面任重而道远，作为社区建设的嵌入性力量，更应该把握机会，突破自身发展局限，积极投身于智慧社区建设，发展社会工作专业本身，这具有积极的建设意义。

后　记

习近平总书记指出："一个国家治理体系和治理能力的现代化水平很大程度上体现在基层。基础不牢，地动山摇。要不断夯实基层社会治理这个根基。"① 经济民生领域最突出的矛盾和问题在基层，社会治理最坚实的力量支撑也在基层。他强调，"社会治理的重心必须落到城乡社区，社区服务和管理能力强了，社会治理的基础就实了"。"要调整和完善不适宜的体制机制，推动管理中心下移，把经常性具体服务和管理职责落下去，把人财物和权责利对称下沉到基层，把为群众服务的资源和力量交给与老百姓最贴近的基层组织去做，增强基层组织在群众中的影响力和号召力。"② 习近平总书记的重要论述为促进基层治理体系和治理能力现代化提供了基本遵循，为我们做好基层治理工作指明了方向。

2021年安徽省深入贯彻习近平总书记对安徽做出的系列重要讲话指示批示，全面落实党中央、国务院各项决策部署及省委工作要求，统筹疫情防控和经济社会发展，攻坚克难，团结奋斗，加快打造具有重要影响力的"三地一区"，实现了"十四五"良好开局。在城乡基层治理领域，安徽省各地紧盯薄弱环节，紧抓短板弱项，通过改革创新，加强基层政权治理能力建设，健全自治、法治、德治相结合的城乡基层治理体系，继续深化社区民主协商，大力推动智慧社区建设，打通了党同群众联结的"最后一公里"，涌现出一大批城乡基层治理创新的典型案例，形成了具有新时代特征和安徽特色的城乡基层治理新局面。

安徽省各地民政部门总结梳理了近年来当地城乡基层社会治理的创新实践，并针对以往工作中存在的不足提出了对策建议，为进一步推进安徽省城

---

① 《"十三五"，我们这样走过：社会治理 活力彰显》，《人民日报》2020年11月30日，第1版。
② 《习近平关于社会主义社会建设论述摘编》，中央文献出版社，2017，第127、129页。

乡基层社会治理提供了经验借鉴和精准支撑。以此为基础，在安徽省民政厅基层政权建设与社区治理处牵头指导下，民政部专家咨询委员会委员、全国基层政权建设和社区治理专家委员会委员、安徽大学社会治理研究中心主任吴理财教授及其团队承担了本书的编写任务。社会科学文献出版社对本书的出版给予了大力支持，曹义恒、岳梦夏等编辑付出了辛勤的劳动，在此一并致谢。

编写组

2022 年 5 月 9 日

图书在版编目（CIP）数据

安徽省基层社会治理创新发展报告. 2021 / 吴理财
主编. —— 北京：社会科学文献出版社，2022.11
ISBN 978-7-5228-1064-5

Ⅰ. ①安… Ⅱ. ①吴… Ⅲ. ①社会管理-研究报告-
安徽-2021 Ⅳ. ①D675.4

中国版本图书馆 CIP 数据核字（2022）第 215787 号

安徽省基层社会治理创新发展报告（2021）

主　　编 / 吴理财

出 版 人 / 王利民
责任编辑 / 岳梦夏
文稿编辑 / 许文文
责任印制 / 王京美

出　　版 / 社会科学文献出版社·政法传媒分社（010）59367156
　　　　　地址：北京市北三环中路甲 29 号院华龙大厦　邮编：100029
　　　　　网址：www.ssap.com.cn
发　　行 / 社会科学文献出版社（010）59367028
印　　装 / 三河市龙林印务有限公司

规　　格 / 开　本：787mm × 1092mm　1/16
　　　　　印　张：27.75　字　数：424 千字
版　　次 / 2022 年 11 月第 1 版　2022 年 11 月第 1 次印刷
书　　号 / ISBN 978-7-5228-1064-5
定　　价 / 168.00 元

读者服务电话：4008918866